Anja Platz-Schliebs

Katrin Schmitz / Natascha Müller / Emilia Merino Claros

Einführung in die Romanische Sprachwissenschaft

Französisch, Italienisch, Spanisch

Dr. Anja Platz-Schliebs ist Fachreferentin für Romanistik an der Universitätsbibliothek Wuppertal.

Jun. Prof. PD Dr. Katrin Schmitz und **Prof. Dr. Natascha Müller** lehren Romanische Sprachwissenschaft, **Dr. Emilia Merino Claros** lehrt Spanische Sprachpraxis an der Bergischen Universität Wuppertal.

Bibliografische Information der Deutschen Nationalbibliothek

Die Deutsche Nationalbibliothek verzeichnet diese Publikation in der Deutschen National-bibliografie; detaillierte bibliografische Daten sind im Internet über http://dnb.d-nb.de abrufbar.

© 2012 · Narr Francke Attempto Verlag GmbH + Co. KG
Dischingerweg 5 · D-72070 Tübingen

Internet: http://www.narr-studienbuecher.de
E-Mail: info@narr.de

Printed in the EU

ISSN 0941-8105
ISBN 978-3-8233-6628-7

Inhaltsverzeichnis

Vorwort

Romanistik studieren bedeutet, die Sprachen, Kulturen und die Strukturen der romanischen Sprachen genau kennenzulernen. Letztere sind Gegenstand der romanischen Sprachwissenschaft. Wer schon immer wissen wollte, warum z.B. *baguette* mit u und *spaghetti* mit h geschrieben werden, was *latte macchiato* eigentlich wirklich bedeutet und woher die vielen spanischen Wörter mit *al-* kommen, ist hier an der richtigen Adresse.

Die vorliegende Einführung in die romanische Sprachwissenschaft lädt zu einer umfassenden Entdeckungstour ein. Sie ist an der Bergischen Universität Wuppertal entstanden, wie viele andere Einführungen aus Vorlesungsskripten. Sie unterscheidet sich jedoch von anderen Einführungen in einigen wichtigen Aspekten, beginnend mit dem Autorinnen-Team: Mit Anja Platz-Schliebs als Bibliotheks-Fachreferentin für Romanistik, mit Katrin Schmitz und Natascha Müller als Professorinnen für Romanische Sprachwissenschaft und mit Emilia Merino Claros als Literaturwissenschaftlerin und Lektorin für Sprachpraxis des Spanischen hat unsere Arbeitsgruppe ein Lehrbuch erstellt, das die Sprachwissenschaft aus vielen Winkeln betrachtet und mit anderen Kompetenzbereichen eng verzahnt. Dies ermöglichte eine ‚all in one'-Einführung, die nicht nur die linguistischen Kernkompetenzen (Phonetik/Phonologie, Morphologie, Semantik, Syntax und Pragmatik) und ein Kapitel zur historischen Entwicklung der Romania für alle drei romanischen Sprachen enthält wie in anderen derzeit gängigen Einführungen in die romanische Sprachwissenschaft[1] oder einzelsprachliche Einführungen[2], sondern auch ein Kapitel zur Literaturwissenschaft (wie in Pomino/Zepp 2008) sowie ein Kapitel zur Literaturrecherche und Zitierweise (wie in Pöckl/Rainer/Pöll 2007). Die Einführungen von Pöckl/Rainer/Pöll (2007) und Stein (2010) enthalten einzelne Kapitel bzw. Kapitelteile zum Zweit- bzw. Erstspracherwerb. Letzterer spielt in der vorliegenden Einführung ebenfalls eine sehr wichtige Rolle, da es ihr besonderes Anliegen ist, Sprachwissenschaft ‚erfahrbar' zu

---

[1] Z.B. Pöckl, Wolfgang/Rainer, Franz/Pöll, Bernhard (⁴2007): *Einführung in die romanische Sprachwissenschaft*. Tübingen: Niemeyer, Gabriel, Christoph/Meisenburg, Trudel (2007): *Romanische Sprachwissenschaft*. Paderborn: Fink, Renzi, Lorenzo (1980): *Einführung in die romanische Sprachwissenschaft*. Niemeyer: Tübingen.

[2] Z.B. Geckeler, Horst/Dietrich, Wolf (²1997): *Einführung in die französische Sprachwissenschaft*. Berlin: Erich Schmidt Verlag, Sokol, Monika (²2007): *Französische Sprachwissenschaft: Ein Arbeitsbuch mit thematischem Reader*. Tübingen: Narr (narr studienbücher), Stein, Achim (³2010): *Einführung in die französische Sprachwissenschaft*. Stuttgart: Metzler, Geckeler, Horst/Kattenbusch, Dieter (²1992): *Einführung in die italienische Sprachwissenschaft*. Tübingen: Niemeyer, Haase, Martin (2007): *Italienische Sprachwissenschaft: Eine Einführung*. Tübingen: Narr (bachelor-wissen), Dietrich, Wolf/Geckeler, Horst (⁴2004): *Einführung in die spanische Sprachwissenschaft*. Berlin: Erich Schmidt Verlag, Kabatek, Johannes/Pusch, Claus (2009): *Spanische Sprachwissenschaft*. Tübingen: Narr (bachelor-wissen) und Pomino, Natascha/Zepp, Susanne (²2008): *Hispanistik*. UTB: Stuttgart (UTB basics).

machen. Dies haben wir versucht, indem möglichst zu allen beschriebenen Phänomenen auf den linguistischen Beschreibungsebenen Belege aus der Empirie,
insbesondere aus dem Erstspracherwerb der romanischen Sprachen, eingearbeitet
wurden. Wir sind außerdem dem Beispiel von Renzi (1980) gefolgt und haben
uns bemüht, soweit möglich die Entwicklung der Sprachwissenschaft in einzelne
Kapitel zu integrieren. Ferner haben wir eine für Einführungen nicht typische
Kapitelabfolge gewählt, indem wir die Sprachwissenschaft anhand konkreter
Anwendungsbereiche (Erstspracherwerb, Neurolinguistik, Psycholinguistik, Soziolinguistik) in Kapitel 1 vorstellen. Kapitel 2 ist der Phonetik und Phonologie
gewidmet, beschäftigt sich aber auch mit Aspekten der Prosodie und ihrem Erwerb. Es führt in die strukturalistische Grammatiktheorie ein und behandelt die
lautliche Seite des sprachlichen Zeichens. Kapitel 3 behandelt die Morphologie
mit ihren beiden Hauptkomponenten, der Flexion und Wortbildung, wobei die
größeren Abschnitte zur Komposition und Derivation auch jeweils Bezüge zum
Erst- bzw. Zweitspracherwerb enthalten. Kapitel 4 beschreibt die Entwicklung
der Romania und der romanischen Sprachen und ihrer Varietäten. Diese eher
ungewöhnliche Position des Romania-Kapitels ist dem Umstand geschuldet, dass
es bereits viele eingeführte Termini voraussetzt. Gleichzeitig kann es als Abschluss eines ersten Teils der Einführung dienen und bildet einen eher historisch
orientierten Kontrapunkt zum ansonsten synchron-empirisch orientierten Charakter der Einführung. Kapitel 5 ist der Semantik gewidmet und befasst sich mit
der Bedeutung sprachlicher Zeichen (auch im Kontext anderer Zeichen wie Verkehrsschilder), mit Theorien zur Bedeutungserfassung und mit der Entwicklung
des kindlichen Lexikons im Erstspracherwerb. Kapitel 6 führt in die generative
Grammatiktheorie ein und beschäftigt sich mit den Satzstrukturen der romanischen Sprachen, wobei erneut intensiv Bezug auf den Erstspracherwerb genommen wird. Kapitel 7 schließlich stellt die Pragmatik mit ihren verschiedenen Be-
reichen vor, wobei die Verbindung zwischen syntaktischen Strukturen und
Effekten für das sprachliche Handeln ebenfalls Raum erhält. In Kapitel 8 werden
Verbindungen zwischen Linguistik und Literaturwissenschaft vorgestellt.
Schließlich gibt Kapitel 9 Hilfestellungen für Studienarbeiten aller Art, indem
Literaturrecherche und Zitierweisen ausführlich erläutert und illustriert werden.
Jedes Kapitel enthält die zitierte Literatur direkt im Anschluss sowie einen
Übungsteil, den Lehrende in der Veranstaltung, Tutoren als Arbeitsaufgaben
oder Studierende eigenständig nutzen können. Die Lösungen zu den Übungen
werden auf dem Server des Narr-Verlags bereitgehalten. Hinzu kommen ein um-
fassender Index sowie hervorgehobene Definitionen und Fachbegriffe, die die Benutzung dieses Einführungsbuches erleichtern sollen.

Die einzelnen Kapitel sind nach Kompetenzbereichen von − zumeist − jeweils einer Autorin verfasst worden: Anja Platz-Schliebs ist Verfasserin der Kapitel 3 und 9, Katrin Schmitz der Kapitel 4 und 5, Natascha Müller der Kapitel 1, 6
und 7, Emilia Merino Claros des Kapitels 8. Kapitel 2 wurde gemeinsam von Anja
Platz-Schliebs, Katrin Schmitz und Natascha Müller geschrieben. Selbstverständlich aber sind alle Autorinnen für den gesamten zu vermittelnden Stoff verantwortlich, da die Einführung aus einer gemeinschaftlichen Arbeit entstanden ist.

Weiter haben wir uns bemüht, auch ein unterhaltsames Buch zu schreiben. In diesem Zusammenhang danken wir Chantal Westphal sehr herzlich, die die Cartoons und viele der Abbildungen gezeichnet hat, sowie Bettina Disdorn, die Ideen zu einigen der Cartoons geliefert hat.

Wir danken außerdem allen unseren Studierenden, die in den letzten Semestern mit viel Geduld und auch Anregungen den Produktionsprozess begleitet haben, und den TutorInnen Jessica Diebowski, Tim Diaubalick, Bettina Disdorn, Birte Fritsch und Stefanie Kuschel, die die Studierenden und uns mit Kommentaren zu einzelnen Kapiteln und Übungen sehr unterstützt haben. Kommentare und muttersprachliche Beispiele haben uns Julie Arabi, Laia Arnaus Gil, Milagros de la Torre, Belén Molina, Marisa Patuto und Valentina Repetto für die drei Sprachen bei Tag und Nacht geschickt, wofür wir ihnen ganz herzlich danken. Weiterhin möchten wir Dr. Imme Kuchenbrandt danken, die uns praktisch „in letzter Minute" mit detaillierten Kommentaren, v.a. zur Phonologie, unterstützt hat. Emilia Merino Claros bedankt sich insbesondere bei Prof. Dr. Susanne Zepp, nicht nur für ihre inhaltlichen und stilistischen Hinweise und wertvollen Beiträge, ferner auch für ihren freundschaftlichen Beistand zur Realisierung des Kapitels 8. Ein großer Dank von Anja Platz-Schliebs geht an Dr. Peter Blume, der den gesamten Verlauf der Einführung inhaltlich und freundschaftlich unterstützt hat. Kapitel 9 ist aus ihrer gemeinsamen Arbeit an der Universitätsbibliothek Wuppertal entstanden. Danken möchten wir auch Leon Platz, der bei der Erstellung der Teilliteraturverzeichnisse geholfen hat.

Wir bedanken uns beim Narr-Verlag, insbesondere bei unseren Lektoren, Jürgen Freudl, Kathrin Heyng und Melanie Wohlfahrt, für die sorgfältige Durchsicht unseres Manuskripts sowie die nette und kompetente Hilfe bei der Publikation.

Schließlich möchten wir uns sehr herzlich bei unseren Familien — Heiko, Leon, Vincent und Josephine, Michael, Thomas und Chantal, Philipp, Arturo und Teresa — bedanken, die uns mit tatkräftiger Unterstützung, viel Interesse, Geduld und Rücksichtnahme den langen, holprigen und spannenden Weg bis zur Entstehung dieser Einführung begleitet haben.

1 Die Wissenschaft vom sprachlichen Wissen

In diesem Kapitel beschäftigen wir uns mit der Wissenschaft vom sprachlichen Wissen. Zunächst werden wir uns mit der Frage nach dem Ursprung der Sprache befassen. Das Kapitel 1.2 geht dann auf den Spracherwerb ein. In Kapitel 1.3 werden wir die Psycholinguistik, in Kapitel 1.4 die Neurolinguistik behandeln. Schließlich widmen wir uns in Kapitel 1.5 der Soziolinguistik.

1.1 Die Entstehung von Sprache

Linguisten beschäftigt schon lange die Frage nach dem Ursprung von Sprache:

- Woher hat die Gattung Mensch Sprache?
- Wie erwirbt das menschliche Individuum seine Sprache?

Die Frage nach dem Ursprung von Sprache ist bis heute wissenschaftlich nicht geklärt, es gibt aber viele Spekulationen dazu. Schon der ägyptische König Psammetich I. war daran interessiert und entwarf zur Klärung dieser Frage ein wissenschaftliches Experiment. Der König war der Ursprache der Menschheit auf der Spur. Dazu ließ er neugeborene Kinder in der Wildnis aussetzen. Ihre einzigen Gefährten waren Ziegen, von deren Milch sie sich ernährten. Nach zwei Jahren wurden die Kinder wieder zurückgeholt und beobachtet. Sie konnten nur *bek bek* sagen, vermutlich das Nachahmen des Meckerns der Ziegen. Da die Phryger das Brot mit *bekos* bezeichneten, war für den ägyptischen König die Frage nach der Ursprache beantwortet: das Phrygische. Friedrich II. führte ein ähnliches Experiment durch. Ihm ging es darum herauszufinden, ob Kinder zu Beginn des Spracherwerbs Hebräisch, Griechisch, Latein, Arabisch oder gar die Sprache ihrer Eltern sprechen. 1769 gewann Herder den Wettbewerb der Preußischen Akademie der Wissenschaften für seine in einem Essay dargelegte Ansicht, dass die menschliche Sprachfähigkeit nicht etwa göttlichen Ursprungs sei, sondern das Werk des Menschen selbst. Die Frage nach ihrer Entstehung war somit zum Forschungsgegenstand geworden (weitere Theorien sind in Zimmer (1995) nachzulesen).

Von den verschiedenen spekulativen Sprachentstehungstheorien sind einige bis heute geblieben. So wird immer wieder die Gebärdensprache als der Vorläufer der Lautsprache angesehen. Doch wie wurde der Übergang von der Gebärde zum Laut vollzogen? Sicherlich hat diese Theorie dazu beigetragen, dass bis heute die Gebärdensprache als ‚primitiv' angesehen wird, also als der weniger komplexe Ursprung der Lautsprache, vgl. Zimmer (1995). Dieses Bild musste in vielen Forschungsarbeiten zurechtgerückt werden. Man weiß heute, dass Gebärdensprachen ebenso komplex sind wie Lautsprachen. Und es bleibt zu fragen, weshalb der Mensch die leistungsfähige Gebärdensprache für die Lautsprache aufgegeben haben soll und in dieser Modalität die Sprache dann auch weiter ausgebaut hat.

Eine andere Sprachentstehungstheorie bezieht sehr stark die Befunde der Paläoanthropologie, einem Teilgebiet der Anthropologie, das sich mit der Abstammung und Entwicklung des Menschen beschäftigt, mit ein. Hier geht man davon aus, dass das Artmerkmal des Menschen ein großes Gehirn ist, sowohl absolut als auch im Verhältnis zum Körpergewicht. Die Zunahme des Hirnvolumens auf seine heutigen zirka 1.400 Kubikzentimeter steht mit Sicherheit in Beziehung zur Zunahme seiner allgemeinkognitiven Fähigkeiten. Das menschliche Gehirn hat im Vergleich zu anderen Lebewesen (z.B. den Fischen, Vögeln und den Affen) eine beachtliche Größe. Das Hirnvolumen hat sich auch während der gesamten Menschwerdung vergrößert, jedoch nicht stetig. Das Schimpansengehirn erreicht nur ein Volumen von etwa 400 Kubikzentimetern. Die kleine Art der Australopithecinen, die vor drei Millionen Jahren in Südostafrika lebten, aufrecht gingen, einfache Steinwerkzeuge herstellten und wahrscheinlich in die Ahnenreihe des Menschen gehören, kam vermutlich auch nur auf ein Gehirnvolumen von 450 Kubikzentimetern. Es ist sehr wahrscheinlich, dass ein solches Hirnvolumen für die Verarbeitung von Sprache einfach nicht ausreicht, da für die Sprachverarbeitung beim Menschen zirka 20 Prozent seiner Hirnmasse benötigt werden, knapp 300 Kubikzentimeter.

Anthropologen rekonstruieren den Bauplan des Stimmapparats unserer Vorfahren. Dieser Bauplan lässt dann Rückschlüsse auf die Laute zu, die ein solcher Stimmapparat hervorgebracht haben könnte. Vor etwa 250.000 Jahren begann sich die Schädelbasis zu verändern, der Gaumen zu wölben, die Zunge nach hinten zu runden. Der Cro-Magnon-Mensch[3], der vor gut 35.000 Jahren in Europa vermutet wurde, hatte diese Anatomie mit einem modernen Stimmtrakt. Australopithecinen, Homo habilis, Homo erectus und der Neandertaler hatten vermutlich ein Kommunikationssystem mit lautlichen Elementen. Die eigentliche menschliche Lautsprache hat sich aber in dem Zeitraum zwischen 250.000 und 35.000 Jahren vor unserer Zeit entwickelt (vgl. Zimmer 1995: 174).

Die Entstehung der menschlichen Sprache nennt man auch Phylogenese. Sie lässt sich wie folgt definieren:

> **Phylogenese** (von griech. *phyle* ‚Volksstamm' und *genesis* ‚Entstehung') bezeichnet die Sprachentstehung in der menschlichen Stammentwicklung.

Wenn man stammesgeschichtlich der Frage nach der Entstehung von Sprache nicht mehr über direkte Beweise, sondern nur über Rekonstruktionen nachgehen kann, so können wir aber an Kindern noch heute beobachten, wie die Sprache im Individuum entsteht. Diese Entstehung der Sprache nennt man Ontogenese und man kann sie so definieren:

---

[3]   In einer Höhle im Vézère-Tal in Südfrankreich wurden 1868 fünf menschliche Skelette der jüngeren Altsteinzeit gefunden.

📖 **Ontogenese** (von griech. *ontos* ‚seiend' und *genesis* ‚Entstehung') bezeichnet die Sprachentstehung im einzelnen menschlichen Individuum.

Manche Forscher haben vermutet, über die Ontogenese zur Phylogenese ge-
langen zu können, d.h. über die Beobachtung der Entstehung von Sprache im
Individuum könne die Forschung entscheiden, wie sich die Sprache stammesgeschichtlich entwickelt hat. Wir wollen uns den Spracherwerb des Kindes einmal
genauer ansehen und die Frage nach der stammesgeschichtlichen Entwicklung
von Sprache den Experten überlassen.

1.2 Spracherwerb

Wie lernen Kinder sprechen? Viele antworten darauf spontan: Kinder hören Erwachsene sprechen und ahmen diese nach. Zunächst ist die Kindersprache als
Imitation der Erwachsenensprache noch fehlerhaft, doch im Laufe der Sprachentwicklung nähert sie sich immer stärker der Erwachsenensprache an. Diese Ansicht wird schon seit langem nicht mehr vertreten, wie die nachfolgenden Abschnitte illustrieren werden.

1.2.1 Behaviorismus vs. Nativismus

Im Behaviorismus, der amerikanischen Richtung der Psychologie mit dem Ziel,
das Verhalten von Tieren und Menschen objektiv zu betrachten, vertrat man die
Auffassung, dass Spracherwerb der Erwerb von Verhalten wie jedem anderen sei.
Man beschränkte sich auf das direkt zu beobachtende oder mit Instrumenten zu
messende Verhalten. Der Behaviorismus beherrschte die angelsächsische Psychologie von den 20ern bis in die 60er Jahre des 20. Jahrhunderts. Spracherwerb wird
als Kombination aus Assoziation, Imitation und Verstärkung begriffen, wie im
Übrigen jedes Verhalten (vgl. Skinner 1957).

Es gibt nun eine Reihe von Beobachtungen, die gegen die behavioristische
Konzeption von Spracherwerb sprechen (Müller/Riemer 1998):

- Kinder produzieren Äußerungen, die sie noch nie zuvor gehört haben und
  die sie somit auch nicht über Imitation erworben haben können.
- Kinder imitieren gerade jene Wörter, die sie bereits verstehen, die sie jedoch noch unsicher gebrauchen.
- Auch taube Kinder ‚plappern'.
- Der Spracherwerb vollzieht sich bei jedem ‚normalen' Kind in gleicher oder
  zumindest sehr ähnlicher Weise. Es zeichnet sich eine feste Abfolge der
  verschiedenen Lernstadien ab. Diese ist unabhängig von anderen kognitiven Leistungen und der jeweiligen Sprache.

- Bestimmte Fehler, die logisch möglich sind, werden von Kindern nie gemacht.
- Der Erwerb der Muttersprache vollzieht sich erstaunlich schnell.

> „Mit anderthalb Jahren haben sie nicht mehr als 50 wortartige Gebilde. Dann steigt ihr Wortschatz bis zum sechsten Geburtstag und noch ein Stück darüber hinaus in nahezu gerader Linie. Mit sechs Jahren verstehen sie über 23700 Wörter, benutzen sie über 5000. ... Das bedeutet, daß sie in diesen viereinhalb Jahren tagtäglich 14 neue Wörter in ihr passives und 3,5 in ihr aktives Vokabular aufnehmen." (Zimmer 1995: 24f.)

Spracherwerbsforscher gehen davon aus, dass Kinder mit ungefähr drei Jahren bereits das Grundgerüst ihrer Muttersprache(n) erworben haben. So wissen sie, dass ein ‚Clownglas' eine Art Glas ist und eine ‚Glastür' eine Art Tür. Kinder entnehmen der Sprache, die sie hören (dem sog. Input), aber nicht nur die Wörter, sondern auch die grammatischen Regeln. Diese werden zunächst auf alle gleichartigen Fälle ausgedehnt, was oft zu ‚fehlerhaften' Äußerungen führt. Aus der Sicht des Kindes sind derartige Äußerungen jedoch keineswegs fehlerhaft; sie zeigen allein, dass die angenommene Regel beispielsweise noch grob ist.

Ein Beispiel illustriert dies: Ein deutsches Kind bemerkt schnell, dass Nomina verändert werden, wenn von einer Mehrzahl die Rede ist: *Flasche — Flaschen, Auto — Autos*. Es leitet die Generalisierung ab, dass Plurale im Deutschen durch Endungen (Suffixe, vgl. Kapitel 3) markiert werden. Es muss nun noch lernen, dass diese Regel zu grob ist. Die folgenden Fehler zeigen, dass das Kind die Regel übergeneralisiert (* steht für ‚ungrammatisch'): *Ritters, *Räubers, *Verkäufers, *Lasters, *Vaters, *Käfers, *Tischen, *Keksen, *Büchern, *Froschen, *Schuhen, *Händen (Müller/Riemer 1998).

Doch wie kommt das Kind auf die Regeln? Diese Frage ist keineswegs trivial, denn der Erstspracherwerb besteht keineswegs aus dem Lernen von expliziten Regeln, wie wir es vom Fremdsprachenerwerb in der Schule gewohnt sind. Die Erwachsenen, die das Kind umgeben, verfügen über die grammatischen Regeln unbewusst. Es handelt sich also um unbewusstes Wissen, welches das Kind erwerben muss. Dieses Wissen manifestiert sich auf allen linguistischen Beschreibungsebenen (vgl. White 1989, Müller/Riemer 1998). Hierzu wollen wir drei Beispiele aufzeigen.

Beginnen wir mit dem unbewussten Wissen über die Sprachlaute (= phonologisches Wissen, s. Kapitel 2). Die Nomina *back, cap, cat* werden im Englischen anders ausgesprochen als *bag, cab, cad*. Bilden wir auf der Basis der erstgenannten Nomina die jeweilige Pluralform, so erhalten wir die Formen *backs, caps, cats* — [s], bei den zweitgenannten ergeben sich die Formen *bags, cabs, cads* — [z]. Es handelt sich hierbei um eine regelmäßige Eigenschaft des englischen Pluralsystems. In Experimenten konnte gezeigt werden, dass Erwachsene und Kinder diese Regularität auch bei Kunstwörtern anwenden, d.h. *gluck, glug* werden im Plural zu *gluck*[s] und *glug*[z]. Die Regel lautet: Die Qualität des letzten Lautes ist entscheidend bei der Pluralbildung. Handelt es sich um einen stimmlosen Laut, so wird der Plural auf [s] gebildet. Handelt es sich um einen stimmhaften Laut, so lautet die Pluralform auf [z] aus (zu stimmlosen und stimmhaften Lauten vgl. Kapitel 2).

Wir verfügen als Muttersprachler auch über unbewusstes Wissen über die kleinsten bedeutungstragenden Spracheinheiten (= morphologisches Wissen, s. Kapitel 3). Die Endung -able/-ible wird im Französischen an Verben angefügt, um daraus Adjektive abzuleiten: *lisible* ‚lesbar‘, *lavable* ‚waschbar‘, *mangeable* ‚essbar‘. Dieses Wortbildungsverfahren ist sehr produktiv und findet auch bei neu in die Sprache aufgenommenen Verben Anwendung, z.B. *photocopiable* ‚fotokopierbar‘. Französische Muttersprachler wissen jedoch auch unbewusst, dass es Fälle gibt, in denen das Anfügen von -able an ein Verb nicht zu einem grammatischen Ergebnis führt: **allable, *pleurable*. Diese nichtexistierenden Formen sind keineswegs aufgrund ihrer Bedeutung ausgeschlossen, da ein Satz wie ‚Ce chemin est allable‘ prinzipiell Sinn macht. Die Regel lautet, dass das Anfügen von -able nur bei transitiven Verben der Konjugationsklasse -er möglich ist.

Bilinguale, d.h. mit zwei Muttersprachen aufwachsende Kinder mischen ihre beiden Sprachen in seltenen Fällen innerhalb von Wörtern. Sie tun dies so, dass erkennbar wird, dass sie eine morphologische Analyse des Wortes durchgeführt haben. Die Altersangaben hinter den Namen des Kindes sind wie folgt zu lesen: Jahre;Monate,Tage. Die Herkunft der Sprachdaten wird in Kapitel 1.2.2 dargestellt.

(1) a. nounours il a *reit*é ne? (Ivar, 2;0,29, Veh 1990: 98)
     b. deddy *re*sucht (Ivar, 2;4,9, Veh 1990: 98)
     c. dies on peut *an*mis- mise / dies *an*mis (Ivar, 2;5,7, Veh 1990: 98)
     d. e poi è fin*iert* (Aurelio, 4;0,28, Cantone 2007: 181)
     e. e chi ce l'ha questo *topf*ino co- co- colla zuppa? (Carlotta, 3;7,13, Cantone 2007: 181)
     f. gelat*en* (Aurelio, 3;0,19, Cantone 2007: 181)
     g. scher*a* (Arturo, 2;11,24, Arencibia Guerra 2008)
     h. una kaputz*a* (Arturo, 4;1,5, Arencibia Guerra 2008)

Genau wie die Kinder würden auch Erwachsene Verben wie *reité, resucht, anmis, finiert* und Nomina wie *topfino, gelaten, schera* und *kapuza*, nämlich wie *reit-é, re-sucht, an-mis, fin-iert* und *topf-ino, gelat-en, scher-a* und *kapuz-a* in kleinere Bestandteile zerlegen.

Auch das Wissen um den Bau und die Gliederung von Sätzen (= syntaktisches Wissen, s. Kapitel 6) ist unbewusst. Einige Formen wie *nach* und *vor* können unterschiedliche Funktionen haben. In den Beispielen in (2) und (3) fungieren sie als Präpositionen oder aber als sogenannte Verbpartikeln.

(2) a. Charlotte schlug die Vokabel nach.
     b. Charlotte will die Vokabel nachschlagen.
     c. Charlotte schlug nach der Katze.
     d. *Charlotte schlug der Katze nach.

(3)   a. Maria legte den Ausweis vor.
      b. Maria wird den Ausweis vorlegen.
      c. Maria legte es vor die Tür.
      d. *Maria will es die Tür vorlegen.

Die Beispiele zeigen, dass die Position dieser Formen nur dann variabel ist, wenn sie die Funktion einer Partikel übernehmen.

Neben dem Erwerb des unbewussten Wissens stellen sich drei weitere fundamentale Probleme, die den Input selbst betreffen. Man bezeichnet dies auch als das logische Problem des Spracherwerbs (Hornstein/Lightfoot 1981):

Erstens bekommt das Kind meist nur einen kleinen, zufälligen und oft sogar verstümmelten oder schadhaften Ausschnitt seiner Muttersprache zu hören. Die korrekte Generalisierung hängt häufig von Sätzen und Strukturen ab, die im normalen Sprachgebrauch selten vorkommen, d.h. das Kind wird mit ihnen während des Erwerbsprozesses nicht regelmäßig konfrontiert. Erwachsene machen Fehler, Abbrüche im Satz, wenn sie sprechen. Dass Erwachsene Fehler machen, weiß das Kind aber nicht.

Zweitens sind die den natürlichen Sprachen zugrundeliegenden Regeln und Prinzipien äußerst komplexer Natur und zeigen sich nicht in offenkundiger oder eindeutiger Weise an der Sprachoberfläche. Das heißt, für eine gegebene Menge von Äußerungen mag das Kind die korrekte Generalisierung finden, aber ebenso ist es möglich, dass es diese Generalisierung nicht findet. Was dies genau bedeutet, soll am Beispiel der Elision illustriert werden.

📖   Mit **Elision** (lat. ELIDERE ‚herausschlagen, -stoßen‘) wird das Weglassen eines oder mehrerer meist unbetonter Laute bezeichnet.

Das Weglassen von Lauten kann man an der Sprachoberfläche beobachten. Die linguistische Regel lautet: Die Elision ist abhängig von einer Spur t (‚trace‘) (vgl. Rizzi 1988: 56). Was ist darunter zu verstehen? Das Italienische verfügt über eine Regel, derzufolge der unbestimmte Artikel *una* vor Nomina, die mit einem Vokal anlauten, zu *un'* elidiert wird.

(4)   a. una amica → un'amica   ‚eine Freundin‘
      b. una aranciata → un'aranciata   ‚eine Apfelsine‘

Nun gibt es aber Beispiele, die dieser Regel zu widersprechen scheinen. Sie betreffen Sätze, in denen das Pronomen *ne* ‚davon‘ auftritt. *Ne* kann dabei allein für das Nomen stehen, das das Objekt des Satzes darstellt (es also ersetzen), die anderen Sprachelemente bleiben von der Pronominalisierung unberührt.

(5)   a. Comprerò un'abitazione enorme.
         ‚Ich werde eine riesige Wohnung kaufen.‘
      b. *Ne comprerò un'enorme.
      c. Ne comprerò una enorme.

    d. *Ne$_i$ comprerò un' t$_i$ enorme.

    e. Ne$_i$ comprerò una t$_i$ enorme.

Im Beispiel (5a) findet die Elisionsregel Anwendung, im grammatischen Beispiel (5c) nicht. Wenn man die Regel trotzdem anwendet, erhalten wir das ungrammatische Beispiel (5b). Obwohl also auf der Sprachoberfläche die Bedingungen für die Anwendung der Elisionsregel erfüllt sind, führt sie in Verbindung mit *ne* zu einem ungrammatischen Ergebnis. In der Literatur geht man davon aus, dass das Pronomen *ne* das in (5a) genannte Nomen stellvertretend realisiert. Da *ne* aber an einer ganz anderen Position im Satz steht als das Nomen in (5a), nimmt man an, dass *ne* in Beispiel (5b) und (5c) an die Position vor dem Verb verschoben wurde. Diese Verschiebung hinterlässt in ihrer Ausgangsposition eine Spur, worauf wir in Kapitel 6 noch genauer eingehen werden. Wir hätten also Strukturen wie in (5d) und (5e) vorliegen (die Spur trägt denselben Index i wie *ne*, um anzuzeigen, dass *ne* ursprünglich an der Stelle des Nomens gestanden hat). Das Einfügen einer Spur in (5d) und (5e) zeigt deutlich, dass die Bedingungen für die Elisionsregel in (5d) gar nicht gegeben sind, da links von *una* eine Spur, also gar kein vokalisch anlautendes Nomen, steht. Die Ungrammatikalität des Beispiels (5d) zeigt eindrucksvoll, dass die Elisionsregel der italienischen Sprache nichts mit der Sprachoberfläche zu tun hat, da auf ihr die Spur nicht existiert.

    Drittens enthält der Input keine negative Evidenz. Eine Struktur, die im Input nicht auftritt, ist nicht zugleich auch ungrammatisch. Das Kind darf aus dem Nichtauftreten einer Konstruktion nichts hinsichtlich ihrer Grammatikalität ableiten. Kinder werden, wenn sie Fehler machen, von Erwachsenen nicht immer korrigiert. Korrigieren Erwachsene Kinder, so hat das meist keinen Lerneffekt. Das Kind kann ja auch nicht wissen, auf welche Aspekte seiner Äußerung sich die Korrektur des Erwachsenen bezieht, auf formale oder eher inhaltliche. Das nachfolgende Beispiel aus McNeill (1966: 69) zeigt zudem, dass Kinder oft auch auf ihrer Ausdruckweise beharren.

(6)   Kind: Nobody don't like me.

       Mutter: No, say ‚nobody likes me'.

       Kind: Nobody don't like me.

       [nach acht Wiederholungen dieses Dialoges]

       Mutter: No, now listen carefully, say ‚NOBODY LIKES ME'.

       Kind: Oh! Nobody don't likes me.

Oder kann das Kind doch wissen, ob es grammatisch oder ungrammatisch spricht, indem es auf die Erwachsenen achtet? Snow/Ferguson (1977) haben die Vermutung aufgestellt, dass sich Erwachsene an das kindliche Kompetenzniveau anpassen, wenn sie mit Kindern sprechen. Diese Art mit Kindern zu kommunizieren ist als *Motherese* in die Literatur eingegangen. Diese Babysprache ist durch den Gebrauch einfacher Sätze charakterisiert, die dann im Abgleich mit dem Kompetenzzuwachs des Kindes auch bei den Erwachsenen immer komplexer werden. Laut dieser Forschungsrichtung markieren Erwachsene auch den Input, den das Kind erhält, mit Signalen, die das Kind nutzen kann, um sich die Grammatikalität seiner eigenen Äußerungen zu erschließen. So beobachten Hirsh-Pasek/Treiman/Schneidermann (1984), dass Wiederholungen durch die Erwachsenen häufiger bei ungrammatischen als bei grammatischen kindlichen Äußerungen von Zweijährigen vorkommen. Demetras/Post/Snow (1986) stellen hingegen fest, dass wörtliche Wiederholungen und ‚continuations of the conversation' den grammatischen kindlichen Äußerungen folgen. Damit widerspricht diese Arbeit der von Hirsh-Pasek et al. (1984). Selbst wenn wir unterstellen würden, dass Erwachsene ihre Sprache ‚kindgerecht' anpassen und mit Signalen versehen, bleibt immer noch eine sehr problematische Beobachtung für den Syntax- und Morphologieerwerb. Zahlreichen Studien ist zu entnehmen, dass Erwachsene eine höhere Sensibilität für semantische (die Bedeutung betreffende) und phonologische Ungrammatikalität haben als für syntaktische und morphologische. Für den Syntax- und Morphologieerwerb müsste sich das Kind also ohnehin auf ein irgendwie geartetes Vorwissen stützen, das dazu führt, dass der Erwerb auch ohne entsprechende Signale im Input vonstatten geht.

Wichtig zu erwähnen ist ferner, dass Kinder in bestimmten Bereichen gar keine Fehler machen, d.h. ohne dass negative Evidenz (z.B. Korrekturen) überhaupt nötig wäre. Außerdem verfolgen Kinder bestimmte Hypothesen, die logisch denkbar wären, einfach nicht. Zimmer (1995) führt zur Illustration das folgende Beispiel an. Ein deutsches Kind könnte aus den folgenden Sätzen in (7), die es hört,

(7)   a. Die Mama geht jetzt in den Garten.
      b. Geht die Mama jetzt in den Garten?

die Generalisierung ableiten, dass die Fragesatzbildung im Deutschen der folgenden Regel unterliegt: Stelle das dritte Wort an die erste Satzposition. Das Kind würde bei Anwendung dieser Regel den Fragesatz in (8) bilden:

(8)   Im Oma ist Garten? aus dem Satz ‚Oma ist im Garten'

Es ist also plausibel anzunehmen, dass das Kind irgendein angeborenes Vorwissen mitbringt. Denn wenn es erst alle denkbaren Möglichkeiten durchprobieren müsste, käme es vermutlich nie ans Ziel. Der US-amerikanische Sprachwissenschaftler Noam Chomsky vermutet, dass allen natürlichen Sprachen eine einzige und universale Grammatik zugrundeliegt, und diese Universalgrammatik rekonstruiert das Kind nicht auf der Basis des ‚schlechten' Inputs, sondern sie ist angeboren und muss beim Erwerb der Muttersprache nur aktiviert werden.

Die nativistische Sicht auf den Spracherwerb löste die behavioristische Perspektive ab. Laut dem Behaviorismus wird Sprache wie jedes andere Verhalten als eine Reaktion (Response) auf einen Stimulus angesehen. Das Kind vergleicht beim Spracherwerb sein Geäußertes mit dem der Erwachsenen. Der Spracherwerb ist aus der Perspektive des Nativismus betrachtet ein Abgleichen des vom

Kind Geäußerten mit seinem eigenen, neu hinzugekommenen Wissen. Die nativistische Sichtweise bedeutet aber nicht,

> „daß der Spracherwerb auch von allein und ganz ohne Input vonstatten gehen kann, ebensowenig wie das dennoch genetisch vorprogrammierte Körperwachstum ohne Input vor allem in Form bestimmter Nährstoffe vonstatten gehen kann. Sie meint nur, daß das Kind darum so sicher durch das hochkomplizierte Labyrinth einer Grammatik hindurchfindet, weil ihm ein angeborenes Vorwissen, ein genetischer Ariadnefaden von Anfang an all die vielen in die Irre führenden Abzweigungen erspart." (Zimmer 1995: 15)

Ohne Input geht es nicht! Es hilft dem Kind nicht viel weiter, wenn ein Linguistenehepaar eine Satzstruktur gut sichtbar an der Wiege des Kindes befestigt.[4]

Die nativistische Position wird nicht von allen Forschern vertreten. Einige bestreiten, dass das Kind über konkretsprachliches Vorwissen verfügt (vgl. Piaget 1972). Der Spracherwerb erfolgt ihrer Ansicht nach zwar über genetisch fixierte allgemeine Prinzipien, die aber nicht speziell der Verarbeitung von Sprache dienen, sondern auch für andere Bereiche der menschlichen Kognition genutzt werden. Der Spracherwerbsforscher Dan I. Slobin unterstellt dem Kind ebenso kein grammatisches Vorwissen, sondern Wissen in Form von angeborenen Arbeitsprinzipien, die den Spracherwerb ohne große Umwege ermöglichen. Das wohl bekannteste Arbeitsprinzip lautet: Achte auf das Wortende! Das Gemeinsame aller Ansätze ist, dass ein irgendwie geartetes genetisches Vorwissen zugrundegelegt wird (vgl. Fanselow/Felix 1987).

---

4   Für die Cartoonidee danken wir Bettina Disdorn.

Wir wollen aus der Arbeit von Hauser-Grüdl/Arencibia Guerra/Witzmann/
Leray/Müller (2010) ein Beispiel dafür anführen, dass der Erwerbsverlauf im
Kleinkind nicht in direkter Weise vom Input abhängig ist. Es gilt als gesichert,
dass italienische und spanische Kinder von Beginn an finite (d.h. mit dem Subjekt
des Satzes hinsichtlich Person (erste, zweite, dritte) und Numerus (Singular, Plural) übereinstimmende) Verben benutzen, die auch schon zielsprachlich gebraucht werden, vgl. (9). Dieses tun deutsche Kinder zunächst nicht. Sie benutzen
sehr häufig den Infinitiv, wenn sie einen Hauptsatz bilden wollen, vgl. (10).

(9)   Bevo acqua.
(10) Ich Wasser trinken.

Interessanterweise belaufen sich Infinitive aber in beiden Sprachen im Input der
Kinder auf ähnliche Realisierungszahlen. Abbildung 1.1 zeigt dies für erwachsene
Sprecher des Deutschen und Italienischen.

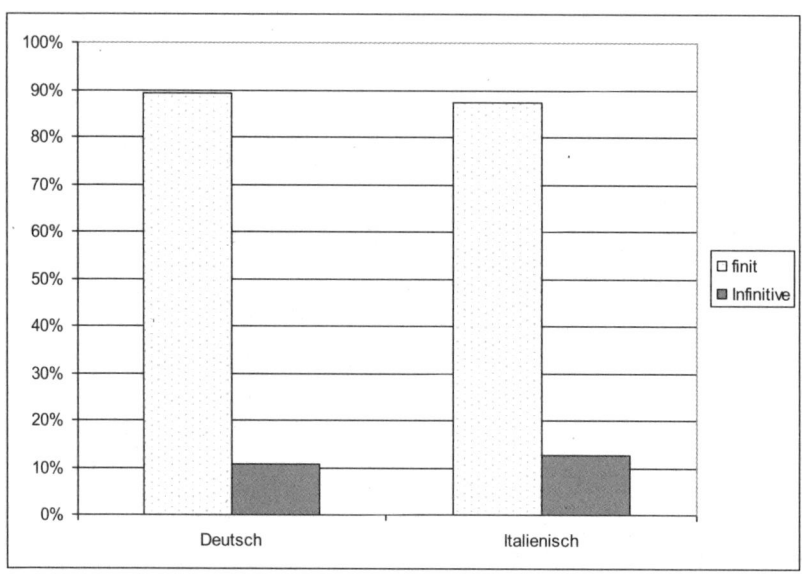

Abbildung 1.1:
Realisierung von finiten Verben und Infinitiven
im Deutschen und Italienischen

Das Beispiel zeigt, dass die Sichtweise, dass das Kind seine Konstruktionen mit
dem eigenen Wissen über die jeweilige Sprache abgleicht und weniger an dem
orientiert ist, was die Erwachsenen im Input vorgeben, die richtigen Vorhersagen
macht.

1.2.2 Sprachliche Universalien

Welches sind nun die universalen Grundeigenschaften von menschlicher Sprache? Diese könnten dem Kind angeboren sein, wenn es eine Sprache erwirbt:

- **Sprache ist akustisch** (es gibt Ausnahmen wie die Gebärdensprache oder Schriftsprachen). Schon neugeborene Kinder unterscheiden menschliche Sprachlaute von beispielsweise Musik. Dieses Grundprinzip könnte erklären, weshalb auch taube Kinder anfänglich ‚plappern'. Mehler/Jusczyk/ Lambertz/Halsted/Bertoncini/Amiel-Tison (1988) konnten in mehreren Experimenten nachweisen, dass französischsprachige Kinder bereits vier Tage nach der Geburt ihre Muttersprache von einer anderen Sprache unterscheiden können. Eine Möglichkeit, dies bei Säuglingen nachzuweisen, stellt die Beobachtung der Nuckelrate dar. Bei den getesteten französischsprachigen Säuglingen war die Nuckelrate sehr hoch, wenn den Säuglingen französisches akustisches Material vorgespielt wurde. Die Rate war signifikant niedriger, wenn russisches akustisches Material vorlag.

- Die menschliche Sprache kann von dem **Hier-Jetzt** abgelöst von solchen Dingen handeln, die in Raum oder Zeit entfernt sind, z.B. von Zukunftsvisionen oder dem Sturm auf die Bastille. Auch der Bienentanz wird dazu eingesetzt, um den Volksgenossinnen darüber Aufschluss zu geben, wo sich Futterquellen befinden. Die Komplexität der menschlichen Sprache geht aber weit über den Bienentanz hinaus.

- **Sprache besteht aus diskreten Einheiten.** Denkbar wäre auch eine kontinuierliche Sprache, zum Beispiel eine, in der sich die Bedeutung mit der Lautstärke, in der das Wort ausgesprochen wird, verändert. So könnte ‚wind' leise gesprochen einen Sturm bedeuten (geflüstert dann einfach nur Wind) und je lauter die Aussprache wird einen Hurrikan bezeichnen. Die menschliche Sprache ist gerade so nicht beschaffen. Über alle möglichen Aussprachen hinweg bedeutet ‚wind' immer nur ‚Wind'.

  „Keine Sprache erlaubt die gleitende Abstufung von Bedeutungen mit Hilfe gleitender Abstufungen der Aussprache. [...] Die sogenannten Tonsprachen, wie das Chinesische eine ist, sind keine Ausnahme: Bei ihnen ändert sich zwar die Bedeutung mit der Tonhöhe, aber nicht gleitend, sondern schrittweise; die Tonhöhe schafft diskrete Bedeutungsunterschiede, so wie im Deutschen zuweilen die Betonung sie schafft („únterstellen" geht nicht durch die Verschiebung des Akzents gleitend in „unterstéllen" über; das Wort hat entweder die eine oder die andere Bedeutung)." (Zimmer 1995: 18f.)

Die diskreten Einheiten werden wir im Verlauf der Einführung noch kennenlernen. Verblüffend ist allerdings die Beobachtung, dass einzelne Laute nicht völlig identisch von den Einzelpersonen innerhalb einer Sprachgemeinschaft ausgesprochen werden. Dennoch verstehen wir einander! Man denke auch an Personen, die lispeln. Diese Sprechauffälligkeit können wir einfach übersehen. An diesen Fähigkeiten beim Sprachverstehen zeigt sich, dass die diskreten Einheiten als ‚geistige' oder auch kognitive Einheiten existieren, die zu einem gewissen Grad von der Sprachwirklichkeit (also dem, was wir wahrnehmen) losgelöst sind.

- Die Zeichen der Sprache sind **willkürlich**. In der Regel existiert zwischen der Lautgestalt eines Wortes und der körperlichen Gestalt dessen, was es bezeichnet, keine Beziehung. Selbst die wenigen lautmalerischen Wörter wie *Kuckuck* oder *Kikeriki* sind hierzu keine Ausnahmen. Im Französischen macht der Hahn nämlich nicht *kikeriki* sondern *coquerico* (auch: *cocorico*). Wir wollen aber nicht behaupten, dass sich Hähne in Frankreich anders bemerkbar machen als in Deutschland.

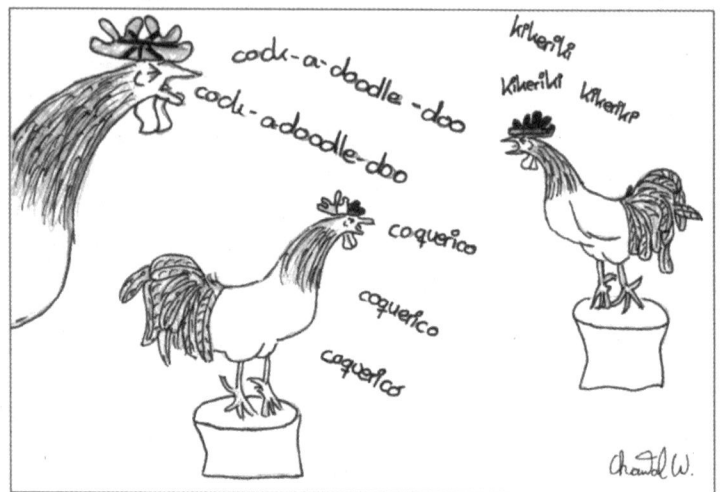

Die Willkür des sprachlichen Zeichens beschreibt auch Peter Bichsel in einer seiner Kindergeschichten (vgl. Zimmer 1995: 19), in der ein einsamer Mann die Dinge um ihn herum umbenennt und damit noch einsamer wird. So entstehen in der Geschichte lustige Sätze wie, dass der einsame Mann am Morgen das Bild verließ, sich anzog und sich an den Teppich auf den Wecker setzte.

- **Die Sprache ist offen.** Das Zeichenrepertoire und die Regeln, die diese Zeichen zu Sätzen kombinieren, sind endlich. Mit diesem endlichen Repertoire lassen sich Äußerungen produzieren und verstehen, die niemals zuvor geäußert/gehört wurden. Es gibt also eine unendliche Anzahl von grammatischen Sätzen. Eine Sprache kann 20 bis 60 diskrete Lauteinheiten (die wir in Kapitel 2 als Phoneme kennenlernen werden) aufweisen (vgl. Bergeijk/van Pierce/David 1960). Das Italienische zählt 33 solcher Einheiten, mit denen sich unendlich viele Wörter bilden lassen, die dann wieder für die Bildung von unendlich vielen Sätzen dienen.

Die unbewusste Kenntnis dieser und anderer Eigenschaften von Sprache muss dem aktiven Spracherwerbsprozess vorausgehen. Anders wäre der Prozess des Spracherwerbs nicht denkbar. Die Suche nach der Existenz sprachlicher Universalien, vgl. Greenberg (1966), gilt in der modernen Sprachwissenschaft als noch nicht abgeschlossen.

📖 Unter **Universalien** werden Eigenschaften bzw. Prinzipien zusammengefasst, die Sprachen gemeinsam haben.

Die Existenz von Universalien, aber auch die Beobachtung, dass „alle Kinder einer Sprachgemeinschaft dieselbe Grammatik in derselben Zeit erwerben" (v. Stechow/Sternefeld 1988: 30), lässt den Schluss zu, dass es eine Reihe von Prinzipien geben muss, mit denen das Kind ausgestattet ist und die es ihm ermöglichen, die Sprache(n) der jeweiligen Sprachgemeinschaft(en) zu erwerben. Die Annahme angeborener Prinzipien gewinnt ferner an Plausibilität, wenn man die Tatsache berücksichtigt, dass Kinder auch solche Strukturen erwerben, die in ihrem Input nur selten auftreten, wie z.B. Passivstrukturen (*Der Junge wurde von dem Hund gebissen.*). Der Spracherwerb weist zudem eine innere Ordnung in dem Sinne auf, dass bestimmte Strukturen nicht (zeitlich) vor bestimmten anderen erworben werden. Dies ist von allen Spracherwerbsmodellen anerkannt. Auch die Beobachtung, dass manche Kompetenzbereiche sehr früh erworben werden müssen, da dieses Wissen ansonsten nur schwer oder gar nicht erlangt werden kann, deutet in die Richtung einer angeborenen Fähigkeit, Sprache zu erwerben. So zeigen Pallier/Bosch/Sebastián-Gallés (1997), dass bilingual spanisch-katalanische Erwachsene den katalanischen Kontrast zwischen den Vokalen [e] (wie in *déu* ‚Gott') und [ɛ] (wie in *deu* ‚zehn') nicht unterscheiden und wie den spanischen Vokal [e] wahrnehmen, welcher geöffneter gesprochen wird als [e] im Katalanischen. Sechsjährige Kinder sind schon zu alt, um den katalanischen Kontrast zu erwerben, wenn sie Spanisch als Muttersprache erworben haben. Die katalanischen Laute werden dann an die spanischen angepasst.

Die angeborenen Prinzipien konstituieren die Universalgrammatik (UG). Die UG muss den folgenden Ansprüchen genügen: Zum einen muss sie eingeschränkt genug sein, da sie nur den Erwerb von natürlich vorkommenden Sprachen zulassen soll. Zum anderen muss sie zu den doch recht verschiedenen Grammatiken der einzelnen Sprachen kompatibel sein und einzelsprachspezifische Variationen zulassen. Man stellt sich deshalb die UG als ein parametrisiertes System vor. Demnach können die einzelnen Prinzipien Variablen enthalten, die in Abhängigkeit von der Einzelsprache unterschiedliche Werte (= Parameter) annehmen. Ein Beispiel dafür ist der Unterschied zwischen VO- und OV-Sprachen.

📖 Eine **VO-Sprache** ist eine Sprache, in der das Verb vor das Objekt gestellt wird. In einer **OV-Sprache** erscheint das Objekt vor dem Verb.

Während die romanischen Sprachen zu den VO-Sprachen zählen, vgl. (11), wird das Deutsche als OV-Sprache angesehen, vgl. (12).

(11) frz. J'ai [bu]$_V$ [une tasse de café]$_{Obj.}$
     it.   (Io) ho [bevuto]$_V$ [una tazza di caffè]$_{Obj.}$
     sp.   (Me) he [bebido]$_V$ [una taza de café]$_{Obj.}$

(12) Ich habe [eine Tasse Kaffee]$_{Obj}$ [getrunken]$_V$.

Sogar Kinder, die mit zwei Muttersprachen — z.B. mit Deutsch und Französisch — aufwachsen, wissen, dass im Deutschen das Verb nach dem Objekt steht,

(13) wir müssn [schuhe]$_{Obj}$ [holn]$_V$ (im Alter von 2 Jahren und 10 Monaten, 2;10)
(14) du sollst [das]$_{Obj}$ [festhaltn]$_V$ (2;10)

und im Französischen die Abfolge Verb vor Objekt gilt. Beispiele aus der Kindersprache sind:

(15) j' vais [chercher]$_V$ [l'autre]$_{Obj}$ (3;1)
(16) il a [mangé]$_V$ [le petit chaperon rouge]$_{Obj}$ (2;8)

Die Abbildung 1.2 aus der Arbeit von Jasmin Müller (2009) zeigt eindrucksvoll, dass die bilingualen Kinder diesen grammatischen Bereich annähernd genauso gut beherrschen wie die monolingual französischen und deutschen Kinder.

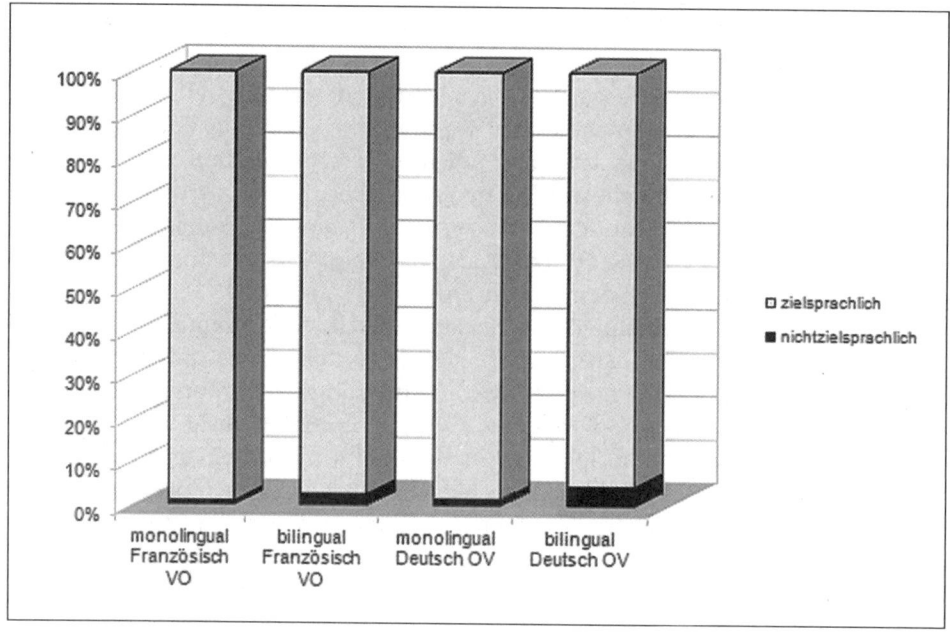

Abbildung 1.2:
Anteile zielsprachlicher und nichtzielsprachlicher Äußerungen: Gegenüberstellung monolingualer und bilingualer Kinder

Die Aufgabe des Kindes besteht u.a. darin, die in den Prinzipien enthaltenen

Parameter mittels des Inputs auf ihre jeweils zielsprachlichen Werte festzulegen. Dieses Fixieren der Parameter auf ihre zielsprachlichen Werte kennzeichnet sich durch jeweils radikale Umbrüche in den grammatischen Systemen der Kinder. Die Kinder sind in der Lage, grammatische Regularitäten, die von der Spracherwerbsforschung als parametrisiert angesehen werden, quasi ‚von heute auf morgen' korrekt zu produzieren. Mit anderen Worten, die korrekte Stellung des Verbs in Relation zum Objekt tritt sofort mit Verwendung der ersten Verben und Objekte fehlerfrei auf. Die Aussage dieser Beobachtung sollte nicht unterschätzt werden, da dieselben Kinder in anderen Bereichen der Grammatik lange Zeit Fehler machen.

Wir werden in unserer Einführung immer wieder Bezug auf den bilingualen Erstspracherwerb nehmen. Dabei sind gerade von Geburt an mit zwei Sprachen aufwachsende Kinder gemeint, da in diesem Fall zwei grammatische Systeme von einem einzigen Individuum erworben werden und wir so sehr gut zwischen grammatischen und allen anderen Größen, die auf den Erwerb einwirken könnten, trennen können. Die genannten empirischen Arbeiten stammen aus der Wuppertaler Mehrsprachigkeitsgruppe. Die Mehrsprachigkeitsforschung mit bilingual deutsch-französischen, deutsch-italienischen, deutsch-spanischen, italienisch-französischen und spanisch-französischen Kindern in Deutschland, Frankreich, Italien und Spanien nahm ihren Anfang im Jahre 1999 (vgl. Cantone/Kupisch/Müller/Schmitz 2008 und Müller/Kupisch/Schmitz/Cantone 2011). Seit dem Jahre 2004 ist die Forschung an der Bergischen Universität Wuppertal angesiedelt (vgl. Hauser-Grüdl et al. 2010) und seit 2009 mit einem Projekt mit dem Titel ‚Code-switching bei bilingual aufwachsenden Kindern in Deutschland, Italien, Frankreich und Spanien: Italienisch-Deutsch, Französisch-Deutsch, Spanisch-Deutsch, Italienisch-Französisch, Italienisch-Spanisch, Französisch-Spanisch' vertreten (vgl. Müller/Arnaus Gil/Eichler/Jansen/Patuto/Repetto 2011). Nunmehr existieren in der Wuppertaler Bilinguismus Gruppe (WuBiG) mehr als 40 Längsschnittstudien, die die Sprachentwicklung von mehrsprachig aufwachsenden Kindern von anderthalb bis fünf Jahren dokumentieren. Im vierzehntägigen Abstand werden in der elterlichen Wohnung 30-minütige Videoaufnahmen in jeder Sprache durchgeführt. Die Sprachaufnahmen zeigen die Kinder in spontaner Interaktion mit Erwachsenen, die die jeweilige Sprache als Muttersprache sprechen. In regelmäßigen Abständen werden Sprachtests durchgeführt, die ermöglichen sollen, bestimmte Hypothesen an mehr als 40 Kindern zu testen. Dazu geht die Forschergruppe in Kindergärten und führt dort die Tests durch. Die monolingualen Daten entstammen sowohl der Wuppertaler Mehrsprachigkeitsgruppe als auch der Datenbank CHILDES (vgl. MacWhinney 2000).

Grammatische Phänomene, deren Erwerb andere Lernmechanismen als das Setzen von Parametern voraussetzt, gehören der Peripherie an. Hierzu zählen Ausnahmen von bestimmten Regularitäten. Ein aktuelles Beispiel für eine derartige Ausnahme bildet die sich in der deutschen Umgangssprache immer stärker herausbildende Möglichkeit, im durch die Konjunktion *weil* eingeleiteten Nebensatz das finite Verb an die dritte Satzposition zu stellen: *...weil ich hab' sie gesehen.* Aber auch grammatische Markierungsmöglichkeiten wie z.B. das Genus einer

Sprache gehören der Peripherie an; manchmal muss das Genus für jedes Nomen einzeln gelernt werden. Obwohl im Italienischen und Spanischen aufgrund des Auslautes des Nomens sehr gut vorhergesagt werden kann, ob es maskulin oder feminin ist, gibt es Ausnahmen wie das Nomen *mano*, welches aufgrund des Auslautes -*o* eigentlich maskulin sein müsste, es ist aber feminin. Für das Spanische zeigen Teschner/Russel (1984), dass 99,87% aller Nomina mit dem Auslaut -*o* maskulin (das entspricht 12.552 Nomina) und 96,30% aller Nomina auf -*a* feminin sind (das entspricht 16.000 Nomina). Ähnlich gute Vorhersagekraft haben die italienischen Auslaute -*o* und -*a* (Chini 1995). Im Französischen gibt es im Vergleich zu den beiden anderen romanischen Sprachen eine relativ hohe Anzahl an möglichen Auslauten für Nomina, von denen nur sehr wenige einen Rückschluss auf das Genus zulassen. Séguin (1969) analysiert 33.265 Nomina des Französischen und zeigt, dass für die maskulinen Nomina 570 unterschiedliche Nomenendungen existieren.

Betrachten wir den Genuserwerb genauer. In einigen Untersuchungen wurde festgestellt, dass der Genuserwerb bei Kindern im Alter von zirka zwei Jahren einsetzt und teilweise mit fünf Jahren noch nicht abgeschlossen ist. Es lässt sich über den ganzen Zeitraum anhand von Daten nachweisen, dass die Kinder die Genusmarkierung für jedes Nomen einzeln lernen. Während dieses mehrjährigen Zeitraums entwickeln die Kinder zwar Strategien, die den Lernprozess erleichtern[5], diese führen aber nicht zu derartigen Entwicklungsschüben, wie sie beim Spracherwerb über Parameter auftreten.

Eichler/Jansen/Müller (2011) zeigen, dass es einen Unterschied zwischen dem Erwerb des Genus im Spanischen und Italienischen einerseits und dem Französischen andererseits gibt, der sogar bei bilingualen Kindern nachweisbar ist, die Deutsch und eine der romanischen Sprachen erwerben. Das deutsche Genussystem ist im Übrigen mit dem des Französischen vergleichbar, indem es nur sehr wenige verlässliche Regularitäten zwischen Wortauslaut und Genus gibt. Zudem hat das Deutsche drei Genera. Die folgende Abbildung 1.3 ist der Arbeit von Eichler/Jansen/Müller (2011) entnommen und zeigt den prozentualen Anteil an Genusfehlern auf der y-Achse und die absolute Anzahl der Genusfehler für bilinguale und monolingual deutsche Kinder (Chantal aus WuBiG, Simone aus CHILDES).

---

[5] Die Kinder verwenden für alle deutschen Nomina, die auf dem Schwa-Laut auslauten (wie *Biene, Blüte*), feminine Artikelformen, auch dann, wenn dies nicht dem Erwachsenensystem entspricht, z.B. *die Hase. Französischen Nomina, die auf einen nasalen Vokal auslauten, wird das Maskulinum zugewiesen, wobei es zu Fehlzuweisungen wie *le main (korrekt: *la main*) kommt. Für diese Formen muss dann wieder die korrekte Zuweisung erlernt werden.

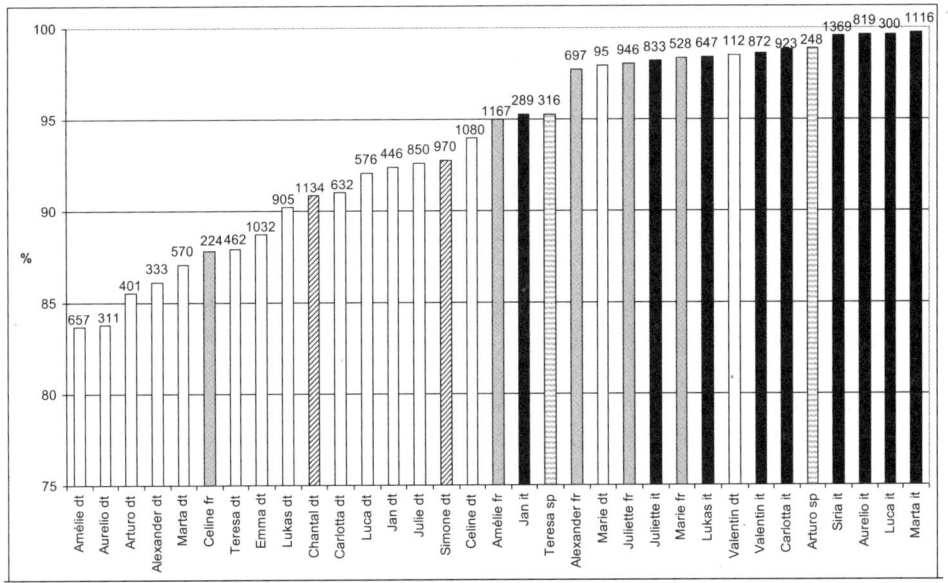

Abbildung 1.3:
Prozentuale und absolute Häufigkeit von zielsprachlicher Genusmarkierung
bei monolingual deutschen und bilingual mit Deutsch und einer romanischen
Sprache aufwachsenden Kindern

Ganz links und damit am fehleranfälligsten ist das Deutsche der bilingualen und monolingualen Kinder. Ganz rechts und damit am wenigsten anfällig für Genusfehler rangieren das Italienische und Spanische. Im mittleren Bereich befindet sich das Französische. Der Untersuchungszeitraum beginnt für die meisten Kinder im Alter von anderthalb Jahren und endet im Alter von 4 bzw. 5 Jahren. Die zielsprachliche Genusmarkierung im Deutschen und Französischen ist zum Ende der Studie noch nicht vollständig erworben.

Stehen die bisher aufgezeigten Wege des Erstspracherwerbs auch dann zur Verfügung, wenn der Spracherwerb nicht von Geburt an einsetzen kann? Für den Spracherwerb — so vermuten einige Spracherwerbsforscher — gibt es eine sogenannte sensible Phase (vgl. Lenneberg 1967): Mit der einsetzenden Pubertät lässt die Fähigkeit nach, eine Sprache so schnell und effizient zu lernen wie ein Kleinkind. Evidenz für die Annahme liefern die Beobachtungen bei ‚wilden Kindern'. Im Jahre 1800 wurde im französischen Aveyron ein etwa zwölfjähriger Junge gefunden, der vermutlich mehrere Jahre ohne Kontakt zu Menschen gelebt hat. Sein Erzieher, Dr. Itard, gab sich alle erdenkliche Mühe, diesen Jungen Sprache zu lehren, doch ohne Erfolg. Ein ähnlicher Fall ist der eines Mädchens mit Namen Genie, das 1970 in Kalifornien gefunden wurde. Genie war während ihrer gesamten Kindheit eingesperrt worden und hatte keinen Kontakt zu Menschen. Die Spracherwerbsforscher stürzten sich auf das Mädchen, doch Genie konnte nach acht Jahren nur im ‚Telegrammstil' Sätze bilden. Dies sind Sätze, in denen die Funktionswörer, d.h. Artikel, Konjunktionen, Präpositionen, Elemente, die Person und Numerus der Verben ausdrücken etc. noch fehlten.[6] Die Spracherwerbsforscherin, die Genies Sprachentwicklung begleitet hat, war Susan Curtiss (1977). Die Genie umgebenden Forscher sind sehr berühmt geworden. Genie starb einsam — so wie sie in die ,Zivilisation' kam.

1.2.3 Sprachproduktion und -verstehen

Bisher war im Zusammenhang mit Spracherwerb nur von der Sprachproduktion die Rede. Das Sprache erwerbende Kind muss selbstverständlich auch lernen, Sprache zu verstehen. Der Sprachverstehensprozess geht dem Sprachproduktionsprozess für viele (aber nicht für alle) Erwerbsphänomene zeitlich voraus, d.h. Kinder verstehen mehr als sie produzieren können. Beim Sprachverstehen legen Kinder offenbar die Maxime ,Plausibilität geht vor syntaktischer Information' zugrunde. Bei einem Versuch wurden Kindern vier Sätze vorgelegt: Die Katze jagt die Maus; Die Maus wird von der Katze gejagt; Die Maus jagt die Katze; Die Katze wird von der Maus gejagt (vgl. Strohner/Nelson 1974). Im Alter von zwei und drei Jahren vermuten Kinder, dass alle vier Sätze denselben Inhalt haben, nämlich: ,Katze jagt Maus'. Erst mit vier bzw. fünf Jahren erkennen Kinder, dass die beiden letzten Sätze die genau umgekehrte Bedeutung haben: ,Maus jagt Katze'. Die syntaktische Information wurde von den Kindern nicht berücksichtigt; sie wurde verdeckt von der Annahme, dass alles, was gesagt wird, auch plausibel ist.

Dass das Sprachverstehen der Sprachproduktion immer vorausgeht, wird mittlerweile für eine Reihe von grammatischen Phänomenen auch kritisch hinterfragt. In einem Elizitationstest[7] mit monolingual französisch aufwachsenden Kindern findet Schmeißer (2008), dass die Kinder durchgängig besser im Sprachproduktionsteil abschnitten, wohingegen ihnen das Sprachverstehen der untersuchten Tempora (*futur proche, présent, passé composé*) größere Schwierigkeiten bereitete. Den Kindern wurden Bilder wie in Abbildung 1.4 vorgelegt.

---

6   Der Telegrammstil, auch: *telegraphic speech*, wird von Kleinkindern in einem sehr frühen Stadium des Spracherwerbs gebraucht (Brown 1973). Deutsche Beispiele wären: *mama ess, papa trink, charlotte weg, charlotte spielplatz*.

7   In einem Elizitationstest, einer Art von Sprachtest, sollen die Probanden durch das direkte Stellen von Schlüsselfragen zu Äußerungen bewogen werden; *elizitieren* von engl. *to elicite* ,jmd. etwas entlocken'.

Abbildung 1.4:
Bild für einen Elizitationstest
(ursprünglich aus: Müller et al. 2011: 54)

Im Anschluss wurden die folgenden Fragen gestellt:

Für das Sprachverstehen:

Voilà des images d'un petit garçon qui se réveille de la sieste, pour aller se promener il choisit le pantalon bleu. Montre-moi l'image où le petit garçon va mettre son pantalon (image 1). Montre-moi l'image où le petit garçon met son pantalon (image 2). Montre-moi l'image où le petit garçon a mis son pantalon (image 3).

Für die Sprachproduktion:

Sur ces images, le petit garçon se réveille de la sieste, pour aller se promener il choisit le pantalon bleu. Ici (pointer 1), le petit garçon est encore en petite culotte. Raconte-moi ce que le petit garçon fait avec le pantalon, d'abord sur cette image-là (pointer 1), puis sur celle-là (pointer 2) et puis sur la dernière (pointer 3).

Die Ergebnisse des Elizitationstests sind in Abbildung 1.5 illustriert.

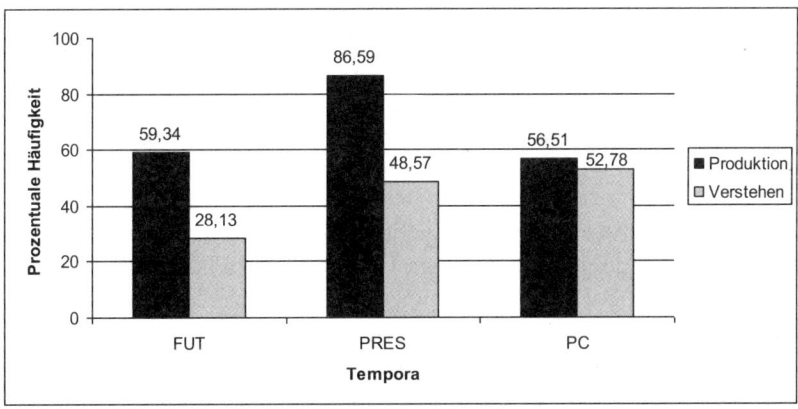

Abbildung 1.5:
Sprachproduktions- und Sprachverstehensasymmetrien bei monolingual
französischen Kindern im Alter von 2;4 bis 3;2 (Schmeißer 2008: 86)

Die Ergebnisse zeigen, dass die Kinder das *futur proche* (FUT) in 59% aller erwarteten Kontexte produzierten, es aber nur zu 28% verstanden. Ein vergleichbares Ergebnis zeigt sich beim Präsens (PRES), welches in 87% aller elizitierten Fälle produziert, jedoch nur zu 49% verstanden wurde. Das *passé composé* (PC) weist eine geringere Divergenz zwischen Sprachproduktion und Sprachverstehen auf (Produktion 57%, Verstehen 53%), widerspricht jedoch nicht dem generellen Ergebnis, dass Tempusformen produziert werden können, ohne dass das Verständnis dieser vorausgesetzt werden kann. Dieses wird ferner durch die Tatsache bekräftigt, dass im Verstehenstest alle Tempora gleichzeitig auch als Alternativantworten dienten. Im Sprachproduktionsteil hingegen wurde lediglich das Präsens übergeneralisiert, während das *futur proche* und das *passé composé* hier nur sehr selten in nicht vorhergesehenen Kontexten produziert wurden (<10%).

Basierend auf dem Verhältnis von Sprachproduktion und Sprachverstehen der einzelnen Kinder weist Schmeißer (2008) schließlich eine Erwerbsreihenfolge nach (PC<FUT<PRES), bei welcher sich herausstellt, dass das Präsens noch von keinem der untersuchten Kinder als erworben gelten kann. Gleichzeitig betont das Ergebnis die Wichtigkeit der Untersuchung des kindlichen Sprachverstehens von sprachlichen Äußerungen.

Wir dürfen also festhalten, dass die Sprachproduktion und das Sprachverstehen separat untersucht werden müssen. Mit beiden Begriffen nähern wir uns einem anderen Teilbereich der Sprachwissenschaft, der sich mit den psychologischen Grundlagen für Sprache beschäftigt.

1.3   Psycholinguistik

Die Annahmen darüber, welches Wissen das Sprachwissen des Menschen ausmacht, wie es erworben wird, werden innerhalb der Psycholinguistik dazu benutzt, um Modelle für die reale Sprachproduktion und das Sprachverstehen zu entwerfen. Wir können dieses Teilgebiet der Linguistik wie folgt definieren:

📖   Die **Psycholinguistik** untersucht das sprachliche Verhalten als einen Bestandteil der menschlichen Kognition.

In diese Disziplin bringen die Psychologen ihre Experimentaltechniken ein. Gerade die Psycholinguistik macht einen Unterschied zwischen dem sprachlichen Wissen (z.B. Wissen über Wörter und wie diese zu Sätzen zusammengefügt werden) und dem Wissen über die Sprachverwendung. Über Fehlleistungen bei der Sprachverwendung werden Rückschlüsse auf die Repräsentation des Wissens angestellt. Wir wollen als ein Beispiel die Versprecher anführen. Das folgende Beispiel ist Keller/Leuninger (2004: 241) entnommen:

(17) „Meine Damen und Herren, Sie hören nun die H-Mess-Molle, ich korrigiere, die H-Moss-Melle, ich bitte vielmals um Entschuldigung, die H-Moll-Messe..."

Das Beispiel enthält einen Versprecher, bei dem Spracheinheiten vertauscht wurden. Die Annahme ist nun, dass diese Einheiten, da sie vertauscht werden können, auch einzeln als Einheiten im Verarbeitungsprozess repräsentiert sind. Die Tatsache, dass eine in der Äußerung spätere sprachliche Einheit mit einer früheren vertauscht werden kann, darf als Beleg für die Annahme angesehen werden, dass die spätere Einheit bereits zum Zeitpunkt der Vertauschung im Sprachverarbeitungsprozess aktiv war. Die Versprecherforschung ist ein Zweig der Psycholinguistik, in dem mit beobachtenden Methoden gearbeitet wird. Personen werden beim Sprechen beobachtet, zum Beispiel wird ihre spontane Sprache aufgezeichnet und später analysiert. Weitere Methoden in der Psycholinguistik sind experimenteller Natur, z.T. neurophysiologische Messungen (vgl. 1.4), bei denen man davon ausgeht, dass kognitive Prozesse Zeit brauchen. Komplexe Prozesse kosten mehr Zeit als einfache.

In dieser Einführung werden wir vorstellen, woraus das sprachliche Wissen besteht. Wir werden das lexikalische Wissen skizzieren, womit das Wissen über Wörter gemeint ist (vgl. auch Kapitel 5). Der Psycholinguist kann beispielsweise nachzuweisen versuchen, ob eine wortartige sprachliche Einheit eine kognitiv relevante Einheit des sprachlichen Wissens bildet. Die Wörter sind im mentalen Lexikon gespeichert.

  Das **mentale Lexikon** ist der Teil des Sprachwissens, der die Wörter und
  deren Bedeutungen speichert.

Ein Beleg dafür ist die Lesegeschwindigkeit bei Buchstabenabfolgen im Vergleich zu Wörtern. Buchstabenabfolgen, die ein Wort ergeben, können schneller gelesen werden als solche, die kein Wort ergeben. Die Häufigkeit spielt hierbei eine zusätzliche Rolle. Häufiger in der Sprache auftretende Wörter sind in der Regel schneller abrufbar als weniger häufige (vgl. Dietrich 2007).

In der Psycholinguistik geht man mittlerweile davon aus, dass das mentale Lexikon strukturiert ist. Vielfach wird eine Unterteilung in Lemma und Lexem angenommen (vgl. Kapitel 5 zu weiteren Strukturen des Lexikons). Das Lexem bezeichnet die Ausdrucksform, das Lemma die grammatischen und bedeutungsbezogenen Informationen eines Wortes im mentalen Lexikon. Auf der horizontalen Gliederungsebene ergeben sich somit die Ebenen des Lemmas, der Wortform und der Bedeutung. Auf der vertikalen Ebene ergeben sich lexikalische Einheiten. In der Abbildung 1.6 sehen wir beispielsweise die Wortform [vwatyʀ], die wir in eckigen Klammern angeben wollen, um deutlich zu machen, dass das französische Wort ‚voiture' wie [vwatyʀ] gesprochen wird (vgl. Kapitel 2). Diese Lautform ist mit der grammatischen Information verbunden, dem Lemma. Die Wortart ist Nomen. Das Wort weist weitere grammatische Informationen auf, wie das grammatische Geschlecht, welches Femininum ist. Diese Information wird benötigt, damit der Sprecher im Sprachproduktionsprozess das richtige Pronomen, nämlich ‚elle' auswählen kann, z.B. *La voiture/elle est au garage.* Das Wort ist mit einem Konzept, einer Bedeutung, verbunden, welche man dem Oberbegriff

‚Fahrzeug' zuordnen kann. Die beiden Wörter *voiture* und *elle* sind auf der Lemmaebene über das Genus miteinander verbunden.

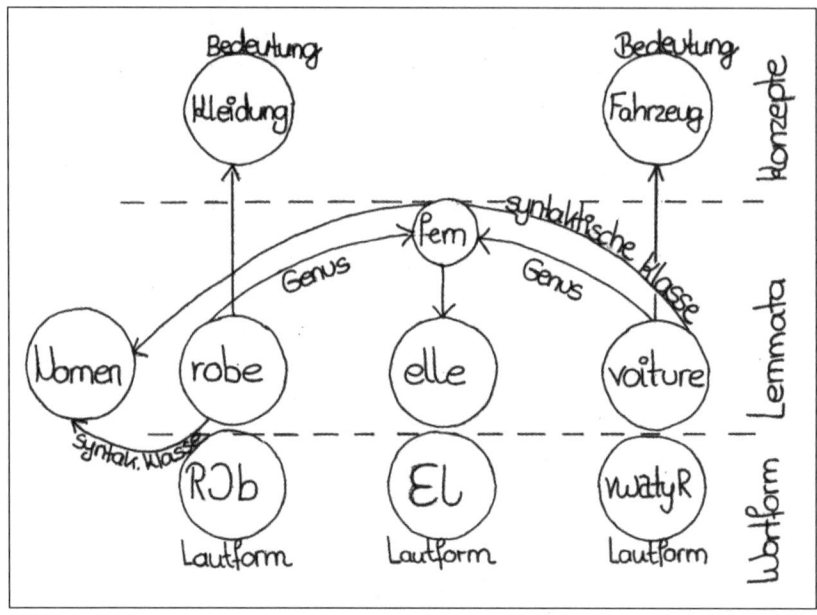

Abbildung 1.6:
Das mentale Lexikon (Zeichnung: Chantal W.)

Wir können auf die einzelnen Experimente, die belegen, dass es in der Tat diese Gliederung im mentalen Lexikon gibt, nicht eingehen, da dies ein umfangreiches grammatisches Wissen voraussetzt.

Sprachwissenschaftler fragen nicht nur danach, wie das sprachliche Wissen abgelegt wird, sondern auch welche neurologischen Grundlagen es für das Sprachwissen gibt. Damit gehen wir zum nächsten Teilgebiet der Sprachwissenschaft über.

1.4 Neurolinguistik

Derjenige Teilbereich der Sprachwissenschaft, der Ergebnisse der Neurologie auf diejenigen aus der Linguistik bezieht, wird als Neurolinguistik bezeichnet. Wir können diesen Teilbereich wie folgt definieren:

📖 Die **Neurolinguistik** untersucht Zusammenhänge von Sprachverarbeitung (Verständnis und Produktion) und den zugrundeliegenden neuronalen Strukturen.

Die Ergebnisse aus der Neurolinguistik werden uns helfen, die einzelnen Fähigkeiten, die für die Sprachproduktion und das Sprachverstehen nötig sind, besser zu verstehen und voneinander abzugrenzen. Ganz besonders hat die Sprachstörung zu einem besseren Verständnis der Sprachfähigkeit bei gesunden Personen beigetragen.

1.4.1 Grundlagen der Neuroanatomie

Im Folgenden wollen wir uns mit den Grundlagen der Neuroanatomie beschäftigen. Das Zentralnervensystem besteht aus dem Rückenmark und dem Gehirn. Das Gehirn wird in drei Hauptregionen eingeteilt:

- das Rautenhirn (Rhombencephalon),
- das Mittelhirn (Mesencephalon) und
- das Vorderhirn (Prosencephalon).

Diese Einteilung erfolgt aufgrund der Embryonalentwicklung, da sich jeder der drei Abschnitte aus einem anderen Teil des embryonalen Neuralrohrs entwickelt.

Die Rautenhirn- und Mittelhirnbereiche kontrollieren die automatischen, unbewussten Aspekte des menschlichen Verhaltens. Dazu gehört das Atmen. Das Vorderhirn ist der größte und am höchsten entwickelte Gehirnabschnitt beim Menschen. Die gefaltete Gehirnoberfläche (auch: Cortex, von lat. CORTEX ‚Rinde, Hülle') enthält die Nervenzellen und stellt die jüngste Struktur des Gehirns dar. Für die höchsten Funktionen des menschlichen Gehirns wie das abstrakte Denken und die Sprache ist der Neocortex verantwortlich. Dieser Teil der menschlichen Gehirnrinde enthält besonders viele Nervenzellen (neun bis zwölf Milliarden Neuronen) und bildet fast die gesamte Oberfläche der beiden Gehirnhälften, der Hemisphären (lat. HEMISPHAERIUM ‚Halbkugel'), aus denen das Gehirn besteht. Jede Gehirnhälfte lässt sich in vier Lappen einteilen, die unterschiedlichen sensorischen oder motorischen Fähigkeiten dienen:

- Teile des Frontallappens (auch: Stirnlappen) sind für die Kontrolle spezifischer Körperteile zuständig. Die menschliche Sprache wird (bei Rechtshändern) von Teilen des linken Frontallappens kontrolliert (hierauf wird in Kapitel 1.4.2 näher eingegangen).
- Teile des Parietallappens (auch: Scheitellappen) sind für die somatosensorischen Funktionen (griech. *soma* ‚Körper', lat. SENSUS ‚Wahrnehmung, Bewusstsein, Gefühl') zuständig.
- Teile des Temporallappens (auch: Schläfenlappen) sind für das Hören,
- der Okzipitallappen (auch: Hinterhauptlappen) ist für das Sehen verantwortlich.

Die vier Lappen des Großhirns sind neben anderem in der in Kapitel 1.4.3 enthaltenen Abbildung 1.8 illustriert.

1.4.2 Asymmetrie des Gehirns: Ein historischer Überblick

Schon in der Antike wurde von den Griechen über einen plötzlichen, dauerhaften Sprachverlust (Aphasie) berichtet.

   📖   Mit **Aphasie** (von griech. *aphasia* ‚Sprachlosigkeit') wird die Unfähigkeit zu sprechen bezeichnet (motorische Aphasie), Gesprochenes zu verstehen (sensorische Aphasie), oder ein gesuchtes Wort zu finden (amnestische Aphasie) als Folge von Hirnerkrankungen bzw. -verletzungen.

Der damals wenig bekannte praktische Arzt Marc Dax berichtete auf einer Tagung in Montpellier 1836 als erster über einen Zusammenhang zwischen dem Verlust der Sprache und der geschädigten Hirnhälfte. Bei den meisten seiner aphasischen Patienten diagnostizierte er eine Verletzung der linken Hirnhälfte. Kein einziger Patient wies eine alleinige Schädigung der rechten Hirnhälfte auf. Die Hypothese seines Vortrages war, dass jede Hirnhälfte unterschiedliche Funktionen steuert und dass Sprache in der linken Hälfte angesiedelt ist. Dax' Hypothese wurde keine Aufmerksamkeit geschenkt. Er starb ohne zu wissen, welchen Einfluss seine Vermutung auf die Erforschung des Zusammenhangs zwischen Sprache und Neuroanatomie haben würde. Heute weiß man, dass er mit vielen Vermutungen Recht hatte. Besonders interessant ist die Beobachtung von mehrsprachigen Personen, die eine Aphasie erlitten haben. Hat der Aphasiker zwei Sprachen gesprochen, so kehren in etwa der Hälfte der Fälle beide Sprachen gleichzeitig zurück (Friederici 1984). Bei diesen Patienten könnten also beide Sprachen auf derselben Hirnhälfte angelegt sein.

Heute weiß man, dass das Gehirn aus einer rechten und einer linken Hemisphäre besteht, die miteinander durch Nervenfasern verbunden sind.

> „Jede der beiden Hemisphären scheint das ungefähre Spiegelbild der anderen zu sein, so wie auch der Körper insgesamt eine weitgehende Links-Rechts-Symmetrie aufweist. Tatsächlich sind die motorischen und sensorischen Grundfunktionen des Körpers gleichmäßig zwischen beiden **zerebralen** (von lat. CEREBRUM ‚Gehirn') Hemisphären aufgeteilt: Die linke Hemisphäre kontrolliert die rechte Seite des Körpers (rechte Hand, rechtes Bein und so weiter), und die rechte Hemisphäre ist für die linke Seite verantwortlich." (Springer/Deutsch 1993: 15)

Die Links-Rechts-Symmetrie bedeutet jedoch nicht, dass beide Hemisphären in jeder Hinsicht übereinstimmen. Die funktionelle Asymmetrie kann leicht belegt werden: Fast alle Menschen haben gewisse Präferenzen, was die unterschiedliche Fertigkeit der beiden Hände betrifft. Bei den meisten Menschen ist die rechte die dominante Hand. Die Händigkeit lässt meist auch Schlüsse über den Sitz der

Sprachfunktionen zu: Bei Rechtshändern ist die linke Hemisphäre die ‚Sprach-zentrale‘. Trotz der äußerlichen Symmetrie der rechten und linken Gehirnhälfte lassen sich also hinsichtlich ihrer Fähigkeiten Asymmetrien belegen.

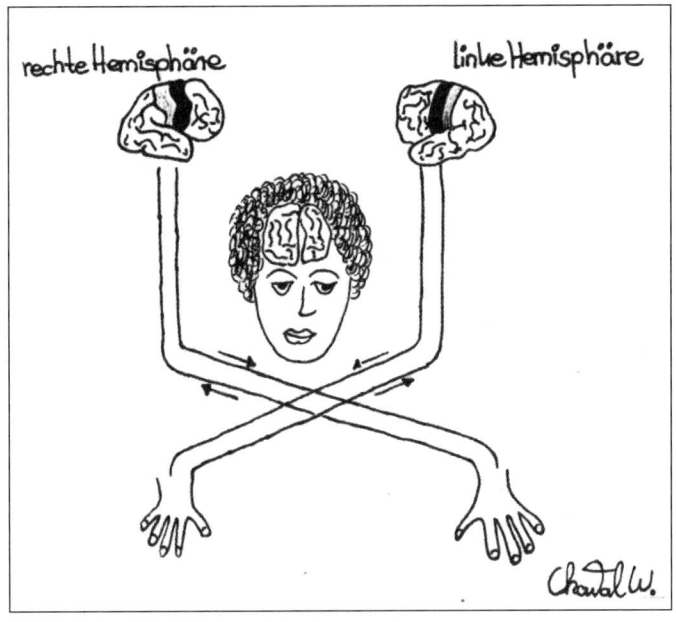

Abbildung 1.7:
Funktionelle Asymmetrie des Gehirns
(Zeichnung in Anlehnung an Springer/Deutsch 1993: 2)

Die Untersuchung hirngeschädigter Personen hat Aufschluss über weitere funktionelle Asymmetrien gegeben. Linkshemisphärische Schädigungen führen meist zu sprachlichen Beeinträchtigungen. Bei Patienten mit bestimmten rechts-seitigen Gehirnschäden sind Störungen der Wahrnehmung und Aufmerksamkeit häufiger. Dazu gehören unter anderem eine verminderte Orientierungsfähigkeit im Raum und ein schlechteres Gedächtnis für räumliche Beziehungen. Beispiels-weise hat ein solcher Patient oft Schwierigkeiten, sich in einem fremden oder so-gar in einem bekannten Raum zu orientieren. Einigen rechtshemisphärisch ge-schädigten Personen fällt es auch schwer, bekannte Gesichter wiederzuerkennen.

Erkenntnisse über die funktionelle Asymmetrie des Gehirns stammen auch von *Split-Brain*-Patienten (wörtlich: ‚Spalthirn‘-Patienten). Bei solchen Patienten musste aus medizinischen Gründen eine Operation durchgeführt werden, bei der Nervenfaserbündel durchtrennt werden, die die beiden Hemisphären miteinan-der verbinden. Die größte dieser Verbindungen ist der sogenannte Balken (*Corpus callosum*). Für den Wissenschaftler bietet eine solche Operation die Gelegenheit, die Funktionen der beiden Hemisphären zu untersuchen. Mit speziellen Techni-ken kann man heutzutage bestimmte sensorische Informationen jeweils nur einer Hemisphäre zugänglich machen und somit beobachten, in welcher der beiden

Hemisphären diese verarbeitet werden. Diese Beschränkung der Reize auf eine Gehirnhälfte wird als Lateralisierung bezeichnet. Wir hatten bereits erwähnt, dass große Teile der Sprachverarbeitung bei Rechtshändern vornehmlich von der linken Hemisphäre gesteuert werden. Ein Beispiel für ein solches Experiment ist, dass man einen Patienten, dem die Augen verbunden sind, bestimmte Objekte nur mit einer Hand ertasten lässt. Ein Split-Brain-Patient, der dies mit seiner rechten Hand tut (die vor allem mit der linken Gehirnhälfte verschaltet ist), wird keine Schwierigkeiten haben, den Gegenstand zu benennen. Doch wenn er das gleiche mit der linken Hand wiederholt, kann er nicht sagen, was er gefühlt hat. Anscheinend gelangt die Information über den Gegenstand nicht zu den Sprachzentren, die sich in der linken Hemisphäre befinden.

Wissenschaftler haben verschiedene andere Techniken eingesetzt, um visuelle und auditive Informationen zu lateralisieren, und sie konnten damit wichtige Unterschiede in den Fähigkeiten der beiden Gehirnhälften bei Split-Brain-Patienten nachweisen. So fand man heraus, dass die linke Hemisphäre vor allem an analytischen Prozessen, insbesondere solchen der Sprachproduktion und des Sprachverstehens, beteiligt ist und dass sie die jeweilige Information offenbar seriell oder sequentiell (in Folge) und analytisch verarbeitet. Die rechte Hemisphäre scheint besonders für nichtverbale räumliche und visuelle Aufgaben sowie musikalische Leistungen verantwortlich zu sein und die anfallenden Informationen werden parallel (gleichzeitig) oder ganzheitlich (synthetisch) verarbeitet (vgl. Springer/Deutsch 1993: 17f.). Die Ergebnisse der Asymmetrieforschung zeigen aber auch, dass nicht allzu grob über die funktionelle Asymmetrie der Hemisphären nachgedacht werden sollte. Es ist offenbar so, dass sich funktionelle Asymmetrien beobachten lassen, jedoch darf daraus nicht das Bild entstehen, nur eine Hemisphäre würde für die Bewältigung einer bestimmten Aufgabe herangezogen. Mit speziellen Untersuchungsmethoden ist es auch gelungen, im gesunden Gehirn zu zeigen, dass funktionelle Unterschiede zwischen beiden Hemisphären bestehen. Die wohl älteste Methode, um die Unterschiede zwischen den Hemisphären zu erforschen, ist die Messung der Gehirnaktivität. Diese steht im Gegensatz zu solchen Methoden, die aus dem Verhalten der Versuchspersonen in speziellen Testsituationen Rückschlüsse auf die Funktion der Hemisphären zieht. Wegen der Stoffwechselprozesse der Neuronen (Nervenzellen) muss das Gehirn ständig über das Blut mit ausreichend Sauerstoff versorgt werden. Die Abfallprodukte müssen abtransportiert werden. Die Durchblutung der beiden Hemisphären ist also ein Maß für deren Aktivität. Wir können auf andere Verfahren im Rahmen dieser Einführung nicht eingehen und verweisen auf Klivington (1989) und Springer/Deutsch (1993).

1.4.3 Broca'sches und Wernicke'sches Areal

Die Erforschung der Lokalisation von Hirnfunktionen wurde ab 1861 mit den Erkenntnissen des französischen Chirurgen Paul Broca revolutioniert. Broca unter-

suchte Patienten mit einer halbseitigen Lähmung und einem Sprachverlust genauer. Mit Hilfe der *post-mortem*-Untersuchung wies Broca eine krankhafte Veränderung bzw. Läsion (von lat. LAESIO ‚Verletzung‘) in einem Bereich des linken
Frontallappens nach. Broca wurde somit zum Hauptvertreter der Lokalisations-
lehre. Er war es auch, der zwischen zwei Formen des Sprachverlustes unterschied: dem Verlust der Sprechfähigkeit, der durch eine Lähmung der zur Sprache benötigten Muskeln ausgelöst wurde, und dem Sprachverlust, den er bei seinen Patienten beobachtet hatte und den er als ‚Aphemie‘ bezeichnete.

> „Einer der Kritiker, Armand Trousseau, hielt den Begriff Aphemie in diesem Zu-
> sammenhang für unangebracht, weil er sich von einem griechischen Wort ableite,
> das soviel wie ‘verrufen’ oder ‘entehrend’ bedeute. Er schlug stattdessen die Be-
> zeichnung *Aphasie* vor. Obwohl Broca seine Wortwahl beredt verteidigte, begann
> sich die Trousseausche Terminologie durchsetzen und wird auch heute noch ver-
> wendet.“ (Springer/Deutsch 1993: 21)

Broca untersuchte mehrere weitere Fälle von Sprachverlust und konnte somit den
Bereich, der bei Sprachverlusten betroffen war, noch weiter eingrenzen. Dieses
Areal in der linken Großhirnhemisphäre wird seither als Broca’sches Areal (auch:
Broca’sches Zentrum) bezeichnet. Abbildung 1.8 zeigt neben dem Broca’schen
Areal auch die vier Lappen des Großhirns.

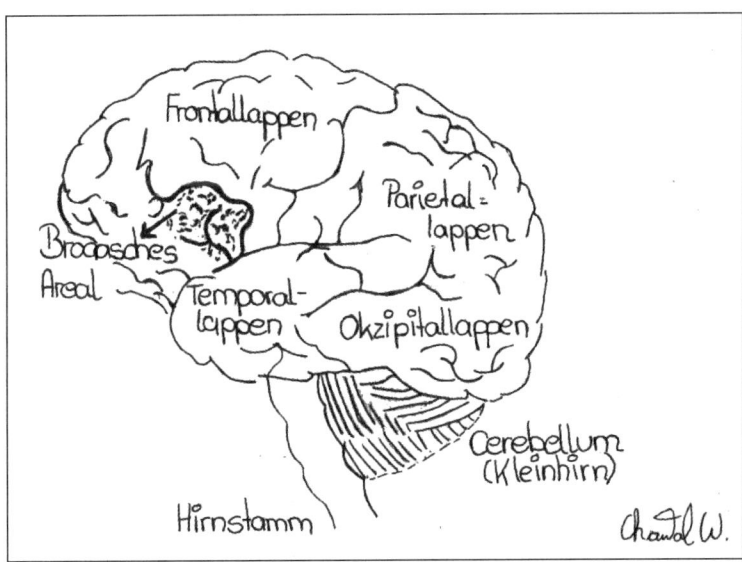

Abbildung 1.8:
Das Broca’sche Areal und die vier Lappen des Großhirns

Ferner stellte Broca Überlegungen zur Lokalisation der Sprachverarbeitung
im Gehirn und der Händigkeit auf. Die ‚Broca’sche Regel‘ besagt, dass diejenige
Hemisphäre, die die Sprache steuert, jeweils der bevorzugten Hand gegenüber-

liegt (bei Rechtshändern kontrolliert die linke Hemisphäre die Sprache, bei Linkshändern kontrolliert die rechte Hemisphäre die Sprache).

Der deutsche Neurologe Karl Wernicke konnte 1874 nachweisen, dass eine Schädigung des hinteren Teils des Temporallappens der linken Hemisphäre zu Sprachverständnisproblemen führt. Dieses Areal wird seither als Wernicke'sches Areal (auch: Wernicke'sches Zentrum) bezeichnet, siehe Abbildung 1.9.

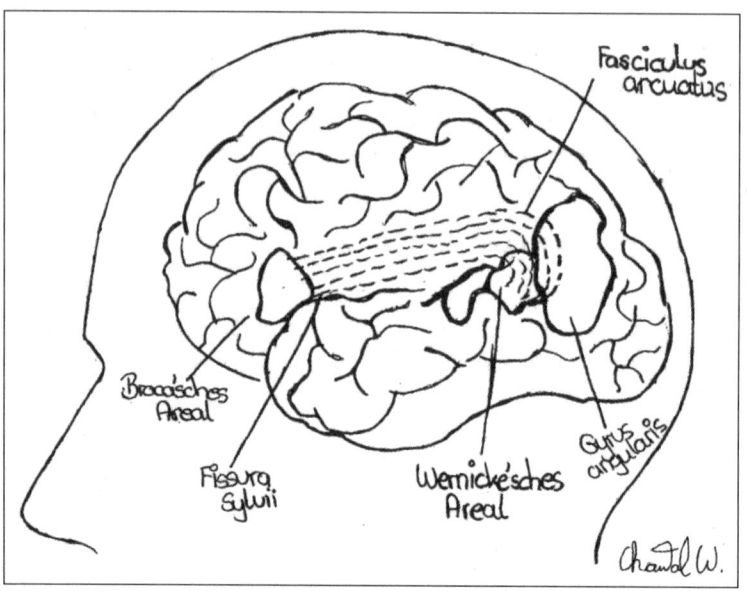

Abbildung 1.9:
Das Broca'sche und das Wernicke'sche Areal

Die Broca'sche Regel erwies sich im Laufe der Zeit als zu undifferenziert. Der Zusammenhang zwischen linkshemisphärischer Schädigung und Aphasie bei Rechtshändern konnte weiter bestätigt werden. Bei Linkshändern scheint es zwei Typen zu geben: solche, bei denen die Sprachsteuerung in der Hemisphäre lokalisiert ist, die auch die bevorzugte Hand steuert (rechte Hemisphäre) und solche, bei denen die Sprachsteuerung eine Funktion der linken Hemisphäre ist. Patienten des letzteren Typs erlitten eine Aphasie bei linkshemisphärischer Schädigung. Jedoch gilt als gesichert, dass auch bei Linkshändern in den meisten Fällen die Sprachfunktionen von der linken Hemisphäre gesteuert werden.

Ferner lassen sich wenige Linkshänder ausmachen, bei denen die Sprache von beiden Hemisphären gesteuert wird (bilaterale Sprachkontrolle).

„[Es] sind auch solche Patienten untersucht worden, bei denen eine frühkindliche Schädigung der linken Hemisphäre vorlag. Solche Patienten zeigten sehr oft eine rechtshemisphärische oder bilaterale Sprachlokalisation: Etwa 70 Prozent der Linkshänder und ungefähr 19 Prozent der Rechtshänder gehören zu einer dieser beiden Kategorien. Damit wird die Anpassungsfähigkeit des Gehirns deutlich und

gleichzeitig der begrenzte Wert der Händigkeit als alleinigem Indikator einer bestimmten Gehirnorganisation, insbesondere bei Linkshändern." (Springer/Deutsch
1993: 29f.)

Da der Sprachstörung, im Besonderen der Aphasie, bei der Erforschung der
Sprachverarbeitung seither eine wichtige Rolle zukommt, wollen wir auf diese
Form genauer eingehen. Je nach der von einer Schädigung betroffenen Region
werden unterschiedliche Typen von Aphasien unterschieden:

- die Broca-Aphasie (oder motorische, expressive Aphasie),
- die Wernicke-Aphasie (sensorische, rezeptive Aphasie) und
- die globale Aphasie.

Als erster Eindruck sollen aus Keller/Leuninger (2004: 242f.) drei Interviews
mit Aphasikern wiedergegeben werden. Für die Broca-Aphasie haben wir das folgende Beispiel ausgewählt.

I.: Wann war denn der Rhein zum letzten Mal zugefroren, zwanzig Jahre ist das doch
her?
P.: Nein ... ja. Doris, Doris klein, aber weiß, kann, weil nich, nich zählen.
I.: Was machen Sie denn, wenn Sie nach Hause kommen?
P.: Nur auftehn, un hier äh Betten un hier Kaffee un un hier immer so helfen, arbeiten
hier ... un immer hier immer mittag Arbeit, ich weiß nich, das is so schlimm zählen,
das genau ... Frau B. ... ne, Frau L. gut, is gut, auch Arbeit immer ... un eins, zwei
hier so hier so Rek, Brett un das so hier so, un hier so Kartoffel un Rüben un alles,
alles gut ... so is gut ... Heinrich auch selber koch, Heinrich prima Essen, ja, nit
Mann, gar nit Mann, un aber Heinrich is gut.

Die Wernicke-Aphasie soll an folgendem Interview illustriert werden:

I.: Sie waren doch Polizist, haben Sie mal einen festgenommen?
P.: Naja ... das ist so ... wenn Sie einen treffen draußen abends ... das ist ja ... und der
Mann ... wird jetzt versucht ... als wenn er irgendwas festgestellen hat ungefähr ...
ehe sich macht ich ... ich kann aber noch nicht amtlich ... jetzt muß er sein Beweis
nachweisen ... den hat er nicht ... also ist er fest ... und wird erst sichergestellt festge-
macht ... der wird erst festgestellt werden und dann wird festgestellt was sich dort
vorgetragen hat ... nicht ... erst dann ... ist ein Beweis mit seinem Papier daß es
nachweisen kann ... ich kann ihm aber nicht nachweisen ... wird aber bloß festgestellt vorläufig ... aber er kann laufen.
I.: Was ist das? (I. deutet auf eine Keramiklampe)
P.: Was das is? Das ist gemacht vom ... von solch eim Durchlauferhitzer, der hier auch
kommt.
I.: Was meinen Sie, wer hat das gemacht?
P.: Das äh is gemacht von eim ... von eim äh ... mittelmäßigen Drekter, der's gemacht
hat.

Schließlich wollen wir ein Beispiel für die sogenannte globale Aphasie anführen:

I.: Wir unterhalten uns jetzt gleich ein bißchen.
P.: So, pepe, so, so, gell, so.
I.: Wie haben Sie denn die letzten Wochen verbracht?
P.: So kann nix sagen, ge, so, pe.
I.: Was ist denn dann alles geschehen, seit Sie weg sind von hier?
P.: Ei, so, pe, kann ich nix sagen, [k,k,k], kann ich nix sagen.
I.: Was wurde denn in dem anderen Krankenhaus gemacht?
P.: Ei, so, pe.
I.: Nichts?
P.: Doch er, aber pe, gell, so kann ich nix sagen, pepepep.

Die Interviewausschnitte zeigen, dass jeweils unterschiedliche Aspekte der Sprachfähigkeit gestört sind. Bei der globalen Aphasie bricht die Sprachfähigkeit nahezu vollständig zusammen. Der Patient ist kaum verständlich. Die Broca-Aphasie zeichnet sich insbesondere durch den Agrammatismus (‚Telegrammstil') aus. Mit anderen Worten, der Satzbau weicht stark von dem sprachunauffälliger Sprecher ab. Außerdem werden Verben, die auch oft fehlen, nicht flektiert. Die Funktionswörter einer Sprache werden oft ausgelassen und in einer vom Zielsystem abweichenden Weise gebraucht. Im Gegensatz dazu bleibt das Sprachverstehen weitgehend intakt. Interessanterweise kann man bei diesem Aphasie-Typ — wie auch bei den anderen Typen — grammatisch korrekte Floskeln wie z.B. ‚ich weiß nicht' finden. Da diese Ausdrücke vermutlich als grammatisch unanalysierte, ganze Einheiten abgespeichert sind und derartige Ausdrücke mit großer Wahrscheinlichkeit in der rechten Hemisphäre abgelegt sind, ist diese Beobachtung nicht weiter verwunderlich. Für die Wernicke-Aphasie ist, im Gegensatz zur Broca-Aphasie, insbesondere eine Störung im Bereich der sprachlichen Bedeutung charakteristisch. So kommt es zu häufigen Fehlbenennungen, die so weit gehen, dass eine Äußerung zwar von der Wortbildung und vom Satzaufbau vollständig intakt, aber unverständlich ist: Die Patienten gebrauchen oft unpassende Wörter (Paraphasien ‚dieser große Würfel' für ‚Hai'; Keller/Leuninger 2004: 251) oder aber Wörter, die es in der jeweiligen Sprache nicht gibt.

Die Tatsache, dass bei der Aphasie ganz unterschiedliche Sprachfähigkeiten gestört werden können, ist ein Beleg für die Annahme, dass die einzelnen Sprachfähigkeiten unterschiedliche, voneinander getrennte Teilbereiche darstellen. Man spricht in diesem Zusammenhang auch vom Sprachmodul, das sich in separate Teilmodule gliedert. Die Aphasieforschung zeigt, dass es plausibel ist, zumindest zwischen einem ‚formalen' (die Form der Äußerung betreffend = z.B. Satzbau, Struktur der Wörter) und einem ‚materiellen' (den Inhalt der Äußerung betreffend) Modul zu unterscheiden.

Mit diesen Ausführungen schließen wir unsere Überlegungen zu kognitiven Aspekten der menschlichen Sprache ab.

1.5   Soziolinguistik

Eine weitere Teildisziplin der Sprachwissenschaft ist die Soziolinguistik. Ihr Gegenstand ist die Sprache der Gesellschaft (aber nicht die Struktur der Gesellschaft, Letztere ist Gegenstand der Soziologie, vgl. Veith 2005: 1).

📖   Die **Soziolinguistik** beschreibt und untersucht sprachliche Gegebenheiten, die sich auf gesellschaftliche zurückführen lassen, und ist somit eine Teildisziplin der Linguistik.

Die Soziolinguistik ist vor allem eine empirisch orientierte Disziplin, die

> „strukturelle Eigenschaften sowie Status und Funktion der gesprochenen Sprache beschreibt, die wachsende Distanz zwischen theoretisch und empirisch orientierter Sprachforschung abbauen und der Sprachtheorie neue Erklärungsdimensionen für Sprachvariation und Sprachwandel bieten will." (Dittmar 1997: 25)

Anschaulich lassen sich diese Fragestellungen in der folgenden Frage zusammenfassen (Dittmar 1997: 25):

> „Wer spricht was und wie mit wem in welcher Sprache und unter welchen sozialen Umständen mit welchen Absichten und Konsequenzen?"

Aus dieser Frage erkennen wir ein komplexes Forschungsprogramm, da sehr viele Informationen miteinander in Verbindung gebracht und erklärt werden sollen, nämlich was wie (Aspekte der sprachlichen Form und Bedeutung) in Abhängigkeit von einem spezifischen Kontext (Situation, soziale Umstände) und den sozialen Merkmalen der Sprecher in einer bestimmten Sprache geäußert wird, wobei auch die von den Interaktionspartnern verfolgten Handlungsabsichten und die resultierenden sozialen Folgen einbezogen werden (vgl. Dittmar 1997: 25). Es geht also um die Betrachtung der Sprachverwendung, bei der wir mehr oder weniger bewusst durch Sprache handeln.

1.5.1   Sprachliches Handeln

Bei ihrer Beschreibung des sprachlichen Handelns bezieht die Soziolinguistik somit auch allgemeine Ergebnisse der Pragma(linguis)tik mit ein (vgl. hierzu genauer Kapitel 7). Diese weitere Teildisziplin der Linguistik lässt sich wie folgt charakterisieren (vgl. Veith 2005: 5):

📖   Die **Pragmalinguistik** (auch: **Pragmatik**) ist die Wissenschaft vom Handeln durch Sprache.

Zu den allgemeinen Erkenntnissen dieses Teilgebiets gehören die bestimmenden Faktoren, von Veith auch pragmalinguistische Parameter genannt, die unser (sprachliches) Handeln stets charakterisieren, und die bei der wissenschaftlichen Beschreibung von Handeln allgemein und sprachlichem Handeln im Besonderen beachtet werden müssen:

📖 **Pragmalinguistische Parameter**: (1) HandlungspartnerInnen, (2) Gegenstände/Themen, (3) Situationen.

Die HandlungspartnerInnen werden dabei soziologisch klassifiziert, auch wenn ihre Sprache analysiert wird (vgl. zu dieser Klassifikation Kapitel 1.5.2).

Wie kann man durch Sprache handeln? Wir wollen hierfür wieder ein Beispiel aus der Mehrsprachigkeitsforschung vorstellen. Mehrsprachige Personen können in Abhängigkeit davon, was sie mit einer Äußerung ausdrücken wollen, die Sprachen mischen. Da dabei mehrere Sprachen betroffen sind und Sprache oft auch als ‚Code' bezeichnet wird, wird diese Art des Mischens von Sprache auch mit Code-Switching bezeichnet. Eine Arbeit von Gumperz (1982: 92) zeigt, dass Bilinguale mit Hilfe der Reihenfolge ihrer Äußerungen sprachlich unterschiedlich handeln. Hierfür führt Gumperz die Unterscheidung zwischen *they-Code* und *we-Code* ein. Für eine bilingual englisch-spanische Person in New York bedeutet dies, dass Englisch der *they-Code* und Spanisch der *we-Code* ist. Eine Mutter ruft ihre Kinder mit „*Ven acá. Ven acá. Come here.*" oder mit „*Come here. Ven acá. Ven acá.*" Wenn die Mutter vom *we-Code* zum *they-Code* wechselt, wird die Äußerung wie eine Warnung intendiert und interpretiert. Die umgekehrte Reihenfolge ist eine freundliche Aufforderung. Wir können auch sagen, dass der Sprecher mit seinen gemischten Äußerungen unterschiedlich handelt.

(18) Ich warne euch davor, nicht herzukommen. (= Warnung)
     Ich fordere euch auf, herzukommen. (= Aufforderung)

Die Gegenstände oder Themen einer Handlung sind soziolinguistisch dann von Interesse, wenn z.B. unterschiedliche Gegenstände thematisiert werden und diese Thematisierung zu abweichendem oder gar konfliktträchtigem Sprachverhalten führt. Hierzu führt Veith (2005: 11) das Beispiel eines Dialektsprechers an, der je nach Thema zwischen seinem Dialekt (vollständig verwendet für das Thema Brauchtum und Hochzeit in seinem Dorf) und Standardsprache (Militärzeit) wechselt. Die Situation schließlich ist wichtig für unser Verständnis einer Äußerung — sie liefert das nötige Referenzsystem: Typischerweise orientiert sich der handelnde Mensch an Mitmenschen, Dingen, Sachverhalten, Reizen, Werten und nicht zuletzt an Angaben zu Ort und Zeit. Alles zusammen bildet die Situation oder auch den Äußerungskontext (vgl. auch die genauere Beschreibung des Äußerungskontextes in Kapitel 5.4.1).

Die Parameter des sprachlichen Handelns, die wir hier kennengelernt haben, bilden aus soziolinguistischer Sicht ein Register, z.B. wenn eine Mutter sich mit ihrem Baby unterhält und sich dabei auf dessen Kommunikationsmöglichkeiten einstellt. Dabei verwendet die Mutter das Register *Motherese* (vgl. hierzu auch Kapitel 1.2). Wir wollen hierfür ein Beispiel aus dem Französischen vorstellen. Das gesprochene Französisch stellt mehrere Möglichkeiten bereit, eine Informationsfrage zu bilden. Einmal kann das Fragewort am Satzanfang erscheinen, wie in (19b). Es kann zusätzlich ein ‚est-ce que' hinzugefügt werden, wie in (19c). Nun gibt es im Französischen die Besonderheit, dass das Fragewort auch an derjenigen Position verbleiben kann, an der die jeweilige Wortgruppe, nach der das Frage-wort fragt, im Deklarativsatz (19a) stehen würde (19d). Man nennt solche Fragen auch *in-situ*-Fragen.

(19) a. Le train arrive à 6 heures du soir. (Deklarativsatz)
     ‚Der Zug kommt um sechs Uhr abends an.'
   b. Quand le train arrive? (Fragesatz mit vorangestelltem Fragewort, QSV)
     ‚Wann kommt der Zug?'
   c. Quand est-ce que le train arrive? (Fragesatz mit vorangestelltem Frage-wort und est-ce que, QESV)
   d. Le train arrive quand? (Fragesatz mit Fragewort *in-situ*, SVQ)

Mehrere Arbeiten zum gesprochenen Französisch haben gezeigt, dass die genannten Fragetypen die am häufigsten verwendeten sind. Zirka ein Drittel aller Informationsfragen bilden die *in-situ*-Fragen. Jasmin Müller (2011) hat bei ihrer Analyse des elterlichen Inputs als eine erste Tendenz beobachtet, dass Erwachse-ne mit Kindern in immerhin 51% aller Fragesätze das Fragewort *in-situ* belassen. Dies zeigt die Abbildung 1.10. Die Abbildung verdeutlicht auch, dass dieser Fra-getyp im Spracherwerb noch viel häufiger gebraucht wird (im Alter von andert-halb bis dreieinhalb Jahren).

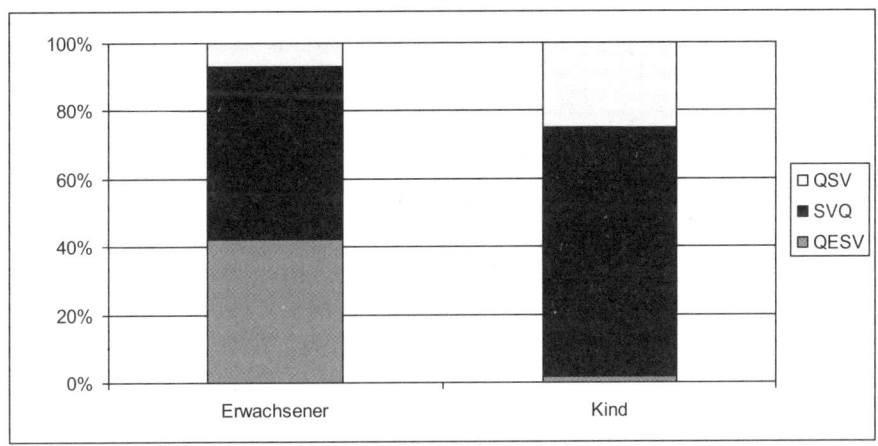

Abbildung 1.10:
Französische Fragetypen im Input von monolingualen Kindern und im Gebrauch durch monolinguale Kinder

Wir können aus den Beobachtungen schließen, dass sich die Häufigkeit der Sprachformen von Eltern gegenüber ihren Kindern von derjenigen unterscheidet, die Erwachsene untereinander verwenden.

Halliday (1978: 33) hat den Registerbegriff für die Linguistik fruchtbar gemacht. Wichtig ist dabei die prozesshafte, vorübergehende Natur des Registers
gegenüber dem habituellen Sprechen. In dieser Sicht stehen sich nun die Begriffe
Register für sprachliches Handeln und Varietät für ein bestimmtes sprachliches
System gegenüber. Sie lassen sich wie folgt definieren (vgl. Veith 2005: 14):

   📖 **Register** im Sinne von Halliday (1978) sind Formen temporärer Sprach-
      handlungen, eingebettet in die Parameter Gegenstand (,field'), Erschei-
      nungsform (,mode', z.B. mündlich) und Präsentationsform (,style').

   📖 Eine **Varietät** ist ein sprachliches System, das durch außersprachliche Pa-
      rameter näher definiert werden kann. Sie kann areal definiert sein (= **Dia-
      lekt**) oder funktional (= **Fachsprache/Standardsprache**) oder soziologisch
      (= **Soziolekt**).

Mit dem Begriff der Varietät mit soziologischen Parametern beschäftigen wir
uns in Kapitel 4.1 im Zusammenhang mit der Beschreibung der Varietäten in romanischen Sprachen. Dort lernen wir auch ein wichtiges Modell der sprachlichen
Variation aus der romanischen Sprachwissenschaft kennen und diskutieren die
schwierige Abgrenzung von Dialekt und Standardsprache genauer.

1.5.2 Sprachliche Variation und wichtige soziale Variablen

In diesem Abschnitt wollen wir einige wichtige individuelle und soziale Faktoren
vorstellen, die auf die Sprache von Individuen und Gruppen einwirken. Dabei
wird auch die empirische Arbeitsweise der modernen Soziolinguistik verdeutlicht, die insbesondere der Forscher William Labov geprägt hat.

Die Anfänge der Untersuchungen in den USA liegen in den 50er Jahren des
20. Jahrhunderts, in Arbeiten zum *Nonstandard Negro English* in Washington, D.C.
Besonders bekannt und hervorstechend ist aber das Werk des amerikanischen
Linguisten William Labov (1966) zur ,sozialen Schichtung' des Englischen in New
York. Er hat in seiner Untersuchung fünf phonologische Variablen zugrundegelegt, die sowohl mit Erhebungsmodi (,*styles*', siehe weiter unten) als auch mit
den Sozialdaten der Sprecher korreliert werden. Dabei ist Variable so zu verstehen (nach Fasold 1990):

   📖 Eine **Variable** ist ein Set von alternativen Wegen, dasselbe zu sagen, wo-
      bei die Alternativen oder Varianten eine soziale Bedeutung haben.

Noch genauer können wir sagen, dass eine soziolinguistische Variable ein
linguistisches Element ist, das nicht nur mit anderen linguistischen Elementen,
sondern auch mit außersprachlichen unabhängigen Variablen wie soziale Klasse,
Alter, Geschlecht, ethnischer Gruppe und Stil des Kontextes ko-variiert. Labov
hat eine Methodologie entwickelt, die danach strebt, Variablen auf der Ebene der

zentralen Merkmale zu isolieren und Regeln für ihre Verteilung abzuleiten, wobei
Korrelationen mit sozialen Variablen gemacht werden. Das Konzept der Variablen ist theoretisch bedeutsam, weil es auch abgestufte quantitative Aussagen über
die Sprachverwendung erlaubt (z.B. kann ein männlicher Sprecher eine bestimmte Variante häufiger oder seltener verwenden als eine Sprecherin), anstelle der
kategorialen Unterscheidung ,Verwendung ja/nein'.

Betrachten wir abschließend Labovs Arbeit über die Verwendung verschiedener Varianten von /r/[8] im Englischen von New York (Labov 1966) (zu den
einzelnen Lauten vgl. Kapitel 2): Labov wählte die folgenden Variablen: /r/, /eh/,
/oh/, /th/ und /dh/. Jeder dieser Variablen entspricht eine begrenzte Menge von
Realisierungen (Varianten), die an die Erhebungsmodi (,styles') und den Sozial-
status der Sprecher gebunden sind. So hat er allein für die Variable /eh/ sechs Realisierungen festgestellt: [Iᵊ], [ɛᵊ], [æⁱ], [æː], [aː] und [ɑː] (vgl. Labov 1966: 52). Dabei
hat er die folgenden *styles* verwendet: (A) zwangloses Sprechen, (B) sorgfältiges
Sprechen, (C) lesen, (D) Wortlisten, (D') Minimalpaare (z.B. *beer* vs. *bear*, vgl. auch
Kapitel 2 zum Minimalpaarbegriff). Wichtig ist, dass diese *styles* Kontextstile sind
und nicht den Stilen der Stilistik entsprechen, wo Stilschichten (Stilebenen) unterschieden werden.

Labov setzt nun die linguistischen Variablen zu den soziologischen in Bezie-
hung: Die für jede Sozialschicht und jeden *style* festgestellten Varianten einer
Variablen, z.B. die Aussprachevarianten der Variablen /r/, ergeben statistische
Durchschnittswerte zwischen den standardnahen und den standardfernen r-
Varianten. Ein interessantes Ergebnis dieser Untersuchung ist, dass die größte
Nähe zur Standardaussprache von /r/ in der unteren Mittelschicht und eine ver-
gleichsweise größere Entfernung davon in der oberen Mittelschicht bei den Wort-
listen und Minimalpaaren beobachtet werden konnte.

Während Labov vorrangig die soziale Variation und Sprachwandelprozesse
am Beispiel der Laute (vgl. Kapitel 2) untersuchte, haben andere Forscher u.a. untersucht, wie bestimmte Phänomene auf der Satzebene durch soziolinguistische
Variablen beeinflusst werden, z.B. Ashby (1981) zum Ausfall des *ne* in der französischen Negation. Ashby (1981) kommt in seiner Studie zu dem Ergebnis, dass
ganz besonders Frauen im Alter von 14 bis 21 Jahren, die einen Hochschul- oder
äquivalenten Abschluss innehaben, die Negationspartikel *ne* auslassen. Diese Variation zeigen die Beispiele in (20):

(20) Le facteur ne vient pas aujourd'hui.
      Le facteur vient pas aujourd'hui.

Otheguy/Zentella/Livert (2007) analysieren die Verwendung von hörbaren
Subjekten im Spanischen verschiedener Einwanderergruppen und -generationen
in New York. Die Länge und Intensität des Sprachkontakts mit dem Englischen
(das hörbare Subjekte erfordert, vgl. (21c) und (21d)) sowie auch die jeweilige

---

8   Eine ausführliche Beschreibung der Laute und der Konvention ihrer Notation werden wir in
    Kapitel 2 geben.

spanische Varietät (Mexikanisch vs. andere) spielen in dieser Studie eine wichtige Rolle für die Erklärung von Veränderungen in der Syntax des Spanischen in den verschiedenen Gruppen. Das Ergebnis ist, dass Einwanderer aus dem spanisch-sprachigen Raum im Spanischen — also in ihrer Muttersprache — mehr hörbare Subjekte verwenden, wenn sie zum Spanischen das Englische erwerben. Sie bevorzugen also (21b) vor (21a).

(21) a.   Ya comprendo bastante.
     b.   Yo ya comprendo bastante.
     c.   I can already understand quite a lot.
     d.   *Can already understand quite a lot.

Mit dieser Darstellung möchten wir unsere Überlegungen hinsichtlich der Besonderheit der menschlichen Sprache abschließen. Wir haben uns bemüht, einen Eindruck darüber zu vermitteln, wie Psychologen, Neurologen und Soziologen gemeinsam mit Sprachwissenschaftlern darüber nachdenken, wie das Wissen über Sprache aufgebaut ist. Die nachfolgenden Kapitel werden zeigen, was das Wissen über Sprache genau ausmacht.

1.6   Aufgaben

Übung 1.

Analysieren Sie den folgenden Text aus dem Bereich der Internetkommunikation (vgl. Michel 2008: 326) vor dem Hintergrund des Registerbegriffs:

> Jé une voi egu et jé envi k elle devienne un pe grave ou voir komme la voix a sinik komen fair??

Übung 2.

Betrachten Sie den folgenden Teil einer Konversation zwischen einem Erwachsenen und einem bilingualen Kind. Versuchen Sie, die Sprache des Kindes zu charakterisieren. Juliette wächst in Frankreich mit Französisch und Italienisch auf. Sie ist zum Zeitpunkt dieser Konversation ungefähr zwei Jahre alt. Ganz links befinden sich Angaben darüber, was der italienischsprachige Vater tut, und Kommentare dazu, dann folgen die sprachlichen Äußerungen des Vaters, dann die von Juliette, und in der Spalte am äußeren rechten Rand ist notiert, was Juliette tut oder was ihre Äußerung bedeuten könnte.

Legende:
? = Frage	/ = Äußerungsende
, = Pause im Redefluss	↑ = Stimmanhebung

	è un cane / hai ragione / sì ↑ / cosa nefai con le forchette ? /		
		maniae /	

	ah per mangiare sì /		
		maniae /	meint *mangiare*
zeigt Messer	*brava / come si chiama questo , juliette ? / come si chiama questo ? /*		guckt zur Kamera
		cotu /	frz. couteau
	e in italiano si chiama il coltello / sai dirlo ? /		
		coltone /	meint *coltello*
	coltello sì / brava /		
		coltole /	meint *coltello*
	coltello /		
		a tête /	meint entweder frz. *tête* oder it. *testa*
zieht Gabel weg	*ah la testa / sai che la forchetta non si mette sulla testa ? / là non serve per pettinare i capelli / la forchetta serve per mangiare /*		
		maniae /	meint *mangiare* führt das Besteck zum Teller
	mangiare /		
		fi /	meint vermutlich frz. *fille* sieht Vater an
	cosa c' è ? /		
		fi /	sieht zur Kamera
	non capisco /		
		fi /	sieht in den Raum
	fi cos' è ? /		
	cosa significa ? /	fi / fi / fi /	
		mais si ↑ /	frz.

1.7 Literatur

Arencibia Guerra, Lastenia (2008): *Sprachdominanz bei bilingualen Kindern mit Deutsch und Französisch, Italienisch oder Spanisch als Erstsprachen.* Unveröffentlichte Doktorarbeit, Bergische Universität Wuppertal.

Ashby, William (1981): „The loss of the negative particle ne in French: a syntactic change in progress". In: *Language* 57 (3), S. 674-687.

Bergeijk, William A./Pierce, John R. van/David, Edward E. (1960): *Waves and the Ear.* Garden City, N.Y.: Anchor Books.

Bichsel, Peter (1969): *Kindergeschichten.* Neuwied, Berlin: Luchterhand.

Brown, Roger (1973): *A First Language — The Early Stages.* Cambridge, MA: Harvard University Press.

Cantone, Katja F. (2007): *Code-switching in Bilingual Children.* Dordrecht: Springer.

Cantone, Katja F./Kupisch, Tanja/Müller, Natascha/Schmitz, Katrin (2008): „Rethinking language dominance in bilingual children". In: *Linguistische Berichte* 215, S. 307-343.

Chini, Marina (1995): *Genere grammaticale e acquisizione. Aspetti della morfologia nominale in italiano L2*. Milano: Francoangeli.

Curtiss, Susan (1977): *Genie – A Psychlinguistic Study of a Modern-Day 'Wild-Child'*. New York: Academic.

Demetras, Martha J./Post, Kathryn N./Snow, Catherine E. (1986): „Feedback to first language learners: The role of repetitions and clarification questions". In: *Journal of Child Language* 13, S. 275-292.

Dietrich, Rainer (²2007): *Psycholinguistik*. Stuttgart, Weimar: Metzler.

Dittmar, Norbert (1997): *Grundlagen der Soziolinguistik – Ein Arbeitsbuch mit Aufgaben*. Tübingen: Niemeyer (Konzepte der Sprach- und Literaturwissenschaft).

Eichler, Nadine/Jansen, Veronika/Müller, Natascha (2011): „Gender in French-German, Italian-German, Spanish-German and Italian-French children". In: *International Journal of Bilingualism*. Erscheint.

Fanselow, Gisbert/Felix, Sascha W. (1987): *Sprachtheorie I. Grundlagen und Zielsetzungen*. Tübingen: Francke.

Fasold, Ralph (1990): *The Sociolinguistics of Language*. Oxford: Blackwell (Language in Society; 6).

Friederici, Angela D. (1984): *Neuropsychologie der Sprache*. Stuttgart: Kohlhammer.

Greenberg, Joseph H. (1966): „Some Universals of Grammar with Particular Reference to the Order of Meaningful Elements". In: Greenberg, Joseph H. (Hrsg.): *Universals of Language*. Cambridge, MA u.a.: MIT Press, S. 73-113.

Gumperz, John J. (1982): *Discourse Strategies*. Cambridge: Cambridge University Press (Studies in Interactional Sociolinguistics 1).

Halliday, Michael (1978): *Language as Social Semiotic: The Social Interpretation of Language and Meaning*. London: Edward Arnold.

Hauser-Grüdl, Nicole/Arencibia Guerra, Lastenia/Witzmann, Franziska/Leray, Estelle/ Müller, Natascha (2010): „Cross-linguistic influence in bilingual children: can input frequency account for it?" In: *Lingua* 120 (11), S. 2638-2650.

Hirsh-Pasek, Kathy/Treiman, Rebecca/Schneiderman, Maita (1984): „Brown and Hanlon revisited: Mothers' sensitivity to ungrammatical forms". In: *Journal of Child Language* 11, S. 81-88.

Hornstein, Norbert/Lightfoot, David (1981): *Explanations in Linguistics: the Logical Problem of Language Acquisition*. London: Longman.

Keller, Jörg/Leuninger, Helen (²2004): *Grammatische Strukturen – kognitive Prozesse*. Tübingen: Narr (narr studienbücher).

Klivington, Kenneth A. (1989): *The Science of Mind*. Cambridge, MA: MIT Press.

Labov, William (1966): *The Social Stratification of English in New York City*. Washington D.C.: Center for Applied Linguistics.

Lenneberg, Eric H. (1967): *Biological Foundations of Language*. New York: Wiley.

MacWhinney, Brian (³2000): *The CHILDES Project: Tools for Analyzing Talk. Volume 1: Transcription format and programs. Volume 2: The database*. Hillsdale, N.J.: Lawrence Erlbaum.

McNeill, David A. (1966): „Developmental psycholinguistics". In: Smith, Frank/Miller, George A. (Hgg.): *The Genesis of Language. A Psycholinguistic Approach*. Cambridge, MA: MIT Press, S. 15-84.

Mehler, Jacques/Jusczyk, Peter/Lambertz, Ghislaine/Halsted, Nilofar/Bertoncini, Josiane/Amiel-Tison, Claudine (1988): „A precursor of language acquisition in younf infants". In: *Cognition* 29, S. 144-178.

Michel, Andreas (2008): *Romania virtue@lis: Romanische Varietäten in der internetbasierten Kommunikation*. Hamburg: Verlag Dr. Kovač.

Müller, Jasmin (2009): *Spracheneinfluss im Bereich der OV/VO-Stellung. Ein Vergleich von*

Deutsch mit Französisch. Unveröffentlichte Magisterarbeit, Bergische Universität Wuppertal.

Müller, Jasmin (2011): *Wh-Fronting und Wh-in-situ im Französischen: wirklich Varianten?* – *Eine auf formaler Diskursanalyse basierende Untersuchung gesprochener und geschriebener romanischer Sprache.* In Vorbereitung befindliche Doktorarbeit, Bergische Universität Wuppertal.

Müller, Natascha/Riemer, Beate (1998): *Generative Syntax der romanischen Sprachen. Französisch, Italienisch, Portugiesisch, Spanisch.* Tübingen: Stauffenburg (Stauffenburg Einführungen).

Müller, Natascha/Kupisch, Tanja/Schmitz, Katrin/Cantone, Katja F. (^{3}2011): *Einführung in die Mehrsprachigkeitsforschung. Deutsch – Französisch – Italienisch.* Tübingen: Narr (narr studienbücher).

Müller, Natascha/Arnaus Gil, Laia/Eichler, Nadine/Jansen, Veronika/Patuto, Marisa/Repetto, Valerie (in Vorb.): *Code-Switching. Eine Einführung.* Tübingen: Narr (narr studienbücher).

Otheguy, Ricardo/Zentella, Ana Celia/Livert, David (2007): „Language and dialect contact in Spanish in New York: Towards the formation of a speech community." In: *Language* 83, S. 1-33.

Pallier, Christophe/Bosch, Laura/Sebastián-Gallés, Nuria (1997): „A limit on behavioral plasticity in speech perception". In: *Cognition* 64, S. B9-B17.

Piaget, Jean (1984): *Le langage et la pensée chez l'enfant.* Denoël/Gonthier: Paris (Erstausgabe 1923).

Rizzi, Luigi (1988): *Spiegazione e teoría grammaticale.* Padua: Unipress.

Schmeißer, Anika (2008): *Asymmetrische Entwicklung von Sprachverstehen und Sprachproduktion beim Tempuserwerb monolingual französischer Kinder.* Unveröffentlichte Bachelorarbeit, Bergische Universität Wuppertal.

Séguin, Hubert (1969): *Les marques du genre dans le lexique du français écrit contemporain: Compilation des cas et essai de classement.* Mémoire de D.E.S., Montréal Québec, Université de Montréal.

Skinner, Burrhus F. (1957): *Verbal Behavior.* New York: Appleton-Century-Crofts.

Snow, Catherine E./Ferguson, Charles A. (Hgg.) (1977): *Talking to Children: Language Input and Acquisition.* Cambridge: Cambridge University Press.

Springer, Sally P./Deutsch, Georg (^{2}1993): *Linkes rechtes Gehirn. Funktionelle Asymmetrien.* Heidelberg u.a.: Spektrum.

Stechow, Arnim von/Sternefeld, Wolfgang (1988): *Bausteine syntaktischen Wissens. Ein Lehrbuch der generativen Grammatik.* Opladen: Westdeutscher Verlag.

Strohner, Hans/Nelson, Keith E. (1974): „The young child's development of sentence comprehension – influence of event probability, nonverbal context, syntactic form, and strategies". In: *Child Development* 45, S. 567-576.

Teschner, Richerad V./Russel, William M. (1984): „The gender patterns of Spanish nouns: an inverse dictionary-based analysis". In: *Hispanic Linguistics* 1 (1), S. 115-132.

Veh, Birgitta (1990): *Syntaktische Aspekte des Code-Switching bei bilingualen Kindern (Französisch/Deutsch) im Vorschulalter.* Unveröffentlichte Staatsexamensarbeit, Universität Hamburg.

Veith, Werner H. (2005): *Soziolinguistik. Ein Arbeitsbuch.* Tübingen: Narr (narr studienbücher).

White, Lydia (1989): *Universal Grammar and Second Language Acquisition.* Amsterdam/Philadelphia: Benjamins (Language Acquisition & Language Disorders 1).

Zimmer, Dieter E. (^{2}1995): *So kommt der Mensch zur Sprache. Über Spracherwerb, Sprachentstehung und Sprache & Denken.* München: Heyne.

2 Phonetik und Phonologie

Die meisten Menschen sprechen eine hörbare Sprache oder auch Lautsprache. Dabei produzieren sie eine — im Übrigen relativ kleine, aber systematisch auftretende und zu größeren Einheiten kombinierte — Menge von Lauten, die als Schallwellen von ihnen ausgehen und beim Hörer ankommen.

Sprachwissenschaftler untersuchen nun, wie und mit welchen Sprechwerkzeugen die Lautproduktion durch den Menschen erfolgt (Forschungsgebiet der artikulatorischen Phonetik). In einem weiteren phonetischen Teilgebiet, nämlich der akustischen Phonetik, werden „die Schalleigenschaften von lautsprachlichen Äußerungen nach den Parametern der akustischen Schallanalyse, insbesondere Dauer, Frequenz, Intensität und Klangfarbe" (Meisenburg/Selig 2006: 28) erforscht. Die hörerseitige Wahrnehmung ist Aufgabe eines dritten Teilgebiets: Die auditive Phonetik untersucht die „Wahrnehmung und Verarbeitung lautsprachlicher Signale durch den Hörer" (Meisenburg/Selig 2006: 28). Die Phonetik mit ihren Teilgebieten untersucht sprachübergreifende Aspekte der Lautproduktion und -rezeption.

Ebenso ist es aber für die Sprachwissenschaftler auch wichtig, in Bezug auf einzelne Sprachen die dort vorkommenden Laute und Lautkombinationen zu erforschen. Besonders wichtig ist es zu wissen, welche Laute einen Bedeutungsunterschied in der jeweiligen Sprache bewirken. Diese Aspekte werden in der Phonologie erforscht.

Bevor wir uns der Phonetik und Phonologie im Detail zuwenden, möchten wir jedoch die Rolle der Laute einbetten in das, was wir bereits über Sprache wissen, und in diesem Zusammenhang einige wichtige Konzepte vorstellen. In Kapitel 1 wurden bereits die universalen Eigenschaften von Sprache dargelegt, u.a. dass sie aus diskreten Einheiten besteht. Diese kleinsten Einheiten werden zu bedeutungstragenden Elementen zusammengestellt (sog. Morpheme, vgl. Kapitel 3) und diese wiederum in der Syntax (Kapitel 6) zu großen Einheiten, nämlich Sätzen und Texten. Welche Rolle haben nun die Laute im Sprachsystem? Hierauf hat der Linguist Ferdinand de Saussure eine bis heute wegweisende Antwort gegeben, indem er das sprachliche Zeichen eingeführt hat. Im Folgenden wollen wir die wichtigsten Elemente seiner Theorie vorstellen, die in der Geschichte der Sprachwissenschaft als Strukturalismus bekannt geworden sind.

Sprachliche bedeutungstragende Elemente sind nach de Saussure Zeichen. Ein Sprachsystem ist für ihn ein System von Zeichen. Jedes sprachliche Zeichen besteht nach de Saussure aus zwei Seiten, einer lautlichen (*image acoustique* ‚Lautbild' oder *signifiant* ‚Bezeichnendes') und einer mit dem Lautbild verbundenen Bedeutung (*concept* ‚Vorstellung' oder *signifié* ‚Bezeichnetes'). Beide Seiten des sprachlichen Zeichens sind wie die zwei Seiten eines Blattes Papier; keine

Seite existiert ohne die andere.[9] Die Verbindung von einem bestimmten Lautbild und einer bestimmten Bedeutung ist arbiträr oder mit anderen Worten, das Verhältnis zwischen *signifiant* und *signifié* ist willkürlich.[10] Dieses Modell wird auch als bilaterales Zeichenmodell verstanden. Wir halten folgende Definition fest:

📖 Das **sprachliche Zeichen** von de Saussure besteht aus zwei einander bedingenden Seiten, zum einen dem bezeichnenden Lautbild (frz. *signifiant*, it./sp. *significante*) und zum anderen der bezeichneten Bedeutung (frz. *signifié*, it. *significato*, sp. *significado*).

Wichtig ist, dass wir mit dem Zeichen auf außersprachliche Sachverhalte wie einen konkreten Stuhl (frz. *chaise*, it. *sedia*, sp. *silla*) oder auf innersprachliche Beziehungen zwischen sprachlichen Zeichen (z.B. Wortformen wie frz. *chante* — *chanter*, it. *canta* — *cantare*, sp. *canta* — *cantar* ‚singt' — ‚singen') verweisen können. Das bedeutet, dass das Zeichen nicht die Sache selbst ist, die es ausdrückt, sondern eben nur ein geistiges Gebilde, das uns die Möglichkeit bietet, auf beispielsweise etwas Außersprachliches zu verweisen. Im Gegensatz zu anderen Symbolsystemen wie z.B. die Verkehrszeichen (vgl. Kapitel 5) sind sprachliche Zeichen vom Hier-Jetzt unabhängig, d.h. sie können auf Vergangenes, Zukünftiges oder Hypothetisches Bezug nehmen. In den nachfolgenden Abschnitten zur Phonetik (Kapitel 2.1) und Phonologie (Kapitel 2.2) werden wir uns genauer mit der Ausdrucksseite des sprachlichen Zeichens, also dem unverzichtbaren Lautbild, beschäftigen, während die Inhaltsseite im Kapitel über Semantik (Kapitel 5) thematisiert wird. Die folgende Abbildung veranschaulicht das oben vorgestellte Zeichenmodell.

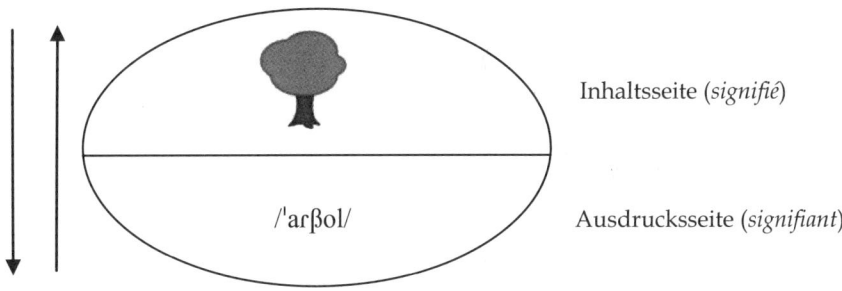

Inhaltsseite (*signifié*)

/ˈarβol/

Ausdrucksseite (*signifiant*)

Abbildung 2.1:
Zeichenmodell nach de Saussure am Beispiel von sp. *árbol* ‚Baum'

---

9   Die Eigennamen sind also nach de Saussure keine sprachlichen Zeichen im eigentlichen Sinne, da sie direkt auf den jeweiligen Gegenstand oder die jeweilige Person verweisen.

10   Die Onomatopoetika, lautmaterische Wörter, wie *Kikeriki*, bilden hierzu keine Ausnahme (siehe hierzu auch Kapitel 1.2.2), da auch sie zu einem gewissen Grad sprachspezifisch sind und somit losgelöst von dem realen lautlichen Ereignis des Krähens.

Eine weitere Einsicht de Saussures war, dass sich die Bedeutung der sprachlichen Zeichen in ihrer Beziehung zu sprachlichen Zeichen mit ähnlicher Bedeutung bestimmt, da die Sprache ein System von sprachlichen Zeichen ist. Die ab-
grenzende Bedeutung bezeichnet de Saussure als *valeur* ‚Wert'. Hiermit wird der
Strukturcharakter von Sprache betont: Die einzelnen Glieder eines Sprachsystems
bedingen sich gegenseitig; der Wert des einen Zeichens ergibt sich aus dem
gleichzeitigen Vorhandensein eines anderen Zeichens. De Saussure veranschaulicht dies am Beispiel des Schachspiels, in dem die Veränderung einer einzigen
Figur alle Bezüge der Figuren untereinander verändert. Ferner unterscheidet de
Saussure grundlegend zwischen:

📖 *langage* als Begriff für die menschliche Sprachfähigkeit (it. *linguaggio*, sp.
lenguaje), *langue* als Begriff für das soziale Systemgefüge = Sprache als Abstraktion, die aus der Rede erschlossen werden kann (it. *lingua*, sp. *lengua*)
und *parole* als Begriff für die individuelle Sprachrealisation = Rede (it.
parola, sp. *habla*).

Ziel der Sprachwissenschaft ist, aus den aktuellen Äußerungen, dem konkreten Sprechen, auf das Sprachsystem (*langue*) zu schließen. Die Unterscheidung zwischen *langue* und *parole* wollen wir an einem Beispiel aus dem Spanischen verdeutlichen. Im Standardspanischen werden die beiden Wörter in (1)
unterschiedlich ausgesprochen. Es gibt nun sogenannte *Seseo*-Sprecher im Norden Andalusiens, die die beiden Wörter in (1) gleich aussprechen, nämlich wie
in *casa*, d.h. mit einem s-Laut. Eine andere Sprechergruppe im Süden Andalusiens zwischen Huelva und Almería, die *ceceo*-Sprecher, sprechen beide Wörter
wie *caza* aus, d.h. mit einem Laut, der dem englischen /th/ sehr ähnelt (vgl.
Kabatek/Pusch 2009: 237). Beide Laute werden wir in Kapitel 2.2 noch genauer
beschreiben.

(1)   *casa*   Haus
      caza   Jagd

Nun könnte man sich auch einen lispelnden Spanischsprecher vorstellen, der
aufgrund des Lispelns beide Wörter in (1) wie *caza* ausspricht. Die konkreten
Aussprachen sind der *parole* zugeordnet. Beide Wörter haben aber unterschiedliche Bedeutungen, was klar wird, wenn man sie in Sätzen gebraucht, z.B. *Juan sale
de su casa por ir a la caza* ‚Hans verlässt das Haus, um zur Jagd zu gehen'. Die unterschiedliche Bedeutung im Satz kommt deshalb zustande, weil die *langue* als
Code aller Angehörigen einer Sprachgemeinschaft erlaubt, die konkreten Äußerungen so zu verstehen (durch konventionelle Festlegung und daraus resultierende Gewohnheit der Verwendung ‚eingebürgert'). Demnach ist *langue* also ein
abstraktes, soziales Faktum. Da die Bedeutungen im Beispiel unabhängig von den
konkreten Lautformen existieren, muss es also eine Art Abstraktion von der jeweiligen konkreten Lautform geben, eine Art Rückführung auf einen abstrakten
gemeinsamen Zeichenvorrat, die *langue*.

Eine weitere fundamentale Unterscheidung, die auf de Saussure zurückgeht, ist die zwischen Diachronie und Synchronie.

📖 Die **diachrone Perspektive** auf Sprache betrachtet chronologisch aufeinander folgende sprachliche Zeichen (von griech. *dia* ,durch' und *chronos* ,Zeit', also ,durch die Zeit' oder dynamisch). Die **synchrone Perspektive** auf Sprache betrachtet einen Zustand des sprachlichen Systems zu einem gegebenen Zeitpunkt (von griech. *syn* ,mit' und *chronos* ,Zeit', also ,mit der Zeit/gleichzeitig' oder statisch), wobei dieser Zeitpunkt in der Gegenwart oder in der Vergangenheit liegen kann (z.B. Französisch/Italienisch/Spanisch im Jahr 1500/1700/1900, heute).

Dabei handelt es sich um zwei verschiedene Betrachtungsweisen von sprachlichen Phänomenen, wobei die synchrone Betrachtungsweise sich auch auf einen früheren Sprachzustand beziehen kann. So ist die Analyse des altfranzösischen Artikelsystems eine synchronisch ausgerichtete Untersuchung. Sobald die Entwicklung des altfranzösischen Artikelsystems hin zum heutigen neufranzösischen System betrachtet wird, handelt es sich um eine diachronisch angelegte Untersuchung. De Saussure war vornehmlich an der synchronisch ausgerichteten Sprachwissenschaft interessiert. Ein Grund dafür könnte gewesen sein, dass er annahm, die diachrone Sprachentwicklung, auch Sprachwandel genannt, sei eine unsystematische Veränderung.

Das letzte wichtige Begriffspaar aus de Saussures Ausführungen betrifft die noch heute verwendete Unterscheidung bei der Analyse von Sprachelementen zwischen einer syntagmatischen und einer paradigmatischen Ebene.

📖 Die **syntagmatische Achse** umfasst all das, was einer bestimmten Spracheinheit in der jeweiligen Äußerung vorausgeht oder folgt.

Im deutschen einsilbigen Nomen *Herbst* folgen auf den Vokal vier Konsonanten, nämlich *r*, *b*, *s* und *t*. Wir sagen auch umgangssprachlich, dass das Nomen auf *rbst* auslautet. In den romanischen Sprachen gibt es solche Wortauslaute mit vier Konsonanten nicht. Wir haben das Wort *Herbst* hinsichtlich der ,horizontalen' Beziehungen seiner Laute analysiert.

Nun kann man Spracheinheiten auch auf einer vertikalen Ebene untersuchen. Diese Analyse ergibt die relevanten Sprachkategorien. Wir wollen dies an einem spanischen Beispiel illustrieren, nämlich an den Wörtern *paso*, *peso*, *piso* und *puso*, die alle etwas anderes bedeuten. Um die vertikale Analyse verdeutlichen zu können, schreiben wir die Wörter einmal untereinander auf.

(2)	a.	p	a	s	o	Schritt
	b.	p	e	s	o	Gewicht
	c.	p	i	s	o	Appartment
	d.	p	u	s	o	er stellte (Pretérito Perfecto Simple de Indicativo, 3. Person Singular)

Die Laute *a, e, i* und *u* können in derselben Umgebung auftreten und dabei einen Bedeutungsunterschied hervorrufen. Wir haben für diese Laute auch einen Namen, nämlich Vokale. Wir kategorisieren die Laute also aufgrund ihrer Austauschbarkeit bei identischer Umgebung.

📖 Die **paradigmatische Achse** umfasst all das, was für eine bestimmte Spracheinheit in der jeweiligen Äußerung an derselben Stelle auftreten darf, d.h. eine ähnliche Funktion hat.

Es ergeben sich folgende Beobachtungen hinsichtlich des sprachlichen Systems und der Unterscheidung *parole / langue*:

- Paradigmatische Beziehungen bestehen NICHT auf der *parole*-Ebene, sondern sind potentiell im Sprachsystem vorhanden, also auf *langue*-Ebene.
- Auf den ersten Blick ist die syntagmatische Relation stark *parole*-bezogen, weil sie in konkreten Äußerungen deutlich wird.
- Sie ist aber auch *langue*-bezogen, da die lineare Abfolge auch mit Konventionen innerhalb der Sprachgemeinschaft zusammenhängt.

Auf diese Beobachtungen werden wir in allen Kapiteln zu den verschiedenen Beschreibungsebenen eingehen. Wir beginnen mit der Ebene der Laute, die zentraler Gegenstand dieses Kapitels sind, wobei uns einerseits ihre physischen Eigenschaften, insbesondere ihre Hervorbringung, interessieren, die die Phonetik untersucht (Kapitel 2.1), andererseits aber auch ihre jeweilige Funktion im System der Sprache, welche von der Phonologie (Kapitel 2.2) betrachtet wird.

2.1   Phonetik

Wie bereits am Anfang des Kapitels vorgestellt, ist die Phonetik die Disziplin der Sprachwissenschaft, die sich mit der Produktion und Beschaffenheit sprachlicher Laute beschäftigt. Im Folgenden wollen wir uns schwerpunktmäßig der artikulatorischen Phonetik zuwenden, in dem wir die Artikulationsorgane und -arten für die unterschiedlichen Laute und schließlich auch Einheiten über der Lautebene (u.a. die Silbe) genauer ansehen.

2.1.1   Artikulationsorte und -organe

Bei der Bildung sprachlicher Laute sind verschiedene Artikulationsorte und -organe beteiligt. Zu deren Veranschaulichung führen wir in Abbildung 2.2 die Sprechwerkzeuge aus Meisenburg/Selig (2006: 24) an.

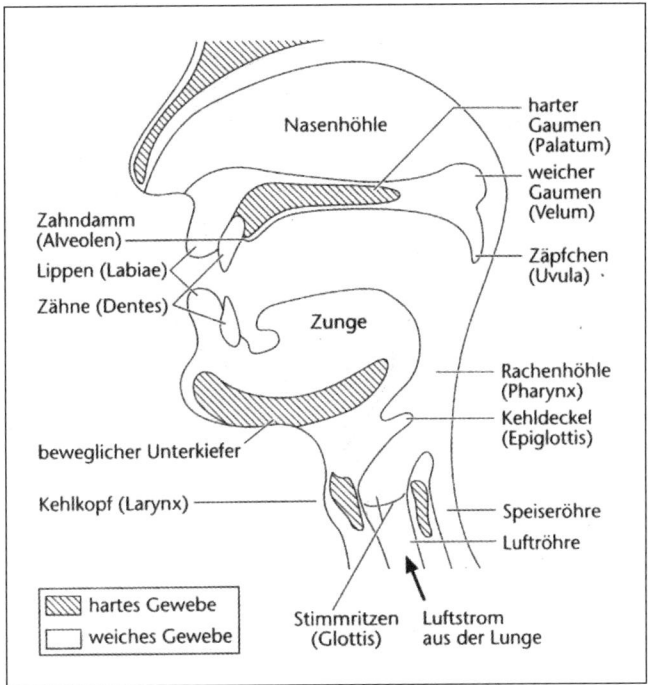

Abbildung 2.2:
Die Sprechwerkzeuge
(aus Meisenburg/Selig 2006: 24)

Mit Artikulationsort werden die unbeweglichen Stellen im Mundraum bezeichnet. Hierzu zählen:

- die Zähne (Dentes)
- der Zahndamm (Alveolen)
- der vordere, harte Gaumen (Palatum)
- der hintere, weiche Gaumen (Velum)
- die Rachenhöhle (Pharynx).

Die Laute, die an diesen Orten gebildet werden, heißen dementsprechend Dental, Alveolar, Palatal und Velar. Neben den Artikulationsorten sind auch die Artikulationsorgane beteiligt, die im Gegensatz zu ersteren relativ beweglich sind:

- die Lippen (Labiae)
- die Zunge
- das Zäpfchen (Uvula)
- der Kehlkopf (Larynx)
- der Kehldeckel (Epiglottis)
- die Stimmritzen (Glottis).

Sprachlaute entstehen durch das Bilden von Verengungen oder teilweisen bzw. totalen Verschlüssen zwischen Artikulationsort und Artikulationsorgan. In der Phonetik wird die Art und Weise der Bildung eines Sprachlautes als Artikulationsart bezeichnet. Auf die verschiedenen Artikulationsarten werden wir in Kapitel 2.1.1 bei der Beschreibung der Konsonanten detailliert eingehen.

Um die Laute aller menschlichen Sprachen beschreiben und notieren, d.h. transkribieren, zu können, stehen verschiedene phonetische Alphabete zur Verfügung, die auf unterschiedlichen Traditionen beruhen. Das heute am weitesten verbreitete Lautschriftsystem ist das Internationale Phonetische Alphabet (IPA), das von der *International Phonetic Association* (IPA) entwickelt wurde und auf den französischen Phonetiker Paul Passy zurückgeht.[11]

Im Folgenden werden wir — angelehnt an das IPA — die Laute des Französischen, Italienischen und Spanischen näher betrachten. Dabei werden wir in 2.1.2 auf die Konsonanten und in 2.1.3 auf die Vokale eingehen.

2.1.2 Konsonanten

Um die Bildung der Konsonanten zu beschreiben, wird sowohl deren Artikulationsort als auch das Artikulationsorgan angegeben. Im Hinblick auf die Artikulationsart teilen alle Konsonanten eine Eigenschaft, die sie von der Klasse der Vokale insgesamt unterscheidet: Der zur Bildung der Laute erforderliche Luftstrom aus der Lunge wird auf seinem Weg nach draußen behindert, wobei sich die Konsonanten dann untereinander hinsichtlich des Grades der Behinderung und des Behinderungsortes im Mund- und Rachenraum differenzieren lassen.

Die Konsonanten des Französischen, Italienischen und Spanischen sind in Tabelle 2.1 aufgeführt. Dabei sind Laute, die nur in einer oder zwei der behandelten Sprachen vorkommen, entsprechend mit ‚Frz.', ‚It.' oder ‚Sp.' gekennzeichnet. Die Stimmbeteiligung ist in der Tabelle durch die Abkürzungen ‚sth' (stimmhaft) und ‚stl' (stimmlos) markiert.

---

[11] Eine Liste der aktuellen IPA-Zeichen und deren Aussprache steht auf der Homepage der *International Phonetic Assoication* unter http://www.langsci.ucl.ac.uk/ipa/ [Stand: 22.9.2011] zum Download zur Verfügung.

		labial		dental	alveolar	palatal	velar
		bilabial	labiodental				
Plosiv	sth	b			d		g
	stl	p			t		k
Frikativ	sth	β (Sp.)	v (Frz., It.)	ð (Sp.)	z	ʒ (Frz.)	ɣ (Sp.)
	stl		f	θ (Sp.)	s	ʃ (Frz., It.)	x (Sp.)
Affrikate	sth				dz (It.)	dʒ (It.)	
	stl				ts (It.)	tʃ (It., Sp.)	
Nasal		m	ɱ (Sp.)		n	ɲ	ŋ (Frz., Sp.)
Lateral					l	ʎ (It., Sp.)	
Vibrant					r (It., Sp.), ɾ (Sp.)		ʁ (Frz.)

Tabelle 2.1:
Französische, italienische und spanische Konsonanten

Im Folgenden betrachten wir die Tabelle von links nach rechts, d.h. wir beginnen mit den Lippen (= labial bzw. bilabial) und schreiten nach rechts fort bis zum Velum, dem weichen Gaumen, vgl. auch Blaser (2007: 48), Haase (2007: 128) und Meisenburg/Selig (2006: 78).

2.1.2.1 Bilabiale und labiale Laute

Beginnen wir also mit den labialen und bilabialen Lauten. Hierbei wird mit Labial ausgedrückt, dass es die Lippen sind, die den Luftstrom behindern (lat. LABIUM ‚Lippe'); die Bezeichnung bilabial betrifft eine Untergruppe, für die gilt, dass beide Lippen, also Ober- und Unterlippe, an der Artikulation beteiligt sind (lat. BIS ‚zweimal'). Wir folgen in unserer Darstellung denjenigen Phonetikern, die die bilabialen Laute getrennt von den labialen aufführen.

Zwei bilabiale Laute weisen alle drei hier behandelten romanischen Sprachen auf: [b] und [p]. Nachdem wir bereits den Artikulationsort (beide Lippen) geklärt haben, betrachten wir nun die Artikulationsart, d.h. wie der Luftstrom auf seinem Weg nach draußen behindert wird. Die Laute [b] und [p] werden Plosive (auch: Explosive, Okklusive oder Verschlusslaute) genannt. Alle vier Bezeichnungen beschreiben gleichermaßen richtig, wie die Laute gebildet werden, nämlich indem die Luft, die aus der Lunge kommt, im geschlossenen Mund — bei aufeinander gepressten Lippen — angestaut wird. Hierfür steht der Terminus Okklusiv (lat. CLAUDERE ‚schließen'). Die Anstauung führt zur Bildung eines gewissen Drucks. Danach öffnen sich die Lippen ganz plötzlich, so dass die Luft wie bei einer kleinen Explosion entweicht. Dies wird durch die Bezeichnungen Plosiv bzw. Explosiv ausgedrückt. Nach den Gemeinsamkeiten von [b] und [p] kommen wir zu dem einzigen Unterschied, der zwischen diesen beiden bilabialen Plosiven besteht. Diesen können Sie am besten erfühlen, indem Sie sich während der Aussprache der Laute eine Hand an den Hals legen: Bei [b] lässt sich eine Vibration spüren, bei [p] jedoch nicht. Dies lässt sich damit erklären, dass bei [b] die Stimmlippen gespannt sind und beim Ausstoß der Luft vibrieren.

📖 Laute, bei deren Produktion die Stimmritze (Glottis) zwischen den ge-
spannten Stimmlippen fast geschlossen ist, so dass diese schwingen können — z.B. [b], [d], [g] —, werden **stimmhaft** genannt. Die **stimmlosen**
Laute entstehen, wenn die Glottis geöffnet ist und die Stimmlippen nicht
schwingen, z.B. [p], [t], [k].

Bevor wir mit weiteren bilabialen Lauten fortfahren, möchten wir im Zusammenhang mit den Plosiven auf eine interessante Eigenschaft des Deutschen im Vergleich zu den romanischen Sprachen hinweisen: Vergleichen wir die Worte *total* (auf Deutsch [t^{h}ot^{h}al] und *totalité* (auf Französisch [totalite]). Im Deutschen werden stimmlose Plosive wie [t], [k] und [p] am Anfang einer betonten Silbe behaucht [^{h}], wenn der Onset einfach ist (z.B. bei *pellen*), nicht bei komplexem Onset (z.B. *prellen*). Dies bedeutet, dass die Stimmlippen selbst nach Abschluss des stimmlosen Plosivs noch einen Moment geöffnet bleiben, bevor sie sich zur Produktion des — natürlich stimmhaften — Vokals schließen und durch den Luftstrom vibrieren. Im Französischen, Italienischen und Spanischen wird nicht behaucht, sondern der dem stimmlosen Plosiv folgende Vokal wird sofort in Angriff genommen. Die Stimmlippen schließen sich nach dem Plosiv sofort und vibrieren.

Nur im Spanischen gibt es den bilabialen stimmhaften Frikativ [β]. Jedoch ist die Art seiner Artikulation eine andere: Da die Lippen nicht komplett geschlossen sind, handelt es sich nicht um einen Plosiv. Vielmehr gilt die folgende Beschreibung dieses Lauts:

„Werden die Lippen nicht komplett geschlossen, entsteht der Frikativ (Reibelaut)
[β], bei dem die Luft zwischen den Lippen gerieben wird." (Blaser 2007: 26)

Die Bezeichnung Frikativ (Reibelaut) ist vom lateinischen Wort FRICARE ‚reiben' abgeleitet. Muttersprachler des Deutschen nehmen [β] wie einen Laut wahr, der weder ganz dem deutschen [b] entspricht noch dem Laut, der dem Buchstaben <w> in der deutschen Orthographie gleichkommt.

Ein weiterer bilabialer Laut ist [m]. Wenn Sie jetzt einmal den Laut [m] aussprechen, werden Sie feststellen, dass die Lippen die ganze Zeit geschlossen sind. Und dennoch kann der für die Lautproduktion unerlässliche Luftstrom austreten. Wie ist dies möglich? Die Lösung liegt darin, dass es sich bei [m] — wie im übrigen auch bei [n], [ɱ], [ɲ] und [ŋ], die wir weiter unten vorstellen — um Nasale handelt.

Bei der Bildung dieser Laute passiert der Luftstrom das Zäpfchen (die Uvula) und den weichen Gaumen (das Velum, das sich senkt) und tritt durch die Nasenhöhle aus.

Wenden wir uns nun denjenigen labialen Lauten zu, bei deren Bildung nur eine Lippe, nämlich die Unterlippe, mitwirkt: [f], [v] und [ɱ]. Manche Phonetiker klassifizieren sie auch als labiodental, denn außer der Unterlippe sind auch die oberen Schneidezähne (lat. DENS, Pl. DENTES ‚der Zahn/die Zähne') beteiligt.

Von den drei labialen Lauten ist nur [f] in allen drei besprochenen Sprachen vorhanden (wir haben den Laut auch im Deutschen). Bei seiner Bildung liegen die oberen Schneidezähne auf der Unterlippe auf, während die Luft durch diesen schmalen Spalt ausgestoßen wird. Erneut entsteht ein Frikativ. [v] wird auf dieselbe Art gebildet wie [f]. Der einzige Unterschied liegt darin, dass es stimmhaft ist. [v] gibt es im Französischen (z.B. in *vase*) und Italienischen (z.B. in *vero*), jedoch nicht im Spanischen.

Bei den Nasalen bildet das Spanische wiederum eine Ausnahme: Nur hier gibt es [ɱ], das sich als eine ‚zweite Version' von [m] betrachten lässt. Es bildet den Übergang zu [f] in Worten wie *infame* (vgl. Blaser 2007: 28). Es spricht sich so aus, dass man ein [m] produziert und dabei die oberen Schneidezähne auf die Unterlippe setzt, so als wolle man eigentlich ein [f] aussprechen, was ja im Wort auch gleich darauf folgt.

2.1.2.2 Dentale Laute

Im Folgenden betrachten wir die dentalen Laute. Diese Gruppe wird von einigen Phonetikern weiter untergliedert, indem zwischen interdentalen Lauten (die Zunge befindet sich dabei zwischen den Schneidezähnen) und dentalen (bzw. apikodentalen; Apex = Zungenspitze) Lauten differenziert wird. Eine weitere Klassifikation fasst die dentalen Laute mit den am hinter den oberen Schneidezähnen liegenden Zahndamm (den Alveolen) gebildeten Lauten zusammen, die gemeinhin alveolar genannt werden (vgl. Haase 2007: 128), so dass sich die Gruppe der dento-alveolaren Laute ergibt. Die Angaben zu den Artikulationsorten können also in verschiedenen Einführungsbüchern unterschiedlich sein. Allerdings werden diese Laute in den verschiedenen Sprachen auch etwas unterschiedlich realisiert: So ist [s] im Französischen dental bzw. prädorsal-dental, d.h. mit dem vorderen Zungenrücken an den Zähnen, im Deutschen hingegen prädorsal-alveolar und im Standardspanischen apiko-alveolar, d.h. mit der Zungenspitze am Zahndamm gebildet. Daher lassen sich nicht alle Laute aller Sprachen gleichermaßen einordnen.

Ein nach allen Klassifizierungen interdentaler und auch nur im Spanischen vorkommender Laut ist der Frikativ [θ] wie anlautend in *cena* ‚Abendessen' und *ciento* ‚hundert'. Bei seiner Bildung bewegt sich die Zunge zwischen die oberen und unteren Schneidezähne und die ausströmende Luft wird zwischen Zähnen und Zunge gerieben. Der Laut ist stimmlos.

Der Frikativ [ð] kommt nur im Spanischen vor und zwar in Wörtern wie *educación* ‚Erziehung', *lado* ‚Seite', *madre* ‚Mutter' oder *ciudad* ‚Stadt'. Er wird dort verwendet, wo der Buchstabe <d> auftritt, mit Ausnahme des absoluten Anlauts (*dama* ‚Dame'), nach <n> (*mundo* ‚Welt') und nach <l> (*caldo* ‚warm') (vgl. Blaser 2007: 27). Wie wird er gebildet? Wenn Sie ihn aussprechen, werden Sie merken, dass es sich, obwohl er in der Rechtschreibung durch <d> repräsentiert wird, nicht um einen Plosiv wie [d] handelt. Es kommt nicht zu einem Luftstau; auch tritt die Luft nicht explosionsartig aus. Stattdessen wird sie gerieben, denn die Zunge berührt zwar die oberen Schneidezähne, bildet aber keinen vollständigen Verschluss. Damit haben wir auch gleich den Artikulationsort: die Zunge(nspitze) berührt die Zähne, also (apiko-)dental. Zudem ist er stimmhaft, da bei der Produktion Vibrationen fühlbar sind.

2.1.2.3 Alveolare Laute

Zu den alveolaren Lauten gehören die Plosive [t] und [d]. Sie werden gebildet, indem die Zungenspitze an der Innenseite der oberen Schneidezähne anstößt und der Rest der Zunge dabei hilft, einen vollständigen Verschluss zu erzielen, so dass es in diesem Fall nicht die Lippen sind, die den Verschluss bilden (wie bei [b] und [p] der Fall). Warum nehmen wir [t] und [d] als verschieden wahr, obwohl der Artikulationsort — (apiko-)dental, d.h. die Zungenspitze ist an den Zähnen — und die Artikulationsart — es wird ein Verschluss gebildet — gleich sind? Der Unterschied liegt in der Stimmhaftigkeit: [d] ist stimmhaft, [t] ist stimmlos (keine Vibration der Stimmlippen).

[s] und [z] gehören zu den Frikativen: Die Zunge geht an die Alveolen, den Zahndamm direkt hinter den oberen Schneidezähnen, und verursacht eine Reibung der ausströmenden Luft. [s] und [z] unterscheiden sich nur darin, dass [z] stimmhaft ist, während [s] ohne Vibration der Stimmlippen auskommt. Beide Laute sind Sibilanten, d.h. Zischlaute, eine Untergruppe der Frikative (und Affrikaten), die sich „durch einen intensiven hochfrequenten Geräuschanteil" (Hall 2000: 11) auszeichnet.

Kommen wir zu den Affrikaten, die es insbesondere im Italienischen gibt. Die Bildung der Affrikaten [ts] und [dz] beginnt mit den Verschlusslauten [t] bzw. [d], bei denen die Zunge die Zähne bzw. den Übergang von den Zähnen zu den Alveolen berührt und einen vollständigen Verschluss bildet. Dann wird der Verschluss etwas gelockert statt sich vollständig zu öffnen, und durch Reibung der Zunge an den Alveolen entstehen die schon beschriebenen Zischlaute [s] bzw. [z]. Bei den Affrikaten geht also ein Plosiv unmittelbar in einen Frikativ über. Der einzige Unterschied zwischen [dz] (z.B. in it. *zio* ‚Onkel') und [dʒ] (z.B. in it. *giorno* ‚Tag') ist also die Stimmhaftigkeit. Inzwischen werden Sie wissen, was das bedeutet: Bei der Bildung von [dz] vibrieren die Stimmlippen, was Sie auch fühlen können, bei [dʒ] hingegen nicht.

[n] ist ein Nasal wie [m]. Es sind nun aber nicht die Lippen wie bei [m], die den Mundraum verschließen, sondern die Zunge geht an die Alveolen und bildet — statt die Luft zu reiben wie bei den Frikativen — einen vollständigen Verschluss, so dass die Luft durch den Mund überhaupt nicht mehr entweichen kann. Das Velum (das Gaumensegel) senkt sich, so dass die Luft es passieren und durch den Nasenraum entweichen kann. [n] ist stimmhaft.

Zur Bildung von [l] macht die Zunge sich nicht so breit wie bei [n], verschließt den Mundraum nicht völlig, sondern lässt die Luft rechts und links seitlich vorbei. Deswegen heißt die Artikulationsart auch lateral (seitlich). Weil der Luftstrom bei den Lateralen wie auch bei den Nasalen nicht gerieben oder explosionsartig entlassen wird, muss das zur Lautproduktion nötige Hindernis woanders liegen: Die Stimmlippen sind gespannt und vibrieren, so dass [l] genau wie [n] und [m] nicht anders als stimmhaft sein kann. Ein Beispiel für den italienischen Lateral [l] ist *libero* ‚frei'.

Mit [ɾ] und [r] lernen wir Laute einer neuen Artikulationsart kennen: die Vibranten, auch Schwinglaute (vgl. Lichem 1969: 62) oder Zitterlaute genannt. „Vibranten sind durch eine schnelle Folge oraler Verschlüsse gekennzeichnet" (Hall 2000: 13). Das bedeutet, dass die Zunge hin und her schnellt und so kurzzeitig einen Verschluss bildet und ihn sofort wieder löst. Hier vibrieren also einmal nicht nur die Stimmlippen ([ɾ] und [r] sind stimmhaft), sondern auch die Zunge. Der einzige Punkt, in dem sich [ɾ] und [r] unterscheiden, ist der, dass die Zunge bei [ɾ] nur einmal an die Alveolen schlägt, bei [r] hingegen mehrfach. Genau genommen ist das einfach geschlagene [ɾ] auch kein Vibrant, sondern gehört nach Ansicht Halls (2000: 14) zu den „geschlagene[n] Laute[n] (engl. *taps* oder *flaps*)", die „durch einen totalen oralen Verschluss gekennzeichnet sind, aber im Gegensatz zu den Vibranten schlägt die Zungenspitze nur einmal an". [ɾ] ist die Realisierung des Buchstaben <r> im spanischen Wort *pero* ‚aber'. Der Vibrant [r] ist hingegen in *perro* ‚Hund' enthalten. Ebenso gut illustriert ist der Unterschied zwischen [ɾ] und [r] in den Wörtern *caro* ‚teuer' und *carro* ‚Wagen'. Im System des Neufranzösischen gibt es keine Vibranten. Das französische ‚r' ist der uvulare Engelaut (Frikativ) [ʁ], der aus praktischen, typographischen Gründen im Allgemeinen als [r] geschrieben wird, aber eigentlich nicht zu den Vibranten gehört.

2.1.2.4 Palatale Laute

Palatale (bzw. postalveolare) Konsonanten heißen so, weil die Zunge kurz hinter den Alveolen (dem Zahndamm) den Gaumen berührt. Zu den Palatalen gehören zunächst zwei Zischlaute sowie zwei Affrikaten. Für diese gilt, dass von beiden Paaren jeweils ein Laut stimmhaft und der andere stimmlos ist. Darüber hinaus finden wir aber auch einen nasalen und einen lateralen Palatal, die wir ebenfalls vorstellen wollen.

Die Zischlaute — eine Untergruppe der Frikative, s. Kapitel 2.1.2.3 — werden mit den Zeichen [ʃ] und [ʒ] bezeichnet. [ʃ] kommt im Französischen in *cher*

‚cher' vor und im argentinischen Spanisch in *llegar* ‚ankommen'. [ʒ] ist der Anfang des französischen Wortes *jaloux* ‚eifersüchtig'.

Die Affrikaten kombinieren wieder Plosiv und Frikativ: [tʃ] (z.B. in it. *cena*
‚Abendessen' und sp. *chica* ‚Mädchen') ist stimmlos und [dʒ] (z.B. in it. *gelato* ‚Eis',
it. *oggi* ‚heute') ist stimmhaft. Im Französischen kommt [tʃ] in dem Lehnwort
match ‚Spiel' vor.

Der palatale Nasal [ɲ] kommt in allen drei von uns behandelten romanischen
Sprachen vor, z.B. frz. *digne* ‚würdig', it. *ogni* ‚jede, jeder', sp. *añadir* ‚hinzufügen'.

Abschließend sei der laterale Palatal [ʎ] vorgestellt, den wir im Italienischen
z.B. in *gli* ‚ihm' oder *pigliare* ‚nehmen/stehlen' und im kastilischen Spanisch z.B.
in *lluvia* ‚Regen' oder *bocadillo* ‚belegtes Brot' finden.

2.1.2.5 Velare Laute

Bei der Bildung velarer Laute berührt der Zungenrücken das Velum, das sich
recht weit hinten im Mundraum befindet. Unter den so gebildeten Lauten gibt es
die Plosive [k] (stimmlos) und [g] (stimmhaft), die wir auch aus dem Deutschen
kennen.

Das Spanische verfügt über zwei Frikative, nämlich [x] und [ɣ]. Der Frikativ
[x] kommt als erster Laut in dem Wort *jefe* ‚Chef' vor. Im Deutschen endet das
Wort *Bach* damit. Es ist ein stimmloser Frikativ, die Luft wird am Velum gerieben.
Der Frikativ [ɣ] hingegen ist stimmhaft. Er entspricht orthographisch <g> in den
Kombinationen *ga, go, gu, gue* und *gui*, z.B. in sp. *cargar* ‚beladen' oder in *juego*
‚Spiel'.

Außerdem gibt es den Nasal [ŋ], dessen Luftstrom durch den Nasenraum
fließt, da das Velum bei seiner Bildung den Mundraum versperrt. Er ist stimmhaft und wird orthographisch mit <ng> realisiert, vgl. it. *vengo* ‚ich komme', sp.
lengua ‚Sprache'. Im Französischen kommt dieser Laut nur in importierten Wörtern wie *camping* vor und wird orthographisch mit <ng> verschriftlicht.

Im Französischen wird am Velum zudem der Vibrant [ʁ] gebildet. Wir kennen es aus Wörtern wie *rire* ‚lachen' oder *grand* ‚groß'.

Bevor wir die lautlichen Besonderheiten der Vokale vorstellen, möchten wir
noch auf die Unterscheidung zwischen Obstruenten und Sonoranten eingehen.
Bei der Bildung der Obstruenten ist, wie der lateinische Ursprung OBSTRUERE
‚verbauen, versperren' schon sagt, der Luftstrom teilweise behindert. Deshalb
zählen wir die Plosive, Frikative und die Affrikaten dazu. Sie sind teilweise
stimmhaft und teilweise stimmlos. Die Sonoranten (von lat. SONOR ‚Ton, Klang')
hingegen sind alle stimmhaft. Zu ihnen zählen die nasal gebildeten Laute, außerdem die Laterale und Vibranten sowie die Halbvokale [w] und [j], die wir in Kapitel 2.1.3.4 näher vorstellen werden.

2.1.3 Vokale

Den Vokalen werden wir uns etwas weniger ausführlich widmen, weil Sie jetzt
schon Bekanntschaft gemacht haben mit dem Gaumen und der Zunge als Sprechwerkzeuge. Außerdem wird der Luftstrom wesentlich weniger behindert als bei
den Konsonanten. Es kommt nicht zur Reibung der Luft wie bei den Frikativen
und auch nicht zu einem Verschluss wie bei den Plosiven. Artikulatorisch werden
die Vokale nach ihrer Artikulationsstelle, der Zungenlage, der Mundstellung, der
Lippenstellung und dem Weg des Luftstroms beschrieben:

- die Artikulationsstelle   vorn (palatal) − zentral − hinten (velar)
- die Zungenlage   tief − mittel − hoch
- die Mundstellung   offen − halb offen/geschlossen − (fast) ge-
                                    schlossen
- die Lippenstellung   gespreizt − neutral − gerundet
- den Weg des Luftstroms   oral − nasal.

Die Zungenlage und die Mundstellung hängen eng miteinander zusammen, da
sie sich teilweise bedingen: So sind hohe Zungenlage und geöffneter Mund zwar
möglich, aber sehr anstrengend zu realisieren, während eine tiefe Zungenlage bei
geschlossenem Mund anatomisch unmöglich ist.

2.1.3.1 Vokalsysteme der drei romanischen Sprachen

In Abbildung 2.3 sind die Vokalsysteme des Französischen, Italienischen und
Spanischen, d.h. die in diesen Sprachen vorkommenden Vokale, vergleichend
dargestellt. Zur Veranschaulichung sind der Artikulationsort sowie die Zungenlage und Mundstellung der einzelnen Vokale angeführt.

Betrachten wir zunächst das in der Abbildung 2.3 rechts stehende Vokalsystem des Spanischen. Bitte sprechen Sie die folgenden Laute aus, um zu fühlen,
wie sie gebildet werden. Bei der Produktion des Lautes [a] werden Sie merken,
dass der Mund dabei relativ weit offen ist. Dies korrespondiert mit der Angabe
im Vokaldreieck (Mundstellung = offen). Wenn Sie nun [e] sagen und dann [i],
werden Sie feststellen, dass der Mund dabei immer weiter zu geht (in der Abbildung: Mundstellung = halb offen bzw. fast geschlossen). Dem entspricht, dass die
Zunge bei [a] zunächst tief im Mund liegt, dann mittig bei [e] und bei [i] recht weit
oben. Auch wandert die Zunge immer weiter nach vorn, von zentral nach ganz
vorne. Die Lippen spreizen sich, während aus einem [a] ein [e] und schließlich ein
[i] wird. Wie werden [o] und [u] gebildet? Nehmen wir wieder [a] als Ausgangs-
punkt. Wenn wir davon ausgehend ein [o] und dann ein [u] bilden, geht der
Mund wie gehabt weiter zu. Die Lippen hingegen runden sich − und verengen
die Mundöffnung nun auch in dieser Hinsicht. Die Artikulationsstelle der Zunge
rutscht von zentral bei [a] weiter nach hinten bis zum Velum, dem Gaumensegel.

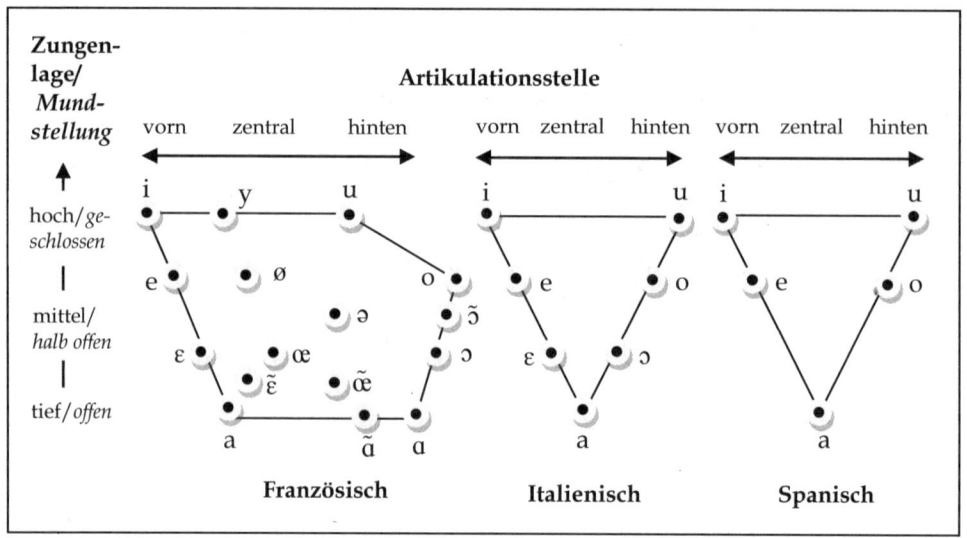

Abbildung 2.3:
Französische, italienische und spanische Vokale[12]

Bei Betrachtung des Italienischen fällt auf, dass es zwischen [e] und [a] noch den Laut [ɛ] gibt. Er liegt, was Zungenöffnung und den Grad der Mundöffnung betrifft, zwischen [e] und [a] und kommt in der ersten Silbe des Wortes it. *fertile* ‚fruchtbar' vor. Zudem liegt zwischen [o] und [a] der Laut [ɔ] wie in it. *oca* ‚Gans'.

Das Französische ist reicher an Vokalen als die beiden anderen romanischen Sprachen. So gibt es dort die Laute [ø] wie in *peu* ‚wenig' und [œ] wie in *seul* ‚allein' und weitere im Vokaltrapez ersichtliche Vokale. Hervorzuheben bleibt nur noch der Schwa-Laut [ə] (im Französischen als *e muet* ‚stummes *e*' bezeichnet), der sich genau in der Mitte des Vokaltrapezes befindet und in jeder Hinsicht der neutralste Vokal ist, d.h. dass er mit geringstem Aufwand gebildet wird: Die Zunge befindet sich weder besonders hoch noch tief noch weit vorn noch hinten. Die Lippen sind weder gerundet noch besonders gespreizt. Der Schwa-Laut [ə] kommt im Französischen in *ce* ‚dies' und in der ersten Silbe von *lever* ‚heben' vor. Wir kennen ihn aber auch aus dem Deutschen: Die Wörter *Tasche*, *Bitte* und *heute* enden damit. Neben den oralen Vokalen, d.h. den Vokalen, bei denen die Luft bei gehobenem Gaumensegel durch den Mund ausströmt, kennt das Französische als einzige der drei romanischen Sprachen auch nasale Vokale. Dabei strömt die Luft durch die Nase aus, wobei das Gaumensegel gesenkt ist. Nasalität wird durch die Tilde (~) über dem Vokal gekennzeichnet, vgl. (3).

---

[12] In Anlehnung an Blaser (2007: 38) und Gutiérrez Araus (2007) für das spanische, Geckeler/Kattenbusch (1992) und Haase (2007: 126) für das italienische sowie Rothe (1978), Hammarström (1998) und Meisenburg/Selig (2006) für das französische Vokalsystem.

(3) frz. *grand* [grã] ‚groß‘, *bon* [bɔ̃] ‚gut‘, *mince* [mɛ̃s] ‚dünn‘, *un* [œ̃] ‚ein‘

Da die Nasalität der italienischen und spanischen Vokale nicht den Grad der französischen erreicht und sie zudem phonologisch irrelevant ist, wird sie dort bei der Transkription in der Regel nicht angegeben.

2.1.3.2 Vokalqualität

Bevor wir uns mit der Vokalqualität befassen, müssen wir — zum besseren Verständnis — zunächst auf die Begriffe Phonem und Allophonie eingehen.

In der phonetischen Schreibweise unterscheiden sich die beiden deutschen Wörter *Mett* und *matt* in genau einem Laut, nämlich [ɛ] und [a].

(4) *Mett*   [mɛt]

     matt   [mat]

Die beiden Laute werden also nicht nur auf unterschiedliche Weise gebildet, sondern übernehmen in der Sprache unterschiedliche Funktionen. Sie haben eine Wirkung, die sich auf der Bedeutungsebene bemerkbar macht.

📖 **Minimalpaare** sind Paare von Wörtern, die sich nur in einem Laut unterscheiden (z.B. *Mett*/*matt*).

Weil manche Laute nicht nur unterschiedlich aussehen, sondern auch bedeutungsunterscheidend sind, sagt man, dass solche Laute zu unterschiedlichen Phonemen gehören.

📖 **Phoneme** sind die kleinsten sprachlichen bedeutungsunterscheidenden Einheiten.

Phoneme werden nicht wie Phone in eckige Klammern [...] geschrieben, sondern zwischen Schrägstriche /.../.

Es gibt Laute, die völlig unterschiedlich gebildet werden und sich natürlich daher auch unterschiedlich anhören, die aber im Wort die gleiche Funktion erfüllen. So ist es mit dem gerollten <r> auf der einen Seite, das wir z.B. aus dem Italienischen, Spanischen und Bayrischen kennen, und dem <r> des Hochdeutschen und Standardfranzösischen. Das erste wird gebildet, indem die Zunge einmal (sp. *pero* ‚aber‘) oder mehrfach (sp. *perro* ‚Hund‘) an den Zahndamm schlägt. Das zweite dagegen entsteht durch Engebildung hinten am Zäpfchen und die dadurch bedingte Reibung der Luft. Die zwei Laute hören sich völlig unterschiedlich an, übernehmen jedoch dieselbe Funktion im Wort. Daher sagt man, dass sie zum selben Phonem gehören. Ein Phonem kann also mehrere ‚Realisierungsformen‘ oder ‚Versionen‘ haben. Diese unterschiedlich klingenden, aber funktional gleichen Versionen eines Phonems nennt man seine Allophone.

📖 **Allophone** sind funktional gleiche, aber unterschiedlich klingende Realisierungsformen eines Phonems.

Kommen wir nun zur Vokalqualität, womit der Öffnungsgrad von Vokalen
bezeichnet wird. In der Regel wird zwischen offenen und geschlossenen Vokalen
unterschieden. So sind in dt. *Kerl* und *Topf* die Vokale offen, in dt. *mehr* und *Ton*
hingegen geschlossen. Wie wir im Vokaltrapez des Spanischen in Abbildung 2.3
gesehen haben, sind dort nicht — wie im Französischen und Italienischen — die
offenen Vokale [ɛ] und [ɔ] aufgeführt. Dabei gibt es im Spanischen diese Laute
durchaus, vgl. (5).

(5) a.   [sɛɾ] *ser* ‚sein'
     b.   [sɔl] *sol* ‚Sonne'

Was könnte der Grund hierfür sein? Blaser (2007: 38) erklärt dies wie folgt:

> „Anders als im Französischen oder Italienischen, in denen die Vokalqualität phono-
> logisch relevant ist, handelt es sich im Spanischen um stellungsbedingte Allophone
> [funktional gleiche, aber unterschiedlich klingende Versionen]. Den Phonemstatus
> von [ɛ] in anderen Sprachen belegen z.B. frz. *fée* [fe] (dt. ‚Fee') und *fait* [fɛ] (dt. ‚Tat-
> sache'), oder ital. *pesca:* [ˈpeska] mit der Bedeutung ‚Fischfang', [ˈpɛska] mit der Be-
> deutung ‚Pfirsisch' [sic!]."

Mit anderen Worten: Der unterschiedliche Öffnungsgrad — offen oder geschlossen — der Vokale führt im Französischen und Italienischen zu einem Bedeutungsunterschied, im Spanischen nicht. Hier ist der Öffnungsgrad eines Vokals
positionsbedingt. Blaser (2007: 39) führt die beiden wichtigsten Regeln für die
Verteilung der Allophone von /e/ und /o/ an:

> „1. Die geschlossenen Allophonvarianten, [e] und [o], kommen in offener Silbe (= Silbe,
>   die auf Vokal endet) vor, z.B. *meto* [ˈmeto], *solo* [ˈsolo], *pone* [ˈpone].
> 2. die wichtigsten Positionen, in denen die offenen Varianten, [ɛ] und [ɔ], auftreten,
>   sind:
>   a. in geschlossener Silbe (= Silbe, die auf Konsonant endet), z.B. *ser* [sɛɾ], *sol* [sɔl],
>   *perdón* [pɛɾˈðɔn]
>   b. vor und nach [r], z.B. *perro* [ˈpɛrɔ], *carrera* [kaˈrɛra], *morro* [ˈmɔrɔ]
>   c. vor [x], z.B. *eje* [ˈɛxe], *mojar* [mɔˈxar]."

2.1.3.3 Vokalquantität

Nachdem wir die Vokalqualität kennengelernt haben, wollen wir im Folgenden
die Vokalquantität, die Länge von Vokalen, beschreiben. Dabei werden im Wesentlichen kurze und lange Vokale gegenübergestellt, vgl. (6).

(6) dt. *Masse* vs. *Maße*
      Mitte vs. *Miete*
      Busse vs. *Buße*

Die Klassifizierung der Vokale in kurz oder lang ist nicht an eine bestimmte physikalische Dauer des Lauts gebunden. Da die Vokalquantität jedoch in einigen
Sprachen — wie im Deutschen, vgl. (6) — bedeutungsunterscheidend ist, muss
der Sprecher zur Verständigung einen hörbaren Unterschied zwischen kurzen
und langen Vokalen machen.

Im Italienischen und Spanischen hingegen wird die Vokalquantität als Un-
terscheidungsmerkmal überhaupt nicht verwendet. Sie hängt vielmehr von der
Silbenstruktur ab. In offener (d.h. auf einem Vokal auslautender) Silbe treten die
italienischen Vokale normalerweise gelängt auf, in geschlossener (d.h. auf einem
Konsonanten auslautender) Silbe sind sie kurz. Lange Vokale werden durch einen folgenden Doppelpunkt gekennzeichnet, vgl. (7) (Beispiele aus Geckeler/
Kattenbusch 1992: 54f.).

(7) palatal, geschlossen, gespreizt   → [i] *mille* ‚tausend', [i:] *Pisa*
      palatal, halb geschlossen, gespreizt   → [e] *stesso* ‚selbst', [e:] *mese* ‚Monat'
      palatal, halb offen, gespreizt   → [ɛ] *tempo* ‚Zeit/Wetter', [ɛ:] *bene* ‚gut'
      zentral, offen   → [a] *fatto* ‚gemacht', [a:] *mano* ‚Hand'
      velar, halb offen, gerundet   → [ɔ] *porta* ‚Tür', [ɔ:] *poco* ‚wenig'
      velar, halb geschlossen, gerundet   → [o] *conte* ‚Graf', [o:] *dono* ‚Gabe'
      velar, geschlossen, gerundet   → [u] *lusso* ‚Luxus', [u:] *duro* ‚hart'

2.1.3.4 Vokalverbindungen

Der Unterschied zwischen Vokalen, bei deren Artikulation kein Hemmnis auftritt, und Konsonanten, die durch ein Hindernis im Artikulationskanal charakterisiert sind, ist aber nicht nur in akustischer, sondern auch in artikulatorischer
Hinsicht fließend. Wenn die extrem geschlossenen Vokale [i] und [u] weiter geschlossen werden, berührt in der Stellung [i] der Zungenrücken das Palatum, und
es entsteht ein unsilbischer Konsonant, nämlich der palatale Reibelaut [j]. Entsprechend entsteht bei [u] bei weiterem (minimalem) Schließen unsilbisches labio-
velares [w]. Bei [j] und [w] handelt es sich um sogenannte Halbvokale (oder Ap-
proximanten).

📖 **Halbvokale** sind Konsonanten, die eine sehr große Nähe zu geschlossenen
   Vokalen aufweisen[13].

---

13   Deshalb heißen sie manchmal auch ‚Halbkonsonanten'.

Beide Halbvokale kommen in den von uns betrachteten romanischen Sprachen vor, vgl. (8).

(8) a. [j] → frz. *ciel* [sjɛl] ‚Himmel'
       it. *fiato* [fjato] ‚Atem'
       sp. *piedra* [pjeðra] ‚Stein'[14]

    b. [w] → frz. *toi* [twa] ‚du'
       it. *fuoco* [fwɔko] ‚Feuer'
       sp. *cuatro* [kwatro] ‚vier'

Hiate nennt man die unmittelbare Aufeinanderfolge von Vokalen, die getrennt artikuliert werden und von denen jeder eine eigene Silbe bildet, vgl. (9).

(9) frz. *théâtre* [teˈatʁ] ‚Theater', *poète* [pɔˈɛt] ‚Poet'
    it. *teatro* [teˈatro], *poeta* [poˈeta]
    sp. *teatro* [teˈatro], *poeta* [poˈeta]

Schließlich sind Diphthonge Vokalverbindungen in einer Silbe, von denen das eine Element ein Vokal und das andere ein Halbvokal ist, vgl. (10).

(10) frz. *moi* [ˈmwa] ‚ich', *bien* [bjɛ] ‚gut'
     it. *quando* [ˈkwando] ‚wann', *chiaro* [ˈkjaro] ‚klar'
     sp. *cuatro* [kwaˈtro] ‚vier', *familia* [faˈmilja] ‚Familie'

In diesem Unterkapitel haben wir die Phonetik als den Teilbereich der Linguistik kennengelernt, in dem zum Teil mit naturwissenschaftlichen, d.h. experimentellen, apparativen Methoden artikulierte Laute (Phone) als konkrete physikalische Erscheinungen untersucht und beschrieben werden. Dabei haben wir uns vornehmlich mit der artikulatorischen Phonetik befasst, die sich besonders mit der Art und Weise der Hervorhebung konkreter Laute mittels des Sprechapparates beschäftigt. Die Phonetik darf somit als Lautlehre auf der Ebene der Rede, der *parole*, beschrieben werden.

2.2   Phonologie

Lernt man eine Sprache — als Muttersprache oder als Fremdsprache —, dann lernt man aber nicht nur, welche Laute darin vorkommen, sondern auch, wie sie sich zusammenfügen zu Silben, zu ganzen Wörtern, welche Muster sie bilden und wie benachbarte Laute einander beeinflussen können. Mit der Funktion, die

---

[14]   Im Spanischen gibt es verschiedene regionale Varianten von [j], vgl. die Ausführungen von Gabriel/Meisenburg (2007: 98, 112).

die verschiedenen Laute jeweils in einer bestimmten Einzelsprache übernehmen, befasst sich die Phonologie.

Die wichtigste Einheit der Phonologie ist das Phonem, das wir bereits im Zusammenhang mit der Vokalquantität in Kapitel 2.1.3 kennengelernt haben. Die Eigenschaft von Phonemen, bedeutungsunterscheidend zu wirken, nennt man distinktiv. Bei noch genauerer Betrachtung sind sogar auch manche Merkmale von Lauten bereits distinktiv, denn schließlich: Was unterscheidet die beiden Wörter *backen* und *packen* in (11) oder frz. *beau* und *pot* in (12) voneinander?

(11) *backen*   [bakn]   *packen*   [pakn]
(12) *beau*   [bo]   *pot*   [po]

Die Wörter unterscheiden sich nicht nur in einem Laut, nämlich dem Anfangslaut [b] bzw. [p], sondern auch in einem Merkmal, nämlich ihrer Stimmhaftigkeit. Da es einen Unterschied für die Bedeutung des Gesagten macht, ob wir von *packen* oder *backen* reden, ist die Stimmhaftigkeit ein distinktives Merkmal. Unser Vorgehen, Wortpaare zur Identifizierung von Phonemen zu benutzen, die sich nur minimal (in genau einem Laut) unterscheiden, heißt Minimalpaarmethode. Phoneme sind abstrakte, gedachte, den Lauten zugrundeliegende Einheiten. Allophone sind die tatsächlichen Ausspracheversionen einer solchen abstrakten Einheit.

Es können zwei Haupttypen von Allophonie unterschieden werden, die wir im Folgenden vorstellen. Die in Kapitel 2.1.3.2 besprochenen Ausprachevarianten des Buchstabens <r> werden jeweils in allen Wörtern verwendet, in denen der Buchstabe <r> vorkommt. Deshalb heißen sie freie Varianten. Sie sind frei und unabhängig davon, welche anderen Laute in ihrer Umgebung vorkommen. Die Laute [ç] (‚Ich‘-Laut, ein palataler stimmloser Frikativ) und [χ] (‚Ach‘-Laut, ein velarer stimmloser Frikativ) sind Ausprachevarianten. Im Gegensatz zu den Allophonen [r] und [ɾ], die in allen lautlichen Umgebungen vorkommen können, tauchen [ç] und [χ] in verschiedenen Kontexten auf. [ç] kommt nach den vorderen Vokalen und nach Konsonanten vor (Volmert 2005: 80), wie in *ich*, *recht* und *Lerche*. [χ] kommt nur nach hinteren Vokalen vor, wie in *Bach*, *Loch*, *Buch*. Man könnte sagen, [ç] und [χ] betreiben Arbeitsteilung. Der eine Laut erfüllt seine Funktion in bestimmten Kontexten, während der andere genau dieselbe Funktion in anderen Umgebungen erfüllt. Sie kommen sich dabei nie in die Quere, denn die Arbeitsbereiche sind klar aufgeteilt. Dieses arbeitsteilige Vorgehen und Sich-nicht-in-die-Quere-Kommen solcher kombinatorischer Varianten (nichts anderes sind die Allophone [ç] und [χ]) heißt komplementäre Verteilung oder komplementäre Distribution. Sie sind so verteilt, dass sie sich gegenseitig ergänzen.

Natürlich können wir mit der Minimalpaarmethode auch in unseren drei romanischen Sprachen Laute mit Phonemstatus von bloßen Allophonen ein und desselben Phonems unterscheiden. Im Folgenden seien einige Minimalpaare bis hin zu einem ‚Minimalquintuple‘ im Spanischen vorgestellt:

(13) a. *paso* ‚Schritt', *peso* ‚Gewicht', *piso* ‚Wohnung', *poso* ‚Bodensatz/Rast/
        Ruhe', *puso* ‚er/sie stellte'
     b. *tomo* ‚ich nehme', *como* ‚wie'
     c. *pata* ‚Bein', *pasa* ‚er/sie/es geht vorbei', *pala* ‚Schaufel'
     d. *animar* ‚beleben', *animal* ‚Tier'
     e. *pero* ‚aber', *perro* ‚Hund'

Die Strukturalisten Jakobson und Trubetzkoy haben eine Phonologie entwickelt, in der gerade nicht alle vorkommenden Laute auf der gleichen Ebene betrachtet werden, sondern nur diejenigen Laute, die in der betreffenden Sprache die Bedeutung zweier Wörter differenzieren können. Die phonologische Analyse bedient sich natürlich der phonetischen Beschreibung. Sie filtert jedoch aus der artikulatorischen bzw. akustischen Beschreibung nur diejenigen Komponenten heraus, die distinktive oder merkmalhafte Züge haben. Die distinktive Funktion von [p] gegenüber [b] im Französischen beruht auf dem Merkmal der Stimmhaftigkeit: frz. [po] *peau* ‚Haut', *pot* ‚Topf', [bo] *beau* ‚schön'. Die Opposition [b] — [d] (in frz. [bo] *beau* ‚schön', [do] *dos* ‚Rücken') beruht auf dem Merkmal labial für [b] und dental für [d]. Grundeinheit der Phonologie sind die Phoneme als kleinste bedeutungsunterscheidende sprachliche Einheiten. Phoneme haben als solche niemals Bedeutung, aber bedeutungsunterscheidende Funktion. Ob eine bedeutungsunterscheidende Funktion vorliegt, wird anhand der Substitution (Ersetzung) festgestellt.

Fassen wir noch einmal zusammen: Man bildet zunächst Minimalpaare, um den Phonemstatus von bestimmten Lauten zu ermitteln, d.h. zwei sprachliche Zeichen mit der gleichen Anzahl von Lauten, bei dem ein Laut gegen den anderen ausgetauscht wird und dann geprüft wird, ob sich dadurch ein Bedeutungsunterschied ergibt. Ersetzt man in frz. [bɛ̃] *bain* ‚Bad' [b] durch [p], so erhält man [pɛ] *pain* ‚Brot'. Ersetzt man das [k] in it. *cane* ‚Hund' durch [p], so erhält man *pane* ‚Brot'. Ist die distinktive Funktion in allen Umgebungen festgestellt, so sind beide Laute Phoneme und man sagt, dass [b] und [p] zueinander in Opposition stehen, nicht nur in dem einzelnen Minimalpaar, sondern im Allgemeinen. Wir notieren also: /p/ und /b/. Ruft die Substitution trotz eines Schallgegensatzes keinen Bedeutungsunterschied hervor, nennt man den zu prüfenden Laut eine Variante oder ein Allophon desjenigen Phonems, zu dem es in Kontrast gesetzt wird. Man unterscheidet kombinatorische Varianten und freie Varianten. Kombinatorische Varianten kommen nicht im gleichen Kontext vor, hängen also von der Kombinatorik ab. Freie Varianten kommen in derselben Lautumgebung vor, die Variation hängt nicht vom lautlichen Kontext ab. Von komplementärer Distribution spricht man, wenn zwei Laute niemals in derselben Umgebung auftreten können.

Unter dem Gesichtspunkt der Artikulationsart sind [p], [t], [k] (alles stimmlose Verschlusslaute) verwandte Phoneme. Unter dem Gesichtspunkt des Artikulationsortes sind die labialen Laute [p], [b], [m] verwandte Phoneme: /b/ unterscheidet sich mit dem Merkmal labial von /d/ mit dem Merkmal alveolar/dental. Das /m/ ist zwar auch labial, muss aber noch ein zusätzliches Merkmal besitzen, das es von /b/ unterscheidet. Dies ist das Merkmal nasal. Wir könnten also /b/

und /m/ dadurch unterscheiden, dass /m/ das Merkmal nasal trägt und /b/ nicht, vgl. Tabelle 2.2:

	labial	alveolar	velar
stimmhaft	b	d	g
stimmlos	p	t	k
nasal	m	n	ŋ (Hang)

Tabelle 2.2:
Artikulationsmerkmale

Wir sagen: /m/ ist [+ nasal] und /b/ ist [– nasal]. Mit den vier Merkmalen ± nasal, ± labial, ± alveolar, ± velar können wir jedes Phonem der zwei unteren Reihen genau charakterisieren. Um /b/ und /p/ unterscheiden zu können, benötigen wir ein neues Merkmal, nämlich Stimmhaftigkeit: /b/ [+ stimmhaft], /p/ [– stimmhaft]. Die Merkmale, die genutzt werden, um ein Phonem eindeutig zu charakterisieren, bezeichnet man als ‚distinktive' Merkmale. Jedes Phonem ist demnach durch ein Bündel von distinktiven Merkmalen charakterisiert.

(14) Distinktive Merkmale

/p/	[+ labial]	/g/	[+ velar]
	[– nasal]		[– nasal]
	[– stimmhaft]		[+ stimmhaft]

In verschiedenen Sprachen sind verschiedene Merkmale distinktiv: Im Deutschen ist das Merkmal [gerundet] bei den vorderen Vokalen distinktiv. Es unterscheidet [iː] als [– gerundet] gegen [yː] als [+ gerundet], bzw. [eː] als [– gerundet] gegen [øː] als [+ gerundet].

Zu den distinktiven Merkmalen treten noch andere phonetische Merkmale, die bei der Realisierung eines Phonems erscheinen. Solche Merkmale könnte man als redundante (nämlich überflüssige, weil mitbedingte) Merkmale bezeichnen. So wird im Englischen und im Deutschen ein /p/ im Anlaut stark aspiriert, also behaucht, z.B. deutsch [pʰarkplats] sowie englisch *parking lot*. Im Französischen dagegen gilt diese Regel nicht, wie die Aussprache des Lehnworts *le parking* ‚Parkplatz' beweist. Die Aspirierung ist aber im Deutschen und Englischen nie distinktiv; man wird kein Minimalpaar finden, dessen Bedeutungsunterschied im Anlaut von aspiriertem gegenüber nichtaspiriertem /p/ getragen wird. Und trotzdem ist es ein in Anlautposition regelmäßig vorkommendes Merkmal. In diese Kategorie von redundanten Merkmalen kann man somit alle Merkmale einordnen, die die verschiedenen Allophone eines Phonems differenzieren.

Merkmale können aber auch dadurch vorhersagbar sein, dass in einer Sprache nur bestimmte Segmentkombinationen erlaubt sind. Ein Konsonant, der im Wortanlaut vor einem Verschlusslaut steht, ist z.B. im Deutschen regelmäßig ein [ʃ]. Für dieses Segment genügt demnach in der genannten Umgebung die Angabe [+ konsonantisch]. Einige Merkmale erhalten ihre Werte also durch generelle Regeln. Regeln dieser Art werden phonologische Redundanzregeln genannt, d.h. sie geben allgemeine phonologische Eigenschaften von Phonemen an. Die phonologischen Redundanzregeln bestimmen die phonologisch zulässigen, wenn auch nicht notwendigerweise auftretenden, Lautabfolgen in einem Sprachsystem.

2.2.1 Suprasegmentalia

Bis jetzt haben wir einzelne Laute besprochen. Doch die Sprache setzt sich nicht nur aus ihren Phonemen, also aus ihren kleinsten bedeutungsunterscheidenden Einheiten zusammen, sondern auch größere, darüber hinausgehende Segmente haben Effekte auf die Struktur einer Sprache. ‚Darüber hinaus' heißt auf Latein SUPRA, und weil die Einheiten oder Segmente, die wir jetzt besprechen, in ihrer Größe über die Phoneme hinausgehen, heißen sie Suprasegmentalia.

Wie viele Silben hat das Wort ‚Tulpe'? Intuitiv wissen wir, dass es zwei Silben hat, nämlich TUL und PE. Blaser (2007: 75) nennt daher die Silbe, die „intuitiv erfassbare kleinste rhythmische Einheit der Sprache, die über der Lautgrenze steht". Das spanische Wort *amigos* ‚Freunde' hat drei Silben, und zwar A- MI- GOS. Wie kommt es aber, dass wir nicht stattdessen in AM- IG- OS trennen? Das liegt daran, dass Silben eine bestimmte Struktur haben, die die zweite Variante nicht erlaubt. Dieses ist die Struktur der dritten Silbe –GOS, vgl. (15).

(15) Silbenstrukturschema

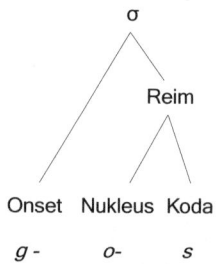

Das Sprechen geschieht nicht in Einzellauten, sondern in größeren daraus zusammengesetzten Einheiten. Die kleinste Einheit, die sich beim Sprechen zerlegen lässt, ist die Silbe. Eine Lautkette hat so viele Silben, wie sie Schallgipfel aufweist. Vier bei frz. *scientifiquement* [sjã | ti | fik | ˈmã] ‚wissenschaftlich'. Man unterscheidet offene Silben, die auf Vokal enden, z.B. frz. [bo | te] *beauté* ‚Schönheit', [pa | ʁi] *Paris* und geschlossene Silben, die auf Konsonant enden: *mal* [mal] ‚böse/schlecht'. Die Laute lassen sich nun klassifizieren in silbentragend und nichtsilbentragend. Erstere werden auch Sonoranten genannt. Sonoranten sind alle Vokale, aber auch bestimmte Konsonanten, vor allem [r]/[ʁ], [l] und [n], z.B. *little* [li | tl] ‚klein'. Das wichtigste an einer Silbe ist ihr Kern, auch Nukleus genannt. Dieser ist der Sonorant. Es gibt keine Silbe ohne Kern. Die Silbe besteht aus Anfangsrand (Onset) und Reim (Rhyme). Der Reim besteht seinerseits aus dem Nukleus (Silbengipfel) und der Koda (Coda). Onset und Koda hingegen sind in manchen Silben nicht vorhanden. Vom Silbenkern aus, der immer da ist, strukturiert sich die Silbe. Falls ein oder mehrere Konsonanten davor stehen, gehören sie zum Onset. Falls rechts vom Silbenkern noch etwas steht und keine weitere Silbe im Wort mehr folgt, so gehören die Konsonanten rechts vom Nukleus in die Koda.

Sprachen unterscheiden sich nun hinsichtlich ihres silbischen Aufbaus. Das Englische weist beispielsweise 16 Silbentypen auf und kann aus bis zu sieben Segmenten pro Silbe bestehen. Das Spanische kennt nur neun Silbentypen (das Italienische acht, z.B. K(onsonant)-V(okal)-K, K-V, V-K, K-K-V), die maximal aus fünf Segmenten bestehen (Nespor 1990). Dieser Unterschied wirkt sich auf den Spracherwerb erleichternd bzw. erschwerend aus (vgl. Guasti 2002).

Man kann nun bestimmte phonologische Regeln mit Hilfe des Silbenbegriffs formulieren. Schauen wir uns dazu das folgende kleine Gedicht über den Kuckuck von Guggenmos (1975) an:

Der Kuckuck

Der Kuckuck ruft mit Macht im Wald,
ruft kuckuck, daß es hallt und schallt.
Sein Weib schlüpft heimlich durchs Geäst
und schiebt ein Ei ins fremde Nest.

In den ersten beiden Zeilen reimen sich ‚Wald' [valt] und ‚schallt' [ʃalt]. Wie kommt es dazu? Hier kommt das Phänomen der Auslautverhärtung im Deutschen zum Tragen, das den Reim erst ermöglicht: Obwohl ‚Wald' ein stimmhaftes ‚d' enthält, das im Reim vorkommt, wird es dort auslautverhärtet (stimmlos). Die Auslautverhärtung ist ein silbenbezogener Prozess, der in silbenfinaler Position (d.h. in der Koda) auftritt und die dort befindlichen stimmhaften Konsonanten stimmlos werden lässt.

Die Silbe ist eine uns Sprechern bewusste sprachliche Einheit — wir können mit ihr auch spielerisch umgehen, indem wir z.B. Silben vertauschen und so eine Art ‚Geheimsprache' bilden. Beispiele für solche Geheim- oder Sondersprachen sind das französische Argot oder das deutsche Rotwelsch, die in bestimmten Subkulturen als ‚Gaunersprachen' entstanden sind und später, ab dem 19. Jahrhundert, zunehmend auch unter Studenten und Schülern Verwendung fanden. Im Folgenden wollen wir uns das Verfahren der Silbenvertauschung (frz. *verlan* = *à l'envers* ‚umgekehrt') ansehen, das im Vergleich verschiedener Jugendsprachen in der Romania jedoch vorrangig in der französischen Jugendsprache verwendet wird. Nach Scherfer (2008: 161) wollen wir dieses regelhafte Verfahren kurz beschreiben.

(16) a. *cité* ‚Stadt' [si+te] → [tesi];
      calmer ‚beruhigen' [kal+me] → [me+kal]
   b. *mec* ‚Typ' [mɛkœ] → [kœm]; *taf* ‚Arbeit' [tafœ] → [fœta]
   c. *bon* ‚gut' → [bõ] → [õb]; *moi* ‚ich' [mwa] → [wam]

    d. *rigolo* ‚lustig' [ri+go+lo] → [lo+go+ri];
       cigarette ‚Zigarette' [si+ga+rɛt] → [ga+rɛt+si]
    e. *flic* ‚Polizist' [kœf] → [kœfœ] → [fœkœ]

Die Grundregel, die nur auf die Hauptwortarten angewandt wird (also nicht auf Strukturwörter wie Artikel), betrifft die Vertauschung der Silben, die bei zweisilbigen Wörtern unverändert angewendet wird (16a). Nicht immer werden jedoch die kanonischen Silbenbildungsregeln beachtet: Einsilbige auf Konsonant endende Wörter werden wie zweisilbige behandelt, indem dem finalen Konsonanten zunächst ein Schwa-Laut angehängt wird, der dann in der so neu geschaffenen zweiten Silbe als [œ] stimmhaft gemacht wird (weil ein Schwa-Laut als Silbengipfel zu schwach ist), sodass es zu [mɛkœ] kommt. Dieses neue Wort wird dann verlanisiert zu [kœm], indem die Silbenabfolge vertauscht [kœmSCHWA] und die zweite Silbe sodann wieder gelöscht wird [kœm] (16b). Bei einsilbigen Wörtern, die auf Vokal enden, wird der initiale Konsonant final (16c). Bei dreisilbigen Wörtern werden meistens die dritte und die erste Silbe vertauscht (16d). In (16e) ist dasjenige, was wir für die Verlanisierung von *mec* in (16b) erläutert haben, mit dem Wort *flic* geschehen: *flic* → [flikœ] → [kœfli] → [kœf]. Das Beispiel (16e) zeigt uns, dass ausgehend von dem neuen Wort [kœf] wiederum Verlanisierungen stattfinden können.

    In der Psycholinguistik werden oft Versprecher analysiert, bei denen Silben miteinander vertauscht wurden: z.B. in „ich schu-he zur ge-le" für „ich gehe zur schule". Wenn Sprecher in der Sprachproduktion Silben vertauschen können, dann ist die Annahme plausibel, dass die Silbe als Einheit wirklich existiert.

2.2.1.1 Wortakzent

Wortakzent bedeutet, dass eine Silbe im Wort hervorgehoben wird.

> „Diese Hervorhebung entsteht durch Druckanstieg auf einer Silbe durch eine größere Muskelanspannung bei der Artikulation." (Blaser 2007: 91)

Damit meinen wir an dieser Stelle nicht den Akzent, so wie er in der Rechtschreibung an manchen Stellen obligatorisch ist, wie etwa im Spanischen auf dem <o> in allen Wörtern, die auf *-ion* enden (*comunicación* ‚Kommunikation', *educación* ‚Erziehung' u.a.). Uns geht es hier nur um tatsächliche Betonung. Im Spanischen zum Beispiel macht es oft wirklich einen Unterschied, auf welcher Silbe betont wird. Es ist nicht egal, ob ich auf der ersten Silbe betone: *término* ‚der Endpunkt', auf der zweiten: *termino* ‚ich beende' oder auf der dritten: *terminó* ‚sie beendete'. Ähnlich kann es sich im Italienischen verhalten. *Áncora* ist der Anker, während *ancóra* ‚noch' bedeutet. *Casíno* kann das Spektakel oder Durcheinander sein, während *casinó* eine Spielbank sein kann.

Auch im Deutschen ist der Wortakzent mitunter distinktiv (= bedeutungsunterscheidend), denn schließlich sollte man ein Hindernis besser *umfáhren* und nicht *úmfahren*, nicht wahr? Diese Akzentsysteme nennt man daher frei, denn der Wortakzent ist hin- und herschiebbar. Anders als im Spanischen und Italienischen weist das Französische keinen primären Wortakzent, sondern einen Phrasenakzent auf, den wir im nächsten Abschnitt genauer vorstellen.

2.2.1.2 Satzakzent

Unsere drei romanischen Sprachen eignen sich wunderbar, um auch drei verschiedene Arten der Akzentvergabe auf über das Wort hinausgehender Ebene anzusehen. Das Spanische hat, wie das Deutsche, die Möglichkeit der relativ freien Verschiebung des Akzents auf der Satzebene. Blaser (2007: 92) gibt ein Beispiel, das wir dem Deutschen gegenüberstellen, denn beide Systeme sind in diesem speziellen Fall vergleichbar und wir glauben, dass man es so besser versteht:

(17) a. <u>Su</u> primo compra una casa.
<u>Sein</u> Cousin kauft ein Haus.

b. Su <u>primo</u> compra una casa.
Sein <u>Cousin</u> kauft ein Haus.

c. Su primo <u>compra</u> una casa.
Sein Cousin <u>kauft</u> ein Haus.

d. Su primo compra <u>una</u> casa.
Sein Cousin kauft <u>ein</u> Haus.

e. Su primo compra una <u>casa.</u>
Sein Cousin kauft ein <u>Haus.</u>

Im ersten Satz (17a) geht es darum, zu betonen, dass es sein Cousin und nicht etwa meiner oder deiner ist, der ein Haus kauft. Im zweiten Satz (17b) drückt die Stellung des Akzents aus, dass es sich um den Cousin handelt und nicht etwa um einen anderen Verwandten oder Nahestehenden. Die jeweilige Gegenüberstellung in den Sätzen (17c-e) kann ebenfalls ohne weiteres erschlossen werden.

In unseren beiden anderen romanischen Sprachen sind die Akzentsysteme oberhalb der Wortebene völlig verschieden von diesem. Im Italienischen wird „das dem Sprecher jeweils wichtigste Wort [...] immer an das Ende des Ausspruchs verschoben" (Lichem 1969: 131). Die Tonsilbe des denkwichtigsten Wortes beherrscht den Ausspruch, während die übrigen abgeschwächt werden (Lichem 1969: 130). Da sich das denkwichtigste Wort immer am Ende des Satzes befindet, ist der Satzakzent am Satzende. Das Italienische ist also weit weniger frei bei der Verschiebung des Satzakzentes und die Betonung eines Wortes wird vielmehr durch seine Verschiebung an das Ende des Satzes erreicht. Der Satzakzent ist dann nur noch eine Folge dieses Vorgangs.

Das Französische wiederum ist noch weniger frei im Setzen eines Satzakzentes. Es hat vielmehr einen Phrasenakzent entwickelt. In Äußerungen, die aus mehr als einem Wort bestehen, ist dagegen die Akzentphrase die grundlegende Einheit für die Akzentuierung. Sie lässt sich nach Gabriel/Meisenburg (2007: 120) als kurze, semantisch und syntaktisch eng zusammengehörende Einheit definieren. Die Autoren geben als Beispiel die Akzentphrase frz. *le mauvais garçon* ,der böse Junge' an. Isoliert haben die Worte *mauvais* und *garçon* den Akzent jeweils auf der letzten Silbe, weil dann Wort- und Phrasendomäne zusammenfallen und das einzelne Wort den Phrasenakzent erhält. In einer phonologisch zusammengehörenden Phrase wie *le mauvais garçon* fällt der Phrasenakzent auf die letzte Silbe des letzten Wortes, hier *garçon*. Die Betonung eines Satzteils wird im Französischen mit anderen Mitteln erreicht, nämlich syntaktischen, denen wir im Kapitel über Syntax wieder begegnen werden. Zum Beispiel kann der hervorzuhebende Satzteil nach vorne verschoben und mit einem Pronomen wieder aufgenommen werden. Derartige Konstruktionen werden als Dislokation, hier genauer als Linksdislokation, bezeichnet. Bezogen auf unser Eingangsbeispiel mit dem Cousin, der ein Haus kauft, würde sich das im Französischen so anhören: *Cette maison, son cousin l'achète* ,Dieses Haus, das kauft sein Cousin'.

Mit den hier vorgestellten Suprasegmentalia (Silbe, Intonation, Wort-, Phrasen- und Satzakzent) haben wir einige Bereiche der Prosodie eingeführt. Dieses Teilgebiet der Phonetik und Phonologie lässt sich insgesamt wie folgt charakterisieren und ist — wie wir im folgenden Unterabschnitt sehen werden — auch für andere Teilgebiete der Linguistik und für den Spracherwerb sehr relevant. Außerdem spielt es eine wichtige Rolle für die Verslehre in der Literaturwissenschaft.

📖 Die **Prosodie** (veraltet auch: Prosodik) ist 1. Teilgebiet der Phonetik bzw. Phonologie. Sie hat die Erforschung und Beschreibung lautlicher Eigenschaften zum Gegenstand, die die Bildung sprachlicher Einheiten bestimmen, die größer als ein Laut bzw. Phonem sind (z.B. Akzent, Intonation, Sprechtempo und -rhythmus, Pausen, Tonhöhenunterschiede). Sie ist 2. Teil der Verslehre und beschäftigt sich mit Akzent, Silbenqualität u.a. prosodischen Merkmalen aus Perspektive des Versbaus.

Dass die Prosodie sich nicht eindeutig zur Phonologie allein zählen lässt, wird am Beispiel der nicht rein phonologischen Prozesse *liaison* und *enchaînement* in Kapitel 2.2.2.4 deutlich.

2.2.1.3   Prosodie und Spracherwerb

Wir wollen uns einmal vorstellen, dass wir in ein Land gehen, dessen Sprache wir überhaupt nicht beherrschen. Wir können auch die Schrift nicht entziffern. Bei unserer Ankunft erleben wir die Sprache der dort lebenden Menschen als einen beständigen Fluss von Wörtern, ohne dass wir Grenzen zwischen ihnen ausmachen können. So ist auch die Situation des neugeborenen Kindes, das eventuell mit einer Universalgrammatik auf die Welt kommt, aber nun aus diesem Sprechfluss die erforderlichen Einheiten der Sprache herausfinden muss, um seinen Wortschatz und seine Grammatik aufbauen zu können. Wie kann es das nun machen, ohne bereits Vorerfahrung mit Sprache zu haben?

Christophe/Dupoux (1996) sind der Ansicht, dass prosodische Informationen für Kinder und Erwachsene sehr wichtig sind. Nur mit dieser Information können sie den Sprechfluss in prosodische Einheiten teilen, die kleiner als Sätze, aber größer als Wörter sind. Aus dieser ersten Aufteilung können sie dann die Wortgrenzen erkennen und somit die Spracheinheiten (vgl. dazu auch Kapitel 5) in ihren Wortschatz, in ihr mentales Lexikon (vgl. dazu auch Kapitel 1.4 und 5) aufnehmen. Dass dies nicht nur eine Idee ist, sondern tatsächlich funktioniert, auch bei ganz kleinen Kindern, zeigen einige Experimente, die die Sensibilität für prosodische Informationen von Neugeborenen nachweisen. Im Folgenden werden wir eines hier vorstellen. Christophe und Dupoux haben drei Tage alte französische Kinder mit Hilfe der ‚Nuckelmethode' (Nuckeln ohne Ernährung) untersucht, denen sie unterschiedliche Stimuli (Reize) mit und ohne prosodische Grenze geboten haben, z.B. *mati* aus der Mitte des Wortes *mathematicien* und in *panorama typique*. Bei dieser Methode wird den Kindern ein akustischer Stimulus für jedes Saugen geboten. Während der Gewöhnungsphase hören die Kinder der Testgruppe eine Serie von *mati*, die zu einer Kategorie (z.B. Silbenpaar aus der Wortmitte) gehören, und dann wird zu einem Stimulus der anderen Kategorie (Silbenpaar über die Wortgrenze hinweg) gewechselt, während eine Kontrollgruppe weiterhin Stimuli der ersten Phase hört. Die Kinder der Testgruppe weisen — im Vergleich zur Kontrollgruppe — eine signifikant erhöhte Saugrate nach dem Wechsel auf, was bedeutet, dass die drei Tage alten Kinder die Stimuli mit und ohne prosodische Grenze unterscheiden konnten.

2.2.2 Phonologische Regeln und Prozesse

In der Phonologie geht es darum, wie benachbarte Laute einander beeinflussen können. Sie folgen Regeln und verwandeln sich und tauchen in anderer Gestalt wieder auf. Dabei sind die wichtigsten vier ‚Gestalten' oder Haupttypen phonologischer Prozesse die Veränderung von Segmenten in ihren Merkmalen, die Tilgung (Weglassung) von Segmenten, die Hinzufügung von Segmenten und die Umstellung von Segmenten (vgl. Ramers/Vater 1995: 48).

Einige der phonologischen Prozesse haben die Aussprache von Lauten (und damit ganze Wörter) nachhaltig verändert, d.h. sie haben zum Lautwandel geführt. Es lassen sich obligatorische Prozesse wie z.B. die Auslautverhärtung im Deutschen und solche, die stilistischen Restriktionen unterliegen, unterscheiden: Im Fall des silbenfinalen -*n* im sp. *un burro* ‚ein Esel' ist sowohl eine alveolare Aussprache als auch eine assimilierte (vgl. Kapitel 2.2.2.1), bilabiale Aussprache [um'buro] möglich. Solche synchronen fakultativen Prozesse können über die Zeit

(= diachron) oft zu obligatorischen Prozessen werden, so dass sich im Laufe der Sprachentwicklung eine umgangssprachliche, ökonomischere Aussprache gegen eine aufwändigere durchsetzt (vgl. Kabatek/Pusch 2009: 65). Eine Regel des Deutschen besagt, dass Obstruenten im Wortauslaut stimmlos sein müssen (die sogenannte Auslautverhärtung). Deswegen ist es so, dass selbst in Wörtern wie *Kin-der*, *Ber-ge* oder *Köni-ge* der Anlaut (Onset) der letzten Silbe stimmhaft ist, aber im Singular des Wortes, wenn er nun in der Koda landet, stimmlos wird.

Wir wollen hier einige Prozesse anhand der drei romanischen Sprachen vorstellen. Betrachten wir zunächst den schon genannten, die Aussprache erleichternden Prozess der Assimilation näher, der zugleich der häufigste phonologische Prozess ist und zum Haupttyp der Prozesse gehört, bei denen Segmente in ihren Merkmalen verändert werden.

2.2.2.1 Assimilation

Aus lat. AD ‚an/zu' und SIMILARE ‚ähnlich machen' wurde *assimilare* ‚angleichen'. Somit wurde die Abfolge der Laute [d] und [s] vereinfacht. Wir können diesen Prozess wie folgt definieren:

> 📖 Die **Assimilation** ist ein Prozess, bei dem die Angleichung eines Lautes an einen benachbarten Laut zwecks Vereinfachung der Aussprache erfolgt.

Bei der Assimilation lassen sich zwei Untertypen unterscheiden: Es gibt einerseits die progressive Assimilation, bei der der vorhergehende Laut die Aussprache des folgenden beeinflusst, wie z.B. im Fall der historischen Entwicklung *mb* → *m* (sp. *paloma* aus lat. PALUMBA). Andererseits git es die regressive Assimilation, bei der der folgende Laut auf die Aussprache des vorherigen Lauts einwirkt wie z.B. im Fall der stimmhaften Aussprache von /s/ im spanischen Wort *mismo* ['mizmo] ‚selbst' wegen des folgenden stimmhaften /m/ (vgl. Kabatek/Pusch (2009: 65) sowie Pomino/Zepp (2008: 161ff.) für eine genauere Darstellung des Lautwandels im Spanischen).

Der Prozess der Assimilation, insbesondere der regressiven Assimilation im Bereich der Konsonantenverbindungen (sog. Konsonantennexus, im Plural mit gelängtem u), findet in den romanischen Sprachen häufig statt. Haase (2007: 134) führt eine Reihe von Beispielen für Assimilierungsprozesse aus dem Italienischen und seinen Dialekten auf, wovon wir hier nur einige wenige vorstellen können. Unter den Assimilierungsprozessen, die die Stimmhaftigkeit von Konsonanten betreffen, ist z.B. die regressive Stimmhaftigkeitsassimilation von /s/ an den folgenden Konsonanten zu nennen: Vergleichen wir das italienische Verb *sporcare* ‚verschmutzen' [sp] mit *sbrigare* ‚erledigen' [zb]. In galloitalienischen Varietäten des Italienischen lässt sich (wie auch im Altfranzösischen) das aus dem Deutschen bekannte Phänomen der Auslautverhärtung beobachten: NAVE wird hier als *nef* ‚Schiff' realisiert. Für die Assimilation des Artikulationsortes sind die nasalen Konsonanten, also [m], [n] oder [ŋ] plus Konsonant, ein Beispiel, wobei eine Assimilation an den folgenden Konsonant erfolgt, sogar auch über die Wortgrenze hinweg: *un paio* [umˈpajo] ‚ein Paar'.

Im Französischen gibt es ebenfalls Assimilationsprozesse, sowohl bei Konsonanten als auch bei Vokalen. Wir wollen hier nur ein sehr interessantes Phänomen vorstellen, nämlich die Vokalharmonie, die — obwohl eher aus der Phonologie des Türkischen bekannt — auch in begrenztem Umfang im Französischen existiert (vgl. Meisenburg/Selig 2006: 106f.). Hier wird oft die Opposition zwischen /e/ und /ɛ/ neutralisiert. Die Opposition zwischen diesen Vokalen ist auch nicht möglich in offener vortoniger Silbe, also in der Silbe, auf die unmittelbar die akzentuierte Silbe folgt. Vokalquantität hängt vom Öffnungsgrad des unmittelbar folgenden betonten Vokals ab (also regressive Assimilation): Vor hohen (und damit geschlossenen) vorderen Vokalen tritt in offener Silbe geschlossenes [e] auf, vor allen anderen Vokalen (und in geschlossener Silbe) [ɛ]. Beispiele hierfür finden sich im französischen Formeninventar: So gibt es zwar einen Verbstamm [pʁɛs] wie z.B. im gleichlautenden Imperativ Singular „Presse!" Dagegen erscheint im Infinitiv oder im Partizip Perfekt die Variante [pʁes] wie in *presser/pressé(e)*. Eine weitere solche Alternation findet sich bei [tɛt] *tête* ‚Kopf' und [tɛtaʁ] *têtard* ‚Sturkopf' einerseits und [tety] *têtu* ‚stur' andererseits.

2.2.2.2 Dissimilation

Ein Prozess, der nicht die Aussprache, sondern das Verständnis erleichtert, ist die Dissimilation (von lat. DIS ‚auseinander' und SIMILARE ‚ähneln'). Sie lässt sich wie folgt definieren:

📖 Bei der **Dissimilation** werden in einem Wort vorkommende Laute einander unähnlich gemacht.

Das passiert auch nicht ohne Grund, sondern zu dem Zweck, „die relevanten Laute für den Hörer besser wahrnehmbar zu machen" (Hall 2000: 93). Das lateinische ARBOR ‚Baum' wird im Spanischen zu *árbol*. Das zweite [r] wurde unter dem Einfluss des ersten als [l] realisiert (vgl. Hall a.a.O.). Ein Beispiel für eine Dissimilation aus dem Italienischen betrifft den Vorgang der Fortisierung oder Geminierung (vgl. Haase 2007: 135). Fortisierung ist die ‚Stärkung', d.h. in der Regel die Längung eines Konsonanten, die manchmal auch als Verdoppelung (Geminierung) beschrieben wird. So wird das *b* in *subito* ‚sofort, plötzlich' in der italienischen Umgangssprache (und in den Dialekten) oft emphatisch fortisiert. Dies ist insofern eine Dissimilation, als zwischenvokalisch eher eine Schwächung des Konsonanten zu erwarten gewesen wäre.

2.2.2.3 Neutralisierung

Bei der Neutralisierung als Prozess geht es darum, dass in bestimmten Lautum-
gebungen der Kontrast, der Unterschied zwischen zwei Phonemen wegfällt: „die
Aufhebung einer im Sprachsystem bestehenden phonologischen Opposition in
einem bestimmten Kontext" (Blaser 2007: 58). Wir erinnern uns, dass es einen Unterschied in der Bedeutung macht, ob das einfach geschlagene [ɾ] wie in sp. *pero*,
cero oder *caro* oder das mehrfach geschlagene (auch gerollte) [r] wie in sp. *perro*,
cerro oder *carro* verwendet wird. Am Anfang eines Wortes und am Ende einer
Silbe bewirkt dieser Artikulationsunterschied keinen Unterschied in der Bedeutung. Wir können *cortar* ‚abhacken' mit dem einfach geschlagenen [ɾ] oder mit
dem mehr geschlagenen [r] aussprechen, die Bedeutung des Wortes ändert sich
nicht. Ein weiteres Beispiel für eine Neutralisierung ist das Beispiel des *seseo* und
ceceo vom Beginn dieses Kapitels: Der *seseo*-Sprecher neutralisiert [s] und [θ] zu [s]
in *casa* und *caza*, der *ceceo*-Sprecher hingegen in den beiden Worten zu [θ].

Ein Beispiel für die Neutralisierung ist die Auslautverhärtung im Deutschen
und Altfranzösischen. Im Wortauslaut wird die im Anlaut (*Dorf* − *Torf*) und im
Inlaut existierende Opposition zwischen stimmhaften und stimmlosen Konsonanten (*baden* − *baten*) aufgehoben, da hier nur stimmlose Konsonanten realisiert
werden: *Rad* − *Rat* [ʁaːt]. Neutralisierungen beruhen auf Positionsbeschränkun-
gen. Jedes Phonem hat eine bestimmte Distribution (Verteilung). Im Französischen sind die halboffenen Qualitäten [ɔ] (*note*) und [œ] (*seul*) im Auslaut nicht
möglich; die Opposition [ɔ] − [o] (*pomme* − *paume*) wird im Auslaut neutralisiert.

Andere Prozesse beeinflussen die Lautkette, genauer die Silbenstruktur, also
die suprasegmentale Ebene (bzw. prosodische Ebene). Dazu gehören u.a. die im
Französischen bekannten Prozesse *enchaînement* und *liaison*, die die Silbenstruktur
optimieren, sowie das Einfügen von Segmenten, zumeist Vokalen, in die Lautkette (sog. Epenthese), mit der Konsonantennexus (‚schwere Konsonanz', vgl. Haase
2007: 138) aufgespalten und betonte Auslautvokale verhindert werden: So wird
etwa in Mittel- und Süditalien der Name des Politikers, Craxi, als [krakesi] ausgesprochen. Ein Beispiel für eine Epenthese im Französischen ist die Einfügung des
epenthetischen Konsonanten [t] bei der im gesprochenen Französisch sehr seltenen Inversion: [paʁ.lə.til] *parle-t-il* ‚spricht er' (vgl. Meisenburg/Selig 2006: 133). Im
Folgenden wollen wir etwas genauer auf die Prozesse des *enchaînement* und der
liaison eingehen.

Aus psycholinguistischer Sicht sind die vorgestellten Neutralisierungspro-
zesse sehr interessant. Schauen wir noch einmal auf die Strukturierung eines
Wortes in Silben. Wenn wir davon ausgehen, dass die Silbenstruktur im Lexikoneintrag des Wortes vorhanden ist, wir aber gleichzeitig Neutralisierung auf-
decken können, kann man diesen Prozessen nur Rechnung tragen, wenn man von
einer Resilbifizierung ausgeht. So ist das Wort *rund* ein einsilbiges Adjektiv der
Form K-V-K-K. Bildet der Sprecher ein *rundes Fenster*, so wird das Wort nicht nur
zweisilbig, sondern *d* als Konsonant in der Koda ‚rutscht' an den Anfangsrand
der nachfolgenden Silbe: *run-des*. Eine andere Möglichkeit wäre, dass das mentale

Lexikon eben nicht die Silben der einzelnen Wörter angibt und somit auch keine Resilbifizierung stattfindet, sondern dass die hörbare Silbenfolge erst spät im Produktionsprozess entsteht. Wir müssten dann Silbifizierungsregeln annehmen, die dies leisten könnten. Die Entscheidung zwischen beiden Sichtweisen überlassen wir Psycholinguisten, die die Sprachproduktion auf mögliche Störungen untersuchen. Störungen, die die phonologische Kodierung in Silben betreffen, sind sehr selten. Diese Beobachtung könnte darauf hindeuten, dass die Kodierung in Silben tatsächlich relativ spät im Produktionsprozess erfolgt.

2.2.2.4 *enchaînement* und *liaison*

Beim *enchaînement* wird ein wortfinaler Konsonant in den Anfangsrand (Onset) der ersten Silbe des folgenden Wortes hineingeschoben. Statt der drei ungleich langen Silben in *sept amis* *[sɛt.a.mi], werden die Silben durch den Effekt des *enchaînement* gleichlang, bestehend jeweils aus Onset und Nukleus: [sɛ.ta.mi].

Bei der *liaison* wird ebenfalls ein Konsonant in den Anlaut des folgenden Wortes verschoben. Es ist aber ein Konsonant, der überhaupt nur dann erscheint, wenn das folgende Wort mit einem Vokal anfängt. Die *liaison* besteht also im Hörbarwerden eines sonst stummen Auslautkonsonanten vor vokalischem Anlaut. Der hörbar werdende Auslautkonsonant wird phonetisch zum Anlautkonsonanten der im Einzelwort vokalisch anlautenden Silbe: frz. *petit enfant* [pti | tã | fã] ‚kleines Kind'. Bei der *liaison* müssen fakultative und obligatorische Konstellationen unterschieden werden. Die *liaison* ist z.B. obligatorisch zwischen Artikel und Nomen: [le.za.mi] *les amis* ‚die Freunde' und den folgenden Fällen (vgl. Meisenburg/Selig (2006: 132) für eine vollständige Liste der obligatorischen Fälle):

(18) a. *petit ami* ‚kleiner Freund'   vs.   *petit poney* ‚kleines Pony'
        [pə.ti.ta.mi]   [pə.ti.pɔ.ne]
     b. *chez elle* ‚bei ihr'   vs.   *chez toi* ‚bei dir'
        [ʃe.zɛl]   [ʃe.twa]

Im Bereich der fakultativen *liaison* wirken eine Reihe von sozialen und stilistischen Faktoren auf die Verwendung ein. Generell gilt: Je höher die Frequenz der fakultativen *liaison*, desto formeller und gewählter ist das Sprachregister (vgl. auch Kapitel 1 und 4) und desto eher beansprucht der Sprecher eine hohe soziale Einstufung (Meisenburg/Selig 2006: 132).

Die *liaison* macht es für Lerner des Französischen nicht einfach, die Wörter zu segmentieren. So gebrauchen zweijährige französischsprachige Kinder den Plural von *animal* ‚Tier' (= *animaux* ‚Tiere') manchmal auch ohne Artikel, woran dann deutlich wird, dass sie das Wort noch nicht richtig segmentiert haben: [le.za.ni.mo] und [za.ni.mo]. Hier könnte man behaupten, dass das zusätzliche Phonem [z] den Plural kodiert. Da die *liaison*, wie oben gezeigt, zur Vermeidung eines ‚schlechten' Silbenkontakts — auch: Hiat (siehe Kapitel 2.1.3.4) — verwendet wird, also auf der suprasegmentalen Ebene operiert, wird dieser Prozess auch der Prosodie zugeordnet (Meisenburg/Selig 2006: 130). Das Gleiche gilt auch für das *enchaînement* (Meisenburg/Selig 2006: 129).

2.2.2.5 *h-aspiré*

Auf das Problem des *h-aspiré* im Französischen möchten wir noch gesondert eingehen. Historisch betrachtet kann man festhalten, dass bis zum 17. Jahrhundert das [h] hörbar war. Es ist germanischen Ursprungs, z.B. *la haine* ‚der Hass' (vgl. Klare 1998). Dieser Umstand ist im heutigen Französisch nur erkennbar, da syntagmatisch die *liaison* und das *enchaînement* unterbleibt, vgl. (19), und die Elision bei den Determinanten und Pronomina, vgl. (20).

> (19) [leantõ] *les hannetons* ‚die Maikäfer' vs. [lezami] *les amis* ‚die Freunde'
> (20) *la haine, je la hais* ‚ich hasse sie'

Die Aspiration oder Behauchung (in der phonetischen Umschrift mit [h] wiedergegeben) kommt auch im Spanischen vor, jedoch vor allem in Andalusien, auf den Kanarischen Inseln und in den Küstenzonen Hispanoamerikas. Sie betrifft dort [s], das behaucht und sogar ganz wegfallen (also ‚elidiert' werden) kann, z.B. in *hasta* ‚bis' [ˈasta] oder [ˈaʰta] oder in *los mismos* ‚die selben' [lɔʰˈmihmɔh] oder [lɔʰˈmiʰmɔʰ] (vgl. Blaser 2007: 85). Im Italienischen ist eine Behauchung besonders mit dem regionalen Phänomen der *gorgia toscana* verbunden. *La casa* ‚das Haus' wird als [la ˈhasa] ausgesprochen, das intervokalische [k] wird dabei abgeschwächt (‚lenisiert') und gleichzeitig aspiriert — es wird ein Hauch hörbar, der von entweichender Luft durch den schwächeren Verschluss entsteht, bevor der Stimmton für den Vokal einsetzt (vgl. Haase 2007: 136).

In Kapitel 2 haben wir die Phonologie kennengelernt, die die Laute (Phone) hinsichtlich ihrer Funktion untersucht, d.h. hinsichtlich ihrer Fähigkeit, sprachliche Zeichen und damit Bedeutungen zu differenzieren. Im Gegensatz zur Phonetik ist sie an ein bestimmtes Sprachsystem gebunden, wie wir an vielen Unterschieden zwischen den drei romanischen Sprachen sehen konnten. Sie führt verschiedene, tatsächlich in der *parole* geäußerte und der jeweiligen Norm entsprechende Laute auf die Grundeinheiten zurück, die von den Sprechern einer Sprache als solche unbewusst unterschieden werden. Phoneme sind daher abstrakte Größen, die als solche nicht ausgesprochen werden können. Die Phonologie ist somit die Lautlehre auf der Ebene des Systems, der *langue*.

2.3   Aufgaben

Übung 1.

In den Gruppierungen von Konsonanten steckt jeweils ein Fehler. Finden Sie heraus, welcher Laut nicht in die Reihe passt, und erklären Sie warum.

a. [t, d, k, p]   c. [m, m̥, ŋ, θ]
b. [n, l, r, g]   d. [dʒ, ʃ, tʃ, β]

Übung 2.

Jemand hat versucht, die Vokale anhand der Kriterien Artikulationsstelle, Zungenlage, Mundstellung und Weg des Luftstroms zu beschreiben. Aber leider haben sich Fehler eingeschlichen. Finden und korrigieren Sie sie.

a. [a]   Zungenlage tief, Mund offen, Artikulation hinten, Luftstrom oral
b. [e]   Zungenlage hoch, Mund geschlossen, Artikulation vorn, Luftstrom oral
c. [i]   Zungenlage hoch, Mund geschlossen, Artikulation vorn, Luftstrom nasal
d. [o]   Zungenlage mittel, Mund halb offen, Artikulation zentral, Luftstrom oral
e. [u]   Zungenlage tief, Mund geschlossen, Artikulation hinten, Luftstrom nasal

Übung 3.

Zerlegen Sie die folgenden Wörter aus den drei romanischen Sprachen in Silben und geben Sie für jede Silbe die Struktur an.

Frz. *partialement, souligner*
It. *cinghiale, lavagna*
Sp. *enumerar, reducción*

Übung 4.

Prüfen Sie mit der Minimalpaarmethode, ob die folgenden Paarungen von Lauten tatsächlich Phoneme beinhalten bzw. ob sie Allophone sind.

Frz. [v, n]
It. [dʒ, tʃ]
Sp. [x, ɣ]

Übung 5.

Kehren Sie zum Gesprächsausschnitt in Übung 2 des Kapitels 1 zurück und versuchen Sie, die Sprache des Kindes phonologisch zu beschreiben. Welche Phoneme lässt das Kind aus? Werden ganze Silben getilgt? Erklären Sie die Beobachtung, dass Kinder Varianten von Wörter produzieren (*coltone/coltole*).

2.4   Literatur

Blaser, Jutta (2007): *Phonetik und Phonologie des Spanischen. Eine synchronische Einführung.* Tübingen: Niemeyer (Romanistische Arbeitshefte; 47).

Christophe, Anne/Dupoux, Emanuel (1996): *Bootstrapping lexical acquisition: The role of prosodic structure.* In: *The Linguistic Review* 13, S. 383-412.

Gabriel, Christoph/Meisenburg, Trudel (2007): *Romanische Sprachwissenschaft.* Paderborn: Fink (UTB basics 2897).

Geckeler, Horst/Kattenbusch, Dieter (1992): *Einführung in die italienische Sprachwissenschaft*. Tübingen: Niemeyer (Romanistische Arbeitshefte; 28).

Guasti, Maria Teresa (2002): *Language Acquisition. The Growth of Grammar*. Cambridge, MA: MIT Press.

Guggenmos, Josef ([5]1973): *Was denkt die Maus am Donnerstag?* München: Deutscher Taschenbuch Verlag.

Gutiérrez Araus, María Luz (2007): *Introducción a la lengua española*. Madrid: Ed. Univ. Areces.

Haase, Martin (2007): *Italienische Sprachwissenschaft: Eine Einführung*. Tübingen: Narr (bachelor-wissen).

Hall, Alan T. (2000): *Phonologie. Eine Einführung*. Berlin: De Gruyter (Studienbücher).

Hammarström, Göran ([3]1998): *Französische Phonetik. Eine Einführung*. Tübingen: Narr (narr studienbücher).

Kabatek, Johannes/Pusch, Claus (2009): *Spanische Sprachwissenschaft*. Tübingen: Narr (bachelor-wissen).

Klare, Johannes (1998): *Französische Sprachgeschichte*. Stuttgart: Klett (Uni-Wissen).

Lichem, Klaus (1969): *Phonetik und Phonologie des heutigen Italienisch*. München: Hueber (Basis Wissen Therapie).

Meisenburg, Trudel/Selig, Maria (2006): *Phonetik und Phonologie des Französischen*. Stuttgart: Klett. [5. Nachdruck der 1. Auflage von 1998] (Uni-Wissen).

Nespor, Marina (1990): „On the rhythm parameter in phonology". In: Roca, Iggy (Hrsg.): *The Logical Issue of Language Acquisition*. Dordrecht: Foris, S. 157-165.

Pomino, Natascha/Zepp, Susanne ([2]2008): *Hispanistik*. UTB: Stuttgart (UTB basics).

Ramers, Karl-Heinz/Vater, Heinz ([4]1995): *Einführung in die Phonologie*, Hürth, Gabel (KLAGE; 16).

Rothe, Wolfgang (1978): *Phonologie des Französischen*. Berlin: Schmidt (Grundlagen der Romanistik; 1).

Scherfer, Peter ([3]2008): „Jugendsprache in Frankreich". In: Neuland, Eva (Hrsg.): *Jugendsprache – Jugendliteratur – Jugendkultur. Interdisziplinäre Beiträge zu sprachkulturellen Ausdrucksformen Jugendlicher*. Frankfurt a.M.: Peter Lang, S. 149-168.

Volmert, Johannes ([5]2005) (Hrsg.): *Grundkurs Sprachwissenschaft. Eine Einführung in die Sprachwissenschaft für Lehramtsstudiengänge*. München: Fink (UTB; 1879: Sprachwissenschaft).

3   Morphologie

Die Fähigkeit, neue Wörter, sogenannte Neologismen (Sg. *Neologismus*; griech. *neos* ‚neu', *logos* ‚Wort'), zu erzeugen, ist Teil unserer sprachlichen Kompetenz. Wir wenden die Wortbildungskompetenz an, wann immer wir uns in Bezeichnungsnot befinden, d.h. wenn wir ein prägnantes Wort für einen neuen Sachverhalt, eine technische Erfindung, ein neues Konzept z.B. in Kultur und Wissenschaft benötigen und eine längere, eventuell uneffektive Umschreibung dafür vermeiden wollen. Doch die entstandenen Wörter sind nur in den seltensten Fällen wirklich ‚neu', d.h. bisher nicht bestehende konventionelle Verknüpfungen einer bestimmten Laut- bzw. Buchstabenfolge mit einem bestimmten Inhalt.

Zum einen werden Wörter aus anderen Sprachen entlehnt. Innerhalb der Lehnwörter wird unterschieden zwischen Fremdwörtern und Lehnwörtern im engeren Sinn. Fremdwörter sind Wörter, die ohne formale Änderung aus einer fremden Sprache übernommen wurden, vgl. (1). Lehnwörter im engeren Sinn hingegen sind geringfügig in das lautliche und orthographische System der Zielsprache integriert worden, vgl. (2) (auch ins Deutsche, weshalb wir auf eine Übersetzung hier verzichten).

(1)   frz. *(le) webmaster* / it. *(il) webmaster* / sp. *(el) webmaster* < engl. *webmaster*
      frz. *(le) browser* / it. *(il) browser* / sp. *(el) browser* < engl. *browser*

(2)   frz. *(le) serveur* / it. *(il) server* / sp. *(el) servidor* < engl. *server*
      frz. *(l')icône* / it. *(l')icona* / sp. *(el) icono* < engl. *icon*

Häufig werden im Französischen zu Lehnwörtern aus dem Englischen französische Äquivalente gebildet — so z.B. für *(le) webmaster*, das in *(le) maître du réseau* seine französische Entsprechung hat, oder *(le) navigateur Web* für *(le) browser*.

Ein weiteres Mittel zur Vergrößerung des Wortschatzes ist die Bedeutungserweiterung, d.h. einem Wort wird eine weitere Bedeutung (auch: ‚Lesart') hinzugefügt, vgl. (3) und (4).

(3)   frz. *mémoriser* les données / it. *memorizzare* / *salvare* i dati / sp. *guardar* datos ‚Daten speichern'

(4)   frz. L'ordinateur a attrapé *un virus.* / it. Il computer è stato attaccato da *un virus.* / sp. El ordenador ha tenido *un virus.* ‚Der Computer hat sich einen Virus eingefangen.'

In (3) wird dem französischen Verb *mémoriser* ‚sich einprägen' eine weitere Bedeutung hinzugefügt. In der Grundbedeutung wird es im Petit Robert (1996: 1382) mit „fixer dans la mémoire par les méthodes de mémorisation" angegeben. Im übertragenen Sinn können Daten nicht nur im Gedächtnis, sondern auch auf einem technischen Speichermedium abgelegt werden. Ebenso fordert *un virus* ‚ein

Virus' in der Grundbedeutung von seinem Subjekt, dass es das Merkmal [+ Lebewesen][15] aufweist. In (4) wird die Bedeutung auf technische Geräte, hier: den Computer, erweitert, der sich einen Virus einfangen kann.

Schließlich ist die Anwendung von Wortbildungsregeln das mit Abstand produktivste Verfahren zur Wortschatzerweiterung. Wir verfügen über die Fähigkeit, vorhandene Wörter in ihre Bestandteile zu zerlegen und mit Hilfe von Wortbildungsregeln zu neuen Wörtern zu kombinieren. Die linguistische Disziplin, die sich mit der Struktur, d.h. dem inneren Aufbau, von Wörtern befasst, ist die Morphologie.

   📖 Die **Morphologie** (griech. *morphé* ‚Form', *lógos* ‚Wort') versucht, die Muster zu rekonstruieren und zu beschreiben, nach denen die Wörter einer Sprache gebildet wurden und neue Wörter gebildet werden.

Morphologie ist in der Sprachwissenschaft der Oberbegriff für die Lehre der Wortbildung und die Lehre der Flexion, vgl. Abbildung 3.1.

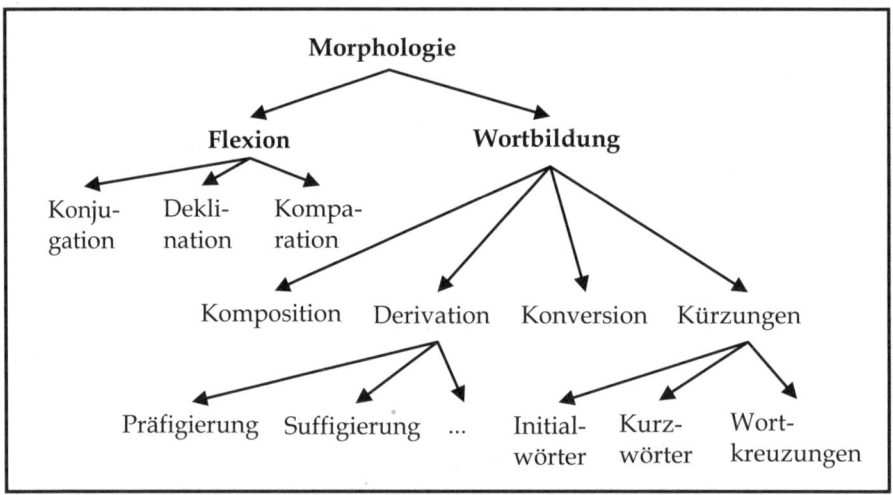

Abbildung 3.1:
Die Bereiche der Morphologie

Da wir uns in diesem Kapitel schwerpunktmäßig mit der Wortbildung beschäftigen, werden wir im Folgenden nur kurz auf die Flexion eingehen, sie aber nicht thematisch vertiefen.[16]

---

[15]   Die Funktion und Bedeutung der (semantischen) Merkmale werden in Kapitel 5.3.1 ausführlich behandelt.

[16]   Eine ausführliche Beschreibung geben Schpak-Dolt (1999) für das Spanische, Schpak-Dolt (2006) für das Französische und Schwarze (1995) und Seewald (1996) für das Italienische.

📖 Die **Flexion** (von lat. FLEXUM ,Gebogenes'; auch: ,Wortformbildung') befasst sich damit, wie Wörter in ihren grammatischen Formen abgewandelt werden.

Flexion ist der Oberbegriff für Konjugation, Komparation und Deklination. In der Konjugation (von lat. CONIUGATIO ,Verbindung') wird das Verb hinsichtlich der folgenden grammatischen Kategorien variiert, was wir im Folgenden anhand des Verbs ,springen' in den drei romanischen Sprachen veranschaulichen:

- Person (1., 2. und 3. Person)
- Numerus (,Anzahl'; Singular und Plural)
- Tempus (,Zeit')

	frz. *sauter*	it. *saltare*	sp. *saltar*
Präsens	je saute	(io) salto	(yo) salto
Präteritum	je sautais	(io) saltavo	(yo) saltaba
Konditional I	je sauterais	(io) salterei	(yo) saltaría
Futur I	je sauterai	(io) salterò	(yo) saltaré
Perfekt	j'ai sauté	(io) sono saltato	(yo) he saltado
Plusquamperf.	j'avais sauté	(io) ero saltato	(yo) había saltado
Futur II	j'aurai sauté	(io) sarò saltato	(yo) habré saltado
Konditional II	j'aurais sauté	(io) sarei saltato	(yo) habría saltado
Passé simple/	je sautai	(io) saltai	(yo) salté
Passato remoto/			
Pretérito Perfecto Simple			

- Modus (,Aussageweise')[17]

Indikativ	il saute	(egli) salta	(él) salta
Konjunktiv (Präs.)	qu'il saute	che (egli) salti	que (él) salte
Konjunktiv (Perf.)	qu'il soit sauté	che (egli) abbia saltato	que (él) haya saltado
Imperativ	Saute!	Salta!	¡Salta!

- Genus verbi (,Handlungsform')

Aktiv	j'aime	(io) amo	(yo) amo
Passiv (Präs.)	je suis aimé	(io) sono amato	(yo) soy amado
Passiv (Perf.)	j'ai été aimé	(io) sono stato amato	(yo) he sido amado

Eine bestimmte Verbform wird also durch ein ganzes Bündel von Merkmalen gekennzeichnet. Die Verbform frz. *(il/elle) arrive* ,er sie kommt an' lässt sich wie folgt bestimmen:

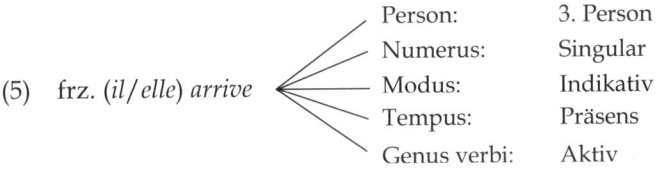

(5)   frz. *(il/elle) arrive*

Person:	3. Person
Numerus:	Singular
Modus:	Indikativ
Tempus:	Präsens
Genus verbi:	Aktiv

---

17   Durch den Modus wird die subjektive Stellungnahme des Sprechers zu dem Sachverhalt, der durch die Aussage bezeichnet wird, ausgedrückt.

Komparation (von lat. COMPARARE ‚vergleichen'; auch: Steigerung) dient bei Adjektiven und Adverbien zum Ausdruck von Gradangaben und Vergleichen. Zu unterscheiden sind der Positiv, der Komparativ und der Superlativ. Der Positiv (von lat. PONERE ‚festlegen'; auch: ‚Grundstufe') ist die einfache Form des Adjektivs (6) bzw. Adverbs (7) und drückt eine bestimmte (charakterliche, physische etc.) Eigenschaft eines Lebewesens oder eines Objekts aus.

(6)   frz. Léon est *sportif*.   ‚Leon ist sportlich.'
      it. Leone è *sportivo*.
      sp. Leonardo es *deportista*.

(7)   frz. Léon écrit *lentement*.   ‚Leon schreibt langsam.'
      it. Leone scrive *lentamente*.
      sp. Leonardo escribe *lentamente*.

Der Komparativ (von lat. COMPARARE ‚vergleichen'; auch: ‚Vergleichsstufe') wird gebildet, indem bestimmte Vergleichsadverbien vor die Grundstufe des Adjektivs (8) bzw. Adverbs (9) gestellt werden, und zwar *plus/più/más* zum Ausdruck der Überlegenheit, *moins/meno/menos* zum Ausdruck der Unterlegenheit.

(8)   frz. Léon est *plus/moins sportif* que Vincent.   ‚Leon ist sportlicher/
                                                        unsportlicher als Vincent.'
      it. Leone è *più/meno sportivo* di Vincenzo.
      sp. Leonardo es *más/menos deportista* que Vicente.

(9)   frz. Léon roule *plus/moins vite* que Vincent.   ‚Leon fährt schneller/
                                                        langsamer als Vincent.'
      it. Leone va *più/meno velocemente* di Vicenzo.
      sp. Leonardo conduce *más/menos rápidamente* que Vicente.

Mit dem Komparativ wird ausgedrückt, dass zwei oder mehr Individuen in Bezug auf ein Merkmal oder eine Eigenschaft ungleich sind.

Beim Superlativ (von lat. SUPERFERRE ‚über etwas hinausheben'; auch: ‚Höchststufe') wird zwischen relativem und absolutem unterschieden. Der relative Superlativ wird gebildet, indem der bestimmte Artikel mit *plus/più/más* bzw. *moins/meno/menos* vor die Form des Komparativs gesetzt wird.

(10) frz. Léon est *le plus sportif* de la classe.   ‚Leon ist der Sportlichste der
                                                        Klasse.'
      it. Leone è *il più sportivo* della classe.
      sp. Leonardo es *el más deportista* de la clase.

(11) frz. C'est Léon qui écrit *le plus lentement*.   ‚Es ist Leon, der am lang-
                                                        samsten schreibt.'
      it. È Leone che scriva *più lentamente (di tutti)*.
      sp. Es Leonardo *el que/quien* escribe *más lentamente*.

Der relative Superlativ drückt aus, dass von mindestens drei Individuen einem der höchste Grad einer Eigenschaft zukommt. Im Vergleich dazu bezeichnet der absolute Superlativ (auch: ‚Elativ') ohne Bezug auf einen Vergleich(sgegenstand) einen (sehr) hohen Grad. Er wird durch Anfügung eines Suffixes, nämlich im frz. -*issime*, it. -*issimo/-issima* und sp. -*ísimo/-ísima* gebildet, vgl. (12).

(12) frz. Léon/Joséphine est *richissime*. ‚Leon/Josephine ist superreich.'
it. Leone è *riccissimo*. Giuseppina è *riccissima*.
sp. Leonardo es *riquísimo*. Josefita es *riquísima*.

Die Deklination (von lat. DECLINARE ‚abbiegen'; auch: ‚Beugung') ist die Flexionsweise der französischen, italienischen und spanischen Nomina und Adjektive, die hinsichtlich der grammatischen Kategorien Numerus und Genus (Maskulinum und Femininum) variieren. Während der Numerus in der Regel frei wählbar ist[18], gilt dies nicht für das Genus des Nomens. Ein Adjektiv kann in die maskuline oder feminine Form ‚gesetzt' werden, ein Nomen ist maskulin oder feminin. Die Form des Adjektivs hängt vom Genus und Numerus des Nomens ab, bei dem es steht, was wir in (13) anhand von ‚der gute Freund' bzw. ‚die gute Freundin' in den drei romanischen Sprachen veranschaulichen:

(13) *Maskulinum Singular*   *Maskulinum Plural*
frz. un *bon* ami   frz. des *bons* amis
it.   un *buon* amico   it.   dei *buoni* amici
sp.   un *buen* amigo   sp.   unos *buenos* amigos

Femininum Singular   *Femininum Plural*
frz. une *bonne* amie   frz. des *bonnes* amies
it.   una *buona* amica   it.   delle *buone* amiche
sp.   una *buena* amiga   sp.   unas *buenas* amigas

Wir werden im Folgenden immer wieder kurz auf die Flexion eingehen, uns aber vorwiegend mit der Wortbildung befassen und wichtige Wortbildungsverfahren kennenlernen. Bevor wir uns jedoch damit auseinandersetzen können, müssen wir zunächst einige Termini, Einteilungen und Probleme besprechen.

3.1 Wortbausteine: Morphe, Morpheme und Allomorphe

Aus der Erfahrung, die wir mit Wörtern gemacht haben, wissen wir, dass die meisten Wörter aus kleineren Bausteinen bestehen, die in dieser Form und mit dieser Bedeutung auch in anderen Wörtern vorkommen oder für sich alleine als Wort stehen können. Beispielsweise lässt sich frz. *insupportablement* ‚unerträglich' in *in-*, *support*, *-able* und *-ment* segmentieren. Jeder dieser Bausteine kann auch in

---

18 Eine Ausnahme stellen die Singularia- und Pluraliatantum dar. Mit *Singularetantum* (lat. TANTUM ‚nur') wird ein Nomen bezeichnet, das nur im Singular vorkommt, z.B. frz. *la liberté*/it. *la libertà*/sp. *la libertad* ‚die Freiheit'. Mit *Pluraletantum* wird ein Nomen bezeichnet, das nur im Plural vorkommt, vgl. frz. *les lunettes*/it. *gli occhiali*/sp. *las gafas* ‚die Brille'.

anderen Wörtern gefunden werden, vgl. (14). Siehe auch den strukturellen Aufbau von it. *giornalista* ,Journalist' und sp. *desenmascaradamente* ,unverblümt, frech'.

(14) frz. *insupportablement*

in-	*support*	*-able*	*-ment*
inoubliable	*(le) support*	*buvable*	*follement*
intolérant	*supportable*	*mangeable*	*drôlement*

it. *giornalista*

giornal(e)	*-ista*
(il) giornale	*dentista*
giornalaio	*barista*

sp. *desenmascaradamente*

des-	*en-*	*mascarada*	*-mente*
desterrar	*enriquecer*	*(la) mascarada*	*claramente*
desigual	*encerrar*		*cortésmente*

Diese minimalen Einheiten werden Morphe genannt. Die einzelnen aufgelisteten Morphe könnten in kleinere Buchstabenfolgen aufgeteilt werden, z.B. **sup* oder **ble*. Diese haben jedoch keine Bedeutung und sind daher keine sprachlichen Einheiten. Für den Terminus Morph halten wir folgende Definition fest:

📖 Ein **Morph** ist die kleinste bedeutungstragende Buchstabenfolge.

Ein Wort besteht zumindest aus einem Morph, kann aber auch aus mehreren Morphen zusammengesetzt sein, vgl. Tabelle 3.1.

		1 Morph	2 Morphe	3 Morphe	4 Morphe	5 Morphe
Frz.	*roi*	*roi*				
	semblance	*sembl-*	*-ance*			
	inutilité	*in-*	*util-*	*-ité*		
	centralisation	*centr-*	*-al*	*-is-*	*-ation*	
	décentralisation	*dé-*	*centr-*	*-al*	*-is-*	*-ation*
It.	*re*	*re*				
	sembianza	*sembi-*	*-anza*			
	inutilità	*in-*	*util-*	*-ità*		
	centralizzazione	*centr-*	*-al-*	*-izz-*	*-azione*	
	decentralizzazione	*de-*	*centr-*	*-al-*	*-izz-*	*-azione*
Sp.	*rey*	*rey*				
	semblanza	*sembl-*	*-anza*			
	inutilidad	*in-*	*util-*	*-idad*		
	centralización	*centr-*	*-al*	*-iz-*	*-ación*	
	descentralización	*des-*	*centr-*	*-al*	*-iz-*	*-ación*

Tabelle 3.1:
Aufbau von Wörtern

Ein Wort, das nur aus einem Morph besteht, wird einfaches Wort oder Simplex (von lat. SIMPLEX ‚einfach‘; Pl. ‚Simplizia‘) genannt; ein Wort, das aus mehreren Morphen besteht, ist ein komplexes Wort.

Das Morphem bezeichnet die abstraktere Einheit auf der *langue*-Ebene. Es ist eine Menge von Morphen, die unter einem bestimmten Gesichtspunkt besonders eng zusammengehören, siehe hierzu (15) und (16).

(15) frz. *refermer* → *fermer de nouveau/une nouvelle fois* ‚wieder zuschließen‘
         relire → *lire de nouveau/une nouvelle fois* ‚wieder lesen‘
    it. *richiudere* → *chiudere un'altra volta*
         rileggere → *leggere un'altra volta*
    sp. *reestructurar* → *estructurar otra vez*
         releer → *leer otra vez*
(16) frz. *rattraper* → *attraper de nouveau/une nouvelle fois* ‚wieder einfangen‘
         rhabiller → *habiller de nouveau/une nouvelle fois* ‚wieder anziehen‘

Wir stellen fest, dass die Morphe *re-* und *r-* in den Wörtern in (15) bzw. (16) die gleiche Bedeutung, nämlich im Französischen *de nouveau* ‚wieder‘ oder *une nouvelle fois* ‚nochmal‘, haben (entsprechend im Italienischen *altra volta* und Spanischen *otra vez*). Zudem haben *re-* und *r-* die gleiche grammatische Funktion. Was bedeutet das? Das *re-* in den obigen Beispielen und *de nouveau* sowie *une nouvelle fois* haben zwar die gleiche Bedeutung, aber nicht die gleiche grammatische Funktion, denn *de nouveau* und *une nouvelle fois* sind selbstständige Wortgruppen, während *re-* ein Wortbaustein ist. Morphe wie *re-* und *r-* können zu einem Morphem zusammengefasst werden, das die Form {re-} hat, vgl. (17), und wie folgt definiert ist:

(17) *re-*
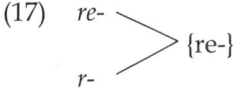
              {re-}
     r-

📖 Ein **Morphem** ist eine Menge von Morphen, die die gleiche Bedeutung und die gleiche grammatische Funktion haben.

Ein Morphem wird in geschweiften Klammern {…} notiert. Welches Morph zur Bezeichnung des Morphems ausgewählt wird, ist willkürlich, wir hätten in (17) auch {r-} nehmen können. In diesem Zusammenhang müssen wir auf die Beziehung der verschiedenen Morphe, die zu einem Morphem zusammengefasst werden können, untereinander eingehen. Statt ‚die Morphe *re-* und *r-* gehören zum gleichen Morphem {re-}‘ sagt man auch, sie sind Varianten, verschiedene Realisierungsweisen oder, mit einem morphologischen Terminus, ‚Allomorphe (von griech. *allos* ‚anders beschaffen als‘) des gleichen Morphems‘[19]. Verdeutlichen wir

---

[19] Zwei weitere Allomorphe des Morphems {re-} sind *ré-* wie in *réélire* ‚wiederwählen‘ und *res-* wie in *ressemeler* ‚neu besohlen‘.

das Phänomen der Allomorphie an einem weiteren Beispiel. So gehören die Morphe *peu-*, *pouv-* und *puiss-* zum gleichen Morphem, das wir {pouv-} nennen. Zu diesem Morphem gehören noch weitere Allomorphe, vgl. (18).

(18) frz. *peu-* (*je peux*), *pouv-* (*nous pouvons*), *puiss-* (*que je puisse*),
      peuv- (*ils peuvent*), *pour-* (*nous pourrons*), *p-* (*j'ai pu*)

Entsprechend könnten wir im Italienischen für die Morphe *poss-*, *potev-*, *potr-*, *potess-* ein Morphem {pot-} ansetzen und im Spanischen für *pued-*, *pod-* und *pud-* ein Morphem {pod-}, vgl. (18') und (18'').

(18') it. *poss-* (*posso*/*possiamo*), *potev-* (*potevo*/*potevamo*), *potr-* (*potrò*/
       potrete), *potess-* (*potessi*, *potessimo*)
(18'') sp. *pued-* (*puedo*/*pueden*), *pod-* (*podemos*/*podido*), *pud-* (*pudiere*/*que pudie-
       ra*) (vgl. auch Pomino/Zepp 2008: 183)

Allen Morphen in (18) ist gemeinsam, dass sie die gleiche Bedeutung aufweisen, nämlich so etwas wie ‚könn' haben, und zudem die gleiche grammatische Funktion haben, d.h. Verbform zu sein.[20] Dies gilt auch für die Morphe in (18') und (18''). Morphe können u.a. auch danach klassifiziert werden, ob sie frei oder gebunden sind.

📖 Ein Morph ist **frei**, wenn es für sich allein als Wort auftreten kann. Ein
    Morph ist **gebunden**, wenn es nicht allein als Wort auftreten kann.

Betrachten wir dazu in (19) noch einmal unsere Beispielwörter frz. *insupportablement*, it. *giornalista* und sp. *desenmascaradamente* aus (14):

(19) frz. *insupportablement*

gebunden	frei	gebunden	gebunden
in-	*support*	*-able*	*-ment*

it. *giornalista*

frei	gebunden
giornal(e)	*-ista*

sp. *desenmascaradamente*

gebunden	gebunden	frei	gebunden
des-	*en-*	*mascarada*	*-mente*

Die gebundenen Morphe gehören der Kategorie der Affixe (von lat. AFFIGERE ‚anheften') an, mit der wir uns im Folgenden näher befassen werden.

---

[20] Gibt es nur eine Realisierungsweise, wie zum Beispiel bei frz. *parl-* (*je parle*, *nous parlons*, *il a parlé* etc.), dann ist das Morph *parl-* gleich dem Morphem {parl-}.

3.2   Wortbildungs- und Flexionsaffixe

Je nach ihrer Funktion werden Affixe in Wortbildungsaffixe und Flexionsaffixe unterschieden. Wortbildungsaffixe (auch: ‚Derivative') dienen der Bildung — genauer gesagt: der Ableitung — neuer komplexer Wörter. Das geschieht, indem sie an bereits existierende Wörter angefügt werden, vgl. (20) und (21).

(20) frz.   *chant(er) + -eur → chanteur*   ‚Sänger'
      it.   *canta(re) + -nte → cantante*
      sp.   *canta(r) + -nte → cantante*[21]

(21) frz.   *ventil(er) + -ateur → ventilateur*   ‚Ventilator'
      it.   *ventila(re) + -tore → ventilatore*
      sp.   *ventila(r) + -dor → ventilador*

Durch das Wortbildungsaffix verändert sich gewöhnlich die Bedeutung des Wortes, an das es angehängt wurde. So wird z.B. in (20) durch Hinzufügung des Wortbildungssuffixes *-eur/-tore/-nte* an *chant(er)/canta(re)/canta(r)* die Person bezeichnet, die die Verbhandlung ausführt (*chanteur/cantante/cantante*) — in (21) wiederum das entsprechende Gerät. Flexionsaffixe (auch: ‚Flexive') dienen nicht der Wortbildung, sondern der Wort*form*bildung. Sie bilden keine neuen Wörter, sondern drücken verschiedene grammatische Formen des gleichen Wortes aus, die sich nach Person, Genus, Numerus, Modus oder Tempus unterscheiden, vgl. (22) bis (24).

(22) frz.   *-e (jolie, grande)* — beim Adjektiv Femininum Singular
(23) it.   *-i (mari, fratelli)* — beim maskulinen Nomen Plural
(24) sp.   *-s (casas, grifos)* — beim Nomen Plural

Die Flexions- und Wortbildungsaffixe bilden ein geschlossenes (d.h. begrenztes) Inventar und kommen stets gebunden, nie als freie Wörter vor. Sie werden als ‚Affix' bezeichnet, weil sie die Eigenschaft haben, sich an den Stamm eines Wortes anzuheften. Der Wortstamm ist der Teil, der nach Abtrennung der Flexionsendung übrig bleibt. Hat eine Wortform keine Flexionsendung, dann ist diese Form der Stamm. Wir können folgende Faustformel festhalten:

📖 **Wortstamm** = Wort - Flexionsendung

Als Wortstämme gelten daher einfache und auch komplexe Wörter, vgl. die Beispiele in (25) bis (27).

(25) frz.   *(le) chant*   *chant* = Stamm
      it.   *(il) bar*   *bar* = Stamm
      sp.   *(el) mar*   *mar* = Stamm

---

21   Zum Schnitt zwischen Basis und Wortbildungsaffix siehe Schpak-Dolt (1999: 47f.).

(26) frz. *(des) chanteurs*   *chanteur* = Stamm, *-s* = Flexionsendung
    it.   *(il) barista*   *barista* = Stamm
    sp. *(unos) marineros*   *marinero* = Stamm, *-s* = Flexionsendung

(27) frz. *(un) homme-grenouille*   *homme-grenouille* = Stamm
    it.   *(un) uomo rana*   *uomo rana* = Stamm
    sp. *(un) hombre-rana*   *hombre rana* = Stamm

Vom Stamm des Wortes ist die Wurzel (auch: ‚Basis') zu unterscheiden. Sie erhalten wir, wenn wir vom Wortstamm die Wortbildungsaffixe abtrennen. Die Faustformel:

📖 **Wurzel** = Wortstamm - Wortbildungsaffixe

(25′) frz. *chant*   *chant* = Wurzel
     it.   *bar*   *bar* = Wurzel
     sp. *mar*   *mar* = Wurzel

(26′) frz. *chanteur*   *chant-* = Wurzel, *-eur* = Wortbildungsaffix
     it.   *barista*   *bar-* = Wurzel, *-ista* = Wortbildungsaffix
     sp. *marinero*   *mar-* = Wurzel, *-inero* = Wortbildungsaffix

(27′) frz. *homme-grenouille*   *homme* = Wurzel, *grenouille* = Wurzel
     it.   *uomo rana*   *uomo* = Wurzel, *rana* = Wurzel
     sp. *hombre rana*   *hombre* = Wurzel, *rana* = Wurzel

Hat ein Wortstamm keine Wortbildungsaffixe, dann ist der Wortstamm die Wurzel, vgl. (25′). Ein Wort muss mindestens eine Wurzel, kann aber auch mehrere Wurzeln enthalten, vgl. (27′). Die Wurzel ist das Kernstück eines Wortes, da sie die Grundbedeutung des Wortes trägt. Den französischen Wörtern *chant*, *chanteur* und *chantonner* in (28) bis (30) liegt die Wurzel *chant-* ‚sing-' zugrunde. Die Wortbildungsaffixe bestimmen die Wurzel hinsichtlich Wortart und Bedeutung. Gleiches gilt auch für die spanischen und italienischen Entsprechungen.

(28) frz. *chant*   *action et effet de chanter*   ‚Handlung und Effekt des Singens'
    it.   *canto*   *azione ed effetto di cantare*
    sp. *canto*   *acción y efecto de cantar*

(29) frz. *chanteur*   *une personne qui chante*   ‚eine Person, die singt'
    it.   *cantante*   *una persona che canta*
    sp. *cantante*   *una persona que canta*

(30) frz. *chantonner*   *chanter à mi-voix*   ‚leise singen, summen'
    it.   *canticchiare* *cantare sottovoce*
    sp. *canturrear*   *cantar a media voz*

Da Wurzeln ja zu den Morphen gehören, können sie frei oder gebunden sein, je nachdem, ob sie alleine als Wort auftreten können oder nicht. So sind z.B. die

Wurzeln in frz. *lire* ‚lesen' und sp. *hablar* ‚sprechen' gebunden, da weder **li-* noch
*habl- als freie Wörter vorkommen.

3.2.1 Präfixe, Suffixe, Circumfixe und Infixe

Affixe werden je nach ihrer Stellung zum Wortstamm in Präfixe, Suffixe,
Circumfixe und Infixe unterteilt. Diese werden wir im Folgenden näher betrachten. Ein Präfix (von lat. PRAEFIXUM ‚vorn Angeheftetes') ist ein Affix, das vorne an
einen Wortstamm angefügt wird, vgl. (31) bis (33).

(31) frz. *pré-* (*prélavage*)/it. *pre-* (*prelavaggio*)/sp. *pre-* (*prelavado*) ‚Vorwäsche'
(32) frz. *trans-* (*transatlantique*)/it. *trans-* (*transatlantico*)/sp. *trans-* (*transatlán-
      tico*) ‚transatlantisch'
(33) frz. *super-* (*supermarché*)/it. *super-* (*supermercato*)/sp. *super-* (*supermercado*)
      ‚Supermarkt'

Ein Suffix (von lat. SUFFIXUM ‚unten, d.h. hier: hinten Angeheftetes') ist ein
Affix, das hinten an einen Wortstamm angefügt wird, vgl. (34) und (35).

(34) a.   frz. *-age*   (*équipage* ‚Besatzung, Ausrüstung', *lavage* ‚Reinigung')
          it. *-aggio*   (*montaggio* ‚Montage', *lavaggio* ‚Reinigung')
          sp. *-aje*   (*equipaje* ‚Reisegepäck', *lavaje* ‚Reinigung')
     b.   frz. *-iste*   (*dentiste* ‚Zahnarzt', *linguiste* ‚Linguist')
          it. *-ista*   (*dentista* ‚Zahnarzt', *giornalista* ‚Journalist')
          sp. *-ista*   (*dentista* ‚Zahnarzt', *lingüista* ‚Linguist')
(35) a.   frz. *-s*   (*villes* ‚Städte', *enfants* ‚Kinder')
          it. *-i*   (*poeti* ‚Dichter', *compositori* ‚Komponisten')
          sp. *-s*   (*aldeas,* ‚Dörfer', *niños* ‚Kinder')
     b.   frz. *-ent*   (*parlent* ‚sie sprechen', *écoutent* ‚sie hören zu')
          it. *-ano*   (*parlano* ‚sie sprechen', *ascoltano* ‚sie hören zu')
          sp. *-an*   (*hablan* ‚sie sprechen', *escuchan* ‚sie hören zu')

In den Beispielen (34) und (35) haben wir zwei verschiedene Arten von Suffixen,
nämlich in (34) Wortbildungssuffixe und in (35) Flexionssuffixe. Im Französischen sowie im Italienischen und Spanischen sind Flexionsaffixe immer Suffixe[22].

---

[22] Für die folgende Cartoonidee danken wir Bettina Disdorn.

Ein Circumfix (von lat. CIRCUMFIXUM ‚zu beiden Seiten Angeheftetes') ist ein Affix, das aus zwei Teilen besteht, die am Anfang und Ende des Stammes angefügt werden. Im Französischen, Italienischen und Spanischen gibt es keine Circumfixe. Das Chickasaw, eine Sprache, die in Oklahoma gesprochen wird, bildet die Negation, indem das Präfix *ik-* und das Suffix *-o* an einen Wortstamm angefügt werden. Der auslautende Vokal wird dabei vor dem Anfügen des Suffixes gestrichen, vgl. (36) (aus: Fromkin/Rodman 1998: 73).

(36) <u>Affirmative</u>   <u>Negative</u>

chokma	‚he is good'	*ik + chokm + o*	‚he isn't good'
lakna	‚it is yellow'	*ik + lakn + o*	‚it isn't yellow'
palli	‚it is hot'	*ik + pall + o*	‚it isn't hot'
tiwwi	‚he opens (it)'	*ik + tiww + o*	‚he doesn't open (it)'

Infixe (von lat. INFIGERE ‚einfügen') sind Affixe, die in den Wortstamm eingefügt werden. Während es im Französischen, Italienischen und Spanischen Infixe an sich nicht gibt,[23] ist Infigierung in anderen Sprachen ein produktiver Prozess, so im Bontoc (Philippinische Inseln) (aus: Fromkin/Rodman 1998: 72), vgl. (37).

---

[23]   Schpak-Dolt (1999: 18 und 94ff.) bespricht einige Beispiele für mögliche Infixe im Spanischen. Dabei handelt es sich um Suffixe, denen mindestens ein weiteres Suffix folgen muss. Als Beispiele führt er *–c-* oder *–ec-* in Diminutiven an wie *mujer-c-it-a, sol-ec-it-o*. Es ist für ihn aber nicht notwendig, in diesen Fällen Infixe zu postulieren, da auch dem Morphem {-it-} mehrere Allomorphe *–it-, -cit-* etc. zugeschrieben werden können. Ebenso diskutiert Serianni (2003: 546) die Existenz von Infixen im Italienischen an Beispielen wie *post-ic-ino, rock-ett-aro, fium-ic-ello* etc.

(37) Nouns/Adjectives   Verbs
    fikas   ,strong'   *fumikas*   ,to be strong'
    kilad   ,red'   *kumilad*   ,to be red'
    fusul   ,enemy'   *fumusul*   ,to be an enemy'

Um aus einem Nomen oder Adjektiv ein Verb abzuleiten, wird im Bontoc nach dem ersten Konsonanten das Infix *-um-* eingefügt.

3.2.2 Stammerweiterungsaffixe

Es gibt im Französischen, Italienischen und Spanischen jeweils eine kleine Gruppe von Affixen, die nur beschränkt den Flexions- oder Wortbildungsaffixen zuzurechnen sind.[24] Im Französischen handelt es sich dabei um die Elemente *-i-* und *-iss-*, die bei einigen Verben auf *-ir* (z.B. *finir* ,beenden', *punir* ,bestrafen', *choisir* ,auswählen') vorkommen, vgl. (38) und (39).

(38) frz. *finir*, Stamm: *fin-*   vs.   (39)   frz. *mourir* ,sterben', Stamm: *mour-*

je fin-i-s   *je meur-s*
tu fin-i-s   *tu meur-s*
il fin-i-t   *il meur-t*
nous fin-iss-ons   *nous mour-ons*
vous fin-iss-ez   *vous mour-ez*
ils fin-iss-ent   *ils meur-ent*

Bei diesen Verben kann innerhalb des Stamms das Stammerweiterungsaffix *-i-* bzw. *-iss-* isoliert werden. Im Italienischen und Spanischen werden zu den Stammerweiterungsaffixen die Vokale gezählt, die die verbalen Flexionsklassen charakterisieren, nämlich *-a-*, *-e-* und *-i-*, vgl. (40).

(40) it. *cant-a-re*   sp. *cant-a-r*   ,singen'
        tem-e-re   *tem-e-r*   ,fürchten'
        dorm-i-re   *dorm-i-r*   ,schlafen'

Was haben die Stammerweiterungsaffixe für eine Funktion? Sie drücken weder eine grammatische Kategorie wie Tempus, Person oder Genus aus, noch sind sie bedeutungstragend[25]. Dennoch haben sie eine eigene Funktion, indem ihre Anfügung die Voraussetzung für die Flexion und die Wortbildung mit diesen Verben ist, vgl. (41).

(41) frz. *pun-* + *-i-*   =   Voraussetzung für Flexion: *pun-i-s*
                            =   Voraussetzung für Wortbildung: *pun-i-tion*

---

[24] Zur Diskussion der Stammerweiterungsaffixe im Französischen siehe Schpak-Dolt (2006: 30), im Spanischen Schpak-Dolt (1999: 19) und im Italienischen Seewald (1996: 24).

[25] Jedenfalls sind sie es *synchron*, d.h. aus heutiger Sicht, nicht.

it.   *parl-* + *-a-* =   Voraussetzung für Flexion: *parl-a-v-o*
                            Voraussetzung für Wortbildung: *parl-a-mento*
sp.   *habl-* + *-a-* =   Voraussetzung für Flexion: *habl-a-bas*
                       =   Voraussetzung für Wortbildung: *habl-a-dor*

Daher werden sie nicht als Teil des Suffixes, sondern als (notwendige) Stammerweiterung angesehen.

3.3   Wortstruktur und Wortbildungsregeln

Wenn man die Struktur eines Wortes beschreiben will, dann reicht es nicht einfach aus, zu sagen, dass sich z.B. das komplexe französische Wort *inséparable* ,untrennbar' aus einem Präfix, einer Wurzel und einem Wortbildungssuffix zusammensetzt. Es muss darüber hinaus versucht werden, die strukturellen Beziehungen zwischen den Morphen zu erfassen. Wir haben bereits festgestellt, dass Morphe in Wörtern nicht einfach irgendwie miteinander verkettet sind, sondern dass sie in einer bestimmten Reihenfolge angeordnet sind (frz. *inséparable*, aber nicht: **ableséparin* oder **séparablein*). Sie sind außerdem hierarchisch strukturiert. Dies wollen wir an zwei deutschen Beispielen diskutieren, nämlich *Stachelbeerkuchen* und *Blechstreuselkuchen*.

(42) *Stachelbeerkuchen*
(43) *Blechstreuselkuchen*

Aufgrund der Bedeutung von *Stachelbeerkuchen* leuchtet ein, dass *Beer(e)* enger zu *Stachel* gehört als zu *Kuchen*. Umgekehrt gehört in *Blechstreuselkuchen Streusel* eher zu *Kuchen* als zu *Blech*. Um die Struktur eines Wortes darzustellen, gibt es in der Sprachwissenschaft verschiedene Methoden. Eine davon ist die Darstellung mit Hilfe von Klammern. Dabei wird jeder Bestandteil und das gesamte Wort mit seiner Wortart versehen, vgl. (42') und (43').

(42') [[[stachel]$_N$ [beer]$_N$]$_N$ [kuchen]$_N$]$_N$
(43') [[blech]$_N$ [[streusel]$_N$ [kuchen]$_N$]$_N$]$_N$

Die Struktur eines Wortes kann auch durch einen Strukturbaum beschrieben werden, vgl. (42'') und (43'').

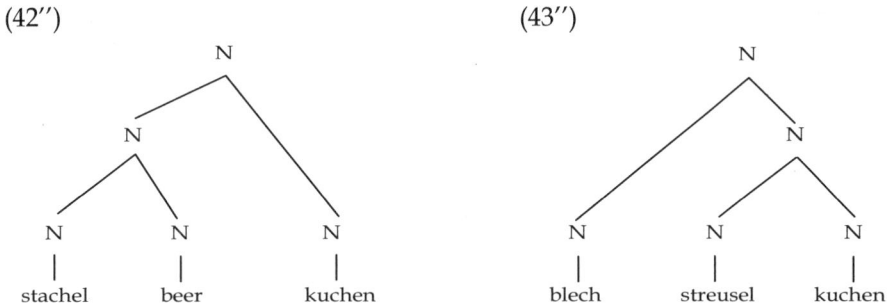

Die Punkte, an denen sich die Linien treffen, werden Knoten genannt, und die Linien heißen Zweige. Beide Notationsformen drücken — nur auf unterschiedliche Weise — dasselbe aus. Schreibt man die Klammerung in einen Strukturbaum um, wird deutlich, dass die Struktur eines Wortes hierarchisch ist.

3.3.1 Darstellung von Wortbildungsregeln in der Linguistik

Komplexe Wörter werden mittels bestimmter Wortbildungsregeln erzeugt (auch: ,generiert'). So entstehen komplexe Adjektive im Deutschen durch die Verbindung eines Nomens, Verbs oder Adjektivs mit einem Adjektiv, vgl. (44) bis (46).

(44)   *mausgrau, fußtief, himmelhoch*
(45)   *treffsicher, röstfrisch, fahrtüchtig*
(46)   *frühreif, altklug, dünnflüssig*

Die Sprachwissenschaft hat verschiedene Konventionen entwickelt, diese Regeln zu notieren. Eine Konvention wird in (44') bis (46') dargestellt.

(44')   N + Adj → Adj
(45')   V + Adj → Adj
(46')   Adj + Adj → Adj

Die Regel in (44') besagt, dass aus der Verbindung eines Nomens mit einem Adjektiv wieder ein Adjektiv entsteht. Dies gilt auch für die Verbindung eines Verbs oder eines Adjektivs mit einem Adjektiv.

Die Regeln (44') bis (46'), die sich bis auf die erste Stelle gleichen, können nun zu einer Regel wie in (47) zusammengefasst werden.

(47) $\left\{ \begin{array}{c} N \\ V \\ Adj \end{array} \right\}$ + Adj → Adj

Alternativ dazu ist die Schreibweise mit einer Variablen, z.B. Y gebräuchlich, vgl. (48). In diesem Fall wird ein Kontext angegeben, d.h. eine genaue Spezifizierung für welche Elemente Y alternativ eingesetzt werden kann.

(48) Y + Adj → Adj (Y = N, V, Adj)

Was wird aus der Regel in (48) deutlich? Egal, ob wir ein Nomen, Verb oder Adjektiv mit einem Adjektiv verbinden, das neue komplexe Wort ist ein Adjektiv. Schauen wir uns zum Vergleich die Bildung komplexer Nomina im Deutschen an. Wie aus der zusammengefassten Regel in (49) ersichtlich wird, können Nomina, Verben, Adjektive und Präpositionen mit Nomina verbunden werden. Auf diese Weise werden wieder komplexe Nomina erzeugt.

(49)
$$\left\{ \begin{array}{c} N \\ V \\ Adj \\ Präp \end{array} \right\} + N \to N$$

(Hamsterkäfig, Hausfrau, Blumentopf)
(Fahrrad, Spülmaschine, Rührkuchen)
(Sauerkirsche, Gelbsucht, Frühgeburt)
(Untermieter, Nebenjob, Übergewicht)

Alternativ dazu sieht die Notationsweise mit einer Variablen wie in (50) aus:

(50) Y + N → N   (Y = N, V, Adj, Präp)

Schauen wir uns im Folgenden an, was die Regeln in (48) und (50) über die Struktur innerhalb komplexer Wörter aussagen.

3.3.2 Der Kopf in komplexen Wörtern

Aus den Regeln in (48) und (50) kann geschlossen werden, dass in zusammengesetzten Wörtern des Deutschen das am weitesten rechts stehende Element die Wortart des Gesamtwortes bestimmt. Dieses Element wird Kopf (auch: ‚Grundwort') genannt. Dass der Kopf nicht nur die Wortart, sondern auch das Genus des Gesamtwortes bestimmt, verdeutlichen die Beispiele in (51).

(51) a. das Haus + *die* Frau → *die* Hausfrau
     b. die Blume + *der* Topf → *der* Blumentopf

Schauen wir uns vergleichend die Struktur der komplexen Wörter in (52) an, wobei wir einmal nur auf das Genus achten wollen und nicht auf die Bedeutung, denn hier handelt es sich um Komposita, auf deren spezifische Eigenschaften wir in Kapitel 3.4 genauer eingehen.

(52) a. frz.   *un* homme + une grenouille   → *un* homme-grenouille
     it.   *un* uomo   + una rana   → *un* uomo rana
     sp.   *un* hombre + una rana   → *un* hombre rana

b.	frz.	*une* pause	+ un café	→ *une* pause-café
	it.	*una* pausa	+ un caffè	→ *una* pausa-caffè
	sp.	*una* pausa	+ un descanso	→ *una* pausa de descanso

Es fällt auf, dass im Französischen, Italienischen und Spanischen das Genus des Gesamtwortes nicht durch das am weitesten rechts, sondern das am weitesten links stehende Element bestimmt wird. In der Tat befindet sich der Kopf in zusammengesetzten Wörtern dieser Art in der Regel an linker Position, vgl. die Beispiele in Tabelle 3.2.

dt.	**Froschmann**	**Druckknopf**
frz.	*homme-grenouille*	*bouton-pression*
it.	*uomo rana*	*bottone a pressione*
sp.	*hombre rana*	*botón de presión*

Tabelle 3.2:
Der Kopf in komplexen Wörtern

Während in *Froschmann* und *Druckknopf* der Kopf — also: *Mann* und *Knopf* — an rechter Position steht, ist er in den französischen, italienischen und spanischen Entsprechungen — *homme/uomo/hombre* bzw. *bouton/bottone/botón* — links.

Was ist aber nun, wenn in einem zusammengesetzten Wort an rechter Position nicht wie in den vorherigen Beispielen eine Wurzel, sondern ein Wortbildungssuffix steht? Gilt die Kopfregel dann auch? Betrachten wir dazu die Regeln zur Bildung zusammengesetzter Nomina im Französischen, Italienischen und Spanischen, die als zweites Element ein Wortbildungssuffix haben. Wie in (53) deutlich wird, entsteht durch das Anfügen der Suffixe frz. *-erie*, it. und sp. *-ista* an ein Nomen, Verb oder Adjektiv ein zusammengesetztes Nomen.

(53)
$$\left.\begin{matrix} N \\ V \\ Adj \end{matrix}\right\} + \text{ frz. } \textit{-erie} \rightarrow N$$
      (*sucrerie* ‚Süßigkeit')
      (*plaisanterie* ‚Scherz')
      (*rêverie* ‚Träumerei')

$$\left.\begin{matrix} N \\ V \\ Adj \end{matrix}\right\} + \text{ it. } \textit{-ista} \rightarrow N$$
      (*fiorista* ‚Blumenhändler')
      (*collezionista* ‚Sammler')
      (*attivista* ‚Aktivist')

$$\left.\begin{matrix} N \\ V \\ Adj \end{matrix}\right\} + \text{ sp. } \textit{-ista} \rightarrow N$$
      (*columnista* ‚Kolumnist')
      (*conformista* ‚Konformist')
      (*activista* ‚Aktivist')

Man sagt daher, dass frz. *-erie* sowie it. und sp. *-ista* Nominalsuffixe sind. Analog ist das französische Suffix *-ard* ein Adjektivsuffix, da es durch Anfügung an ein Nomen, Verb oder Adjektiv komplexe Adjektive bildet, vgl. (54).

(54)

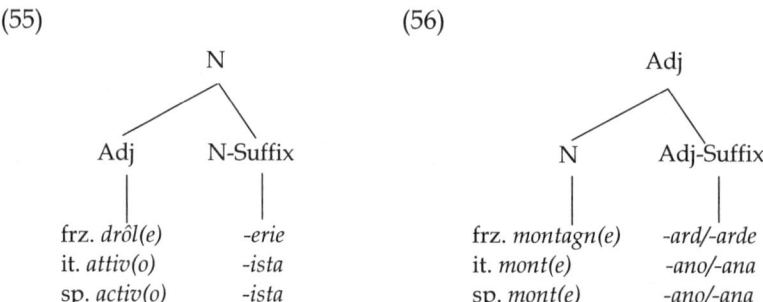

$$\left\{\begin{array}{c} N \\ V \\ Adj \end{array}\right\} + \text{frz. } \textit{-ard} \rightarrow Adj$$

(*montagnard/-e* ,Berg-')
(*criard/-e* ,schreiend')
(*faiblard/-e* ,schwächlich')

Der Kopf in zusammengesetzten Wörtern kann also frei oder gebunden sein. Die Baumstrukturen von Wörtern, deren Kopf ein Suffix ist, werden analog zu denen mit freien Köpfen geschrieben, vgl. (55) für die Bildung komplexer Nomina und (56) für die Bildung komplexer Adjektive. In den romanischen Sprachen sind Suffixe auch Träger von grammatischer Information: sie bestimmen das Genus des komplexen Wortes.

(55)   (56)

```
              N                                           Adj
            /   \                                       /     \
         Adj    N-Suffix                             N        Adj-Suffix
          |        |                                 |            |
    frz. drôl(e)   -erie                        frz. montagn(e)   -ard/-arde
    it. attiv(o)   -ista                        it. mont(e)       -ano/-ana
    sp. activ(o)   -ista                        sp. mont(e)       -ano/-ana
```

Was jedoch die Präfixe angeht, haben sie wie jeder andere erste Bestandteil in einem zusammengesetzten Wort keinen Einfluss auf die Wortart des Gesamtwortes. Wird beispielsweise ein Präfix an ein Adjektiv angefügt, ist das Ergebnis stets wieder ein Adjektiv, vgl. die Bildung von frz. *illégal* ,illegal', it. *sgradevole* ,unangenehm' und sp. *inorgánico* ,anorganisch' in (57).

(57)

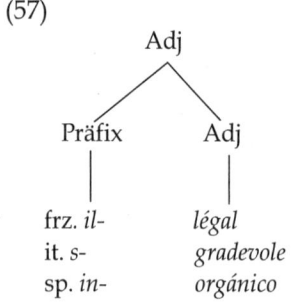

```
              Adj
            /     \
        Präfix    Adj
          |        |
      frz. il-    légal
      it. s-      gradevole
      sp. in-     orgánico
```

Ebenso ergibt ein Präfix, an ein Nomen angefügt, wieder ein Nomen (frz. *aventure*$_N$,Abenteuer' → *mésaventure*$_N$,Missgeschick') usw. Da Präfixe selbst keinerlei Wortart innehaben, werden sie bei der Darstellung in einem Strukturbaum mit ,Präfix' gekennzeichnet.

In ihrer Examensarbeit widmet sich Rasch (2011) der Frage, ob Präfixe im Französischen genusbestimmend sind. In diesem Fall wären Präfixe zwar keine Träger von kategorialer Information, wohl aber von grammatischer Information wie dem Genus. Die empirische Untersuchung stützt sich auf ein Wörterbuch des Französischen (Petit Robert 1983). Wir wollen hier nur auf vier Präfixe eingehen. Dies sind *dé-*, wie in den Wörtern *(le) début* ‚der Anfang' und *(la) dévote* ‚die Fromme', *é-* wie in *(l')échange* (mask.) ‚der Austausch' und *(l')éclaire* (fem.) ‚das Schöllkraut', *in-* wie in *(l')inverse* (mask.) ‚das Gegenteil' (mask) und *(l')instance* (fem.) ‚die Instanz' (fem) und *pré-* wie in *(le) prétexte* ‚der Vorwand' und *(la) préface* ‚das Vorwort'. Die Ergebnisse sind aber auf alle analysierten Präfixe übertragbar. Natürlich darf das Wort nicht gleichzeitig auch ein oder mehrere Suffixe aufweisen, weil man dann nicht entscheiden könnte, ob das Präfix oder das Suffix genusbestimmend ist. Auch um dies zu vermeiden, untersuchte Rasch bewusst nur zweisilbige Nomina.

Präfix	Gesamtanzahl	Maskulin	feminin
dé-	48	28	20
é-	44	22	22
in-	11	7	4
pré-	9	5	4

Tabelle 3.3:
Französische Präfixe und das assoziierte Genus des Nomens (Rasch 2011)

Es wird deutlich, dass Nomina mit den in der Tabelle aufgeführten Präfixen zu etwa demselben Anteil Feminina bzw. Maskulina sind. Präfixe sind somit keine Träger von Genusinformationen. Wenn also Präfixe weder Träger kategorialer Informationen (Wortart) noch genusbestimmend sind, können sie keine Köpfe sein. Dies bedeutet aber nicht, dass sie keinerlei Beitrag zur Bedeutung des Gesamtwortes leisten, er ist bloß nicht grammatischer, sondern rein semantischer Art. In Kapitel 3.5.1 stellen wir die Bedeutungen von Präfixen genauer dar.

3.3.3 Hierarchie innerhalb komplexer Wörter

An *Stachelbeerkuchen* und *Blechstreuselkuchen* in (42) bzw. (43) haben wir verdeutlicht, dass die Morphe in komplexen Wörtern in der Regel hierarchisch strukturiert sind. Dies gilt bei Wörtern mit mindestens drei Morphen A, B und C und auch dann, wenn sich darunter gebundene Morphe, d.h. Präfixe und Suffixe, befinden. Die Struktur der Adjektive frz. *indiscutable*, it. *indiscutibile* und sp. *indiscutible* ‚indiskutabel' ist wie in (58) darzustellen.

(58)

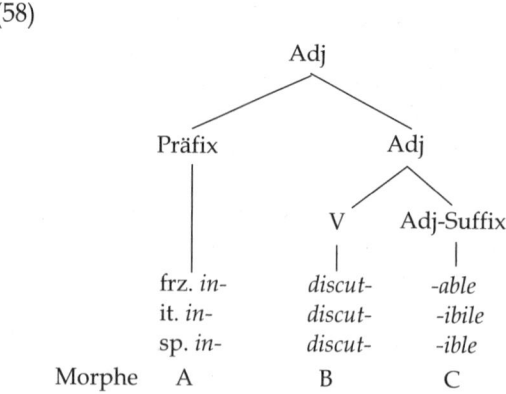

Morphe	A	B	C
	frz. *in-*	*discut-*	*-able*
	it. *in-*	*discut-*	*-ibile*
	sp. *in-*	*discut-*	*-ible*

Neben der in (58) gewählten binären Zerlegung der Wörter in A + [BC], wäre strukturell auch eine Zerlegung in [AB] + C denkbar. Diese ist jedoch aus Gründen der Bedeutung nicht möglich — zwar gibt es im Französischen *discutable* 'bestreitbar', nicht aber den Verbstamm **indiscut-*. Wir können also von der Ableitungsfolge frz. *discut-*$_V$ → *discutable*$_{Adj}$ → *indiscutable*$_{Adj}$ ausgehen. Das Gleiche gilt für die italienische und spanische Entsprechung.

Dass sich die Hierarchie der Morphe innerhalb eines komplexen Wortes so eindeutig bestimmen lässt, ist jedoch — wie bei dem frz. *réassurance* ,Rückversicherung' — nicht immer der Fall. Wir stellen fest, dass es sowohl das Nomen *assurance* ,Selbstsicherheit, Versicherung' als auch den Verbstamm *réassur-* ,rückversichern' gibt, so dass die Strukturen in (59) und (60) möglich wären.

(59)   (60)

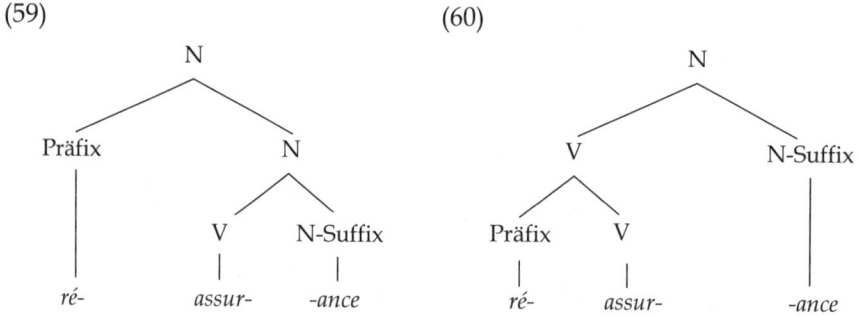

Um die Frage zu beantworten, welcher der Strukturbäume die ,richtige' Ableitungsabfolge beschreibt, muss überprüft werden, welches der Wörter *assurance* oder *réassurer* historisch früher belegt ist. Die Etymologie untersucht die Herkunft der Wörter einer Sprach, erforscht ihren Ursprung, ihre Grundbedeutung und Entwicklung im Laufe der Zeit. Meistens sind dem Sprecher etymologische Tatbestände nicht bewusst, weshalb wir synchronisch sowohl (59) als auch (60) als mögliche Strukturbäume von *réassurance* heranziehen können. Doch nicht immer kann zwischen den Bestandteilen eines komplexen Wortes eine hierarchische Beziehung ermittelt werden. Dies gilt zum Beispiel für frz. *encolure* ,Halsausschnitt, Kragenweite', dessen innere Struktur wie in (61) darzustellen ist. Da es weder *encol noch *colure als Zwischenstufe gibt, muss eine gleichzeitige Anfügung des Präfixes en- und des Suffixes -ure an den Wortstamm col angenommen werden. Dies trifft auch auf sp. *entonación* ‚Intonation' zu, da es weder *enton noch *tonación gibt, sowie auf it. *inscatolare* ‚in eine Schachtel packen'. In diesen Fällen liegt Parasynthese vor, die wir wie folgt definieren:

📖 **Parasynthese** ist die gleichzeitige Anfügung eines Präfixes und eines Suffixes an einen Wortstamm.

(61)

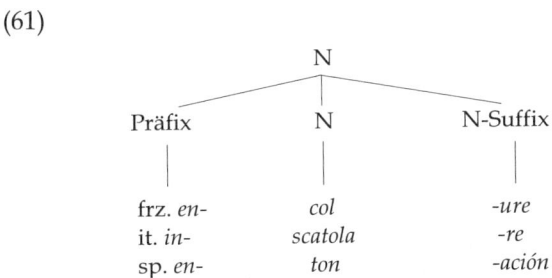

In einigen Verben liegt ein besonderer Fall der Parasynthese vor, den wir im Folgenden an frz. *agrandir*, it. *ingrandire* und sp. *agrandar* ‚vergrößern' näher betrachten werden, vgl. Abbildung 3.2.

- *Zu 1.* Um die interne Struktur von *agrandir/ingrandire/agrandar* näher zu analysieren, muss — wie bereits besprochen — im ersten Schritt der Wortstamm bestimmt werden. Dies geschieht, indem die Flexionsendung (FL-Suffix), hier: die Infinitivendung -ir/-re/-r, abgetrennt wird. Der Stamm des Verbs ist folglich *agrand-/ingrandi-/agranda-*.

- *Zu 2.* Da es sich bei *agrand-/ingrandi-/agranda-* um einen komplexen Wortstamm handelt, kann dieser wiederum segmentiert werden, nämlich in das Präfix *a-/in-/a-* sowie den Adjektivstamm *grand/grandi-/granda-*. In it. *grandi-* kann zudem das Stammerweiterungsaffix -i-, bei sp. *granda-* das -a- vom Wortstamm getrennt werden (s. Kapitel 3.2.2). It. *grand-* /sp. *grand-* ist der Stamm des italienischen und spanischen Adjektivs *grande* ‚groß'.

  Schaut man sich den entstandenen Strukturbaum an, wird ein Problem deutlich: Wenn doch der am weitesten rechts stehende Bestandteil eines Wortes in seiner Funktion als Kopf die Wortart des Gesamtwortes bestimmt, wie ist dann der Verbstamm *agrand-/ingrandi-/agranda-* vom Adjektiv *grand/grande/grande* abgeleitet?

- *Zu 3.* Da Präfixe alleine keine Änderung der Wortart bewirken können, muss dieses Phänomen durch Parasynthese beschrieben werden, d.h. der gleichzeitigen Anfügung des Präfixes *a-/in-/a-* und eines Verb-Suffixes an das Adjektiv *grand/grand-/grand-*. Das Verb-Suffix ist jedoch phonetisch nicht realisiert und wird daher als Nullmorph bezeichnet. Nullmorphe ‚findet' man nicht bei der Analyse. Es handelt sich dabei vielmehr um ein

theoretisches ‚Hilfsmittel' der Linguistik, mit dem die Beschreibung ver-
einheitlicht (und damit vereinfacht) werden soll. Nullmorphe werden in
einem Strukturbaum mit dem Zeichen ‚∅' markiert.

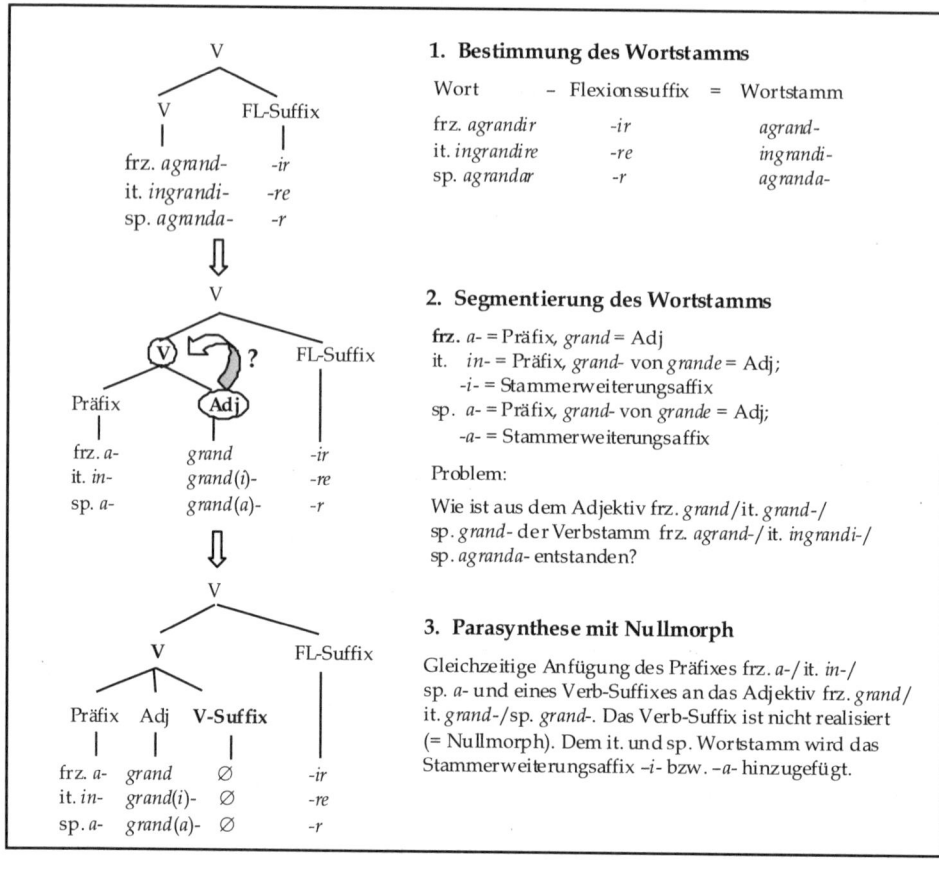

Abbildung 3.2:
Strukturbeschreibung von frz. *agrandir*/it. *ingrandire*/sp. *agrandar*

In den folgenden Abschnitten dieses Kapitels werden wir uns immer wieder
mit der Kopfregel befassen, wenn wir die Eigenschaften und Besonderheiten der
wichtigsten Wortbildungsverfahren diskutieren. Hierzu zählen die Komposition
und die Derivation. Überblicksartig werden wir auch die Konversion sowie die
Kürzungen betrachten. Wir werden zunächst auf die Komposition eingehen.

3.4 Komposition

Um neue komplexe Wörter zu bilden, können wir bereits existierende Wörter zusammenfügen. Dabei lassen sich Wörter der meisten Wortarten miteinander ver-

knüpfen, vgl. die Auswahl in Tabelle 3.4. Zusammengesetzte Wörter wie diese werden Komposita (Sg. *Kompositum*) genannt.

> 📖 **Komposition** ist die Zusammenfügung (mindestens) zweier Wortstämme zu einem neuen Wortstamm.

An den Beispielen in Tabelle 3.4 wird deutlich, dass es Komposita gibt, die zusammen-, auseinander- oder mit Bindestrich geschrieben werden. Zudem gibt es Komposita, zwischen deren Bestandteilen eine Präposition auftritt, sogenannte ,präpositionale Komposita'.

Französisch	Italienisch	Spanisch	Bildungsmuster	Wortart
homme-grenouille	*conferenza stampa*	*hombre rana*	N + N	N
pomme de terre	*motore a benzina*	*escalera de incendios*	N + Präp + N	
machine à écrire	*macchina da scrivere*	*máquina de escribir*	N + Präp + Inf	
disque dur	*crisi economica*	*disco duro*	N + Adj	
grand-mère	*mezzogiorno*	*medianoche*	Adj + N	
chasse-mouches	*portafortuna*	*abrelatas*	V + N	
sourd-muet	*sordo-muto*	*sordomudo*	Adj + Adj	Adj
malsain	*malsano*	*malsano*	Adv + Adj	
maintenir	*mantenere*	*mantener*	N + V	V
sous-entendre	*sottintendere*	*subarrendar*	Präp + V	

Tabelle 3.4:
Auswahl an Kompositionsmustern

Obwohl diese sprachlichen Ausdrücke keine ,graphische Einheit' bilden, werden sie als *ein* Wort (= Kompositum) betrachtet. Im Folgenden wollen wir uns damit beschäftigen, wie dies begründet wird.

3.4.1 Regeln zur Bestimmung von Komposita

Bildungen wie die in Tabelle 3.4 sind zwar keine graphische, aber eine begriffliche Einheit. So definiert Bally (1965: 94) ein Kompositum als

> „un syntagme virtuel caractérisé qui désigne, en la motivant, une idée unique: fr. *pot à eau*, all. *Wassertopf*." ,ein virtuelles Syntagma, das eine einzigartige Idee motiviert und bezeichnet: fr. *pot à eau* ,Wassertopf.'

Auch nach Grevisse (2001: 176) ist ein aus mehreren graphischen Einheiten bestehendes Wort ein Kompositum, sobald es im Geist nicht die unterschiedlichen Konzepte der einzelnen Einheiten aktiviert, sondern ein einziges Konzept. Demnach würde ein Sprecher, dem der Ausdruck *hôtel de ville* bekannt ist, nicht die Konzepte von *hôtel* (= Hotel) und *ville* (= Stadt) aktivieren, sondern das Konzept, das dem Wort *hôtel de ville* (= Rathaus) zugeordnet ist.

Neben der begrifflichen Einheit bilden diese Wörter zudem eine morphosyntaktische Einheit, die sich darin äußert, dass die Einzelbestandteile *untrennbar* und *unumkehrbar* sind. Ob eine morphosyntaktische Einheit besteht, kann in Anlehnung an Thiele (1993: 25f.) durch verschiedene Tests überprüft werden:

Es ist in der Regel unmöglich:

1. die Einzelbestandteile des Kompositums umzukehren

    frz. *homme-grenouille* vs. **grenouille-homme* ‚Taucher‘
    it. *capostazione* vs. **stazione-capo* ‚Bahnhofsvorsteher‘
    sp. *coche cama* vs. **cama-coche* ‚Schlafwagen‘

2. nach dem ersten bzw. vor dem zweiten Bestandteil eine nähere Bestimmung einzufügen

    frz. *une pomme de terre* vs. *une pomme blanche de terre* ‚Kartoffel‘
    it. *un ferro da stiro* vs. *un ferro costoso da stiro* ‚Bügeleisen‘
    sp. *un libro de bolsillo* vs. *un libro extraordinario de bolsillo* ‚Taschenbuch‘

3. einen adjektivischen Bestandteil zu steigern oder durch ein Adverb näher zu bestimmen

    frz. *le sang-froid* vs. *le sang extrêmement froid* ‚die Kaltblütigkeit‘
    it. *il sanguefreddo* vs. *il sangue molto freddo*
    sp. *el/la sangregorda* vs. *la sangre muy gorda*

4. die einzelnen Bestandteile mit anderen Wörtern zu koordinieren

    frz. *un coffre-fort* vs. *un coffre fort et lourd* ‚Tresor‘
    it. *una lavapiatti* vs. **una lavapiatti e bicchieri* ‚Spülmaschine‘
    sp. *un libro de bolsillo* vs. *un libro de bolsillo y de cocina* ‚Taschenbuch‘

Werden die Bestandteile eines Kompositums umgestellt, kann dies einerseits wie in den unter 1. genannten Beispielen zur Folge haben, dass eine sprachunübliche, d.h. nicht belegte Wortform entsteht (**grenouille-homme, *stazione-capo, *cama-coche*). In den Fällen, in denen die umgekehrte Wortform im Wortschatz existiert, weist diese jedoch in der Regel eine andere Bedeutung auf. Während beispielsweise das französische Wort *montre-bracelet* die Armbanduhr bezeichnet, handelt es sich bei *bracelet-montre* um das Uhrenarmband. Gleiches gilt für die italienische und spanische Bezeichnung für ‚gentleman‘, vgl. (62).

(62) it.   *il gentiluomo* = der Edelmann (*gentleman*)
     l'uomo gentile = der freundliche Mann
   sp.   *el gentilhombre* = der Edelmann (*gentleman*)
     el hombre gentil = der freundliche Mann

Die in 2. bis 4. beschriebenen Modifikationen bewirken, dass die Wörter ihren Kompositumscharakter verlieren. Sie werden zu einem Syntagma, d.h. einer Gruppe aus zwei oder mehr Wörtern, das wiederum keine begriffliche Einheit bildet. So handelt es sich bei *une pomme blanche de terre* nicht mehr um eine Kartoffel, sondern um einen weißen Apfel aus Erde; *le sang extrêmement froid* bezeichnet nicht die Kaltblütigkeit, sondern extrem kaltes Blut — und *un coffre fort et lourd* ist kein Geldschrank, sondern ein fester, schwerer Koffer.

3.4.2 Die Transparenz von Komposita

In diesem Zusammenhang müssen wir auch auf die Transparenz von Komposita eingehen.

📖 Ein komplexes Wort ist **transparent** (auch: ‚durchsichtig'), wenn sich seine Bedeutung aus den Bedeutungen seiner Bestandteile ableiten lässt.

Die Transparenz unterliegt vielfältigen Abstufungen. Das werden wir an vier Beispielen von Komposita mit ‚Kuchen' als Kopf illustrieren, vgl. Tabelle 3.5.

Kompositum	Definition
Kirschkuchen	Kuchen mit Kirschen
Baumkuchen	Kuchen in Form eines Baumstamms
Hundekuchen	hartes Gebäck für Hunde
Mutterkuchen	dem Stoffaustausch zwischen Mutter und Embryo dienendes Organ, das sich während der Schwangerschaft ausbildet und nach der Geburt ausgestoßen wird

Tabelle 3.5:
Abstufende Transparenz von Komposita

Kirschkuchen ist volltransparent, denn bei den meisten komplexen Wörtern mit Kuchen bezeichnet der erste Bestandteil eine Zutat, vgl. *Apfelkuchen, Pflaumenkuchen* etc. Das Wort *Baumkuchen* ist weniger transparent als *Kirschkuchen*, da Baum hier keine Zutat ist. Es wird ausgedrückt, dass der Kuchen in seiner Form an einen Baumstamm erinnert, vgl. *Autokuchen, Herzkuchen*. Als Bedeutung von *Hundekuchen* wäre denkbar: ‚Kuchen in Form eines Hundes'. Dieses Wort ist kaum transparent, denn zu seiner richtigen Interpretation wird zusätzliches Weltwissen benötigt, nämlich dass es ‚kuchenähnliches' hartes Gebäck für Hunde (und andere Tiere) gibt. Wenn man die Bedeutung des Wortes *Mutterkuchen* aus den Bedeutungen der Bestandteile ableiten würde, könnte man auf folgende Paraphrasen kommen: ‚Kuchen, der von Mutter gebacken wurde' oder ‚Kuchen für Mutter'. Die richtige Bedeutung des Wortes ist nur sehr schwer aus seinen Bestandteilen ableitbar. Demnach ist es nichttransparent (= ‚opak', von lat. OPACUS ‚dunkel'). Zu seiner Interpretation wird spezielles biologisches Wissen benötigt, das aus dem Wissen über die einzelnen Referenten selbst nicht erschließbar ist.

Ein weiteres Charakteristikum von Komposita besteht darin, dass sie *endozentrisch* oder *exozentrisch* sein können.

📖 Ein Kompositum ist **endozentrisch**, wenn eins seiner Bestandteile den Referenten benennt.

Einige Beispiele für endozentrische Komposita veranschaulicht (63):

(63) frz. *une pause café* → une *pause* pour prendre le café ‚Kaffeepause'
     it. *un ferro da stiro* → un *ferro* che serve per stirare ‚Bügeleisen'
     sp. *un botón de presión* → un *botón* que sirve para presionar ‚Druckknopf'

📖 Ein Kompositum ist **exozentrisch**, wenn der Referent nicht durch einen der beiden Bestandteile bezeichnet wird.

In (64) sehen wir einige Beispiele für exozentrische Komposita:

(64) frz. *un rouge-gorge* → *une gorge qui est rouge/*un oiseau* qui a la gorge rouge
     it. *un rompiscatole* → *uno che rompe scatole/*una persona* molesta e importuna
     sp. *un sangregorda* → *un gordo que sangra/*una persona* molesta e inoportuna

Dass der Referent von frz. *un rouge-gorge* ein Vogel ist, wird durch keinen der beiden Bestandteile des Kompositums ausgesagt. Dies trifft im Übrigen auch für die deutsche Entsprechung, nämlich *Rotkehlchen*, zu. Ähnliches gilt für it. *un rompiscatole*, dessen Bestandteile ebensowenig eine Person, nämlich die Nervensäge, bezeichnen, wie die von sp. *un sangregorda* ‚ein phlegmatischer Mensch' das Blut. In exozentrischen Komposita wird der Referent — der im Fall von Abbildung 3.3 eine Stadt ist — folglich durch ein außerhalb des Kompositums stehendes Bezugswort bezeichnet.

Abbildung 3.3
Eine Stadt in der Auvergne (Foto: N. Müller)

3.4.3 Kopulativ- und Determinativkomposita

Komposita können aufgrund unterschiedlicher Bedeutungsbeziehungen zwischen ihren Bestandteilen in *Kopulativkomposita* und *Determinativkomposita* klassifiziert werden. Kopulativkomposita (auch: ‚Koordinativkomposita‘) drücken die Gleichzeitigkeit zweier Eigenschaften aus, vgl.

(65) frz. *une actrice-ballerine* → *une personne qui est actrice et ballerine*
   it. *un'attrice-ballerina* → *una persona che è attrice e ballerina*
   sp. *un actor-bailarín* → *una persona que es actor y bailarín*

Zwischen den Bestandteilen von Kopulativkomposita besteht ein verbindendes, additives Verhältnis, das in der Regel durch den Bindestrich gekennzeichnet wird. Die Bestandteile der Kopulativkomposita gehören der gleichen Wortart an, sind bei einem nominalen Kompositum also beide Nomina (z.B. frz. *chanteur-compositeur* ‚Sängerkomponist‘, it. *vagone ristorante*, sp. *vagón-restaurante* ‚Speisewagen‘), bei einem adjektivischen Kompositum beide Adjektive (z.B. frz. *sourd-muet*, it. *sordomuto*, sp. *sordomudo* ‚taubstumm‘). Allen Kopulativkomposita ist gemeinsam, dass sie zwei (seltener drei) Eigenschaften einer Person, eines Gegenstandes etc. kennzeichnen. Beispielsweise bezeichnen die folgenden Kopulativkomposita *Personen*, die mehrere Ämter, Funktionen u.a. innehaben, vgl.

(66) frz. *une comédienne-chanteuse* → *une personne qui est comédienne et chanteuse*
   it. *un cantautore* → *una persona chi è autore e cantante*
   sp. *un cantautor* → *una persona que es cantante y autor*

Kopulativkomposita bezeichnen auch Objekte (im weiten Sinne), die eine doppelte Zweckbestimmung haben, vgl.

(67) frz. *un bar-restaurant* → *une maison qui fait bar et restaurant*
   it. *una gonna-pantalone* → *un vestito che è gonna e pantalone*
   sp. *una falda-pantalón* → *una prenda de vestir que es pantalón y falda*

Determinativkomposita (*determinativ* = ‚bestimmend‘) unterscheiden sich von Kopulativkomposita dadurch, dass ihre Bestandteile zueinander nicht in einem gleichrangigen, sondern einem *unterordnenden* Verhältnis stehen. Das bedeutet, dass der eine Bestandteil den anderen semantisch spezifiziert, vgl.

(68) frz. *une poubelle à pédale* → *une poubelle qui a/avec une pédale* ‚Treteimer‘
   it. *una giacca di lana* → *una giacca che è fatta di lana* ‚Wolljacke‘
   sp. *una máquina de escribir* → *una máquina que sirve para escribir* ‚Schreibmaschine‘

Die Paraphrasierungen von frz. *une poubelle à pédale*, it. *una giacca di lana* und sp. *una máquina de escribir* verdeutlichen, dass der Kopf der Bestandteil ist, der durch den anderen in seiner Bedeutung näher bestimmt wird. Dieser wird Modifizierer (auch: ‚Bestimmungswort‘ oder Determinans) genannt. Wie schon die Diskussion der Transparenz zeigte, ist die Art der semantischen Beziehung in zusammengesetzten Wörtern sehr vielfältig. Tabelle 3.6 gibt eine Auswahl der Determinationsverhältnisse zwischen Kopf (X) und Modifizierer (Y) in den drei romanischen Sprachen (für die spanischen Beispiele siehe Rainer 1993: 255ff.).

Semant. Beziehung	Französisch	Italienisch	Spanisch
X ist/besteht aus Y	*un pull en laine* *une cheville de bois*	*una giacca di lana* *uno scialle di seta*	*el papel aluminio* *la corbata de seda*
X ist einem Y vergleichbar	*un homme-grenouille* *un roman-fleuve*	*un uomo rana*	*un hombre rana* *un pájaro mosca*
X ist Teil von Y	*le dessous du pied* *la tête de mort*	*la pianta del piede* *la pista di atterraggio*	*la planta del pie* *la yema de los dedos*
X ist bestimmt für Y	*une assiette à dessert* *la clé de contact*	*un ferro da stiro* *la camera da letto*	*una máquina de lavar* *el coche cama*
X funktioniert durch Y	*le bouton-pression* *un frein à main*	*un forno a microonde* *un freno a mano*	*una escalera mecánica* *un freno de mano*
X hat ein Y	*la poubelle à pédale*	*il pesce spada*	*el pez espada*

Tabelle 3.6:
Auswahl semantischer Beziehungen innerhalb von Determinativkomposita

Bisher haben wir Komposita betrachtet, deren Bestandteile in Lautgestalt und Orthographie an das Französische, Italienische bzw. Spanische angepasst sind. Solche Komposita werden volkstümliche Bildungen genannt. Davon zu unterscheiden sind die gelehrten Bildungen, d.h. die komplexen Wörter mit mindestens einem Bestandteil aus dem Griechischen oder Lateinischen. Diese sind in Orthographie und Lautgestalt nur minimal an die jeweilige Sprache angepasst, vgl. die gelehrten Erst- und Zweitglieder sowie die Beispiele in Tabelle 3.7.

Französisch	Italienisch	Spanisch	Herkunft
-mètre baromètre	*-metro* barometro	*-metro* barómetro	griech. *métron* = Maß
-logue sociologue	*-logo* biologo	*-logo* lexicólogo	griech. *lógos* = Lehre
-graphe bibliographe	*-grafo* lessicografo	*-grafo* bibliógrafo	griech. *graphéin* = schreiben
-cratie aristocratie	*-crazia* aristocrazia	*-cracia* aristocracia	griech. *krateía* = Herrschaft
-vore insectivore	*-voro* carnivoro	*-voro* herbívoro	lat. -VORUS, VORARE = verschlingen
-cide insecticide	*-cida* insetticida	*-cida* insecticida	lat. -CIDERE = töten
super- supermarché	*super-* supermercato	*super-* supermercado	lat. SUPER = über, über... hinaus
pluri- plurilingue	*pluri-* plurilingue	*pluri-* plurilingüe	lat. PLURES = mehr

Tabelle 3.7:
Auswahl gelehrter Erst- und Zweitglieder

Teilweise gehören die gelehrten Bildungen dem allgemeinen Wortschatz (frz. *thermomètre*) an, teilweise sind sie nur dem Gebildeten verständlich (frz. *cacophonie* ‚Missklang'). Zu einem großen Teil sind sie typische Elemente von Fachterminologien (frz. *isotherme, tomographie*). Zwischen Erst- und Zweitelement tritt ein Übergangsvokal. Bei griechischen Bildungen ist es *-o-*, vgl. (69), bei lateinischen Bildungen in der Regel *-i-*, vgl. (70).

(69) frz. *anthropologie* ‚Anthropologie', *graphologie* ‚Graphologie'/it. *grafologia* ‚Graphologie', *meteorologia* ‚Meteorologie'/sp. *logopedia* ‚Logopädie', *meteorólogo* ‚Meteorologe'

(70) frz. *insecticide* ‚Insektizid', *frigorifique* ‚Kühl-'/it. *calorifero* ‚Heizkörper', *centrífuga* ‚Zentrifuge'/sp. *calorífero* ‚Heizkörper', *centrífuga* ‚Zentrifuge'

Ausführliche Listen gelehrter Erst- und Zweitelemente finden sich in der einschlägigen Literatur, zum Beispiel für das Französische bei Béchade (1992: 153ff.) und Thiele (1993: 75ff.), für das Italienische bei Seewald (1996: 118ff.) und für Spanische bei Seco (1989: 216f.) und Thiele (1992: 103ff.).

Wir hatten erwähnt, dass für romanische Komposita in der Regel die Linksköpfigkeit gilt. Bei den gerade behandelten gelehrten Komposita hingegen überwiegt die Rechtsköpfigkeit (frz. *téléphone*, it. *medianoche*, sp. *microsegundo*). In der Literatur wird vermutet, dass auch durch den Einfluss des Englischen einige rechtsköpfige Komposita in die Sprache gekommen sind, z.B. *vidéocassette, videocassetta, videocasete* ‚Videokassette'. Wir können diese Tendenz mit Hilfe der folgenden Abbildung nur bestätigen.

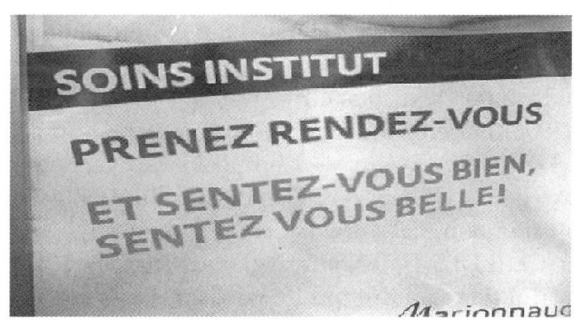

Abbildung 3.4
Schönheitsinstitut in der Auvergne (Foto: N. Müller)

Bisher haben die Tabellen und weitere Beispiele in diesem Kapitel viele Parallelen zwischen den drei romanischen Sprachen im Hinblick auf die Wortbildung gezeigt (überwiegende Linksköpfigkeit in der Komposition, ganz ähnliche Kompositionsmuster usw.). Dennoch gibt es natürlich Unterschiede im Detail, die vorrangig die Produktivität einzelner Muster oder auch des Wortbildungsverfahrens Komposition insgesamt betreffen. Wenn man von der Produktivität eines Wortbildungsverfahrens oder einzelner Affixe in einer Sprache spricht, meint man, dass mit diesen Verfahren bzw. Affixen heute noch neue Wörter in dieser

Sprache gebildet werden. Die Produktivität kann — nicht zuletzt durch Kontakt mit anderen Sprachen und deren Wortbildungsverfahren, wie wir gerade gesehen haben — zunehmen, aber auch abnehmen.

Ein Beispiel für einen innerromanischen Unterschied betrifft die Produktivität der Komposition: So wird etwa das Wort *Staubsauger* im Italienischen mit einem Verb-Nomen-Kompositum *aspirapolvere* ausgedrückt, während im französischen Äquivalent *aspirateur* und im spanischen Äquivalent *aspiradora* von den Suffixen *-(t)eur* bzw. *-dora* Gebrauch gemacht wird. Ebenso sind frz. *cendrier* und sp. *cenicero* die suffigierten Entsprechungen des italienischen Kompositums *portacenere* ,Aschenbecher'.

3.4.4 Komposition im Erstspracherwerb

Kinder haben eine beeindruckende Fähigkeit, Wortneubildungen zu schaffen: Sie können Komposita mit Bedeutungen produzieren, denen sie vorher wahrscheinlich nie begegnet sind. Dabei wird vermutet, dass die Kinder sich zu Beginn ihrer Produktion von Komposita noch nicht dessen bewusst sind, dass diese in Konstituenten zerlegbar sind (Nicoladis 2006). Vielmehr lernen sie im Laufe der Zeit die grundlegenden Prinzipien für die Bildung von Komposita in ihrer Zielsprache, die wir in den vorherigen Abschnitten bereits eingeführt haben. Aus den Fehlern bei den Wortneubildungen können wir erschließen, wie Kinder die den Komposita zugrundeliegenden Strukturen erwerben, wobei diese sprachspezifisch sind. In unserer Betrachtung der Produktion von Komposita im Spracherwerb wollen wir uns auf die besser untersuchten Nominalkomposita, genauer N-N-Komposita und N-Präp-N-Komposita, konzentrieren (vgl. Tabelle 3.4 mit den unterschiedlichen Kompositionsmustern).

Laut Clark (1998) bilden Kinder in den romanischen Sprachen neue Wörter vorrangig durch Derivation; wenn sie Komposita verwenden, dann zumeist ab dem Alter von drei Jahren. Einen Vergleich der Produktion von V-N- und Nominalkomposita von monolingual aufwachsenden französischen und italienischen Kindern (aus der CHILDES-Datenbank, vgl. McWhinney 1995) nimmt Schmitz (2009) vor. Die Produktion von Komposita wird auf Basis des Vergleichs der mittleren Äußerungslänge (*mean length of utterances*, MLU) dargestellt. Der MLU gibt die zunehmende Komplexität kindlicher Äußerungen an und wird üblicherweise in Wörtern gezählt. Hierfür wird die Anzahl der Wörter pro kindlicher Äußerung durch die Anzahl aller Äußerungen geteilt. Das Ergebnis ist die durchschnittliche Äußerungslänge, mit deren Hilfe die Entwicklung verschiedener Kinder, da vom Alter abstrahiert wird, auch leichter verglichen werden kann. Die folgende Abbildung zeigt, dass bei allen Kindern die Entwicklung bereits in der Phase beginnt, in der Äußerungen zwischen einem und zwei Wörtern lang sind. Jedoch verwenden die beiden französischen Kinder viel mehr Nominalkomposita als die drei italienischen Kinder.

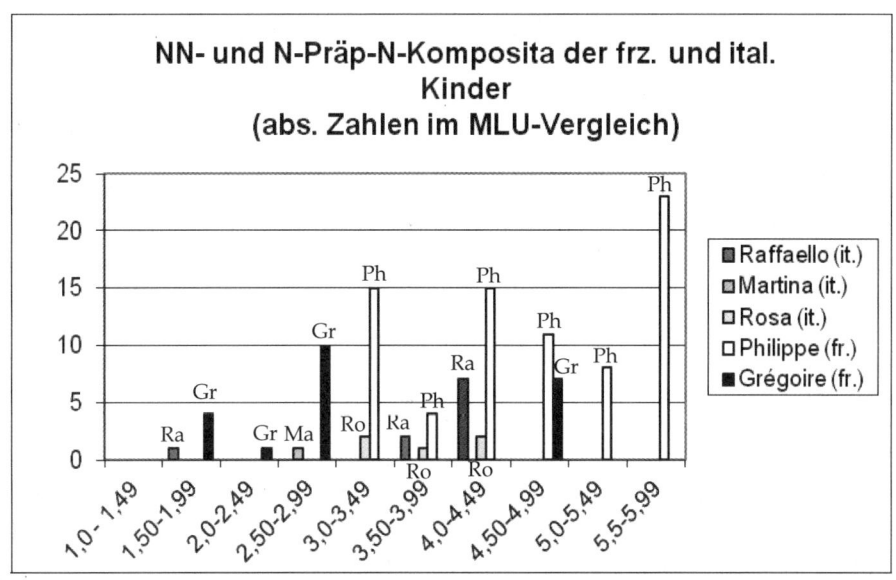

Abbildung 3.5:
Nominalkomposita von französischen und italienischen
monolingualen Kindern (nach Schmitz 2009)

In der Forschung zum Erwerb von Nominalkomposita durch bilinguale Kinder wurden vorrangig englisch-französisch bilinguale Kinder untersucht. Interessant ist hier, inwieweit sich die beiden im Hinblick auf ihre Köpfigkeit unterschiedlichen Zielsprachen der Kinder gegenseitig beeinflussen. So untersucht Nicoladis (1999) ein bilinguales Kind über längere Zeit (Longitudinalstudie). Zwischen 2;9 bis 3;3 Jahren weist das Kind in N-N-Komposita klar getrennte Kompositionsregeln für beide Sprachen auf, und die Sprache des Kopfnomens wird zugrundegelegt für die Anwendung der Regeln. Im Französischen beginnt die Verwendung von Komposita ab dem Alter von 2;9, wobei 80% der englischköpfigen Komposita in zielsprachlicher Abfolge produziert werden, aber nur 40% der französischköpfigen. In einer weiteren Studie untersucht Nicoladis (2002) den Spracheneinfluss in der Interpretation (Verständnis) und der Produktion von Nominalkomposita in einer Gruppe von englisch-französisch bilingualen Kindern (d.h. einer Querschnittstudie). Dabei findet sie heraus, dass die bilingualen Kinder die Konstituenten von englischen Komposita häufiger verwechseln als monolinguale Kinder. Im Verstehen gibt es hingegen keine Unterschiede.

Plischke (2011) untersucht zwei Longitudinalstudien von deutsch-französisch simultan bilingual aufwachsenden Kindern aus der WuBiG (vgl. Kapitel 1.2) im Alter von zwei bis fünf Jahren (Alexander, Amélie), die beide als ausgewogen bilingual analysiert wurden, d.h. sie weisen sehr ähnliche Verläufe der MLU-Entwicklung auf. Die Autorin interessiert, ob die bilingual deutsch-französischen Kinder, die ja wie im englisch-französisch bilingualen Fall zwei Sprachen mit unterschiedlicher Köpfigkeit erwerben, dahingehend Spracheneinfluss aufweisen, dass sie z.B. Komposita mit dem häufigen Muster N-Präp-N (*pomme de terre*) statt-dessen mit dem im Französischen seltenen und im Deutschen sehr häufigen Mus-ter des N-N-Kompositums (*Kartoffelsuppe*), also als *pomme terre*, realisieren, und ob es Fehler mit der Köpfigkeit gibt. Im Folgenden wollen wir die wesentlichen Ergebnisse der Studie vorstellen. Beide Kinder haben bereits im Alter von zwei-einhalb Jahren eigenständig Komposita konstruiert, mithin früher als monolingu-al französische Kinder, die erst ab einem Alter von zirka drei Jahren beginnen, eigene Komposita zu produzieren. Plischke kann in quantitativer Hinsicht zeigen, dass die beiden untersuchten Kinder im Deutschen deutlich mehr und unter-schiedliche Komposita produzieren als im Französischen, was der höheren Fre-quenz und Produktivität deutscher Nominalkomposita in der Erwachsenenspra-che im Vergleich zum Französischen entspricht. Dabei beginnen beide Kinder zunächst im Alter zwischen 2;2 und 2;6, französische Komposita zu produzieren, bevor sie im Alter von zirka 2;6 deutsche Komposita verwenden. Die Autorin findet ferner in ihrer qualitativen Untersuchung der produzierten Nominalkom-posita ihre Annahme eines Spracheneinflusses bestätigt, der sich in der Verwen-dung von N-N-Komposita im Französischen niederschlägt, die dort nicht gram-matisch sind (*pokémon cartes*, analog zu dt. Pokemonkarten, Alexander, MLU 4,0-4,49) und *boîte colliers* (anstelle von *boîte à colliers* ‚Schmuckkasten‘, Amélie, MLU 3,0-3,49). Im Hinblick auf den ebenfalls angenommenen Einfluss bei der Köpfigkeit von Komposita kann Plischke zeigen, dass hier kein eindeutiger Ein-fluss einer Sprache auf die andere erfolgt, da sowohl in französischen als auch in deutschen Nominalkomposita von beiden Kindern Köpfigkeitsfehler gemacht wurden: So produziert z.B. Alexander im Französischen *docteur valise* anstelle von *valise docteur* oder *trousse de médecin* (MLU 4,0-4,49) und im Deutschen z.B. *Kofferarzt* anstelle von ‚Arztkoffer‘ (MLU 3,5-3,99). Jedoch beschränken sich die Köpfigkeitsfehler auf bestimmte Komposita.

3.5   Derivation

Das zweite große Wortbildungsverfahren neben der Komposition ist die Deriva-tion (auch: ‚Ableitung‘).

📖   **Derivation** ist die Anfügung eines Wortbildungsaffixes an einen Wort-stamm. Das Ergebnis der Derivation ist ein neuer Wortstamm.

Der Wortstamm, an den das Wortbildungsaffix angefügt wird, ist die Ableitungs-basis. Die durch Derivation gebildeten Wörter werden Derivate genannt. Je nach-dem, ob das Wortbildungsaffix vorne oder hinten an den Wortstamm angehängt wird, unterscheidet man zwischen Präfigierung und Suffigierung.

3.5.1 Präfigierung

📖 **Präfigierung** ist die Anfügung eines Wortbildungsaffixes vorne an einen Wortstamm. Das Ergebnis der Derivation ist ein neuer Wortstamm.

Solche Wortbildungsaffixe haben wir bereits in Kapitel 3.2.1 kennengelernt und sie als Präfixe bezeichnet. Tabelle 3.8 führt eine Auswahl von französischen, italienischen und spanischen Präfixen auf.

Französisch	Italienisch	Spanisch	Semantische Funktion
pré- (préhistoire)	*pre-* (prelavaggio)	*pre-* (preguerra)	Räumlich-zeitliche Bestimmung
avant- (avant-guerre)	*ante-* (anteguerra)	*ante-* (anteguerra)	
trans- (transatlantique)	*trans-* (transatlantico)	*trans-* (transalpino)	
inter- (interplanétaire)	*inter-* (interplanetario)	*inter-* (interplanetario)	
archi- (archiplein)	*arci-* (arciricco)	*archi-* (archienemigo)	Intensivierung
extra- (extra-fin)	*extra-* (extrafino)	*extra-* (extrafino)	
super- (supermarché)	*super-* (supermercato)	*super-* (superhombre)	
hyper- (hypersensible)	*iper-* (ipersensibile)	*hiper-* (hipersensible)	
in- (*im-/il-/ir-*) (indécidable)	*in-* (*im-/il-/ir-*) (indeciso)	*in-* (*im-/i-*) (indeciso)	Negation
dé(s)- (défavoriser)	*dis-* (discontinuo)	*de(s)- (dis-)* (discontinuo)	
a- (*an-*) (agrammatical)	*a-* (*an-*) (apolitico)	*a-* (*an-*) (apolítico)	
re- (*ré-/r-/res-*) (relire)	*ri-* (*re-*) (rivedere)	*re-* (reconsiderar)	Wiederholung

Tabelle 3.8:
Auswahl von Präfixen

Wir hatten bereits gezeigt, dass Präfixe weder kategoriebestimmend noch Träger grammatischer Information sind. Aus den Beispielen wird aber deutlich, dass sie bei der Anfügung an einen Wortstamm vier semantische Funktionen erfüllen.[26]

So können Präfixe die Bedeutung des Wortstamms:

1. *räumlich-zeitlich* näher bestimmen,
2. *intensivieren*,
3. *negieren* (bzw. ins Gegenteil setzen) oder auch
4. eine *Wiederholung* ausdrücken.

Ein und dasselbe Präfix kann sich mit Wortstämmen unterschiedlicher Wortarten verbinden, vgl. (71).

---

[26] Siehe hierzu auch die Versuche, die spanischen Präfixe nach Bedeutungsgruppen zu ordnen, bei Urrutia Cárdenas (1978: 217f.), Lang (1990: 170ff.), Miranda (1994: 79-96) und die Zusammenfassung in Schpak-Dolt (1999: 105f.). Für das Italienische siehe Serianni (2003).

(71) frz. *dé-*

    N → N   (*défaveur* ‚Ungnade')

    Adj → Adj   (*défavorable* ‚ungünstig')

    V → V   (*défaire* ‚lösen')

it. *s-*

    N → N   (*sfiducia* ‚Misstrauen')

    Adj → Adj   (*sconosciuto* ‚unbekannt')

    V → V   (*scomporre* ‚zerlegen')

sp. *entre-*

    N → N   (*entreacto* ‚Zwischenakt')

    Adj → Adj   (*entrefino* ‚mittelfein')

    V → V   (*entremezclar* ‚vermischen')

Bei der strukturellen Beschreibung präfigierter Verben muss eine klare Trennung zwischen Wortbildungs- und Flexionsteil vorgenommen werden. Dies werden wir am Beispiel von frz. *décomposer* ‚zerlegen' verdeutlichen, dessen interne Struktur in (72) dargestellt ist.

(72)

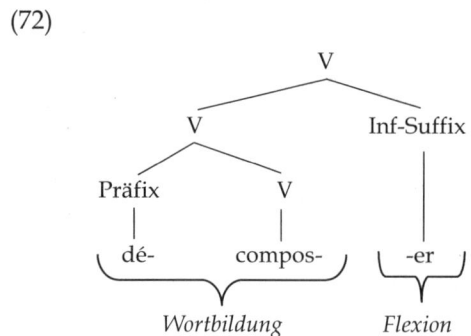

Bei der Verbpräfigierung wird nicht *dé-* an das im Infinitiv stehende Verb *composer* angefügt, sondern *dé-* wird mit dem Verbstamm *compos-* verbunden. Dadurch ensteht der neue Verbstamm *décompos-*, an den wiederum die Flexionsendung *-er* tritt. Wir halten als Grundsatz fest: Um die Struktur eines Wortes zu beschreiben, muss zunächst die Flexionsendung entfernt werden. Danach ist die Beschäftigung mit der inneren Wortbildungsstruktur möglich. Flexion muss immer der allerletzte Bildungsschritt sein, da sie — im Gegensatz zur Derivation — syntaktisch relevant ist. Die wortinternen Strukturen sind für die Syntax unsichtbar.

3.5.2 Suffigierung

📖   **Suffigierung** ist die Anfügung eines Wortbildungsaffixes hinten an einen Wortstamm. Das Ergebnis der Derivation ist ein neuer Wortstamm.

Diese Wortbildungsaffixe werden Suffixe (siehe Kapitel 3.2.1) genannt. Wie bei der Kopfregel bereits besprochen, bestimmen die Suffixe als am weitesten rechts stehendes Element die Wortart des neu gebildeten komplexen Wortes. Dies wird in der Auswahl an Suffigierungsregeln in Tabelle 3.9 deutlich[27].

Regeln		Französisch	Italienisch	Spanisch
N	+ Suffix → N	état → étatisme	benzina → benzinaio	ceniza → cenicero
V		chauff- → chauffage	tratta- → trattamento	acusa- → acusación
Adj		ancienne → ancienneté	fertile → fertilità	duro → dureza
N	+ Suffix → Adj	individu → individuel	posta → postale	centro → central
V		lav- → lavable	mangia- → mangiabile	lava- → lavable
Adj		rouge → rougeâtre	piccolo → piccolino	pobre → pobrecito
N	+ Suffix → V	alcool → alcoolis-	lavoro → lavorare	escándalo → escandaliza-
V		siffl- → sifflot-	ride- → ridacchia-	morde- → mordisquea-
Adj		mobile → mobilis-	fertile → fertilizza-	puro → purifica-
Adj	+ Suffix → Adv	lente → lentement	attuale → attualmente	clara → claramente

Tabelle 3.9:

Suffigierungsregeln

Häufig gibt es im Französischen, Italienischen und Spanischen zu einem volkstümlichen Simplex ein gelehrtes Derivat, vgl. die Beispiele in Tabelle 3.10.

---

[27] Eine ausführliche Beschreibung der spanischen Suffixe wird in Rainer (1993), Alvar Ezquerra (2002) und zusammenfassend in Schpak-Dolt (1999) gegeben. Für die französischen Suffixe siehe Béchade (1992), Thiele (1993) und Schpak-Dolt (2006), für die italienischen Suffixe Seewald (1996).

	Simplex	lateinisches Etymon	Gelehrtes Derivat
Frz.	*cercle*	CIRCULUS	*circulaire*
	cœur	COR, CORDIS	*cordial*
	voix	VOX, VOCIS	*vocal*
	mer	MARE	*marin*
	rond	ROTUNDUS	*rotondité*
It.	*cerchio/circolo*	CIRCULUS	*circolare*
	tondo	ROTUNDUS	*rotondo*
	cuore	COR, CORDIS	*cordiale*
	occhio	OCULUS	*oculare, oculista*
	vedere	VIDERE, VISUS	*visione*
Sp.	*hijo*	FILIUS	*filial*
	lengua	LINGUA	*lingual*
	ojo	OCULUS	*ocular*
	plomo	PLUMBUM	*plúmbeo*
	ver	VIDERE, VISUS	*visión*

Tabelle 3.10:
Volkstümliches Simplex und gelehrtes Derivat

Suffixe modifizieren gewöhnlich die Bedeutung des Stamms, an den sie angefügt werden. Jedoch ist ihre Bedeutung wie die der Präfixe allgemeiner und
abstrakter als die von Wörtern. Sie kann aus einer Reihe analog gebildeter suffigierter Wörter erschlossen werden, vgl. (73) für frz. *-eur*, it. *-tore* und sp. *-dor*.

(73)   frz.   { *fum-* / *buv-* / *jou-* } + *-eur* → *une personne qui a l'habitude de*   { *fumer* / *boire* / *jouer* }

it.   { *fuma-* / *bevi-* / *gioca-* } + *-tore* → *una persona che ha l'habitudine di*   { *fumare* / *bere* / *giocare* }

sp.   { *fuma-* / *bebe-* / *juga-* } + *-dor* → *una persona que está habituada a*   { *fumar* / *beber* / *jugar* }

Aus den Beispielen in (73) kann gefolgert werden, dass Wörter mit einem
Verbstamm und dem französischen Suffix *-eur* — d.h. [V + {-eur}] — eine Bedeutung *,une personne qui a l'habitude de V'* ,eine Person, die die Angewohnheit hat zu
V-en' haben können. Dies ist — wie in den Beispielen in (74) und (75) deutlich
wird — aber nur ein Bedeutungsaspekt des Suffixes *-eur*. Das Gleiche gilt für das
spanische *-dor* und das italienische *-tore*.

(74) frz. $\begin{Bmatrix} coiff- \\ chant- \\ vend- \end{Bmatrix}$ + -eur → une personne qui fait le métier de $\begin{Bmatrix} coiffer \\ chanter \\ vendre \end{Bmatrix}$

it. $\begin{Bmatrix} vendi- \\ allena- \\ lavora- \end{Bmatrix}$ + -tore → una persona che esercita la professione/il mestiere di $\begin{Bmatrix} vendere \\ allenare \\ lavorare \end{Bmatrix}$

sp. $\begin{Bmatrix} entrena- \\ programa- \\ vende \end{Bmatrix}$ + -dor → una persona que ejerce la profesión de $\begin{Bmatrix} entrenar \\ programar \\ vender \end{Bmatrix}$

(75) frz. $\begin{Bmatrix} arros- \\ batt- \\ mix- \end{Bmatrix}$ + -eur → un appareil qui sert à $\begin{Bmatrix} arroser \\ battre \\ mixer \end{Bmatrix}$

it. $\begin{Bmatrix} frulla- \\ climatizza- \\ trat- \end{Bmatrix}$ + -tore → un apparato che serve a $\begin{Bmatrix} frullare \\ climatizzare \\ trarre \end{Bmatrix}$

sp. $\begin{Bmatrix} eleva- \\ acelera- \\ abri- \end{Bmatrix}$ + -dor → un aparato que sirve para $\begin{Bmatrix} elevar \\ acelerar \\ abrir \end{Bmatrix}$

Die verschiedenen Bedeutungsaspekte, die die mit ein und demselben Suffix abgeleiteten Wörter aufweisen können, werden von Pörings/Schmitz (2003) mittels eines sternförmigen (Beziehungs-)Netzwerks dargestellt. Dies wird für die [V + -er]-Bildungen im Deutschen in Abbildung 3.6 illustriert. Die Bedeutungsaspekte a. bis i. sind nicht gleichwertig, sondern weisen Prototypeneffekte[28] auf. Damit wird das Phänomen bezeichnet, „dass für uns einige Elemente aus einer Kategorie in ihrer Bedeutung stärker herausragen als andere und auch häufiger verwendet werden als die übrigen" (Pörings/Schmitz 2003: 34)[29].

---

[28] Der Begriff des Prototyps wird ausführlich in Kapitel 5.3.2 behandelt.

[29] Welcher Bedeutungsaspekt eines Suffixes zentral ist, kann auf verschiedene Weise ermittelt werden. So können Sprecher gefragt werden, welche Bedeutung ihnen als erste in den Sinn kommt, wenn sie eine bestimmte Lautform hören bzw. welchen Bedeutungsaspekt sie wählen, um die andere(n) am besten erklären zu können. Zudem kann, basierend auf der semantischen Analyse der mit einem bestimmten Suffix abgeleiteten Wörter, auch statistisch festgestellt werden, welcher Bedeutungsaspekt am häufigsten vorkommt.

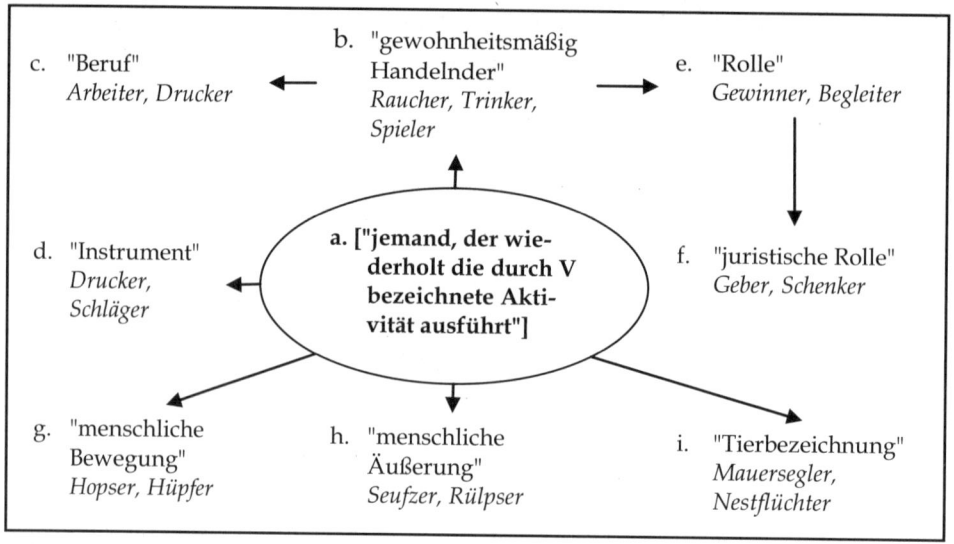

Abbildung 3.6:
Sternförmiges Netzwerk für [V + -*er*]-Bildungen
aus Pörings/Schmitz (2003: 70)

Bei den [V + -*er*]-Bildungen in Abbildung 3.6 ist die Bedeutungsvariante a. *„jemand, der wiederholt die durch V bezeichnete Aktivität ausführt'* zentral und daher der Mittelpunkt des Netzwerks. Von ihr geht die Bedeutung für Personen aus, die die Verbhandlung gewohnheitsmäßig ausführen. Diese wiederum kann als Beruf etabliert sein oder eine gelegentliche bzw. juristische Rolle benennen. Es werden Instrumente bezeichnet, mit denen die Verbhandlung ausgeführt werden kann bzw. die sie ausführen. Die Bedeutung kann auf Tiere ausgeweitet werden bzw. einzelne Aspekte menschlicher Bewegung und Äußerung bezeichnen. Die „richtige' Interpretation eines suffigierten Wortes, d.h. die Entscheidung für einen bestimmten Bedeutungsaspekt, erfordert vom Sprecher den Rückgriff auf sein sprachliches und in der Regel auch sein Weltwissen.

Wie wir schon bei den Präfixen festgehalten haben, weisen auch die Suffixe bestimmte semantische Funktionen auf. So dienen Nominalsuffixe in erster Linie zur Bezeichnung von Personen, Instrumenten, Handlungen bzw. deren Ergebnis sowie zu Kollektiv- und Diminutivbildungen. Tabelle 3.11 führt eine Auswahl entsprechender Suffixe für das Französische, Italienische und Spanische an.

Bei näherer Betrachtung der Beispiele fällt auf, dass die semantische Funktion näher spezifiziert werden kann. Schauen wir uns dazu die französischen Beispiele an, die Personen bezeichnen. Mit frz. *coiffeur* ‚Friseur', *bijoutier* ‚Juwelier' und *biologiste* ‚Biologe' werden Berufe benannt, und zwar solche, die verschiedenen Sparten angehören, nämlich Handwerker, Händler sowie Wissenschaftler. Im Fall von frz. *Breton* ‚Bretone' und *baudelairien* ‚Baudelaire-Anhänger' wird die semantische Funktion auf der Grundlage geographischer (= Bewohner) bzw. ideologischer Zugehörigkeit (= Anhänger von jmd./etw.) näher bestimmt. Frz. *soiffard* ‚Trinker' wiederum spezifiziert die semantische Funktion im Hinblick auf eine bestimmte Eigenschaft bzw. habituelle Verhaltensweise. Es ist aber nicht so, dass jedem Suffix — wie aus den Beispielen geschlossen werden könnte — *ein* bestimmter Bedeutungsaspekt der semantischen Funktion oder überhaupt *eine* bestimmte semantische Funktion zuzuordnen wäre. Vielmehr kann jedes Suffix verschiedene semantische Funktionen wie Person, Instrument und/oder Eigenschaft und dabei wiederum unterschiedliche Bedeutungsaspekte einnehmen.

Französisch	Italienisch	Spanisch	Semantische Funktion
-ard/-arde soiffard/-arde	*-tore/-trice* lavoratore/-trice	*-dor/-dora* trabajador/-dora	Person
-eur/-euse coiffeur/-euse	*-ario* bibliotecario	*-ero/-era* jardinero/-era	
-on/-onne Breton/-onne	*-ese* milanese	*-iano/-iana* murciano/-iana	
-ien/-ienne baudelairien/-ienne	*-o* idraulico	*-o/-a* mecánico/-a	
-ier/-ière bijoutier/-ière	*-ista* giornalista	*-ista* economista	
-iste biologiste	*-aio* calzolaio	*-nte* comerciante	
-et, -ette coussinet, balayette	*-trice* lavatrice	*-dor, -dora* acelerador, computadora	Instrument
-ier, -ière beurrier, théière	*-tore* calcolatore	*-ero, -era* fichero, cafetera	
-oir, -oire semoir, rôtissoire	*-nte* stampante	*-nte* trinchante	
-eur, -euse batteur, tronçonneuse	*-ino* accendino	*-ete* soplete	
-aison crevaison	*-mento* cambiamento	*-miento* pensamiento	Handlung/ Ergebnis
-ation fixation	*-azione/-izione* punizione	*-ción* afirmación	
-age feuilletage	*-aggio* lavaggio	*-aje* plumaje	Kollektiv- bildung
-ature ossature	*-tura* stampatura	*-erío* mocerío	
-et, -ette porcelet, voiturette	*-ino/-ina* gattino/-ina	*-ito/-ita* niñito/-ita	Diminutiv- bildung
-ot, -otte cageot, calotte	*-ello/-ella* alberello	*-(c)illo, -(c)illa* jardincillo, hierbecilla	

Tabelle 3.11:
Auswahl semantischer Funktionen von Suffixen

Platz-Schliebs (2008: 46) fasst die verschiedenen Bedeutungsaspekte französischen Suffixe zur Bezeichnung von Personen und Instrumenten in einem Bedeutungsnetzwerk zusammen, das vereinfacht in Abbildung 3.7 dargestellt ist.

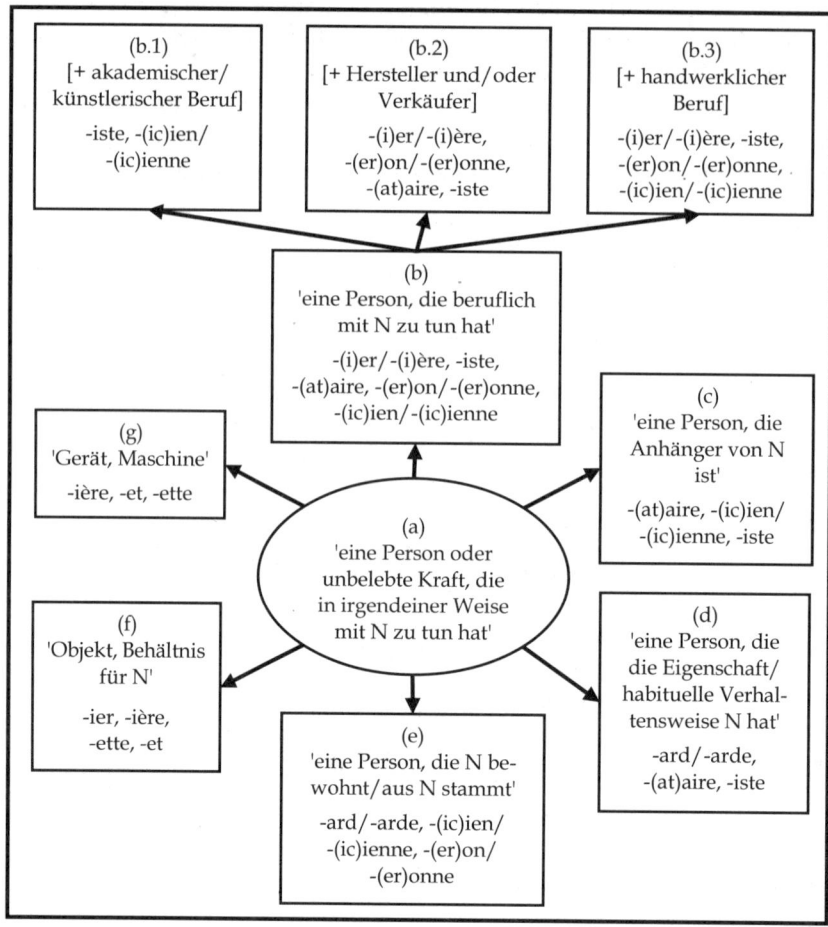

Abbildung 3.7:
Modell eines Bedeutungsnetzwerks für denominale Derivate zur Bezeichnung
von Personen und Instrumenten

Im Zentrum des Bedeutungsnetzwerks steht die (abstrakte) Grundbedeutung (a)
‚*eine Person oder unbelebte Kraft, die in irgendeiner Weise mit N zu tun hat'*, die allen
Bildungen aus einem Nomen und einem Suffix zur Bezeichnung von Personen
und Instrumenten gemeinsam ist. Davon ausgehend sind die Bedeutungsaspekte
(b) bis (g) dargestellt, die diese semantischen Funktionen näher spezifizieren. Zu
jedem Bedeutungsaspekt werden die Suffixe angeführt, die zu dessen Versprachlichung herangezogen werden können, vgl. die Beispiele in Tabelle 3.12.

Auch wenn der einzelne Bedeutungsaspekt stets mittels verschiedener Suffixe bezeichnet werden kann, so ist doch jedes von ihnen mehr oder weniger prototypisch für den Bedeutungsaspekt, d.h. es wird mehr oder weniger häufig zu
dessen Bezeichnung herangezogen. Beispielsweise ist das Suffix *-iste* prototypisch
zur Bezeichnung von akademischen und künstlerischen Berufen (*dentiste, lin-*

guiste, pianiste), findet sich aber nur selten zur Bezeichnung handwerklicher Berufe (*chauffagiste, ébeniste*).[30]

Bedeutungs- aspekt	Beispiele mit den jeweiligen Suffixen
(b.1)	*dentiste* ‚Zahnarzt/-ärztin', *chirurgien/-ienne* ‚Chirurg/-in'
(b.2)	*bijoutier/-ière* ‚Juwelier/-in', *vigneron/-onne* ‚Winzer/-in', *libraire* ‚Buchhändler/-in', *fleuriste* ‚Blumenhändler/-in'
(b.3)	*plombier/-ière* ‚Klempner/-in', *chauffagiste* ‚Heizungsmonteur/-in', *forgeron/-eronne* ‚Schmied/-in', *électricien/-icienne* ‚Elektriker/-in'
(c)	*doctrinaire* ‚Doktrinär', *brechtien/-ienne* ‚Brecht-Anhänger/-in', *impressionniste* ‚Impressionist/-in'
(d)	*politicard* ‚anrüchiger Politiker', *millionnaire* ‚Millionär/-in', *optimiste* ‚Optimist/-in'
(e)	*campagnard/-arde* ‚Landbewohner-in', *Canadien/-ienne* ‚Kanadier/-in', *Wallon/-onne* ‚Wallone/-in'
(f)	*beurrier* ‚Butterdose', *soupière* ‚Suppenschüssel', *sachet* ‚Beutel', *bandelette* ‚Bändchen'
(g)	*coquetière* ‚Eierkocher', *cassette* ‚Kassette', *martinet* ‚Mauersegler'

Tabelle 3.12:
Denominale Derivate zur Bezeichnung von Personen und Instrumenten

3.6   Konversion

Die Konversion (lat. CONVERSIO ‚Umstellung') wird in den romanischen Sprachen weniger häufig zur Bildung neuer Wörter verwendet. Sie ist wie folgt definiert:

📖   **Konversion** ist die Überführung eines Wortes oder eines Wortstamms in eine andere Wortart ohne Hinzufügung eines Wortbildungsaffixes.

Konversion wird in der Literatur entweder als eigenes Wortbildungsverfahren oder als ‚Nullsuffigierung' unter Derivation angeführt[31]. Bei der Konversion können insbesondere Nominalisierungen und Adjektivierungen nachgewiesen werden, vgl. die französischen, italienischen und spanischen Beispiele in Tabelle 3.13.

---

[30] Die Anordnung der Suffixe in Abbildung 3.7 spiegelt die Prototypikalität der Suffixe für einen bestimmten Bedeutungsaspekt wider. Siehe hierzu auch die Studie von Platz-Schliebs (2008), in der die Präferenz deutscher Französischlerner für bestimmte Suffixe bei der Wortbildung erforscht und mittels einer Untersuchung empirisch untermauert wurde.

[31] Als eigenes Wortbildungsverfahren wird Konversion u.a. bei Thiele (1993) beschrieben, als Nullsuffigierung bei Béchade (1992), Grevisse (2001) und Schpak-Dolt (1999, 2006).

Regel		Französisch	Italienisch	Spanisch
V	→N	*sourire* → [le] *sourire*	*parlare* → [il] *parlare*	*cantar* → [el] *cantar*
Adj		*publique* → [le] *publique*	*impossibile* → [l'] *impossibile*	*público* → [el] *público*
Adv		*bien* → [le] *bien*	*bene* → [il] *bene*	*bien* → [el] *bien*
Präp		*pour* → [le] *pour*	*per* → [il] *per*	*por* → [el] *por*
Num		*troisième* → [le] *troisième*	*terzo* → [il] *terzo*	*segundo* → [el] *segundo*
Pron		*autre* → [l'] *autre*	*altro* → [l'] *altro*	*otro* → [el] *otro*
Konj		*mais* → [le] *mais*	*perché* → [il] *perché*	*pero* → [el] *pero*
V	→Adj	*perdu/e*	*perso/a*	*perdido* → *perdido/a*
N		[le] *choc* → [un prix] *choc*	[lo] *stupido* → *stupido/a*	[el] *colorido* → *colorido/a*
Adv		*debout* → [une place] *debout*	*solo* → [un] *solo* [amico]	*solo* → [un café] *solo*

Tabelle 3.13:
Konversionsmuster

Wie aus den Beispielen ersichtlich, können Wörter der meisten Wortarten zu Nomen konvertiert werden. Im Fall der Verben können sowohl Infinitive als auch Verbstämme (frz. *accord-* → [l']*accord* ,Übereinstimmung', it. *bere* → [il] *bere* ,(das) Trinken', sp. *ayuda-* → [la] *ayuda* ,Hilfe'), aber auch Partizipien I (frz. *une dirigeante* ,Leiterin', *une imprimante* ,Drucker', it. *una cantante* ,Sängerin', *una stampante* ,Drucker', sp. *una cantante* ,Sängerin', *un detergente* ,Reiniger') und II (frz. *l'arrivée* ,Ankunft', *la sortie* ,Ausgang', it. *una lavata* ,Waschen', *l'uscita* ,Ausgang', sp. *llegada* ,Ankunft', *salida* ,Ausgang') von der Konversion betroffen sein. Eine Frage, die sich bei der Konversion zwangsläufig stellt, ist die der ,Reihenfolge': Welches Wort ist denn von welchem konvertiert worden? Tatsächlich lässt sich diese Frage nur diachron, d.h. sprachhistorisch, beantworten, also: Welches Wort ist historisch früher, welches ist später belegt?

3.7 Kürzungen

Dieses Wortbildungsverfahren wird hauptsächlich auf Nomina angewendet. Es lassen sich insbesondere drei Arten von Wortkürzungen unterscheiden, nämlich Initialwörter, Kurzwörter und Wortkreuzungen.

📖 **Initialwörter** (auch: Akronyme) sind Wörter, die aus den Anfangsbuchstaben oder -silben einer Wortgruppe oder eines komplexen Wortes zusammengesetzt sind.

Siehe hierzu die französischen, italienischen und spanischen Beispiele in Tabelle 3.14.

Französisch		Italienisch		Spanisch	
O.N.U.	Organisation des Nations Unies	*ONU*	Organizzazione delle Nazioni Unite	*ONU*	Organización de las Naciones Unidas
OTAN	Organisation de Traité de l'Atlantique-Nord	*OTAN*	Organizzazione del Trattato dell' Atlantico del Nord	*OTAN*	Organización del Tratado del Atlántico Norte
OVNI	objet volant non identifié	*OVNI*	Oggetto volante non identificato	*OVNI*	Objeto volador no identificado

Tabelle 3.14:
Initialwörter

Initialwörter sind sowohl im alltäglichen Wortschatz als auch in den Fachsprachen sehr zahlreich. Die ‚alphabetischen' Initialwörter werden nach Buchstabenname, d.h. ausbuchstabiert ausgesprochen, vgl. (76). Die ‚phonetisch gebundenen' Initialwörter werden, wie der Name schon sagt, phonetisch gebunden, d.h. wie ein normales Wort gesprochen, vgl. (77).

(76) frz. *H.L.M.*   habitation à loyer modéré
      it. *C.d.R.*   cassa di risparmio
      sp. *DNI*   documento nacional de identidad
(77) frz. *DIPER*   direction du personnel
      it. FIDAL   federazione italiana di atletica leggera
      sp. *RAE*   Real Academia Española

Bei den Kurzwörtern bestehen die zu kürzenden Wörter zumindest aus zwei, meistens aber aus drei oder mehr Silben. Sie sind wie folgt definiert:

📖 **Kurzwörter** sind Wortformen, die am Anfang, in der Mitte oder am Ende gekürzt worden sind.

Je nachdem, an welcher Stelle die Kürzung stattfindet, unterscheidet man zwischen Apokopen, Aphäresen und Wortkreuzungen.
    Apokopen (auch: ‚Kopfwörter') sind Kurzwörter, die durch das Weglassen des Endes eines mehrsilbigen Wortes gebildet worden sind. Die Struktur von Apokopen kann mit der folgenden Formel beschrieben werden:

📖 **Apokope:** $[x+y+z]_{Wort} \rightarrow [x+y]_{Kurzwort}$

Das Wort kann an einer Morphemgrenze gekürzt sein, vgl. (78), oder auch unabhängig von der Morphemgrenze um einzelne Laute oder ganze Silben, vgl. (79).

(78) frz. *photo* (la photographie) ‚Foto'/it. *palco* (il palcoscenico) ‚Bühne'/
      sp. *bici* (la bicicleta) ‚Fahrrad'
(79) frz. *expo* (l'exposition) ‚Ausstellung'/it. *cine* (il cinema) ‚Kino'/
      sp. *Insti* (el Instituto) ‚Institut'

Die Apokopen können ihrerseits Teil komplexer Wörter sein vgl. (80).

(80) frz. *ciné* → *cinéaste* ‚Filmemacher'/it. cine → *cineclúb* ‚Kinoclub'/
   sp. *cine* → *cine mudo* ‚Stummfilm'

Achtung: Bildungen im Französischen mit dem Suffix *-o(t)*, vgl. (81), sind von den
Kurzwörtern zu unterscheiden, die nach Kürzung auf *-o(t)* enden, vgl. (82).

(81) frz. *mécano* → mécanicien ‚Mechaniker', *prolo* → prolétaire ‚Prolet(arier)'
(82) frz. *photo*→ photographie ‚Photographie', *expo* → exposition ‚Ausstellung'

Aphäresen (auch: ‚Endwörter') sind Kurzwörter, die durch das Weglassen
des Anfangs eines mehrsilbigen Wortes gebildet worden sind. Die Aphärese ist
im Vergleich zur Apokope sehr selten.

📖 **Aphärese**: $[x+y+z]_{\text{Wort}}$ → $[y+z]_{\text{Kurzwort}}$

Abgetrennt werden in der Regel ganze Morpheme, vgl. (83), aber auch nur Phoneme bzw. Silben, vgl. (84).

(83) frz. *bus* (autobus) ‚Bus'/it. *scuro* (oscuro) ‚dunkel'/
   sp. *chelo* (violonchelo) ‚Cello'
(84) frz. *pitaine* (capitaine) ‚Kapitän'/it. *ché* (perché) ‚weil'/
   sp. *chacho* (muchacho) ‚Kleiner'

Bei der Wortkreuzung (auch: ‚Kontamination') werden zwei Wörter zu einem verschmolzen. Sie lässt sich durch folgendes Schema beschreiben:

📖 **Wortkreuzung**: $[u\ v]_{\text{Wort 1}} + [x\ y]_{\text{Wort 2}}$ → $[u\ y]_{\text{Wortkreuzung}}$

Dabei wird in der Regel das Ende des ersten Wortes und/oder der Anfang des
zweiten Wortes gekürzt. Beginnt das zweite Wort mit der/den gleichen Silbe(n),
auf der/denen das erste Wort endet, besteht die Verschmelzung darin, dass diese
einmal gekürzt wird/werden, vgl. (85).

(85) frz. *franglais*	fran(çais) + (an)glais
it. *petroldollaro*	petro(lio) + dollaro
sp. *autobús*	auto(móvil) + (ómni)bus

Warum überhaupt werden Wörter gekürzt? Zunächst gilt als Grund für die weite
Verbreitung von Kurzwörtern ein beim Sprechen wirksames ‚Prinzip der kleinsten Anstrengung' (*principle of minimal effort*, Zipf 1949). Zudem sind die Kürzungen im Vergleich zu den Ausgangswörtern in der Regel weniger formal: „they
indicate an attitude of familiarity on the part of the user, either towards the object
denoted, or towards the audience" (Adams 1973: 135). Daher sind sie häufig Indi-
katoren für bestimmte sprachliche Varietäten, z.B. die Schüler- und Studenten-

sprache (sp. *el profe(sor)*, *el cole(gio)*, frz. *le restoU* (*restaurant universitaire*), *les math(ématique)s*) (siehe auch Kapitel 1.5 und 4).

Abbildung 3.8:
Der Montmar[(tre) +]train in Paris (Foto: A. Platz-Schliebs)

3.8 Aufgaben

Übung 1.
Zerlegen Sie die folgenden französischen, italienischen und spanischen Wörter in ihre Einheiten und bestimmen Sie die Morphe so genau wie möglich. Geben Sie ebenfalls den Wortstamm und die Wurzel(n) an.

Frz.	a. *invraisemblable*	It.	e. *ricristallizzazione*
	b. *encourager*		f. *apportare*
	c. *chirurgien-dentiste*	Sp.	g. *desentronizar*
	d. *(nous) atterrissons*		h. *amabilidad*

Übung 2.
Zeichnen Sie die Strukturbäume für die französischen, italienischen und spanischen Beispielwörter in Übung 1.

Übung 3.
Warum werden Bildungen wie in a. bis c. als Komposita behandelt, obwohl sie aus mehreren graphischen Einheiten bestehen? Wie kann getestet werden, dass es sich dabei tatsächlich um Komposita und nicht um freie Syntagmen handelt?

    a.   frz. (le) *patinage artistique*, (la) *poubelle à pédale*
    b.   it. *verde bottiglia*, (la) *bottiglia di vino*
    c.   sp. (la) *casa cuna*, (el) *hombre lobo*

Übung 4.
Durch welche Verfahren sind die folgenden Wörter gebildet? Begründen Sie Ihre

Entscheidung, indem Sie das Wortbildungsverfahren definieren.

Frz.   a. (la) *poubelle à pédale*   It.   g. (il) *dott.*
      b. (le) *bac*   h. (la) *postina*
      c. (la) *SNCF*   i. (l') *eliporto*
      d. (le) *pour*   Sp.   j. (la) *bocacalle*
      e. (le) *franglais*   k. *descansar*
      f. (la) *calculette*   l. (el) *AFI*

Übung 5.

Von Geburt an bilinguale Kinder aus der WuBiG mischen innerhalb von Komposita. Versuchen Sie, diese Mischungen zu erklären, indem Sie die Sprache (und die gültige Köpfigkeit) des Kopfes in Relation zur Sprachaufnahme betrachten. (FS = französische Sprachaufnahme, DS = deutsche Sprachaufnahme, SpS = spanische Sprachaufnahme, IS = italienische Sprachaufnahme, das gemischte Sprachelement ist kursiv hervorgehoben.)

a. *kartoffel*soupe (Ivar, 3;5,28, FS, Veh 1990: 99)
b. wart ich mach mir ein − ein *monsieur*hut (Ivar, 4;8,17, DS, Veh 1990: 99)
c. ein *oma*masque (Ivar, 4;11,14, FS, Veh 1990: 99)
d. un *doudou*hase (Marie, 2;10,30, DS, Eichler 2010)
e. *mon* kleiderding *de ballet* (Amélie, 4;8,19, DS, Eichler 2010)
f. *motorrad* policía (Arturo, 3;6,7, SpS, Arencibia Guerra 2008)
g. *caramelo*suppe (Arturo, 3;3, DS, Arencibia Guerra 2008)
h. die habn − die habn − die habn frucht*gust* (Carlotta, 4;3,23, IS, Cantone 2007: 181)
i. *himbeer*odore (Carlotta, 4;9,1, IS, Cantone 2007: 181)

3.9   Literatur

Adams, Valerie (1973): *An Introduction to Modern English Word-Formation.* London: Longman.

Alvar Ezquerra, Manuel (2002): *Là formación de palabras en español.* Madrid: Arco Libros (Cuadernos de lengua española, 8).

Arencibia Guerra, Lastenia (2008): *Sprachdominanz bei bilingualen Kindern mit Deutsch und Französisch, Italienisch oder Spanisch als Erstsprachen.* Unveröffentlichte Doktorarbeit, Bergische Universität Wuppertal.

Bally, Charles (1965): *Linguistique générale et linguistique française.* Berne: Éditions Francke.

Béchade, Hervé-D. (1992): *Phonétique et morphologie du français moderne et contemporain.* Paris: Presses universitaires de France.

Cantone, Katja F. (2007): *Code-switching in Bilingual Children.* Dordrecht: Springer.

Clark, Eve (1998): „Lexical Creativity in French-speaking Children." In: *Cahiers de Psychology Cognitive* 17, S. 513-530.

Eichler, Nadine (2010): *Code-Switching bei bilingual aufwachsenden Kindern: Eine Analyse der gemischtsprachlichen Nominalphrasen unter besonderer Berücksichtigung des Genus.* Unveröffentlichte Doktorarbeit, Bergische Universität Wuppertal.

Fromkin, Victoria/Rodman, Robert ([6]1998): *An Introduction to Language.* Fort Worth u.a.: Harcourt Brace College.

Grevisse, Maurice ([13]2001): *Le bon usage*. Paris: Duculot.

Lang, Mervyn Francis (1990): *Spanish Word Formation. Productive Derivational Morphology in the Modern Lexis*. London, New York: Routledge.

Miranda, José Alberto (1994): *La formación de palabras en español*. Salamanca: Ediciones Colegio de España.

Nicoladis, Elena (1999): „,Where is my brush-teeth?' Acquisition of compound nouns in a bilingual child". In: *Bilingualism: Language and Cognition* 2, S. 245-256.

Nicoladis, Elena (2002): „What's the difference between 'toilet paper' and 'paper toilet'? French-English bilingual children's crosslinguistic transfer in compound nouns". In: *Journal of Child Language* 29, S. 843-863.

Nicoladis, Elena (2006): „Preschool Children's Acquisition of Compounds". In: Libben, Garry/Jarema, Gonia (Hgg.): *The Representation and Processing of Compound Words*. Oxford: Oxford University Press, S. 96-124.

Petit Robert, Le nouveau (1996): *Nouvelle édition du Petit Robert de Paul Robert*. Paris: Dictionnaires le Robert.

Platz-Schliebs, Anja (2008): *Wortbildung in der Fremdsprache. Zur Produktion und Erschließung französischer suffigierter Personen- und Instrumentenbezeichnungen durch deutsche Lerner*. Tübingen: Narr (Gießener Beiträge zur Fremdsprachendidaktik).

Plischke, Annika (2011): *Komposition im frühkindlichen bilingualen Lexikon (deutsch/französisch)*. Unveröffentlichte Bachelorarbeit, Bergische Universität Wuppertal.

Pomino, Natascha/Zepp, Susanne ([2]2008): *Hispanistik*. Stuttgart: UTB (UTB basics).

Pörings, Ralf/Schmitz, Ulrich (Hgg.) ([2]2003): *Sprache und Sprachwissenschaft. Eine kognitiv orientierte Einführung*. Tübingen: Narr (Narr Studienbücher).

Rainer, Franz (1993): *Spanische Wortbildungslehre*. Tübingen: Niemeyer.

Rasch, Jana (2011): *Warum nicht mal nach vorne schauen? Eine empirische Untersuchung zur Genusbestimmung anhand von französischen Präfixen*. Unveröffentlichte Bachelorarbeit, Bergische Universität Wuppertal.

Schmitz, Katrin (2009): *Die Verb-Nomen-Komposita im Französischen und Italienischen*. Habilitationsvortrag, 15.10.2009, Bergische Universität Wuppertal.

Schpak-Dolt, Nikolaus (1999): *Einführung in die Morphologie des Spanischen*. Tübingen: Niemeyer (Romanistische Arbeitshefte, 44).

Schpak-Dolt, Nikolaus ([2]2006): *Einführung in die französische Morphologie*. Tübingen: Niemeyer (Romanistische Arbeitshefte, 36).

Schwarze, Christoph ([2]1995): *Grammatik der italienischen Sprache*. Tübingen: Niemeyer.

Seco, Manuel ([2]1989): *Gramática esencial de español. Introducción al studio de la lengua*. Madrid: Espasa-Calpe.

Seewald, Uta (1996): *Morphologie des Italienischen*. Tübingen: Niemeyer (Romanistische Arbeitshefte; 39).

Serianni, Luca (2003): *Italiano*. Milano: Garzanti.

Thiele, Johannes (1992): *Wortbildung der spanischen Gegenwartssprache*. Leipzig, Berlin: Langenscheidt.

Thiele, Johannes ([3]1993): *Wortbildung der französischen Gegenwartssprache*. Leipzig: Langenscheidt.

Urrutia Cárdenas, Hernán (1978): *Lengua y discurso en la creación lexica*. Madrid: Cupsa.

Veh, Birgitta (1990): *Syntaktische Aspekte des Code-Switching bei bilingualen Kindern (Französisch-Deutsch) im Vorschulalter*. Unveröffentlichte Staatsexamensarbeit, Universität Hamburg.

Zipf, George K. (1949): *Human Behaviour and the Principle of Least Effort. An Introduction to Human Ecology*. Reading, Mass. (Reprint New York-London 1965).

4 Die Romania: ihre Sprachen und Varietäten

Ein etwas böswilliger Romanisten-Witz beantwortet die Frage, wann die romanischen Sprachen entstanden sind, so: „als die Römer mit ihrem Latein am Ende waren" (vgl. Koch/Krefeld/Oesterreicher 1997). Wir werden sehen, dass der Übergang vom Lateinischen zu den romanischen Sprachen nicht abrupt war, sondern sich mit zeitweise parallel existierenden Varianten des gesprochenen Lateins und der frühen romanischen Sprachen über mehrere Jahrhunderte vollzog. Es fand also vielmehr eine kontinuierliche Entwicklung über viele Generationen statt. Außerdem wissen wir, dass das Lateinische weiterhin eine wichtige Kultur- und Wissensvermittlungssprache geblieben ist. Was also ist passiert? Welche Faktoren haben bewirkt, dass das Lateinische immer weiter geschrieben, aber seit etwa dem 8. Jahrhundert nicht mehr gesprochen wurde und dafür eine Reihe von Sprachen aus dem Lateinischen hervorgegangen ist, die wir romanische Sprachen nennen?

    📖 Die **romanischen Sprachen** stammen von der Sprache ab, die im (antiken) Rom gesprochen wurde, nämlich dem Lateinischen, das seinerseits nach der Landschaft um Rom herum, dem Latium, benannt ist und zu den italischen Sprachen gezählt wird.

In diesem Zusammenhang wollen wir gleich zwei weitere wichtige Definitionen nennen, die mit dem Namen und dem Gegenstand unseres Faches zu tun haben:

    📖 Die **Romania** ist das Gebiet, auf dem die romanischen Sprachen gesprochen werden. Die **Romanistik** (oder auch: Romanische Philologie) ist die Wissenschaft von den romanischen Sprachen, Literaturen und Kulturen.

Zu den Begründern der romanischen Philologie als Wissenschaft gehörten die deutschen Gelehrten Friedrich Diez (1794-1876) und August Wilhelm Schlegel (1767-1845).

Im folgenden Abschnitt wollen wir zunächst einen Überblick geben über die heutige Vielfalt an romanischen Sprachen und sprachlichen Varianten, die in unterschiedlichen Regionen, sozialen Gruppen und Situationen verwendet werden. In Kapitel 4.2 betrachten wir den Weg vom Vulgärlatein in Richtung romanische Sprachen und in Kapitel 4.3 genauer die Entstehung der für uns wichtigen romanischen Sprachen Französisch, Italienisch und Spanisch. Schließlich werden wir in Kapitel 4.4 die Motive für den Sprachwandel sowie den Sprachwandel mit Sprachkontakt beleuchten.

4.1 Die Romania heute: Sprachen und sprachliche Variation

Bevor wir im Folgenden detaillierter auf die Anzahl, die Untergruppen und wichtigen Charakteristika der romanischen Sprachen eingehen, wollen wir uns kurz veranschaulichen, welche große Rolle sie spielen: Tatsächlich zählen sie zu den bedeutendsten Sprachen der heutigen Welt! So nennt Bossong (2008: 7) ein paar aktuelle Zahlen: 800 Millionen Menschen (oder 12% der Weltbevölkerung) sprechen romanische Sprachen als Muttersprache, für über 1,1 Milliarden Menschen (17%) haben sie offizielle Funktion als Nationalsprachen, ko-offizielle und überregionale Verkehrssprachen. Das Französische ist neben dem Englischen eine der beiden Amtssprachen der UNO. Unter ihren insgesamt sechs Arbeitssprachen ist das Spanische (neben Arabisch, Chinesisch, Russisch und den beiden Amtssprachen) vertreten. Nicht in Zahlen fassen können wir die politische, soziale und kulturelle Bedeutung der romanischen Sprachen und ihren Einfluss auf viele sehr verschiedene Sprachen in der Welt (vgl. z.B. den *Conseil international de la language française*, CILF, und den *Haut Conseil de la Francophonie*, HCF).

4.1.1 Die romanischen Sprachen

Hinsichtlich der Anzahl der romanischen Sprachen besteht keine Einigkeit. Viele Autoren führen insgesamt 11 romanische Sprachen auf, die zu den folgenden Gruppen zusammengefasst werden:

- Iberoromanisch: Spanisch, Portugiesisch und Katalanisch
- Galloromanisch: Frankoprovenzalisch, Okzitanisch und Französisch
- Italoromanisch: Ladinisch (auch als Rätoromanisch bezeichnet, mehrere Untergruppen), Italienisch, Sardisch und Dalmatisch (Letzteres ist zum Ende des 19. Jahrhunderts ausgestorben.)
- Balkanromanisch: Rumänisch

Die Uneinigkeit über die Anzahl der romanischen Sprachen rührt daher, dass unterschiedliche Kriterien für die Definition des Sprachbegriffs zugrundegelegt werden. Das Katalanische ist Amtssprache in Andorra und genügt somit dem nationalstaatlichen Kriterium für die Definition. Das Okzitanische ist als Amtssprache nur in Katalonien anerkannt, trotzdem wird es als eigene romanische Sprache geführt. Das Galicische wird in der Region Galicien gesprochen und ist dort, neben dem Spanischen, Amtssprache. Es erscheint in der obigen Aufzählung nicht. Es muss also andere Kriterien geben, welche u.a. mit der Aufwertung der Regionalität zu tun haben (das Okzitanische hat keinen Erstspracherwerb mehr), die dazu führen, dass eine ‚Sprache' zu den romanischen Sprachen gezählt wird (vgl. weiter unten). Die nachfolgende Karte aus Haase (2007: 28) bildet die vorgenannten Untergruppen ab:

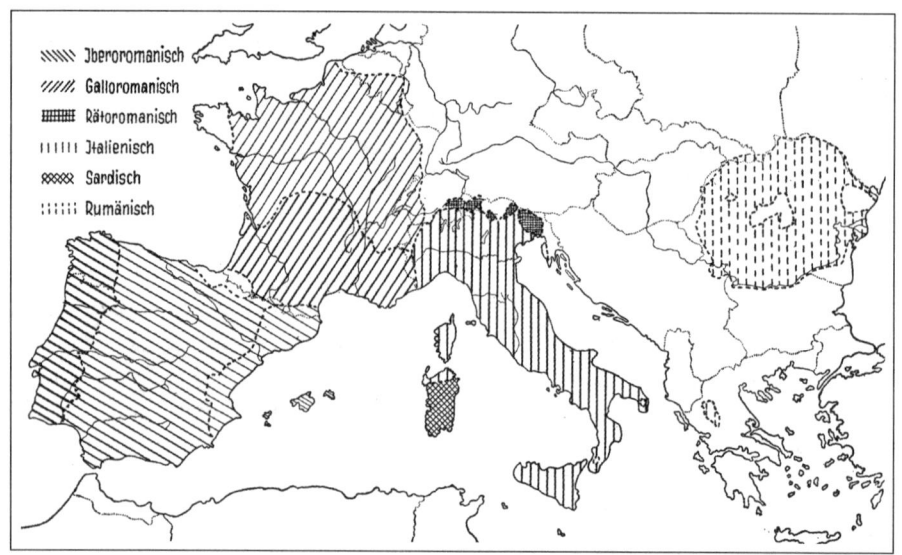

Abbildung 4.1:
Die Gruppen der romanischen Sprachen (aus: Haase 2007: 28)

Betrachten wir einmal an einem kurzen Beispiel die Vielfalt und doch große Ähnlichkeit zwischen der Mehrheit der genannten romanischen Sprachen. Dafür wollen wir, inspiriert von Bossong (2008), einen Artikel aus der Allgemeinen Erklärung der Menschenrechte von 1948 verwenden (vgl. für das englische Original der Erklärung http://www.un.org/en/documents/udhr/[Stand: 22.9.2011], von wo aus ein Link zu zahlreichen Übersetzungen führt). Nach dem englischen Original und der deutschen Übersetzung folgen die romanischen Fassungen in der Abfolge der Gruppen, also von West nach Ost:

(1) Artikel 3 der Allgemeinen Erklärung der Menschenrechte:

Englisch:	Article 3	Everyone has the right to life, liberty and security of person.
Deutsch:	Artikel 3	Jeder hat das Recht auf Leben, Freiheit und Sicherheit der Person.
Portugiesisch:	Artigo 3°	Todo individuo tem direito à vida, à liberdade e à segurança pessoal.
Spanisch:	Artículo 3	Todo individuo tiene derecho a la vida, a la libertad y a la seguridad de su persona.
Katalanisch:	Article 3	Tota persona té dret a la vida, a la llibertat i a la seva seguretat.
Okzitanisch:	Article 3	Tot individu a drech a la vida, a la libertat e a la seguretat de sa persona.
Französisch:	Article 3	Tout individu a droit à la vie, à la liberté et à la sûreté de sa personne.

Rätoromanisch: hier gibt es zwei Versionen: a. Bündnerromanisch, b. Friaulisch:

a.	Artichel trais	Mincha uman ha il dret da la vita, da la libertà e da la sgürezza da sia persuna.
b.	Articul 3	Ogni individui al à derit a la vite, a la libertât e a la sigurece de sô persone.
Italienisch:	Articolo 3	Ogni individuo ha diritto alla vita, alla libertà ed alla sicurezza della propria persona.
Sardisch:	Articulu 3	Onzi individuu tenet deretu a sa bida, a sa libertade e a sa seguràntzia de sa pessone sua.
Rumänisch:	Articolul 3	Orice fiinţă umană are dreptul la viaţă, la libertate şi la securitatea persoanei sale.

Die Tatsache, dass nun einige Autoren mehr oder weniger als 11 romanische Sprachen unterscheiden, hängt damit zusammen, dass die Abgrenzung zwischen Dialekt und Sprache nicht immer ganz einfach ist. So wird etwa das Korsische nur manchmal als eigene romanische Sprache, meist aber als italienischer Dialekt, das Judenspanische als spanischer Dialekt und das Gascognische als okzitanischer Dialekt ausgewiesen. Wir wollen den Begriff Dialekt in Kapitel 4.1.2 in ein Gefüge von sprachlichen Varietäten einordnen, nicht ohne ihn hier einmal vorab nach Lewandowski (1984) zu definieren, wobei wir hier die in Kapitel 1.5 eingeführte areale Varietät (= Dialekt) wiederfinden:

> 📖 Beim **Dialekt** handelt es sich um eine Mundart, meist verstanden als „örtlich gebundene, natürliche und im Alltag gebräuchliche Rede oder als besondere Ausdrucksweise der Sprachgemeinschaft eines Ortes oder einer Gegend, als örtlich bedingte sprachliche Sonderform vor dem Hintergrund einer überregionalen Standardsprache, die hinsichtlich des Gebrauchs sich zu dieser komplementär verhält. [...] Der extremen Aufspaltung in Dialekte wirken extralinguistische Faktoren entgegen: Handel und Verkehr, kulturelle u.a. Formen der Kommunikation."

Die oben vorgestellten romanischen Sprachen und Dialekte bilden die bereits genannte Romania. Sie deckt sich nicht mit dem Territorium des ehemaligen Römischen Imperiums — in einigen Gebieten, die zum Zeitpunkt seiner größten Ausdehnung dazugehörten, werden heute z.B. Ungarisch oder slawische Sprachen gesprochen. Hier finden wir lediglich noch Spuren des Lateinischen in Ortsnamen und Entlehnungen. Diese Gebiete werden auch als Verlorene Romania bezeichnet.

Die Einteilung der romanischen Sprachen erfolgt generell unter Heranziehung von geographischen und sprachlichen Kriterien. In Anlehnung hieran wurde eine Aufteilung der Romania in eine Westromania (umfasst die Galloromania, die Rätoromania (mit Ladinisch), Norditalien und die Iberoromania) und eine Ostromania (umfasst Mittel- und Süditalien, Sardinien, Dalmatien, Rumänien) vorgeschlagen (Lausberg 1969). Diese Grenze zwischen West- und Ostromania verläuft innerhalb Italiens auf der sogenannten Linie La Spezia — Rimini. Innerhalb der einzelnen genannten Gebiete verlaufen natürlich auch Grenzen, die in

Sprachatlanten zu finden sind und die man Isoglossen nennt. Sie werden für einzelne sprachliche Eigenschaften von arealen Varietäten festgestellt und lassen
sich wie folgt definieren:

📖 Das Wort **Isoglosse** ist ein Kunstwort, analog zu z.B. Isobare gebildet aus
griech. *iso-* ‚gleich' und *glossa* ‚Zunge, Sprache'. Die Isoglosse bezeichnet
eine Linie in einem Sprachatlas, die die Grenze zwischen zwei verschiedenen Ausprägungen eines sprachlichen Elements markiert.

Auf Isoglossen zwischen Dialekten kommen wir in Kapitel 4.1.2 wieder zu
sprechen.

Die sprachlichen Kriterien, die die Linie La Spezia — Rimini motivieren, also
mehrere Isoglossen (‚Isoglossenbündel'), sind Aspekte des Sprachwandels. Die
wichtigsten zwei davon betreffen Lautphänomene[32]: Eines ist beispielsweise der
Erhalt des auslautenden [s] (vgl. Geckeler/Dietrich 1995: 19), welches im Rumänischen und Italienischen einem vokalischen Auslaut weicht, während es im Spanischen und Französischen erhalten bleibt. Allerdings ist -[s] im heutigen Französischen nur in der geschriebenen Sprache, dem *code graphique*, bemerkbar. Im
Altfranzösischen war es hingegen noch hörbar, also sowohl im *code graphique* als
auch im *code phonétique* realisiert:

(2) lat. -[s] rum. *capre, membri*   sp. *cabras* ‚Ziegen', *miembros* ‚Glieder'
               it. *capre, membri*   frz. (nur graph. Code) *chèvres, membres*
                                       altfrz. (phon. u. graph. Code) *chievres*

Das zweite Kriterium betrifft die Entwicklung der stimmlosen Verschlusslaute (Plosive) in intervokalischer Stellung (vgl. hierzu auch Kapitel 2.1.2): Während sie im Ostromanischen erhalten bleiben, sind sie in der Westromania entweder verändert oder ganz verschwunden, wie die verschiedenen romanischen
Wörter für ‚Feuer' zeigen (vgl. Pomino/Zepp 2008: 159):

(3) rum. *foc*, sp. *fuego*, it. *fuoco*, frz. *feu*

Viele der romanischen Sprachen werden nicht nur auf europäischem Territorium gesprochen, sondern finden sich auch außerhalb Europas, nämlich in den
ehemaligen Kolonien der romanischsprachigen Länder, die wir daher auch als
Neue Romania bezeichnen. So wird das Spanische z.B. in Spanien, Mittelamerika
(einschließlich Mexiko) und Südamerika (außer Brasilien) gesprochen, das Portu-
giesische z.B. in Portugal und Brasilien, das Katalanische z.B. in Katalonien (umfasst die vier Provinzen Gerona, Barcelona, Tarragona und Lérida). Das Franko-
provenzalische wird im Südosten Frankreichs gesprochen, das Okzitanische im
Süden. Das Französische wird nicht nur in Frankreich, sondern auch in Afrika
(z.B. Marokko, Madagaskar), in Nordamerika (Québec), in Zentral- und Südame-

---

[32] Vgl. dazu auch Bossong (2008), der neun romanische Sprachen anerkennt und diese anhand
von insgesamt 16 Kriterien vergleicht.

rika (Dominikanische Republik, Frz. Guayana) gesprochen. Das Ladinische (Räto-romanisch) spricht man in Teilen der Schweiz (Graubünden), in Teilen von Südtirol und Friaul (Italien), das Italienische in Italien, im Tessin (Schweiz), auf Korsika, z.T. in Graubünden, in Äthiopien, Tunesien und Somalia. Das Rumänische wird in Rumänien, das Sardische auf Sardinien gesprochen.

Neben dieser Verbreitung der romanischen Sprachen aus Europa gibt es auch noch die sogenannten Kreolsprachen.

> 📖 **Kreolsprachen** sind Mischsprachen, die aus dem Kontakt von einheimischen Sprachen vor allem mit den Sprachen der europäischen Kolonialmächte (Englisch, Französisch, Spanisch, Portugiesisch, Niederländisch) resultieren. Sie sind als Handels- und kommunikative Hilfssprachen aus historischen und soziokulturellen Gründen (v.a. Kolonisation) entstanden und danach auch Muttersprachen geworden (z.B. französischbasierte Kreolsprachen auf Haiti, Martinique, Guadeloupe, Jamaika, portugiesischbasierte in Moçambique und Angola).

Schließlich ist zu erwähnen, dass auf dem Territorium der romanischsprachigen Länder auch nichtromanische Sprachen gesprochen werden, so z.B. in Frankreich, wo neben den romanischen Sprachvarietäten auch germanische Sprachvarietäten (Elsässisch und Flämisch), das Bretonische als keltische Sprache und sogar mit dem Baskischen eine nichtindoeuropäische Sprache zu finden sind. Hierzu ist die Einordnung der romanischen Sprachen im größeren Kontext interessant: Sie gehören ihrerseits aus genealogischer Sicht zu der großen indoeuropäischen Sprachfamilie, die eine der größten Sprachfamilien auf der Erde ist. Zu ihr gehören fast alle heute in Europa und seinen ehemaligen Kolonien gesprochenen Sprachen. Sie gliedert sich in acht moderne Unterfamilien, wozu neben den romanischen Sprachen Keltisch, Germanisch, Albanisch, Griechisch, Balto-Slawisch, Armenisch und Indo-Iranisch gehören. Die ebenfalls häufig zu lesende Bezeichnung ‚indogermanisch' bezeichnet das ursprüngliche Verbreitungsgebiet, das von Indien bis zum germanischsprachigen Island reicht.

4.1.2 Dialekt und Standardvarietät

Im vorigen Abschnitt haben wir einen ersten Überblick über die romanischen Sprachen erhalten und das Problem der Abgrenzung von Sprache und Dialekt gesehen, auf das wir weiter unten noch einmal zurückkommen wollen. Zuvor setzen wir uns noch einmal genauer mit dem in Kapitel 1.5 eingeführten Konzept der sprachlichen Variation bzw. der verschiedenen Varietäten auseinander, wozu auch der Dialekt gehört. Dieses Konzept wird uns bei dem Abgrenzungsproblem nützlich sein.

Wenn wir von einer Sprache sprechen, denken wir dabei intuitiv zunächst an eine (weitgehend) homogene Sprechergemeinschaft, z.B. dass alle Franzosen das gleiche Französisch sprechen. Wir werden sehen, dass dies ein Ideal ist, das für bestimmte Forschungsfragen auch sinnvoll ist, dass eine Sprechergemeinschaft aber tatsächlich (und empirisch nachweisbar) heterogen ist, d.h. nicht alle sprechen gleich, sondern es besteht sprachliche Variation. Dies gilt für jede Einzelsprache, so dass wir folgende Definitionen festhalten wollen:

📖 Mit **sprachlicher Variation** wird der Umstand beschrieben, dass jede natürliche Sprache sich in vielfältigen unterschiedlichen Formen manifestiert (gleichzeitig und im Verlauf der Zeit). Die **Varietätenlinguistik** untersucht diese innersprachliche und innerkommunikative Variation und setzt sie mit außersprachlichen Faktoren wie z.B. Alter, Geschlecht, Herkunft, soziale Schicht, Gruppenzugehörigkeit, Situation in Beziehung (vgl. auch Kapitel 1.5). Eine Einzelsprache stellt ein geordnetes **Varietätengefüge** dar.

Dem Romanisten Coseriu (z.B. 1980, 1992) zufolge gibt es drei verschiedene, systematisch auftretende Dimensionen oder Arten von Variation in der Architektur der Sprache. Sein in der Romanistik weithin bekanntes Modell, das wir in Kapitel 4.2 auch auf das Lateinische angewandt sehen werden, umfasst die folgenden Dimensionen:

- **Diatopische Variation** bezeichnet die sprachliche Variation im Raum (von griech. *tópos* ‚Ort'): Hier geht es um regionale Varianten oder Dialekte. Die Erforschung der diatopischen Variation hat in der Romanistik eine lange Tradition der Sprachgeographie hervorgebracht: Seit Ende des 19. bzw. Beginn des 20. Jahrhunderts wurden von Dialektologen erhobene Daten in zahlreichen Sprachatlanten veröffentlicht, wie z.B. im *Atlas linguistique de la France* (ALF) von Gilliéron und Edmont (1902-1910). In einem solchen Atlas bilden die einzelnen Karten jeweils die zu analysierenden Ausdrücke ab und zeigen daher immer dasselbe Untersuchungsgebiet, für das an den ausgewählten Aufnahmeorten die jeweils dort ermittelte sprachliche Form eingetragen ist. Die neueren Sprachatlanten verwenden auch elektronische Ressourcen und erlauben das Anhören des dargestellten Materials, wie man an dem online zugänglichen Sprachatlas *Vivaio Acustico delle Lingue e dei Dialetti d'Italia* ausprobieren kann (VIVALDI; http://www2.hu-berlin.de/Vivaldi [Stand: 22.9.2011].

- **Diastratische Variation** betrifft unterschiedliche Varianten von Sprache je nach gesellschaftlicher Gruppe oder sozialer Schicht (von lat. STRATUM ‚Schicht'). Unter Gruppen lassen sich z.B. bestimmte Berufsgruppen und kulturelle/sportliche Vereinigungen fassen: Sprecher sind meistens Mitglieder mehrerer Gruppen und gebrauchen in diesen auch bestimmte Ausdrücke, die dem gemeinsamen Vokabular und Zweck entsprechen. Ferner gehören Sprecher einer Sprache einer sozialen Schicht an, denen sich bestimmte Sprechweisen, sog. Soziolekte, zuordnen lassen. Je nach Prestige werden diese Varianten auf einem Kontinuum zwischen den Polen ‚hoch' und ‚niedrig' angeordnet.

- **Diaphasische Variation** bezieht sich auf die Variation in der Situation (Phase): Hier geht es um die verschiedenen Register, die ein Sprecher je nach Sprechsituation verwendet, z.B. spricht man als Studierende mit dem Professor in der Sprechstunde anders als in der Mensa mit den Kommilitonen. Auch diese Varietäten werden mit einer Bewertung nach ‚hoch/niedrig' versehen.

Dieses Modell wurde von Koch/Oesterreicher (1985, 1990) noch um eine weitere Dimension bereichert, nämlich die konzeptuelle Dimension (manchmal auch als diamesische Variation, von lat. MEDIUM ‚Mittler', bezeichnet). Diese Dimension ist den anderen übergeordnet und betrifft die Perspektive der Vermittlung: Hierbei geht es um das Kontinuum zwischen ‚geschrieben' und ‚gesprochen' bzw. zwischen kommunikativer Distanz und Nähe. Dass dies nicht genau der medialen Differenzierung zwischen graphischem und phonischem Code entsprechen muss, wird deutlich, wenn wir uns überlegen, dass man einerseits eine E-Mail oder SMS an eine vertraute Person zwar im graphischen Medium abfasst, diese aber in der Regel ‚nähesprachlich' formuliert sein wird (vereinfachter Satzbau, geringer Planungsaufwand, eher typisch für gesprochene Sprache), während andererseits ein feierlicher Vortrag eher aufwändig geplant und syntaktisch und lexikalisch (also den Wortschatz betreffend) elaboriert, also eher typisch für die geschriebene Sprache ist, obwohl er im phonischen Medium gehalten wird. Auch hier wird ein Kontinuum angenommen, um alle Ausdrucksformen (also von mündlicher Familiensprache über SMS, E-Mail bis hin zur schriftlichen Distanzsprache, etwa in einer wissenschaftlichen Arbeit oder in einem Brief ans Finanzamt) zu integrieren, zwischen denen ein Sprecher/Schreiber einer bestimmten Sprache wählen kann. Die Begriffe Nähesprache und Distanzsprache wollen wir hier nur kurz definieren, obwohl sie eine ganze Reihe von unterschiedlichen Kommunikationsbedingungen zwischen Nähesprache (gesprochene Sprache) und Distanzsprache (geschriebene Sprache) beinhalten — hier die wichtigsten:

📖 Mit **Nähesprache** wird die Sprache bezeichnet, die wir mit u.a. Privatheit, Vertrautheit, Emotionalität und physischer Nähe des Gesprächspartners assoziieren. Demgegenüber wird die **Distanzsprache** mit Öffentlichkeit, Kälte, Fremdheit und physischer Distanz des Gesprächspartners verbunden.

Wichtig ist nun, dass alle vier Dimensionen der Variation keine in sich abgeschlossenen Systeme sind, sondern auch ineinandergreifen können, also zueinander durchlässig sind. Dies stellen wir in Anlehnung an Gabriel/Meisenburg (2007: 67) so dar:

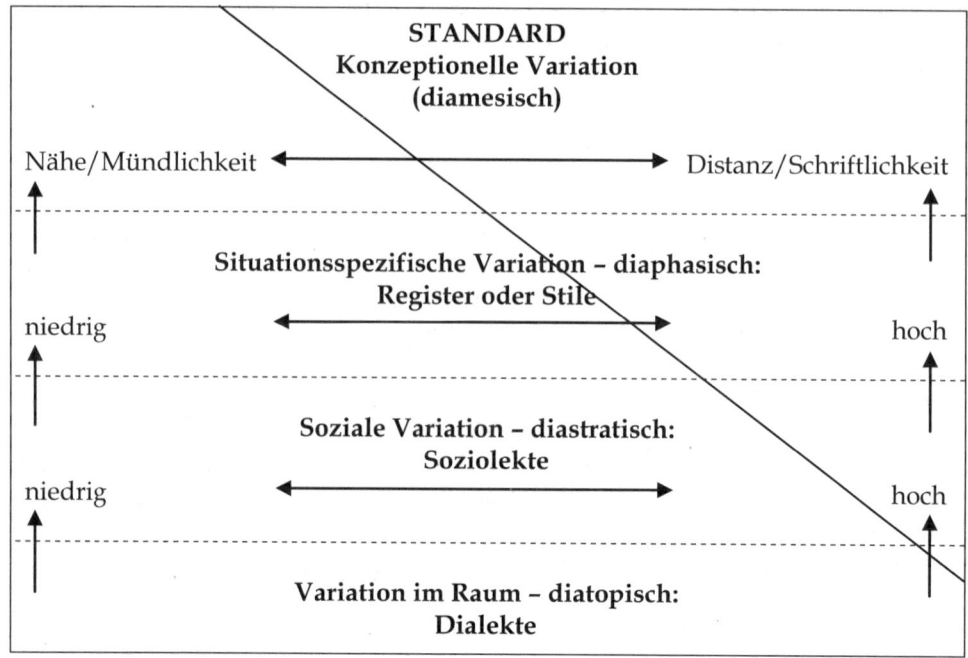

Abbildung 4.2:
Dimensionen der sprachlichen Variation (nach: Gabriel/Meisenburg 2007: 67)

Die Standardvarietät wird in der Regel aus dem Varietätengefüge einer Sprache ausgewählt und nimmt als ‚Hochsprache' eine zentrale Position ein. Im obigen Modell ist sie durch den Bereich rechts bzw. oberhalb der eingefügten Linie dargestellt, in dem sich die als ‚hoch' bzw. der Schriftlichkeit nahe eingestuften Enden der Skalen für die vier Dimensionen befinden.

📖   Eine **Standardvarietät** ist eine standardisierte Varietät einer Sprache, z.B. das Französische in Frankreich, das Spanische in Spanien.

Die Auswahl einer bestimmten Varietät als Standardvarietät ist häufig das Resultat eines historischen, außersprachlichen Prozesses (vgl. Scherfer 2005): So war das Franzische (*francien*) in der Ile de France zunächst eine von mehreren galloromanischen Varietäten. Die franzische Varietät setzte sich aufgrund historischer und politischer Ereignisse durch, nämlich als Französisch, während die anderen regionalen Varietäten (‚Nebenvarietäten' im Sinne von Scherfer 2005) daneben — wenn auch regional und funktional eingeschränkt — bestehen blieben (z.B. das Pikardische in Nordostfrankreich). In der Herausbildung des Spanischen spielte das Kastilische eine vergleichbare zentrale Rolle während der Rückeroberung der von den Arabern besetzten Gebiete (die sog. Reconquista, vgl. Kapitel 4.3.3) und verdrängte im Laufe der Zeit die anderen, jetzt als ‚historische' Varietäten bezeichneten Sprachen (z.B. Navarresisch, Aragonesisch und Leonesisch; vgl.

Bollée/Neumann-Holzschuh 2007). Bei der Entwicklung des Italienischen haben zunächst weniger politische als vielmehr kulturell-literarische Aspekte die toskanische Varietät, v.a. das Florentinische, herausgehoben: Sie war die Sprache, in der die berühmten Dichter Dante, Petrarca und Boccaccio ihre literarischen Werke schrieben (ab dem 13. Jahrhundert). Wichtige Charakteristika der Standardvarietät sind die Zusammensetzung aus ‚hoch' gewerteten Soziolekten, Registern und Distanzsprache. Außerdem besitzt sie genau beschriebene Normen und dient als Schulsprache. Die normierte Standardvarietät erfüllt also wichtige überregionale und soziale Funktionen und überlagert damit die Nebenvarietäten. Scherfer (2005: 67) weist darauf hin, dass die Standardvarietät eine gewisse Abstraktion darstellt: Die französische Standardvarietät ist als kollektives Sprachbewusstsein der französischen Sprachgemeinschaft zu denken (analog für die Standardvarietäten Italienisch und Spanisch für die italienische und spanische Sprachgemeinschaft), die einen variablen Sprachgebrauch ermöglicht und somit die potentielle Menge der regionalen, sozialen und situativen Varietäten umfasst, die sich von der Standardvarietät ausgehend gebildet haben (,Vonvarietäten' bei Scherfer (2005), z.B. die *accents régionaux*, *argots* und *jargons* im Französischen, die italienischen Regionalsprachen wie etwa das sizilianische Italienisch oder das Andalusische als regionale Variante des bereits dominierenden Kastilischen nach der Reconquista).

Wir wollen nun auf das Grundproblem der Unterscheidung von Sprache vs. Dialekt zurückkommen, das uns bei der Angabe der Anzahl der romanischen Sprachen begegnet ist und mit den zugrundegelegten Kriterien zu tun hat, mit denen wir Sprachen und Dialekte voneinander trennen. Welche Kriterien können wir anwenden? Erstens gibt es außersprachliche Kriterien: Häufig gilt eine Varietät als Sprache, wenn sie auch die Nationalsprache eines Staates ist, also eine politische Entscheidung zugrundeliegt, die häufig — aber längst nicht immer — auch eine ethnische und kulturelle Einheit widerspiegelt. Hierbei besteht jedoch das Problem, dass es weltweit ca. 6.500 Sprachen (vgl. Gordon/Grimes 2005), aber nur ca. 200 Staaten gibt. Ferner gilt eine Varietät eher als Sprache, wenn sie geschrieben wird und idealerweise sogar eine längere Schrifttradition und Literatur existiert. Auch hier stellt sich ein Problem: Nur ein paar hundert Sprachen der Welt werden überhaupt geschrieben. Zweitens gibt es linguistische oder innersprachliche Kriterien. Hierbei spielt die gegenseitige Verständlichkeit eine wichtige Rolle: Wenn Verständigung zwischen (benachbarten) Varietäten nicht gewährleistet ist, tendieren wir zu einer Wertung als zwei eigene Sprachen. Hierbei stellt sich wieder ein Problem: Eine eventuelle Verständigung ist auch vom Gesprächsthema, von der Gesprächssituation und von individuellen Vorstellungen der beteiligten Sprecher von Verständlichkeit abhängig.

Angesichts der genannten Probleme stehen wir vor der schwierigen Frage, wie wir nun Sprache definieren können. Hierzu haben verschiedene Forscher Elemente für die Definition von Sprache im Sinne einer Einzelsprache und für die Abgrenzung von Dialekt erarbeitet, die von Gabriel/Meisenburg (2007: 62f.) zu mehreren Komponenten zusammengezogen werden, wobei objektive und subjektive Gesichtspunkte unterschieden werden.

Grundlegend für die Definition von Sprache sind linguistische Kriterien, die die objektive Komponente ausmachen, bei der die Sprachstruktur bzw. der sprachstrukturelle Unterschied oder Abstand zwischen Varietäten eine zentrale Rolle spielt: Je größer dieser zwischen zwei Varietäten ist, desto eher tendieren Linguisten dazu, die beiden Varietäten als zwei unterschiedliche Sprachen zu klassifizieren (sog. Abstandsprachen); ist der Abstand dagegen gering, gilt meistens mindestens eine davon als Dialekt. Ein Problem dieser Herangehensweise ist die Gewichtung der ermittelten Unterschiede, denn es stellt sich gleich die Frage: Wie viele eigene Laute/Formen/Wörter und/oder syntaktische Eigenschaften muss eine Varietät aufweisen, um genügend großen Abstand aufzuweisen? Sie ist nicht einfach und eindeutig zu beantworten.

Hajek (2009) zeigt in ihrer Examensarbeit auf, wie mit Hilfe eines mathematischen Verfahrens der Abstand zwischen italienischen Dialekten gemessen werden kann. Sie legt die Methode des Levenshteinschen Sequenzabstandsmaßes zugrunde (Nerbonne/Siedle 2005), welche eine quantitative Dialektklassifikation zulässt. Der Abstand zwischen zwei Lauten ist als die Differenz zwischen den jeweiligen Merkmalen definiert, die diese Laute innehaben. Nach der mathematischen Ermittlung der durchschnittlichen Dialektabstände kann sowohl eine direkte kartographische Darstellung der Ergebnisse, als auch eine Weiterverarbeitung in Form einer Klassifikation in verschiedene Dialektgruppen (Cluster) erfolgen. Die 22 willkürlich ausgewählten Ortschaften Italiens mit ihrem jeweiligem Dialekt können der folgenden Karte entnommen werden.

Abbildung 4.3:
Geographische Verteilung der in die Untersuchung aufgenommenen
Ortspunkte (nach: Hajek 2009: 86)

Hajek (2009) findet zwei große Cluster, die sie in Form einer Karte darstellt:

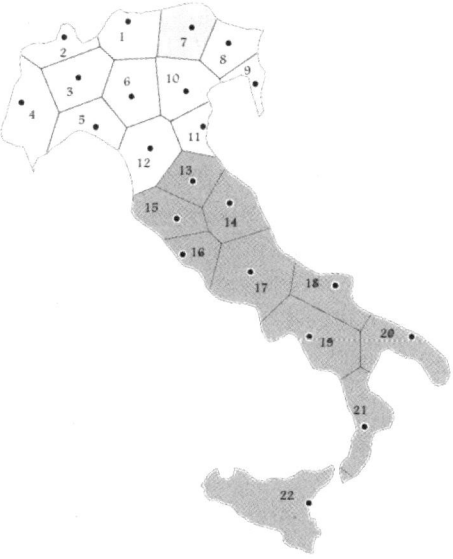

Abbildung 4.4:
Dialektkarte in großräumiger Gliederung (nach: Hajek 2009: 99)

Cluster I beinhaltet die im nördlichen Bereich des italienischen Sprachraumes angesiedelten Ortsdialekte. Cluster II umfasst diejenigen Ortsdialekte, die sich im südlichen Teil des Sprachraumes befinden. Diese Zweiteilung entspricht der traditionellen Klassifikation der italienischen Dialekte, die diese großräumig in die norditalienischen Dialekte auf der einen und die mittel- und süditalienischen Dialekte auf der anderen Seite einteilt (cf. Blasco-Ferrer 1994). Die geographische Grenze zwischen den von den beiden Hauptclustern umfassten Dialektgebieten (zwischen Teolo (11)/Sestola (12) und Valboncione (13)) entspricht grob gesehen der Linie La Spezia-Rimini, die die Basis der traditionellen Einteilung der italienischen Dialekte darstellt. Besonders schwer zu erklären ist die Sonderstellung, die der Ortsdialekt von Selva di Val Gardena/Wolkenstein (7) in der Gesamtheit der untersuchten Ortsmundarten einnimmt. Die sprachliche Isolation des Ortes ist wohl der geographischen Isolation des Ortes (Tallage zwischen unwegsamen Gebirgspässen) geschuldet, die jahrhundertelang selbst zu den Mundarten der Nachbartäler praktisch jeden Kontakt unmöglich machte.[33]

---

[33] Zur Veranschaulichung siehe   http://wolkenstein.riskommunal.net/system/web/zusatzseite.aspx?detailonr=217920356 [Stand: 22.9.2011].

Die zweite Komponente bei der Definition von Sprache bzw. Dialekt ist die funktionelle Komponente, die die soziale Dimension betrifft, genauer den Ausbau der betreffenden Varietäten. Hier haben wir bereits die Verschriftung als grundlegenden Faktor kennengelernt, mit der meistens eine Standardisierung einhergeht. Dazu gehören ferner das Vorhandensein von Sprachbeschreibungen, v.a. Lexika und Grammatiken, aber auch Zeitungen und andere Medien. Übrigens ist die erste Grammatik, die von einer romanischen Sprache überhaupt erstellt wurde, die von Nebrija (1492/1989) verfasste *Gramática de la lengua castellana*. Je weiter der Ausbau fortgeschritten ist, desto geeigneter ist eine Varietät, alle kommunikativen Bedürfnisse einer Sprachgemeinschaft zu erfüllen, und desto eher wird sie als Sprache angesehen. Eine solche Varietät ist dann Sprache der Schule, Verwaltung, Literatur etc. und überdacht diejenigen regionalen Varietäten (Dialekte), die einen solchen Ausbau nicht aufweisen.

Die dritte Komponente ist die subjektive Komponente: Sie beinhaltet die Vorstellungen und Repräsentationen, die die jeweiligen Sprecher vom Status ihrer Varietät haben, d.h. entweder das Bewusstsein der Zugehörigkeit zu einer (eigenständigen) Sprachgemeinschaft oder dasjenige eines Dialektsprechers. Hierzu sei das Beispiel der seit Jahren andauernden, mit Erbitterung geführten Auseinandersetzung um die Bezeichnung der westkatalanischen Varietät genannt, die in der Autonomen Region Valencia (Südostspanien) geführt wird: Während die einen diese Varietät als eigenständige Sprache bezeichnen wollen (mit dem Namen Valencianisch), sind die anderen vom Status einer diatopischen Variation überzeugt, analog zu den katalanischen Varietäten, die auf den Balearen gesprochen werden (vgl. hierzu Bossong 2008).

Auch hier sind die drei Komponenten nicht voneinander getrennt, sondern interagieren miteinander: So kann ein intensiver Ausbau einen geringen Abstand kompensieren. Die subjektive Komponente spielt eine große, vielleicht sogar entscheidende Rolle, da die Sprachgemeinschaft immer erst dann existiert, wenn es ein Bewusstsein ihrer Identität bei den Sprechern gibt. Häufig besteht aber kein Konsens über die Einschätzung einer Varietät als Dialekt oder eigenständige Sprache bei ihren Sprechern; dabei beeinflussen zahlreiche politische und ideologische Faktoren die Einstellungen der Sprecher zu ihrer Varietät.

4.1.3 Diastratische Varietäten: Jugendsprachen in der Romania

Viele Faktoren wirken auf unser Sprechen ein und tragen dazu bei, dass wir als Mitglieder verschiedener Gruppen (und durchaus mehrerer zur gleichen Zeit) sowie in bestimmten Situationen unterschiedlich sprechen. In Kapitel 1.5 haben wir bereits einige Grundfragen der Teildisziplin der Soziolinguistik kennengelernt, u.a. den Begriff des Registers (oder diastratische Variation im Sinne des Schaubildes 4.2).

In diesem Abschnitt wollen wir den Schwerpunkt auf die Sprache der Jugend in den romanischsprachigen Ländern, v.a. Frankreich, Spanien und Italien, legen und zeigen, wie die verschiedenen bereits eingeführten Faktoren in diesem Bereich zusammenwirken und die Norm bewusst und spielerisch herausfordern. Jugendsprachen entstehen und funktionieren nicht autonom in einem gesellschaftlichen Vakuum, vielmehr werden die jeweiligen sprach- und kulturgeschichtlichen Verhältnisse in ihnen gespiegelt und gegengespiegelt (vgl. Neuland (2008: 95ff.) für die historische Entwicklung der Jugendsprache in Deutschland). Die Entfaltung dieses soziologischen und soziolinguistischen Zusammenhangs ist nach Neuland daher eine wichtige Aufgabe für die aktuelle Jugendsprachforschung, die weniger an einer kontextisolierten Erstellung sondersprachlicher Register und einer etymologischen Betrachtung lexikalischer Einzelbelege (wie in der Forschung zwischen dem Ende des 19. Jahrhunderts bis zu den 30er Jahren des 20. Jahrhunderts üblich) als an den Funktionen und Verwendungsweisen jugendsprachlicher Ausdrucksmittel in sozialen Lebenszusammenhängen interessiert ist.

Wesentliche Beiträge zur Erforschung der romanischen Jugendsprachen, v.a. zu einer kontrastiven Betrachtung, wurden in einer Reihe von Arbeiten von Zimmermann (1990, 2008) sowie von Scherfer (2008) speziell für die Jugendsprache in Frankreich geleistet, deren wichtigste Ergebnisse wir im Folgenden vorstellen möchten, beginnend mit den sprachübergreifenden gemeinsamen Entwicklungen. Zimmermann (2008: 169ff.) weist auf die Verdichtung und Ausweitung des Phänomens Jugendsprache ab dem 2. Weltkrieg hin, die v.a. in den großen Städten der industrialisierten Länder bewirkte, dass zum einen nun auch die Jugendlichen, die nicht ins höhere Bildungssystem übertreten, sondern eine Berufsausbildung machen, davon betroffen sind und sogar Jugendliche aus sozial marginalisierten Bevölkerungsschichten eine Vorreiter-Rolle bei der Kreation und dem Gebrauch dessen, was man Jugendsprache nennt, spielen (vgl. auch Scherfer (2008) für Frankreich). Zum anderen ist Jugendsprache insofern ein internationales Phänomen, als dieser Prozess in den großen Städten der industrialisierten Länder global gesehen mit einer frappierenden Gleichzeitigkeit und Wucht in den Sprachgemeinschaften entstand (intensive Forschung seit den 1970er Jahren), wobei das Phänomen Teil eines umfassenden Prozesses der Entstehung bzw. Ausweitung einer besonderen Jugendkultur ist. Zimmermann (2008) untersucht v.a. die Konstitutionsverfahren der Jugendsprache und vergleicht die jugendsprachlichen Mittel im Spanischen, Französischen, brasilianischen Portugiesischen und im Deutschen. Es handelt sich um eine rein qualitative Analyse (ausgehend von mindestens einem Beleg aus verschiedenen Quellen). Zimmermann unterscheidet die sprachlichen Mittel oder Verfahrenstypen nach folgenden Gruppen: (1) Verfremdungstechniken, mit denen dem Wort oder Ausdruck ein Anstrich von Andersartigkeit gegeben werden soll (u.a. Silbenumstellung wie im frz. *verlan* (= *à l'envers* ‚umgekehrt', vgl. Kapitel 2.2.1), Suffigierung mit dem im Französischen ungewöhnlichen -*os*, im Spanischen Suffigierung mit -*eta*, -*ota* und -*ata*, im brasilianischen Portugiesisch die Suffigierung mit -*uba*, ‚Regelverstöße' im Bereich des Satzbaus, an der Aussprache orientierte und mit Zeichen gemischte

Schreibformen, speziell tabuüberschreitende Ausdrücke (dt. *geil*), bei denen die Verfremdung im Bereich der Rezeptionswirkung besteht, (2) Formen der Interva-rietäten-Entlehnung oder ‚Quersprachigkeit'. Damit sind die Verfahren gemeint, bei denen Jugendliche aus anderen Sprachen, Varietäten (Sondersprachen wie Argot und Technolekten) und aus markanten Texten und Gesprächen (u.a. Werbetexte, Fanzines, Fernsehsendungen) Anleihen machen. Darüber hinaus findet sich in der Jugendsprache auf der Bedeutungsebene eine Schöpfung von neuen Inhalten, die man wiederum in eine Schöpfung von Sachen und Bedeutungen unterscheiden kann: Neue materielle und kulturelle Gegenstände wie soziale Sachverhalte werden geschaffen und ‚zur Benennung gebracht' (z.B. Musikrichtungen wie Rap, Körperschmuckstücke etc.).

Im Folgenden stellen wir einige konstitutive Verfahren der Jugendsprachen aus Frankreich, Spanien, Brasilien, Italien und Deutschland vor, wobei Zimmermanns Synopse (2008: 176ff.) als Grundlage dient, sofern nichts anderes angegeben wird. Die italienischen Belege fügen wir aus verschiedenen Quellen hinzu, um einen möglichst breiten Vergleich zu gewinnen. Dabei konzentrieren wir uns auf diejenigen Verfahren, für die aus den meisten oder allen vorgestellten romanischen Sprachen ein Beleg vorhanden ist:

(4)   Wortbildungsverfahren (vgl. auch Kapitel 3)

    a. Suffigierung

      Frz.   *folk-eux* < *folk* ‚folkmäßig', *null-os* < *nul* (‚nichts wert, eine Niete sein') (Scherfer 2008: 163)

      It.   *eleganziore* < *elegante* ‚elegant', *bacillo* < *bacio* ‚Kuss' (Còveri 1988: 233)

      Sp.   *boc-ata* < *bocadillo* ‚belegtes Brötchen', *drog-ata* < *drogadicto* ‚drogenabhängig'

      Br. Port. *sand-uba* < *sanduiche* ‚Sandwich', *letreiro* = Student der Fac. de letras

      Dt.   -i: *Softi*, -o: *Realo*, *hyper-mäßig*

    b. Apokope

      Frz.   *ecolo* < *écologiste* ‚Umweltschützer', *ado* < *adolescent* ‚Jugendlicher'

      It.   *biblio* < *biblioteca* ‚Bibliothek', *dome pome* < *domenica pomeriggio* ‚Sonntagnachmittag' (Fusco 2007a: 41)

      Sp.   *progre* < *progresista* ‚fortschrittlich', *manifa* < *manifestación* ‚Demo(nstration)'

      Br. Port. *dana* < *danada* ‚das sich leicht verliebende Mädchen', *reaça* < *reacionário* ‚reaktionär'

      Dt.   *Uni* < *Universität*, *logo* < *logisch*

(5)   Verfahren aus dem Satzbau (Syntax, vgl. Kapitel 6)
    Pronominalisierung (Hinzufügung reflexiver Pronomina, *se, si*)

      Frz.   *ramasser* > *se ramasser* ‚fallen', *s'éclater* ‚einen Riesenspaß haben'

      It.   *impanicarsi* ‚Angst haben', *scoglionarsi* ‚sich langweilen' (Fusco 2007a: 41)

      Sp.   *irse a criar hierba* ‚sterben', *comerse el coco* ‚denken'

Br. Port. *afundarse* ‚durchfallen beim Examen', *segurarse* ‚sich zurückhalten'
Dt.   *sich etwas reinziehen*

(6) Verfahren, die den Wortschatz mit neuen Wörtern und Bedeutungen anreichern (hier Fokus auf verschiedenen Entlehnungen)

    a. Entlehnungen aus dem Non-Standard

        Frz.   *clope* ‚Zigarette', *sape* ‚Klamotten'
        It.   friaul.: *sivilotto* ‚Faust/Schlag auf die Tür' (Fusco 2007b: 87)
        Sp.   *bofia* ‚Polizist', *guita* ‚Geld'
        Br. Port. *festa paia (palha)* ‚langweiliges Fest', *pulir o corguinho (corregozinho)* ‚übertreiben'
        Dt.   *Knete, Bock*

    b. Entlehnungen aus dem Englischen

        Frz.   *cool; se shooter* ‚sich eine Drogeninjektion geben'
        It.   *joint, flash* (Còveri 1988: 233)
        Sp.   *hippie/hippi* ‚Hippie', *cocaína* ‚Kokain'
        Br. Port. *brother* ‚Freund, Kumpel', *estar crowd* ‚zu viele Leute'
        Dt.   *high sein, powern*

    c. Entlehnungen aus anderen Sprachen

        Frz.   arab.: *roumi* ‚eingeborener Franzose', romani: *chourav* ‚stehlen'
        It.   sard.: *pillitto, pisciotto* ‚schönes Mädchen' (Fusco 2007b: 88)
        Sp.   náhuatl: *chocolate* ‚Droge' (mex.), quechua: *ruca* ‚Alte'
        Br. Port. frz.: *boate* < *boîte* ‚Tanzlokal'
        Dt.   jiddisch: *pofen*, frz.: *Fete* < *fête*

Der obige kleine Überblick zeigt einige gemeinsame Verfahren auf, die aber jeweils Jugendvarietät-spezifisch verschiedene lexikalische Elemente betreffen.

Im Folgenden seien einige zentrale Unterschiede zwischen den Jugendsprachen in Frankreich, Spanien und Italien erwähnt. So wird etwa das Verfahren der Silbenvertauschung vorrangig in der französischen Jugendsprache verwendet — nach Zimmermann (2008: 177) existiert dieses Verfahren zwar in den spanischen Jugendsprachen in Argentinien, Kolumbien und Mexiko, ist aber nicht typisch für spanischsprachige Jugendsprache. Dieses regelgeleitete Verfahren haben wir bereits im Beispiel (17) des Kapitels 2 zur Phonetik und Phonologie kennengelernt. Ein anderer Unterschied betrifft die Rolle der diatopischen Variationen in Jugendsprachen in Italien, Spanien und hispanophonen amerikanischen Ländern. Hierauf können wir nur sehr kurz eingehen. Fusco (2007b) zeigt, dass die Jugendsprachen in verschiedenen italienischen Regionen Elemente der lokalen Dialekte aufnehmen und dem Dialekt hier eine positive, gemeinschaftsstiftende Rolle zukommt. Zimmermann/Müller-Schlomka (2000) haben den lexikalischen Bestand der spanisch-peninsularen und der spanisch-mexikanischen Jugendvarietäten verglichen und eine überraschend geringe Anzahl an Übereinstimmungen gefunden, was sich mit der erheblichen Binnenvariation des Spanischen und dem Plurizentrismus erklären lässt: Plurizentrismus ist kein sprachliches Phänomen, sondern ein sprachpolitisches, bei dem die Sprecher verschiedener Varietäten (hier im spanischen Sprachraum) die Hegemonie einer meist zentralistisch etablierten und normierten Standardvarietät nicht mehr als solche anerkennen, sondern die eigene Varietät als Standard für ein bestimmtes Territorium etablieren (vgl. Zimmermann/Remmert 2007: 68f.). Die Jugendsprache dieses Territoriums entwickelt sich auf der Basis der entsprechenden Varietät, so dass auf dem Spanischen basierende Jugendsprachen insgesamt immer weiter differieren werden.

4.1.4 Die Rolle des Sprachkontakts und der Mehrsprachigkeit

In Abschnitt 4.1.1 haben wir bereits erwähnt, dass auf dem Gebiet der Romania in jedem ihrer heutigen Staaten mehrere Sprachen und regionale Varietäten gesprochen werden. Dies ist nicht nur in der Romania der Fall — meistens ist die offizielle Sprache eines Staates nicht die einzige, die auf seinem Territorium gesprochen wird: In vielen Regionen steht sie in Kontakt (oft auch in Konflikt) mit weiteren Sprachen, den sogenannten Minderheitenheitensprachen (auch: Regionalsprachen), in Deutschland haben z.B. das Dänische in Schleswig-Holstein und das Sorbische in der Lausitz (Brandenburg) diesen Status). Die Sprecher dieser Sprachen sind heute in Europa alle zweisprachig (bilingual), denn sie sprechen auch die offizielle bzw. Mehrheitssprache des betreffenden Staates.

Nun gibt es verschiedene Konzeptionen von Zweisprachigkeit: Man unterscheidet Bilingu(al)ismus und Diglossie, die sich wie folgt definieren lassen:

- Der Begriff **Bilingu(al)ismus** bezieht sich auf die individuell erworbene und die gesellschaftliche Mehrsprachigkeit (vgl. auch Kapitel 1.2 zum (bilingualen) Erstspracherwerb). Hierbei stehen beide Sprachen in einem grundsätzlich gleichwertigen Verhältnis zueinander (was eine temporäre Dominanz der einen oder anderen nicht ausschließt).

- Die funktional abhängige, also nicht gleichwertige Zweisprachigkeit innerhalb einer Sprechergemeinschaft wird mit dem Begriff **Diglossie** nach Ferguson (1959) bezeichnet. Hier ist — anders als im Bilinguismus — das Verhältnis zwischen zwei Varietäten einer Sprache (z.B. Hochdeutsch/ Plattdeutsch) oder zwei genetisch verwandten Sprachen (Französisch/ Haiti-Kreol)[34] kein gleichwertiges, sondern es besteht stets eine Hierarchie zwischen einer ‚*high variety*' (H-Varietät) mit hohem Prestige und einer ‚*low variety*' (L-Varietät) mit niedriger Wertschätzung, deren funktionale Verteilung etwa so aussieht:

---

[34] Das Konzept der Diglossie wurde auch schon von Forschern auf Konstellationen von Sprachen ausgeweitet, zwischen denen zwar ein Prestige-Gefälle, aber keine genetische Verwandtschaft besteht (vgl. Bollée/Neumann-Holzschuh 2007: 12). Darauf kommen wir noch einmal zurück.

- Die H-Varietät wird in der Schule gelernt und gelehrt, dient für formelle Anlässe und als Schrift-/Literatursprache.
- Die L-Varietät ist die Sprache der täglichen Kommunikation, ist zumeist nicht verschriftet und variiert stark.

Im Zusammenhang mit dem Modell der innersprachlichen Variation im vorangegangenen Abschnitt könnten wir zwar grob sagen, dass die L-Varietät eher den Bereich der Nähesprache und die H-Varietät den der Distanzsprache abdeckt. Anders als bei der dort dargestellten rein innersprachlichen Variation haben wir es bei der Diglossie mit einer Sprachkontaktsituation zu tun, in der sich die beiden (oder die weiteren beteiligten) Sprachen das Varietätengefüge und die Domänen des Sprachgebrauchs (z.B. Familie und Nachbarschaft, Verwaltung, Religion und Bildung) untereinander aufteilen. Die Untersuchung dieser Aufteilung ist ebenfalls Gegenstand der Soziolinguistik (vgl. Kapitel 1.5). Diglossie im Sinne einer Gefälle-Situation (in Erweiterung der obigen Definition) kennen wir aus Deutschland: In den 1950er bis 1970er Jahren wurden viele sogenannte ‚Gastarbeiter' aus verschiedenen Ländern in Deutschland angeworben, darunter sehr viele Italiener und Spanier[35]. Viele sind geblieben und ihre Nachkommen sind zweisprachig in Deutschland aufgewachsen. Ihre Herkunftssprache, also hier das Italienische und Spanische (sowie ihre arealen Varietäten), wird gegenüber dem Deutschen, der Mehrheitsprache, häufig — auch von den Sprechern selbst — als L-Varietät empfunden. Während der (Zweitsprach-)Erwerb des Deutschen durch die ‚Gastarbeiter' bereits in den 1980er Jahren die Forschung beschäftigt hat (vgl. Clahsen/Meisel/Pienemann 1983), kommt erst seit wenigen Jahren eine Forschung zur Entwicklung der Herkunftsprachen (*heritage language*) von Migranten in Deutschland und Europa in Gang (vgl. Bierbach/Birken-Silverman 2003a, 2003b für erste Arbeiten zur Situation von italienischen und spanischen Herkunftssprechern in Baden-Württemberg). Die aktuelle Forschung definiert Herkunftssprache und Herkunftssprecher wie folgt:

> Der in den USA eingeführte Begriff *heritage speakers* (dt. Herkunftssprecher) referiert auf bilinguale Individuen, die in einem sozialen und familiären Umfeld leben, das eine andere als die Umgebungssprache spricht (vgl. Valdés 2000). Eine Sprache ist eine *heritage language* (dt. Herkunftssprache), wenn sie im häuslichen Umfeld oder in anderer Weise innerhalb der Sprechergemeinschaft dem Kind im Vorschulalter zugänglich ist (vgl. u.a. Montrul 2008).

---

[35] Nach der Ausländerstatistik ‚Ausländerzahlen 2008' waren am 31.12.2007 in Deutschland 528.316 Italiener und 106.301 Spanier registriert, wovon die größten Gruppen in Nordrhein-Westfalen leben (125.668 Italiener und 34.212 Spanier), vgl. Ministerio de Trabajo e Inmigración, *Datos sociológicos de la emigración española en Alemania*: www.mtin.es; DeSTATIS: www.destatis.de [Stand: 22.09.2011].

Mehrsprachige Konstellationen wie die Diglossie-Situationen gelten als nicht
sehr langlebig: Sie tendieren zur Auflösung (zum ‚Sprachtod'), wobei zwei mögliche Richtungen existieren, die beide in der Geschichte der romanischen Sprachen
belegt sind: Im ersten Fall wird die L-Varietät ausgebaut und kann alle Domänen
erobern, wie es z.B. im Falle des Französischen und Italienischen ablief, die die alte Distanzsprache, das gesprochene Latein, über einen langen Zeitraum schließlich ganz verdrängt haben (vgl. Kapitel 4.2). Dann wird die H-Varietät funk-
tionslos und verschwindet. Im zweiten Fall wird die H-Varietät auf alle Domänen
ausgedehnt und verdrängt die L-Varietät — diese Entwicklung fand im ursprünglich okzitanischen Sprachraum statt, wo das Französische alle Funktionen
übernommen hat. Der zweite Fall tritt häufig bei den oben vorgestellten Herkunftssprechern auf: Spätestens die dritte Generation der Migranten gibt ihre
Herkunftssprache zugunsten der Mehrheitensprache, der höheres Prestige beige-
messen wird, auf (vgl. u.a. Veltman 1983 zu spanischsprachigen Migranten in den
USA).

Sprachkontakt ist nicht der einzig mögliche Auslöser für Sprachwandel, da
selbst isolierte Sprachen sich über einen längeren Zeitraum verändern. Aber er ist
häufig ein Auslöser, indem eine wechselseitige Beeinflussung der beteiligten Varietäten erfolgt, ohne dass, wie bei den Kreolsprachen, ganz neue Sprachen aus
dem Kontakt resultieren müssen, vgl. Kapitel 4.4. Das Ausmaß des Einflusses
hängt mit dem sozialen Gefälle zwischen den Varietäten (d.h. der Frage des Pres-
tiges) zusammen. Er kann alle Beschreibungsebenen betreffen, die Sie in diesem
Buch kennenlernen (Phonologie, Morphologie, Syntax, Semantik, Pragmatik).

4.2   Vom Vulgärlatein zu den heutigen romanischen Sprachen

Wir haben einleitend bereits gesagt, dass die romanischen Sprachen aus dem Lateinischen entstanden sind, genauer aus dem Vulgärlateinischen (von lat. VULGUS
‚Volk'), also dem gesprochenen, von der klassischen Schriftsprache abweichenden Lateinischen. Wir wollen uns nun zunächst ein Bild vom Prozess der Romanisierung machen — immerhin hat ein kleines Hirtenvolk aus den Bergen um
Rom ein riesiges Imperium geschaffen und über etliche Jahrhunderte aufrechterhalten! Wie das ablief und wie sich dabei die Sprache der Römer in die Gebiete
der Romania verbreiten konnte, ist Gegenstand des Abschnitts 4.2.1. Natürlich
gilt das Varietätengefüge nach Coseriu auch für das Lateinische, so dass wir dort
mit den Begriffen ‚klassisches Latein', ‚Vulgärlatein', ‚gesprochenes und geschrie-
benes Latein' umgehen können. In Abschnitt 4.2.2 wollen wir uns die Zeit des Zu-
sammenbruchs des Römischen Reichs, der Völkerwanderung und des Übergangs
vom späten Lateinischen zu den frühen romanischen Sprachen veranschaulichen
— wer kam wohin, welche neuen sprachlichen Einflüsse haben eine Rolle gespielt? Ab wann gibt es Belege für die neuen romanischen Sprachen und welche?

Diese Fragen wollen wir vorrangig am Beispiel des Französischen, Italienischen und Spanischen beantworten.

4.2.1 Das Römische Imperium und die Ausbreitung des Lateinischen

4.2.1.1 Der Romanisierungsprozess

Die Römer haben im Laufe der Zeit viele Gebiete erobert und so ihr Reich immer weiter vergrößert, zugleich breiteten sich ihre Kultur und Sprache damit aus. Diesen Vorgang nennt man auch Romanisierung. Er erfolgte zuallererst im heutigen Italien (ca. 500–300 v. Chr.), in Gallien etappenweise von 225 bis 51 v. Chr. Die römische Eroberung des heutigen spanischen Territoriums begann mit dem 2. Punischen Krieg (218 v. Chr.) und zog sich — mit Unterbrechungen — bis 19 v. Chr. hin. Die größte Ausdehnung des Römischen Reichs wurde 107 n. Chr. erreicht. Wo auch immer die Römer im Verlauf dieser Eroberungsperiode hinkamen, Städte gründeten sowie Straßen und Bäder bauten, wurde ihre Sprache, das gesprochene Lateinische, also das Vulgärlatein, bald Verkehrssprache neben den jeweiligen einheimischen Sprachen (z.B. dem Gallischen in Gallien). Das Vulgärlatein wird als Ursprung für die Entstehung der einzelnen romanischen Sprachen angesehen. Wer waren die einheimischen Völker? Viele der vorrömischen Völker haben zwar keine schriftlichen Zeugnisse hinterlassen, aber wir wissen, u.a. durch Funde von Ausgrabungen, sicher von den folgenden Volksgruppen:

- Italien: Falisker, Osker, Umbrer, Etrusker
- Oberitalien/Schweiz/Südosten von Frankreich: Ligurer
- Südfrz. Mittelmeerküste/sp. Süd- und Ostküste: griech. Handelskontore
- Frankreich/Oberitalien/iber. Halbinsel: Kelten (Gallier), Basken, Iberer

Die meisten unterworfenen Völker übernahmen das gesprochene Latein der römischen Eroberer als ihre neue Sprache, so dass — nach einer Periode der Zweisprachigkeit — ein Sprachenwechsel stattfand. Dabei entstand eine Diglossie-Situation mit der Sprache der Eroberer — dem Vulgärlateinischen — als H-Varietät (Prestige der kulturell überlegenen Römer) und der einheimischen Sprache als L-Varietät. Bevor wir uns genauer mit dem Varietätengefüge des Lateinischen beschäftigen, wollen wir kurz anschauen, was von den Sprachen der Einheimischen übrig geblieben ist. Denn die Sprachen, die vor der Romanisierung auf dem Territorium der alten Romania gesprochen wurden, sind zwar untergegangen (mit Ausnahme des Baskischen), aber sie haben Spuren hinterlassen, die wir im Wortschatz wiederfinden, ganz besonders in Eigen-, Orts-, Pflanzennamen und in Bezeichnungen für Werkzeuge und Haushaltsgeräte:

(7)   Beispiele für vorrömische Spuren:

    a. Der Vorname Xaver (frz. *Xavier*, sp. *Javier*) von der Burg Xavier in Hochnavarra < bask. Fügung *exte berri* ‚neues Haus‘, auch in *xaberri, chaberri*.

    b. In der Galloromania sind viele Orts- und Gattungsnamen keltisch: Paris ist der Hauptort der kelt. Parisii (Parisiis > Paris, auch: Remis > Reims).

    c. Galloromania: Werkzeuge aus der Landwirtschaft (*charrue* ‚Pflug‘), dem Haushalt (*gobelet* ‚Becher‘) und Handwerk (*benne* ‚Förderkorb‘) sind gallischen Ursprungs (vgl. Geckeler/Dietrich 1995: 166).

Die vorrömischen Sprachen könnten sogar eine bedeutende Rolle für die regionale Ausdifferenzierung des Vulgärlateins gespielt haben, indem sie vor ihrem Untergang Einfluss auf die Sprache der römischen Eroberer gehabt haben. Man nennt sie daher auch Substrat (von lat. SUB ‚darunter‘ und STRATUM ‚Schicht‘, also: ‚Schicht darunter‘) bzw. Substratsprachen.

    📖 Mit **Substratsprache** wird die ursprüngliche Sprache der Einheimischen bezeichnet, die sie zugunsten der weiterlebenden Sprache der Eroberer aufgegeben haben.

Die Theorie, nach der die Spuren, die die Sprachen der vorrömischen Völker im Vulgärlatein hinterlassen haben, sogar der entscheidende Grund für die sprachliche Ausgliederung der Romania sind, ist die von dem italienischen Romanisten Ascoli (1873, 1878) aufgestellte Substrathypothese. Dietrich/Geckeler (2004: 139) stellen den Substrateinfluss wie folgt anschaulich dar:

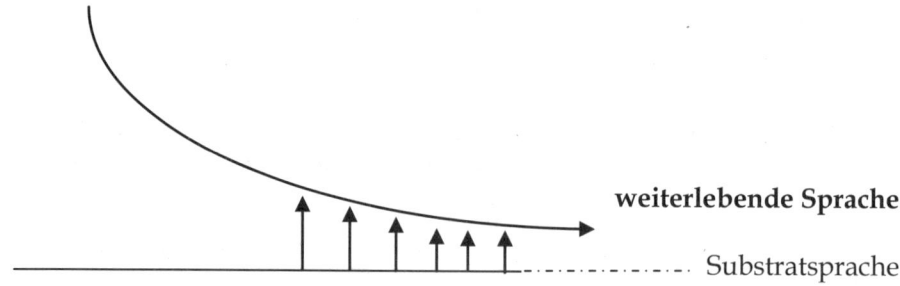

Abbildung 4.5:
Substrateinfluss (nach: Dietrich/Geckeler 2004:139)

Ein Substrateinfluss kann sich prinzipiell auf allen Sprachebenen manifestieren. Wir können ihn jedoch aufgrund unserer geringen Kenntnis der vorrömischen Sprachen häufig nicht nachweisen. Neben dem Wortschatz, wo er am leichtesten nachzuweisen ist (siehe (2)), ist die Übernahme von Lauten belegt: So beeinflusste das Baskische das Spanische bei der mittelalterlichen Entwicklung von anlautendem [h] aus dem lateinischen [f], z.B. lat. FILUM > asp. *[h]ilo* ‚Faden‘.

4.2.1.2 Das Lateinische und sein Varietätengefüge

Es ist sehr plausibel anzunehmen, dass die sprachliche Variation mit den vier Dimensionen, die wir in Kapitel 4.1 kennengelernt und zugrundegelegt haben, auch für das Lateinische gilt. In seinen Anfängen existierte das Lateinische zunächst im alten Rom sowie in der es umgebenden Region Latium als mündliche Varietät, bevor dann aufgrund neuer kultureller und gesellschaftlicher Anforderungen auch eine schriftliche Varietät hinzukam. Nun wollen wir zunächst auf eine wichtige Feststellung eingehen: Das Sprechlatein oder gesprochene Latein, das zuerst existierte und in der romanistischen Tradition meist Vulgärlatein genannt wird, ist konzeptuell und medial als Nähesprache zu charakterisieren, es ist also die mündliche Varietät des Lateinischen und nicht etwa aus der lateinischen Literatursprache oder Hochsprache entstanden, also mitnichten ein korrumpiertes, entartetes oder verderbtes Latein! Letztere Annahme, die häufig in älteren Arbeiten des 19. Jahrhunderts zu lesen und am ehesten vor dem Hintergrund einer Fixierung der früheren Forschung auf das schriftliche Latein und auf geschriebene Sprache generell zu verstehen ist, wird in der modernen Forschung nicht mehr vertreten (vgl. Klare 2007: 21, Bollée/Neumann-Holzschuh 2007: 20). Vielmehr kann man mit den von Blasco-Ferrer (1994: 121ff.) verdeutlichten Eigenschaften der Varietäten des gesprochenen Lateins ein überzeugenderes Bild des Vulgärlateinischen bekommen. Dazu hat er die Dimensionen der sprachlichen Variation, die wir bereits kennengelernt haben, verwendet und sie auch mit den Bezeichnungen, die die Römer selbst für ihre Varietäten gebrauchten, in Relation gesetzt (nach Klare 2007):

(8) Varietäten des mündlichen Lateins (‚Vulgärlatein') unter Benutzung der von den Römern selbst eingeführten Termini (vgl. Klare 2007: 22):

- diamesische Variation: Vulgärlatein ist eine mündliche Varietät (*sermo cotidianus* ≅ Alltagslatein)

- diaphasische Variation: Vulgärlatein wird in dieser Dimension als spontan und affektiv charakterisiert und mit dem *sermo familiaris* assoziiert; es findet sich sowohl in den Schriften der bildungstragenden Schichten als auch in schriftlichen Äußerungen (Inschriften) von weniger Gebildeten

- diastratische Variation: Vulgärlatein wird als eine eher niedrig markierte Varietät unterer Volksschichten und als oft normwidrig (vom Normenkodex der Literatursprache aus!) angesehen (≅ *sermo proletarius/sermo plebeius*)

- diatopische Variation: Vulgärlateinisch ist keine homogene, sondern vielmehr eine regional markierte Verkehrssprache im stark gewachsenen Imperium Romanum (≅ *sermo peregrinus*). Außerdem existieren Unterschiede zwischen ländlichen Gegenden (≅ *sermo rusticus = rusticitas*) und Städten (besonderes Prestige genießt der *sermo urbanus = urba-*

nitas). In den von den Zentren abgelegenen Gebieten des Imperiums entwickeln sich regionale Varietäten.

Wie hieraus deutlich wird, handelt es sich beim Vulgärlateinischen also um das mündliche Lateinische, eine gesprochene Volkssprache, die in Ansätzen v.a. in altlateinischen Texten auftritt (z.B. in den Komödien des Plautus). Die negative Bewertung als *sermo vulgaris* durch die Römer selbst erfolgte erst nach der Fixierung der klassischen lateinischen Literatursprache (Distanzsprache) der Zeit von Cicero, Cäsar und Vergil (Klare 2007: 22). Vom Begriff *sermo vulgaris/vulgaris sermo* ausgehend lancierte Schuchardt (1866) den Begriff Vulgärlatein, der trotz seiner Missverständlichkeit in der romanistischen Forschung beibehalten wurde; auch wird der Begriff von den meisten Autoren auf die niedrig markierten Varietäten eingeschränkt (vgl. Bollée/Neumann-Holzschuh 2007: 20). Aufgrund der Definition als gesprochenes Latein kann es natürlich keine rein vulgärlateinischen Texte geben. Aber die Eigenschaften dieser mündlichen Varietät werden in den schriftlichen Varietäten reflektiert als das ‚Gesprochene im Geschriebenen‘ (vgl. Oesterreicher 1995). Welche schriftlichen Quellen haben wir, aus denen wir Kenntnisse über das Vulgärlatein gewinnen können? Neben den romanischen Sprachen und Varietäten selbst, aus denen heraus die historisch-vergleichende romanische Sprachwissenschaft bis heute sehr viele Eigenschaften auf allen sprachlichen Ebenen genau hat bestimmen können, gibt es die folgenden Quellen (vgl. Klare 2007: 23f., Bollée/Neumann-Holzschuh 2007: 21f., Durante 1993: Kap. I.3):

- Literarische Texte:
  a) die oben bereits erwähnten Komödien von Plautus (244-184 v. Chr.), in denen die Volkssprache in den Dialogen vorkommt, in denen Leute aus dem Volk auftreten (z.B. *Miles gloriosus*). Diese Komödien entstanden in einer Zeit, in der die klassische Literatursprache noch nicht herausgebildet war (vermutlich warnt Klare (2007: 23) daher, dass sie nur mit Vorsicht als Quellen verwendet werden können).
  b) der in Fragmenten erhaltene Roman ‚Satyricon‘ von Petron (gestorben 66 n. Chr.), daraus besonders die ‚Cena Trimalchionis‘. Trimalchio, ein ehemaliger Sklave, wurde später steinreich. Er veranstaltete ein Gastmahl, bei dem die Reden der prassenden ungebildeten Teilnehmer von Bedeutung sind, da sie viele diastratisch niedrig markierte Ausdrücke enthalten. Hier spiegelt sich die niedere Umgangssprache Mittelitaliens (im Raum Neapel) im 1. Jahrhundert n. Chr. wider.

- Technische Literatur, z.B. Fachliteratur aus den Bereichen des Ackerbaus, der Medizin oder der Architektur, die häufig von sprachlich-stilistisch wenig gebildeten Autoren verfasst wurde. Besonders bekannt wurde die ‚Mulomedicina Chironis‘ (der Traktat des Chiron, ca. 350 n. Chr. in Afrika oder

Sardinien entstanden), ein Nachschlagewerk zur Behandlung kranker Maulesel mit vielen Gräzismen[36] und Normabweichungen.

- Frühe christliche Literatur: Hierzu gehören zum einen die bereits erwähnten frühen Bibelübersetzungen: die Itala im 2. Jahrhundert n. Chr., von Autoren mit nicht sehr hohem Bildungsniveau angefertigt, und die Vulgata von Hieronymus (342-420), die viele Vulgarismen der Itala übernimmt. Zum anderen haben die christlichen Autoren, d.h. die Kirchenväter (z.B. Tertullian und Augustinus), zwar ein stilistisch einwandfreies Latein geschrieben, aber in Schriften für ein breiteres Publikum ein volkstümliches Latein verwendet. Von Augustinus stammt der vielzitierte Ausdruck *Melius est reprehendant nos grammatici quam non intellegant populi* – ‚Besser ist es, dass die Grammatiker uns tadeln, als dass das Volk uns nicht versteht' (vgl. Tagliavini 1998: 162, Bollée/Neumann-Holzschuh 2007: 21).

- Inschriften und Mitteilungen, meist in Stein gemeißelt, aber auch in Form von Wandkritzeleien, z.B. die ‚graffiti' in Pompeji und Herculaneum, die durch den Ausbruch des Vesuvs 79 n. Chr. verschüttet wurden.

- Private briefliche Mitteilungen auf Papyri, Pergamenten oder Tonscherben (sog. Ostraka): Besonders bekannt sind die auf Papyrus geschriebenen Briefe eines einfachen Soldaten, Claudius Terentianus, der aus Ägypten an seinen Vater schreibt. Die Briefe sind kurz nach 115 n. Chr. datierbar und zeigen ein fortgeschrittenes Stadium der Entwicklung des Vulgärlateins (vgl. Durante (1981: 32) für eine Textprobe).

- Dokumente lateinischer Grammatiker und Lexikographen: Hier interessiert uns die ‚Schelte' der Grammatiker, deren berühmteste der Appendix Probi (5./6. Jh. n. Chr.) ist, d.h. der von puristischer Einstellung geprägte Anhang zur Grammatik des Probus, wobei der Verfasser des Anhangs unbekannt ist. Es handelt sich um eine Gegenüberstellung von insgesamt 227 ‚Fehlern' à la ‚(es heißt) X, nicht X″, für die Klare (2007: 24) einige Beispiele gibt:

---

[36]   Gräzismen (Sg. Gräzismus, von lat. GRAECUS ‚griechisch') sind Entlehnungen aus dem Griechischen. Die meisten wurden bereits aus dem Altgriechischen entlehnt und viele davon kamen über das Lateinische in die romanischen Sprachen (und ins Deutsche). Es gibt aber auch gelehrte Bildungen, die erst später nach griechischem Muster geformt wurden. Einige Beispiele für Gräzismen sind: Apotheke, Biologie, Monarchie, Problem, Tyrann; vgl. Hermann (1993).

Normgerecht		falsch	
spéculum	non	speclum	‚Spiegel'
pérsica	non	pessica	‚Pfirsich'
víridis	non	virdis	‚grün'
cálida	non	calda	‚warm'
auris	non	oricla	‚Ohr'
occasio	non	occansio	‚Gelegenheit'
formosus	non	formunsus	‚schön'
ansa	non	asa	‚Henkel'
pauper mulier	non	paupera mulier	‚arme Frau'

Tabelle 4.1:
Beispiele aus dem Appendix Probi (nach Klare 2007: 24)

- Mittelalterliche Geschichtsschreibung und juristische Dokumente: Hier sind zum einen die zehn Bücher der *Historia Francorum* von Gregor von Tours (ab 573 Bischof von Tours) zu nennen, die eine wichtige Quelle für die Geschichte der Merowinger darstellt. Die bekanntesten Gesetzessammlungen sind die *Lex Salica* der Merowingerkönige in Frankreich und die *Lex Visigothorum* der Westgotenkönige in Spanien.

- Mittelalterliche Glossare: Glossare sind Vorläufer der späteren Wörterbücher. Es handelt sich um Kompilationswerke, an denen verschiedene Autoren aus verschiedenen Jahrhunderten mitgewirkt haben, wobei sie seltene, veraltete, nicht mehr verstandene Wörter antiker Autoren mit bekannteren erklären, d.h. mit solchen, die in der Volkssprache geläufig waren. Diese Erläuterungen wurden an den Rand und zwischen die Zeilen lateinischer Texte geschrieben oder aufgelistet. Ein berühmtes Beispiel sind die Reichenauer Glossen, eine Handschrift aus dem 9. Jahrhundert aus der Abtei Reichenau/Bodensee, die aus zwei Teilen besteht, der Glossensammlung zu Bibelstellen und dem alphabetischen Glossar. Aus Letzterem stammen die Beispiele von Klare (2007: 25) und Bollée/Neumann-Holzschuh (2007: 23):

(9) Beispiele aus den Reichenauer Glossen mit Bezug auf die weitere Entwicklung in jeweils mehreren romanischen Sprachen
    a. SEMEL: *una vice* ‚einmal' > frz. *une fois*, span. *una vez*.
    b. IECORE: *ficato*; die Bezeichnung für ‚Leber' fällt weg; der aus der Welt der Küche stammende Ausdruck ‚mit Feigen gespickte Leber' führt zur Neubezeichnung des Organs durch *fecatum* > frz. *le foie* (ital. *fegato*, span. *hígado*, port. *fígado*, rum. *ficat*).
    c. ARENA: *sabulo* ‚Sand' (> frz. *sable*), aber span. *arena*, port. *areia*.
    d. IN ORE: *in bucca* ‚in den Mund'; OS, ORIS ‚Mund' wird als Erbwort nicht überliefert, *bucca* > *bouche* (it. *bocca*, sp. *boca*) tritt an seinen Platz.

- lateinische Lehnwörter in nichtromanischen Sprachen: Sie sind ebenfalls eine wichtige Erkenntnisquelle für sprachliche Eigenschaften des Vulgärlateins, z.B. weisen lateinische Lehnwörter im Deutschen darauf hin, dass sie zu einer Zeit entlehnt wurden, als lat. <c> vor <e> oder <i> noch als [k] ausgesprochen wurde, d.h. die Palatalisierung noch nicht erfolgt war (vgl. Tagliavini 1998: 131, Klare 2007: 26, Bollée/Neumann-Holzschuh 2007: 23):

(10) Beispiele für lateinische Lehnwörter im Deutschen
      a. lat. CELLARIUM   → dt. Keller
      b. lat. CISTA   → dt. Kiste
      c. lat. CAESAR   → dt. Kaiser

Weiterführende Darstellungen des Vulgärlateinischen finden sich in Väänänen (1981) und García-Hernández (1990).

4.2.2 Der Zusammenbruch des Römischen Imperiums und die Entstehung der romanischen Sprachen

In diesem Abschnitt wollen wir nun die Entwicklung der romanischen Sprachen genauer betrachten, ausgehend vom Zusammenbruch des Römischen Imperiums. Dabei stehen die historischen und sozialen Veränderungen im Mittelpunkt der Darstellung, die zum Übergang vom Vulgärlatein zu den romanischen Sprachen beigetragen haben. Es handelt sich hier also um externe Sprachgeschichte, im Gegensatz zur internen Sprachgeschichte, die die Entwicklung der Sprachen und Varietäten auf allen linguistischen Ebenen untersucht.

Im 3. Jahrhundert n. Chr. setzte der Niedergang des Römischen Reichs ein. Wichtige Faktoren waren dabei das Erstarken der Provinzen durch intensive Handelsbeziehungen, bei denen Rom und Italien an Ansehen und sprachlichem Einfluss verloren, sowie die zunehmende Dezentralisierung, die der Kaiser Caracalla mit dem Edikt von 212 n. Chr. besiegelte. Danach erhielten alle freien Provinzialen römisches Bürgerrecht. Hauptursache für den Untergang des weströmischen Reichs waren aber die Germaneneinfälle ab dem 3. Jahrhundert, die in der Völkerwanderung des 4. bis 6. Jahrhunderts ihren Höhepunkt erreichten. Unter dem starken Druck der Ereignisse wurde Ende des 3. Jahrhunderts unter Kaiser Diokletian eine umfassende Reichsreform durchgeführt, die die Dezentralisierung entscheidend vorantrieb. Das Imperium wurde 284 n. Chr. unter vier Herrschern aufgeteilt und Rom hörte auf, offizielle Hauptstadt zu sein. Konstantin der Große stellte die Reichseinheit im Jahr 324 zwar noch einmal her, legte aber gleichzeitig schon die Grundlage für die Teilung des Römischen Reichs in ein weströmisches und ein oströmisches Reich im Jahr 395. Ab 404 war Ravenna die Hauptstadt des weströmischen Reichs, das 476 mit der Absetzung des Romulus Augustulus durch Odoaker endgültig erlosch.

Vielerorts wurde das weströmische Reich im 4. und 5. Jahrhundert im Zuge der Völkerwanderung nun durch germanische Reiche abgelöst. Die neuen Herrscher waren Franken (→ Frankreich), Westgoten (Südfrankreich, Spanien), Ostgoten (Italien) oder Burgunder (→ Burgund, Frankreich). Anders als bei der römischen Eroberung fand jetzt aber kein Sprachenwechsel seitens der unterlegenen Bevölkerung statt, sondern die germanischen Eroberer übernahmen nach einer Phase der Zweisprachigkeit das Vulgärlatein der einheimischen Bevölkerung. Dies können wir uns so vorstellen, dass die germanischen Eroberer in der ersten Generation zunächst mündlich zweisprachig werden, indem sie das Vulgärlateinische als Zweitsprache erwerben. Ihre Nachkommen wachsen dann zweisprachig auf, bis sich die germanische Herkunftssprache verliert. Hinzu kommt hier, dass das Schriftlatein inzwischen weit vom aktuellen Vulgärlatein entfernt war, jedoch als Schrift- und Verwaltungssprache (und somit Distanz- oder H-Varietät) und wichtiges Kommunikationsmittel der inzwischen weit verbreiteten christlichen Religion und der katholischen Kirche weiter existierte.

Auch die Sprachen der germanischen Eroberer nahmen Einfluss auf die sich herausbildenden romanischen Varietäten und trugen zu ihrer weiteren Ausdifferenzierung bei. Sie bilden das sog. Superstrat (von lat. SUPER ‚darüber‘ und STRATUM ‚Schicht‘, also ‚Schicht darüber‘).

📖   Mit **Superstratsprache** wird die ursprüngliche Sprache der Eroberer bezeichnet, die sie zugunsten der weiterlebenden Sprache der Einheimischen aufgegeben haben.

Nach der Superstrathypothese des Schweizer Romanisten Walther v. Wartburg (1950) erklärt sich die Entstehung verschiedener romanischer Sprachen sogar zum großen Teil aus den Superstratsprachen, v.a. im Hinblick auf das Galloromanische aufgrund des intensiven Einflusses der Franken im Norden Frankreichs. Der Einfluss des germanischen Superstrats lässt sich nachweisen: Schon früh haben die Römer einige Wörter im Rahmen kultureller Kontakte übernommen, z.B. das germanische rekonstruierte Wort *saipôn (für Haarfärbemittel) > lat. *sapone*, it. *sapone*, rum. *săpun*, okz. *sabón*, kat. *sabó*, sp. *jabón*, port. *sabão*, frz. *savon*. Den Superstrateinfluss können wir uns anhand der folgenden Darstellung von Dietrich/Geckeler (2004: 140) ebenfalls gut vorstellen.

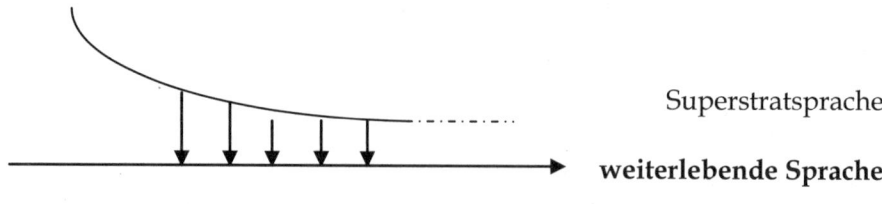

Abbildung 4.6:
Superstrateinfluss (nach: Dietrich/Geckeler 2004: 140)

Das Französische ist die romanische Sprache mit den meisten germanischen Elementen, wie die folgenden Beispiele zeigen, wobei der Asterisk hier bedeutet, dass die Wortform rekonstruiert wurde:

(11) Germanische Elemente im Französischen:
  a. Nomina: *fauteuil* < fränk. *faldistôl
  b. Adjektive: *bleu* < fränk. *blao
  c. Verben: *bâtir* < fränk. *bastjan

Auch ist ein Einfluss im Bereich der Aussprache gesichert: das ‚h aspiré', welches bis ins 16. Jahrhundert als [h] ausgesprochen wurde (vgl. auch Kapitel 2.2.2.5).

Neben den bereits eingeführten Begriffen Substrat und Superstrat wird auch der Begriff Adstrat (von lat. AD ‚bei' und STRATUM ‚Schicht', also ‚Bei-Schicht') verwendet.

> 📖 Mit **Adstrat** werden solche Sprachen bezeichnet, die stets neben der aktuell gesprochenen Sprache als weitere Kontaktsprache existierten (ohne dass es zum Absterben von Sprachen kommt).

Hier ist v.a. das Baskische seit vorrömischer Zeit sowie das Arabische vom 8. bis zum 15. Jahrhundert in Spanien zu nennen — und natürlich das Griechische und Lateinische, die selbst in der Spätantike noch zum Bildungskanon gehörten (vgl. Banniard 1993).

Mit der Substrat- und der Superstrathypothese haben wir bereits zwei der Theorien kennengelernt, mit denen man die Entstehung der vielen unterschiedlichen romanischen Sprachen aus dem Vulgärlateinischen heraus erklärt. Es gibt eine weitere Hypothese, die wir im Folgenden vorstellen wollen. Wir haben bereits gesehen, dass der Verlauf der Romanisierung sich über sieben Jahrhunderte erstreckte und nicht überall gleich lang und intensiv erfolgt ist. Während einer so langen Zeit ist davon auszugehen, dass das Vulgärlateinische sich selbst über diese Zeit weiter verändert hat. Dieser Verlauf könnte ebenfalls Auswirkungen auf die Sprachen gehabt haben, in die das Lateinische sich weiterentwickelt hat. Nach der Romanisierungshypothese liegt die Vielfalt der romanischen Sprachen vorrangig im uneinheitlichen Romanisierungsprozess begründet.

Keine der drei Hypothesen muss für sich allein gelten. Wir können sie kombinieren und annehmen, dass verschiedene Faktoren (vorrömische Substrate, Romanisierungsverlauf, nachrömische Superstrate) zur Ausgliederung des Vulgärlateins beigetragen und gleichzeitig den Abstand zwischen Nähe- und Distanzsprache vergrößert haben. Mit Ausnahme des rumänischen Sprachraums haben sich überall in der Romania Diglossie-Situationen herauskristallisiert, in denen die Dialekte der neuen romanischen ‚Sprachen' L-Varietäten im nähesprachlichen Bereich sind und das Lateinische als H-Varietät den Distanzbereich abdeckt (bis ins 9. Jahrhundert wurde es als einzige dieser Sprachen geschrieben).

Die Forscher sind sich jedoch nicht einig darüber, ab wann genau wir von einer Diglossie-Situation (und dem Bewusstsein der Existenz zweier unterschiedlicher Sprachsysteme) ausgehen dürfen. So ist nach Coseriu (1954/1978) die Differenzierung im 3./4. Jahrhundert bereits so weit fortgeschritten, dass das Vulgärlateinische nicht mehr als (innersprachliche) Varietät des Lateinischen aufgefasst werden kann, sondern ein eigenes System darstellt, es also bereits so früh

zu zwei Sprachen gekommen ist, von denen sich das Vulgärlateinische regional
weiter in die verschiedenen romanischen Sprachen differenziert, die ihrerseits
wiederum aus einer Vielzahl verschiedener Dialekte bestehen. Wir wollen hier
den weiter vorn definierten Oberbegriff der Zweisprachigkeit verwenden, denn
das Verhältnis der nun aus dem Vulgärlateinischen entstandenen romanischen
Sprachen und Varietäten zueinander ist nicht diglossisch: Das Katalanische ist
keinesfalls eine L-Varietät des Spanischen, die Zweisprachigkeit in Katalonien
entspricht dem Typ Bilinguismus.

Ganz anderer Meinung als Coseriu ist Banniard (1993), der für ein Bewusstsein der Zweisprachigkeit erst im 7. bis 8. Jahrhundert plädiert. In seiner Darstellung der geistigen, kulturellen, historischen und sprachlichen Entwicklung des 5.
bis 8. Jahrhunderts gilt das 5. Jahrhundert noch als Spätantike (,Tardoantico'), in
dem trotz des laufenden Zerfalls[37] das intellektuelle Leben und das römische
Bildungswesen weiter bestehen. Die Veränderungen erfolgen zwischen dem 6.
und 8. Jahrhundert (,frühes Mittelalter'), wobei aber nach Banniard (1993: 89) die
Entwicklungen „nicht durch ein intellektuelles Niemandsland" führen.

4.3   Die Entwicklung zum Französischen, Italienischen und Spanischen

In diesem Abschnitt wollen wir für die drei uns besonders interessierenden
Sprachgebiete die jeweilige Entwicklung bis hin zum ersten (französischen/
italienischen/spanischen) Sprachdokument vorstellen, beginnend mit den Ereig-
nissen der Völkerwanderung, die zu neuen Sprachkontakten führten. Die Völkerwanderung war ein mehrere Jahrhunderte dauernder Prozess, in dem sich zahlreiche Völker aus ihrem Ursprungsgebiet in neue Gebiete bewegten, langsam und
mit vielen Unterbrechungen — so auch die Westgoten, die sich, seit 376 n. Chr.
aus der römischen Provinz Dakien kommend, westwärts durch Europa bewegten. Nach drei Eroberungszügen in Italien (410 Eroberung Roms) fielen sie 412
nach Südfrankreich ein und errichteten ein westgotisches Reich mit der Hauptstadt Tolosa, welches von den Franken vernichtet wurde, die seit 486 Nordfrank-
reich besetzt hielten. Die Westgoten zogen daraufhin über die Pyrenäen und
gründeten dort ein neues Reich mit der Hauptstadt Toledo, das bis zum Einfall
der Araber (711) bestand. Auf den Einfluss der Westgoten gehen wir im Zusammenhang mit dem Spanischen noch einmal ein. Die Westgoten sind also durch
alle drei uns interessierenden Sprachgebiete gezogen.

Im Folgenden wollen wir nun einzeln die relevanten Entwicklungen für die
drei Sprachräume vorstellen.

---

[37]   Bis 461 verliert das Römische Reich fast alle Provinzen, und Entscheidungen der römischen
Zentralgewalt werden nicht mehr zur Kenntnis genommen, geschweige denn umgesetzt,
barbarisches Gewohnheitsrecht tritt neben römisches Recht.

4.3.1 Französisch

Für die Gestaltung und Entwicklung des galloromanischen Sprachgebiets waren die Franken von größter Bedeutung — sie gaben ihm auch den Namen: Frantia > *la France*. Hintereinander herrschten drei Frankengeschlechter: a) die Merowinger von 481-751 — in ihrer Zeit entstand das Nordgalloromanische, mit Latein als Verwaltungssprache. Zwischen dem 5. und 9. Jahrhundert bestand ein Bilinguismus, aber die Franken gingen allmählich vollständig zum Nordgalloromanischen über; b) die Karolinger von 774-987 und c) die Kapetinger von 987-1328. Hugo Capet war der erste Frankenkönig, der nur noch „Altfranzösisch" sprach. Die Franken brachten zwei neue Laute ein: *h aspiré* und bilabiales [β] im Wortanlaut.

Im Gegensatz zur schnellen Entwicklung der mündlichen Varietäten zwischen dem 5. und 8. Jahrhundert, wozu auch die Palatalisierung von [g^a] und [c^a] gehört (z.B. *campu > champ, caru > chier, jalne > jaune*), war die schriftliche Distanzsprache bis zum Ende des 8. Jahrhunderts das Mittellateinische (*bas latin*). Der Besitz einer Schriftsprache war das Privileg einer kleinen Minderheit (Vertreter der Kirche und weltliche Machtinstitutionen). Aber das Mittellateinische, das diese schrieben, wurde immer mehr von der romanischen mündlichen Sprache durchdrungen und die Qualität der Schriftsprache sank, nach damaliger Ansicht, ab. Ende des 8. Jahrhunderts wurde durch verschiedene sog. Renaissance-Bewegungen gegengesteuert, wovon die bedeutendste die Karolingische Renaissance um 800 ist. Die bildungstragende Schicht des Karolingischen Reiches hatte durch den Vergleich der zeitgenössischen mittellateinischen Texte mit den klassischen lateinischen Modelltexten einen großen Qualitätsabfall attestiert und wollte vorrangig Bildungsmängel des klerikalen Nachwuchses (u.a. durch Klosterschulen) beseitigen, aber auch den Kindern der Adligen eine gute Bildung ermöglichen. Es hatte sich nun ein Bewusstsein dafür eingestellt, dass es qualitative Unterschiede zwischen der lateinischen schriftsprachlichen Tradition und den romanischen und deutschen Volkssprachen im Reich gab. Die karolingische Reform drückt ein ‚Zurück zu den Normen' der klassischen lateinischen Schriftlichkeit aus, das für die zeitgenössischen Texte zu einem Nachteil führte: Die Halbgebildeten, selbst die des Lateinischen Unkundigen konnten ‚barbarisierte' Texte noch rudimentär beim Lesen oder im mündlichen Vortrag verstehen, aber nicht die in klassischem Latein verfassten Texte. Aus dieser Sachlage folgte unmittelbar, dass das Romanische in immer mehr Positionen verwendet wurde, die vorher dem Lateinischen vorbehalten waren. Ein wichtiger Beweis hierfür ist der Beschluss der Bischofsversammlung des Karolingischen Reichs in Tours: Das Konzil von Tours beschloss 813 u.a., dass das Wort Gottes, die christliche Botschaft (und offizielle Staatsreligion) nunmehr in den Predigten in den Sprachen des Volks und nicht mehr in Latein vermittelt werden sollte (wohlgemerkt nur die Predigten; die sonstigen gottesdienstlichen Handlungen wurden bis 1974 auf Lateinisch durchgeführt!). Man kann daher bereits das Beschlussprotokoll des Konzils als offizielle Beurkundung (und Anerkennung) der Existenz europäischer Volkssprachen ansehen. Ab diesem Moment begann auch eine bewusste Stiltrennung zwischen Latein (Sprache der Wissenschaften, international) einerseits und Romanz andererseits. Dessen beginnende Verschriftung und damit auch Verwendung als Distanzsprache stellte die Schreiber vor ein Problem: Die Geistlichen selbst hatten eine Alphabetisierung und Bildung am Latein erfahren und mussten jetzt versuchen, die bis dahin entwickelte Aussprache der romanischen Sprachformen mit den allein zur Verfügung stehenden Graphemen des Lateinischen zu realisieren. Dieses Problem prägt auch den ersten überlieferten romanischen Text, die *Straßburger Eide* von 842.

Bei diesen Eidesformeln — zwei altfranzösischen und zwei althochdeutschen — handelt es sich um juristische, nichtliterarische Schriftstücke. Sie sind uns im lateinisch verfassten Geschichtswerk des karolingischen Historikers Nithard überliefert (vgl. Klare 2007: 52). Die Eide wurden am 14. Februar 842 nach der Schlacht von Fontanet öffentlich geschworen — von Charles le Chauve, Herrscher über das französische Westreich, und Louis Le Germanique, Herrscher über das deutsche Ostreich, gegenüber ihrem Bruder Lothaire, Herrscher des Mittelreichs. Vor den angetretenen Heerscharen beider schwor Ludwig der Deutsche in Altfranzösisch, danach Karl der Kahle denselben Eid in Althochdeutsch, um jeweils vom Heer des Bruders verstanden zu werden. Danach schworen die Führer beider Heere je einen Eid in ihrer Muttersprache. Klare (2007: 52) gibt den Original-Text des altfranzösischen Eids in sogenannter diplomatischer Umschrift wieder, der weitgehend der Urkunde (*diplôme*) folgt (nur Auflösung der Kürzel und Einfügung interpretatorischer Satzzeichen):

> „Pro Deo amur et pro christian poblo et nostro commun salvament, d'ist di in avant, in quant Deus savir et podir me dunat, si salvarai eo cist meon fradre Karlo et in aiudha et in cadhuna cosa, si cum om per dreit son fradra salvar dift, in o quid il mi altresi fazet et ab Ludher nul plaid nunquam prindrai, qui, meon vol, cist meon fradre Karle in damno sit. Si Lodhuuigs sagrament que son fradre Karlo jurat conservat et Karlus, meos sendra, de suo part non l'ostanit, si io returnar non l'int pois, ne io ne neuls cui eo returnar int pois, in nulla aiudha contra Lodhuuuig nun li iu er."

Eine neufranzösische Übersetzung des zitierten ersten Teils der Eide könnte nach Klare (2007: 52) so lauten:

> „Pour l'amour de Dieu et pour le peuple chrétien et notre salut commun, à partir de ce jour, en tant que Dieu me donne le savoir et le pouvoir, je soutiendrai mon frère Charles que voici par mon aide et en toute chose, comme on doit soutenir son frère, selon l'équité, à condition qu'il m'en fasse autant, et avec Lothaire je ne prendrai jamais aucun arrangement qui, de ma volonté, soit au détriment de mon frère Charles que voici. "

Von der altfranzösischen Eidesformel bis zum heutigen Französisch ist es noch ein langer Weg mit vielen sprachlichen Veränderungen auf allen linguistischen Ebenen, den wir hier leider nicht weiter verfolgen können. Wir wollen uns nun den Übergang vom Vulgärlatein zum Italienischen ansehen — eine ganz anders verlaufende Geschichte.

4.3.2 Italienisch

Die Herausbildung des Italienischen ist insofern spezifisch, als wir hier kein dominantes sprachliches Modell wie in Frankreich oder Spanien haben, das im Mittelalter die anderen Varietäten zurückdrängte. Das Florentinische als künftige italienische Nationalsprache ist erst seit dem frühen 13. Jahrhundert in Texten belegt und hat danach keine tiefgreifenden Wandlungen mehr erlebt, also ganz anders als das Altfranzösische und auch das Altspanische.

Insofern ist ‚Altitalienisch' ein Abstraktum und bezeichnet „ein Nebeneinander regional begrenzter und aufgrund verschiedener sprachlicher Kriterien voneinander unterscheidbarer Kommunikationssysteme in mündlicher und schriftlicher Form" (Michel 1997: 15). Michel plädiert aus diesem und weiteren Gründen für einen dialektologisch orientierten Ansatz. Das Altitalienische umfasst als ein so abstrahierter Oberbegriff den weiten Zeitraum von den ersten überlieferten Textquellen des Italoromanischen im späten 8. bzw. frühen 9. Jahrhundert (*Indovinello veronese*) bis zur Herausbildung einer gesamt-italienischen Normsprache im 16. Jahrhundert (*Prose della volgar lingua* von Pietro Bembo). Mit Aufkommen des Druckereiwesens im 15. Jahrhundert kamen neue publizistische Möglichkeiten auf, die nicht ohne Auswirkungen auf die sprachliche Entwicklung blieben: Letztlich waren es die Drucker, die durch ihre normative Kraft die Vereinheitlichung der Sprache vorangetrieben und die regionale Vielfalt allmählich zurückgedrängt haben. Dies ändert aber nichts an der Bedeutung der Dialekte als Kommunikationsmittel des Alltags, teilweise bis heute. Wir wollen an dieser Stelle nur einen Überblick über die Epoche geben, in der sich die italoromanischen Varietäten herausbildeten und die ersten, oben erwähnten Sprachdenkmäler entstanden.

Auch Italien blieb, wie wir bereits angedeutet haben, nicht von der Völkerwanderung verschont. Die erwähnte Eroberung Roms 410 durch die Westgoten erfolgte sogar, als das weströmische Reich noch existierte. Nach der Absetzung des letzten Kaisers 476 bestand das italienische Ostgotenreich mit der Hauptstadt Ravenna von 493 bis 553 weiter. Durch die Rückeroberung Italiens unter Kaiser Justinian im 6. Jahrhundert wurde es oströmische, d.h. byzantinische Provinz. Im Jahr 568 gelang es dann den Langobarden, einen Großteil der Apenninhalbinsel zu erobern, wobei sie zunächst Oberitalien und die Toskana beherrschten. Bald danach eroberten die Franken, unter Karl dem Großen, zwischen 773 und 774 weite Teile des Langobardenreichs. Die Langobardenherrschaft hat vor allem im Norden deutliche Spuren hinterlassen — im frühen Mittelalter war *Langobardia* > it. *Lombardia* sogar ein Synonym für *Italia*. Erst später wurde der Begriff auf Oberitalien eingeengt. Im Hinblick auf die Bedeutung der Superstratsprachen wird der Einfluss des Ostgotischen insgesamt als äußerst gering eingeschätzt; zudem ist eine Differenzierung der Germanismen aus dem West- und Ostgotischen nach sprachwissenschaftlichen Kriterien in den meisten Fällen fast unmöglich. Anders als die Germanenstämme kamen die Franken nicht als siedelnde Eroberer, sondern als katholische Verbündete des Papstes im Kampf gegen die heidnischen oder arianischen[38] Langobarden. Fränkische Entlehnungen sind in Form von sog. Wanderwörtern über das Französische und Mittellateinische ins Italienische gelangt (z.B. *giardino* ‚Garten'). Insgesamt ist die Zahl der germanischen Superstrat-Wörter mit ca. 500 weit niedriger als die ca. 800-1.000 Germanismen, die man im Französischen ansetzt.

Viel mehr Gewicht als die Superstrate haben in der Herausbildung der italoromanischen Varietäten die Adstrate, die man je nach Region bzw. einzelner italoromanischer Varietät (sog. *volgare*) betrachten muss, weil sie ganz verschiedene Konstellationen bilden: Während der byzantinischen Herrschaft fungierte in vielen Regionen das Griechische als Adstrat zum Vulgärlatein. Auf Sizilien und an den süditalienischen Küsten war hingegen das Arabische vom 7. bis zum 11. Jahrhundert Adstrat, später das Französische der normannischen Eroberer. In Nord- und Süditalien wurde das Französische (bzw. Franko-Italienische) sowohl als Sprache der Wissenschaft (neben dem Lateinischen) als auch der Dichtung der italienischen Gelehrten gepflegt, bevor sich eine selbständige italienische *Volgare*-Tradition herausbildete. Als weiteres großes und lebendiges Kulturadstrat des Mittelalters ist das Provenzalische der Troubadoure zu erwähnen, das sowohl die sizilianische als auch die toskanische Lyrik nachhaltig beeinflusste. Dennoch ist das beständigste und einflussreichste Kulturadstrat sowohl zu den einzelnen *Volgare*-Varietäten als auch zur späteren italienischen Literatursprache bis weit in die Neuzeit hinein das Lateinische als Sprache der Gelehrsamkeit und Religion. Daher weist Michel (1997: 31) auch darauf hin, dass auch die ältesten italoromanischen Sprachdenkmäler in einem lateinischen Gesamtzusammenhang zu sehen sind: Das sogenannte *Indovinello veronese* (Rätsel, ca. 800) kann kaum als ‚italienisch' oder selbst ‚protoitalienisch' betrachtet werden. Auch die ersten anerkannten, echten *Volgare*-Zeugnisse, die *Placiti campani* (960/963) stehen nicht separat, sondern in einem lateinisch abgefassten Protokolltext und sind ohne diesen nur teilweise verständlich; auch lässt sich nur aus dem Kontext verstehen, warum und von wem die Formel gesprochen werden musste und welcher rechtliche Hintergrund hierfür bestand. Michel (1997: 156ff.) stellt den gesamten mittellateinischen Text in seinem historischen Kontext dar — die Formel selbst ist sehr kurz:

> „Sao ko kelle terre per kelle fini que ki contene. [t]renta anni le possette parte S[a]nc[t]i Benedicti..."
> "Ich weiß, dass jene Ländereien in jenen Grenzen, die hierin [d.h. in der notariellen Urschrift, A.M.] vermerkt sind, dreißig Jahre lang im Besitz der Partei St. Benedikt waren."

Diese Ausführungen belegen, dass wir uns für ein tieferes Verständnis der italienischen Sprachgeschichte und heute noch bestehenden dialektalen Situation nicht allein auf das aus dem Florentinischen des späten 13. und des 14. Jahrhunderts hervorgegangene Italienisch beschränken dürfen, sondern die unterschiedlichen Varietäten miteinbeziehen müssen, zumal die ersten italoromanischen

---

[38] Die Arianer waren eine christliche Gruppierung, die Jesus nicht für gottgleich hielt und daher von den Katholiken bekämpft wurden, vgl. Michel (1997: Fn. 20).

Sprachdenkmäler gerade nicht in der Toskana, speziell in Florenz, sondern im Veneto (*Indovinello veronese*) bzw. in Kampanien (*Placiti campani*) entstanden sind.

4.3.3 Spanisch

Noch vor den erwähnten Westgoten kam eine Gruppe verschiedener Stämme 409 über die Pyrenäen: ostgermanische Wandalen, westgermanische Sueben und Reste des iranischen Steppenvolks der Alanen. Von Letzteren, auf die nur der Ortsname Puerto del Alano (Huesca) zurückgeht, ist nach kurzer Zeit nichts mehr bekannt, während wir von den Wandalen immerhin wissen, dass sie sich von 409 bis 429 in der Region Baetica aufhielten und dann — von den Westgoten vertrieben — weiter nach Afrika zogen. Auch sie haben nur Spuren in den Ortsnamen hinterlassen und möglicherweise dem Hafen Iulia Traducta (heute Tarifa), von dem aus sie nach Afrika fuhren, einen neuen Namen gegeben: Portu Wándalu, von griechischen Seefahrern Wandalasiu genannt. Hieraus soll sich der arabische Name Al-Andalus > sp. *andaluz*, Andalucía herleiten. Während unklar ist, warum das w- verschwunden ist, wird diese etymologische Ableitung als zweifelsfrei betrachtet (Lapesa 1981: 116f.). Von den Sueben weiß man, dass sie sich in der Gallaecia, bis hinunter zum Duero, ansiedelten. Dies wird bezeugt von Ortsnamen wie Suevos, Suegos (in Galicien) und Puerto Sueve (in Asturien). Ihr Reich wurde ebenfalls von den Westgoten erobert (575).

Die Westgoten kamen zunächst wenig zahlreich auf die Iberische Halbinsel und hielten sich von der iberoromanischen Bevölkerung fern. Da sie der Religion des Arianismus anhingen, waren Mischehen verboten. Außerdem bevorzugten sie das Leben auf dem Land, die Romanen das in der Stadt. Der Schwerpunkt der westgotischen Siedlungen lag in der kastilischen Meseta, von Burgos nach Madrid und Toledo, wobei sie Toledo zum Kulturzentrum machten, ansonsten die Zentren und regionalen Strukturen der Römer übernahmen. Im Laufe des 6. Jahrhunderts änderten die Goten ihre Haltung, integrierten sich und wurden romanisiert. Um 654 wurde ein gemeinsames Gebetbuch für Goten und Romanen in lateinischer Sprache erstellt. Im 7. Jahrhundert führte die Integration zur Aufgabe der gotischen Sprache. Der sprachliche Einfluss der Westgoten auf das Hispanoromanische wird als gering eingestuft: Aufgrund der relativ schnellen Übernahme der römischen Kultur und lateinischen Sprache gab es keine so lange Periode der Zweisprachigkeit wie die der Franken in Frankreich, außerdem war die gotische Bevölkerung nicht sehr groß. Die lateinische Aussprache wurde nicht beeinflusst, zu nennen ist nur das gotische Suffix *-ingo* > *-engo* im Bereich der Morphologie, das Zugehörigkeit ausdrückt: *abadengo* ,zu einer Abtei gehörig; Besitzer eines geistlichen Gutes'. Im Wortschatz lassen sich nur zirka 20 Wörter zweifelsfrei dem Westgotischen zuordnen, z.B. *espía* ,Spion', *ganar* ,gewinnen'. Deutlicher ist der gotische Einfluss auf Personen- und Ortsnamen, die von Personennamen gebildet wurden, erkennbar: Personennamen sind u.a. Álvaro, Federico, Rodrigo; Ortsnamen u.a. Allariz, Aldán, Guitiriz (vgl. Lapesa 1981: 121f.).

Verlassen wir nun die Westgoten und kommen wir zum wichtigsten Ereignis für die spanische Sprachgeschichte nach der Romanisierung: die Eroberung der Pyrenäenhalbinsel durch die Araber im Jahr 711. Zunächst zog der vom Gouverneur von Nordafrika gesandte Tāriq b. Ziyād mit 7.000 Mann über die Straße von Gibraltar (arab. Ǧabal Tāriq ‚Berg des Tāriq' > Gibraltar) und siegte, mit der Verstärkung von 5.000 Berbern, am 19. Juli 711 über die Westgoten in der Nähe von Jerez de la Frontera; gleich darauf zog er weiter und eroberte Toledo. Mit weiteren Truppen und dem Einsatz des Gouverneurs selbst nahmen die Araber zwischen 712 und 718 fast die gesamte Iberische Halbinsel ein — bis auf einen schmalen Streifen im Norden, von wo aus der Widerstand und die Reconquista ihren Ausgang nahmen. Damit wird die Eroberung durch die Araber indirekte Ursache für die Ausgliederung der Sprachräume auf der Iberischen Halbinsel, insbesondere für die Ausbreitung des Kastilischen über große Teile der Halbinsel. Bollée/Neumann-Holzschuh (2007: 42f.) sehen die eigentliche Bedeutung der Araber für die spanische Sprachgeschichte darin, dass es infolge der Eroberung zu einer völligen Umgestaltung der bis zur Zeit der Westgoten entstandenen Sprachlandschaften kam. Die jahrhundertelange arabische Herrschaft und die Reconquista bewirkten, dass viele Regionen nicht das Lateinische fortsetzten, das sich dort nach der Romanisierung entwickelt hatte. Daher lässt sich die dialektale Gliederung der Iberoromania nicht mit derjenigen Frankreichs und Italiens vergleichen. Bis zum ersten iberoromanischen volkssprachlichen Text vergeht eine längere Zeit als in den anderen Sprachgebieten. Betrachten wir im Folgenden zunächst kurz den Einfluss des Sprachkontakts mit den Arabern, bevor wir dann die Entwicklung des Romanischen im christlichen Spanien und die dortige lateinisch-romanische Diglossie betrachten und das erste iberoromanische Sprachdokument, die Emilianensischen Glossen, vorstellen.

Die Mauren in Al-Andalus waren eine ethnisch komplexe Bevölkerungsgruppe, in der die Araber dominierten und in den Städten wohnten, während die Berber aus Nordafrika, noch nicht lange islamisiert und kaum arabisiert, ihnen untergeordnet waren und mehr auf dem Lande siedelten. Die hispanogotische Bevölkerung erkannte die kulturelle Überlegenheit der Araber bald an, aber in der Anfangsphase kam es nur begrenzt zu Bevölkerungsmischung, denn die Sozialstrukturen der arabischen Welt wurden zunächst beibehalten. Aber die Mauren brachten nicht nur den im Mittelalter politisch und militärisch bedeutsamen Islam, sondern auch eine hoch entwickelte Kultur nach Al-Andalus, die von griechisch-byzantinischer und persischer Kultur beeinflusst war, so dass die östliche und die westliche Kultur in Al-Andalus aufgenommen und weiterentwickelt wurde. Durch ihre Leistung begann in Europa die moderne Wissenschaft, v.a. auf den Gebieten der Medizin, Alchimie, Mathematik und Astronomie.

Insgesamt wird das Arabische nach dem Lateinischen als zweitwichtigste Quelle für den spanischen Wortschatz gewertet, wobei die Meinungen über die Anzahl der Wörter und Ableitungen weit auseinandergehen (vgl. Bollée/Neumann-Holzschuh 2007: 48). Im heutigen Spanisch befinden sich aber nur 36 Arabismen unter den 5.000 am häufigsten gebrauchten Wörtern (vgl. Berschin/Fernández-Sevilla/Felixberger 1995: 93). Die Arabismen finden sich in folgenden semantischen Bereichen: Kriegswesen (z.B. *alcazaba* ‚Festung'), Ackerbau und Gartenkultur (*noria* ‚Schöpfrad'), Arbeitswelt und Handwerk (*taza* ‚Tasse'), Handel und Verkehr (*tarifa de aduana* ‚Zollgebühr'), Siedlung/Haus/Wohnung (*aldea* ‚Dorf'), Speisen/Instrumente/Spiele (*ajedrez* ‚Schach'), Institutionen und Rechtspflege (*alcalde* ‚Bürgermeister'), Mathematik (*sifr* ‚leer' > sp. *cifra* ‚Zahl'), Alchimie (*alcohol*), Medizin (*nuca* ‚Nacken') und Astronomie (*cenit* ‚Zenit').

Kommen wir zur Entwicklung des Romanischen im christlichen Spanien, das von einer Reihe unterschiedlicher Gruppen bewohnt wurde, die dem Ansturm der Araber standgehalten hatten. Im Norden lebten einerseits die Nachfahren der Bergstämme aus vorrömischer Zeit (Gallaeci, Astures, Cantabri, Vascones), andererseits die Erben des Westgotenreichs, die seine Traditionen fortsetzten und in den ersten Jahrhunderten des Mittelalters die endgültige Romanisierung (mit Ausnahme der Basken) und Christianisierung der Gebirgsbewohner bewirkt hatten. Die einheimische Bevölkerung vermischte sich in unterschiedlichem Ausmaß mit Flüchtlingen aus dem Süden. In diesem Kontext bildeten sich die verschiedenen primären iberoromanischen Dialekte (oder Nebenvarietäten zum Kastilischen als heutiger spanischer Standardvarietät) heraus. Es bestanden folgende christliche Reiche: Asturien, Léon, Galicien, Kastilien, Navarra und Aragón sowie Katalonien (vgl. Bollée/Neumann-Holzschuh (2007: 53ff.) für die Geschichte dieser Reiche). Im Laufe der Reconquista bildete sich eine Vorherrschaft Kastiliens heraus, das Kastilische wurde zur Nationalsprache (vgl. Bollée/Neumann-Holzschuh (2007: 59ff.) für die Geschichte der einzelnen Varietäten).

Wie sah nun im Norden das Verhältnis zwischen den romanischen Varietäten und dem Lateinischen aus? Zunächst war eine Diglossie mit dem geschriebenen Latein (als H-Varietät) und dem gesprochenen *Romance* (als L-Varietät) entstanden, wobei ab Einsetzen der volkssprachlichen Schrifttradition nach der Karolingischen Reform des Lateins, das zur Wiedergabe der romanischen gesprochenen Sprache nicht mehr geeignet war, viele Autoren den Terminus ‚Bilinguismus' (vgl. 4.1.4) angemessener finden. Eine Entscheidung zwischen Diglossie und Bilinguismus zur Beschreibung dieser Kontaktsituation fällt deshalb schwer, weil das Lateinische und die Volkssprache sich nunmehr den Distanzbereich teilten, der Nähebereich aber ganz den Volkssprachen vorbehalten blieb; daher bietet es sich an, den Oberbegriff Zweisprachigkeit zu verwenden. Über den Zeitpunkt, an dem Volkssprache und Latein auf der Iberischen Halbinsel als zwei verschiedene Sprachen (in Verbindung mit dem Ende der Verständlichkeit der Distanzsprache Latein) wahrgenommen wurden, bestehen unterschiedliche Meinungen; spätestens aber seit 1080, als auch in Spanien das reformierte Latein Sprache der Liturgie wurde, kann man davon ausgehen, dass Volkssprache und Latein als unterschiedliche Sprachen empfunden wurden.

Schriftliche volkssprachliche ‚Texte' gibt es in Spanien vor dem 11. Jahrhundert nicht. Aber man kann schon vor 1000, v.a. in lateinischen Urkunden und Predigten, ein ‚sporadisches Eindringen' von Elementen der romanischen Volkssprachen feststellen, die aber von Koch/Oesterreicher (1990: 199) der Unachtsamkeit oder mangelnden Bildung des Schreibers zugeschrieben werden. Während die Urkunden also noch als lateinisch gelten, nimmt man als ersten volkssprachlichen Text die *Nodicia de kesos* aus dem Kloster San Justo y Pastor in der Nähe von Léon an (auf ca. 980 datiert), eigentlich nur eine Liste oder informelle Notiz über die Verteilung von Käse an die Mönche des Klosters, die auf der Rückseite einer Schenkungsurkunde aus dem Jahr 959 geschrieben war und romanische Grammatik und Lexik, wenngleich in der für das Lateinische damals üblichen Graphie, aufweist (http://de.wikipedia.org/wiki/Nodicia_de_Kesos [Stand: 22.9.2011]).

Der folgende Ausschnitt aus dem Facsimile wird von Frank/Hartmann (1997) so transkribiert; eine Teilübersetzung aus Wikipedia fügen wir hinzu:

(12) Transkription und Übersetzung eines Ausschnitts aus der Nodicia de Kesos

No di cia de	*Notiz über*
kesos que	Käse, die
espisit f(rate)r	ausgeteilt hat Bruder
se meno Inlab [ore]	Semeno: für die Arbeit
def(rat)r(e)s Inilo ba	der Brüder In dem
cela re	Weinberg
decir ka sceIus	um San Justo
te kesos .U. Inilo	herum: 5 Käse. In dem
alio de apa te	anderen des Abtes:
II kesos en que	2 Käse. In dem, den
pu seron ogano	sie dieses Jahr anlegten:
kesos : IIII Inilo	4 Käse. In dem…
de kas trelo :I:	
Inila uinia mai[ore]	

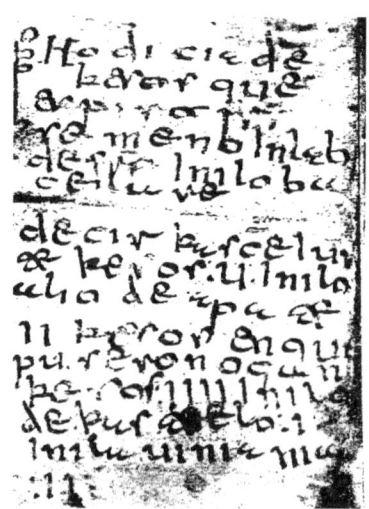

Abbildung 4.7:
Ausschnitt aus der Nodicia de kesos (aus: R.M. Ruggieri, Testi antichi romanzi I. Facsimili, Modena 1949, n° 33, zitiert nach Frank und Hartmann 1997)

Weiterhin ist aber der Normalfall im 10. Jahrhundert, für jede Art von Schriftlichkeit die lateinische Sprache zu benutzen. Es ist mit einiger Sicherheit davon auszugehen, dass ein Bewusstsein über die entstandene Zweisprachigkeit um die Jahrtausendwende in Nordspanien vorhanden war, denn man verstand das Schriftlatein nicht mehr oder nur mit Hilfestellungen — dazu gehören die Glossen, die wir in Kapitel 4.2.1 bereits kennengelernt haben. Die ältesten Glossen der Iberischen Halbinsel sind die *Glosas emilianenses* in einem lateinischen Kodex[39], der im Kloster San Millán de la Cogolla (Rioja) aufbewahrt wurde (heute in Madrid) sowie die *Glosas silenses* aus dem Kloster Santo Domingo de Silos südlich von Burgos (heute im British Museum). Die emilianensischen Glossen wurden von Menéndez Pidal (1966) auf 977 datiert, wurden aber vielleicht erst später, nämlich in der ersten Hälfte des 11. Jahrhunderts verfasst. Sie wurden in eine lateinische Handschrift aus der Zeit um 900 mit Predigten des Kirchenvaters Augustinus (bzw. solchen, die ihm zugeschrieben wurden) eingetragen. Interessant ist nun besonders die Gebetsformel am Rande des lateinischen Texts, die als erster belegter Text gilt, der bewusst ins Romanische übersetzt wurde (vgl. Lleal 1990: 140, Wolf 1991: 134; die hier übernommenen Kursivbuchstaben entsprechen aufgelösten Abkürzungen) und von Bollée/Neumann-Holzschuh (2007: 58) so wiedergegeben und übersetzt wird:

> „Cono ajutorio de nuestro dueno. Dueno *christo*. dueno salbatore. Qual dueno get ena honore. e qual due*nno* tienet.ela mandatjone. cono patre con *s*piritu sancto enos sieculos. delo[s] sieculos. facanos de*us* omnipotes tal serbitjo fere. ke dena*nte* ela sua face gaudioso[s] segamus. Amen.
>
> Mit der Hilfe unseres Herrn, Herrn Christus, Herrn (und) Retters, welcher Herr ist (get, yet < EST) in der Ehre, und welcher Herr die Macht hat, mit dem Vater mit dem Heiligen Geist, in alle Ewigkeit. Lasse uns Gott der Allmächtige solchen Dienst tun, dass wir vor seinem Antlitz fröhlich seien (segamus = seyamus < SEDEAMUS)."

Nach Krefeld (1988: 749) belegt keines der eben vorgestellten iberoromanischen Sprachdenkmäler schon „eine feste Schreibtradition" — diese Dokumente gehören noch in die Vorausbauphase. In Spanien sind die verfügbaren Sprachdenkmäler juristische (notarielle), kommerzielle und religiöse Gebrauchstexte, die man noch als episodisch betrachtet, da sie aus verschiedensten Anlässen entstanden sind. Für Spanien wird davon ausgegangen, dass die Volkssprache vom 10. bis weit ins 12. Jahrhundert noch nicht als Schriftsprache diente, sondern an die Mündlichkeit gebunden war. Damit besteht hier eine ganz andere Situation, als wir sie in der Herausbildung des Französischen kennengelernt haben.

---

[39] Das Wort Kodex (lat. CODEX = Baumstamm, Mehrzahl *codices*, daher eingedeutscht auch *Kodizes*) bezeichnet ursprünglich einen Stapel beschrifteter oder zur Beschriftung vorgesehener Holz- oder Wachstafeln, später den von zwei Holzbrettchen umschlossenen Block gefalteter oder gehefteter Papyrus- oder (meistens) Pergamentblätter (für weitere Informationen vgl. http://de.wikipedia.org/wiki/Kodex [Stand: 22.9.2011]).

4.4   Sprachwandel

Im Folgenden wollen wir auf die Motive für den Sprachwandel eingehen.

4.4.1 Motive für den Sprachwandel

Sprachen wandeln sich über die Zeit — am offenkundigsten wird dies in Veränderungen im Wortschatz und in der Aussprache, aber auch grundlegende grammatische Eigenschaften können sich verändern: Auf eine Veränderung wollen wir hier eingehen, nämlich auf den Wandel der Wortstellung. Schmeißer (2011) stellt in ihrer Arbeit das Mittelfranzösische in den Vordergrund, welches bisher weniger als das Alt- und das Neufranzösische analysiert wurde. Die mittelfranzösische Sprache wurde von zirka 1350 bis zirka 1600 gesprochen (Geckeler/Dietrich 1995). Die Daten zum Alt- und Neufranzösischen stammen aus Kaiser (2002) und Rinke/Meisel (2009), die Daten zum Mittelfranzösischen wurden zum großen Teil von der Verfasserin selbst erhoben. Die nachfolgende Abbildung zeigt den Wandel im Hinblick auf die Position des finiten Verbs im deklarativen Hauptsatz, also demjenigen Verb, das mit dem Subjekt des Satzes hinsichtlich der Merkmale Person (1., 2., 3.) und Numerus (Singular, Plural) übereinstimmt.

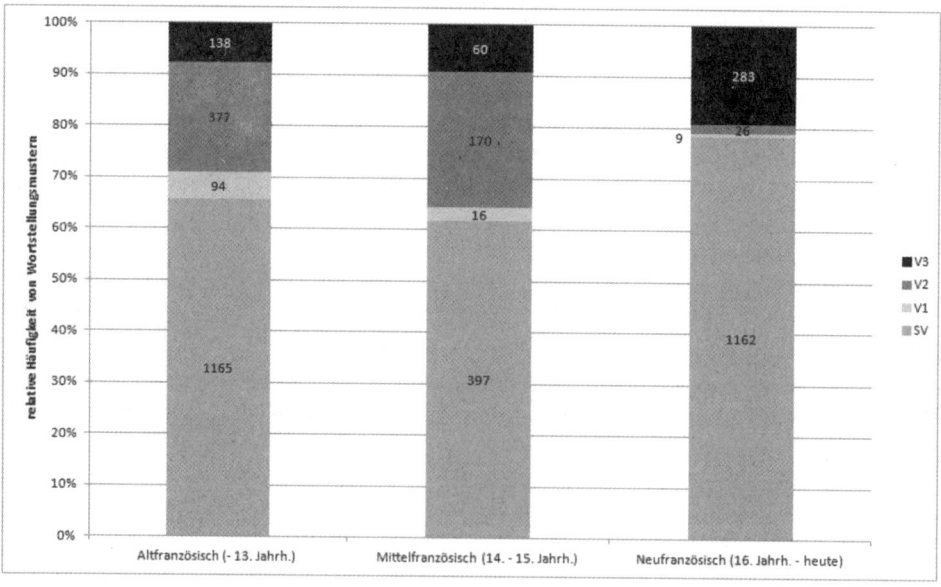

Abbildung 4.8:
Wortstellungswandel am Beispiel der Stellung des finiten Verbs,
Schmeißer (2011: 103)

Wir wollen für jedes Stellungsmuster ein Beispiel aus dem Mittelfranzösischen geben. Alle Beispiele stammen von Christine de Pizan *Le Livre de la Cité des Dames* aus dem Jahre 1405 (de Pizan 1997). Das finite Verb haben wir kursiv hervorgehoben. Im ersten Satz steht es an erster Position, im zweiten an zweiter Position und vor dem Subjekt des Satzes. Im dritten Beispiel steht es nach dem Subjekt des Satzes, *il*, aber vor letzterem befindet sich noch eine adverbiale Bestimmung der Art und Weise *de sa nature*. Man sagt auch, dass das finite Verb in der dritten Position (V3) erscheint, da die erste und zweite Position durch Satzglieder, hier eine adverbiale Bestimmung und das Subjekt, besetzt sind. Im vierten Beispiel steht das finite Verb wieder nach dem Subjekt, jedoch befindet sich in diesem Satz kein weiteres Satzglied vor diesem. Wir sprechen von SV, ,Subjekt-Verb'-Abfolge.

(13) *Voit* on communement tieulx viellars parler lubrement et deshonnestement. (V1)
       ,Sieht man häufig diese Greise sprechen lüstern und unehrlich.'

(14) Ci *commence* le livre de la Cité des Dames. (V2)
       ,Hier beginnt das Buch von der Stadt der Frauen.'

(15) De sa nature il *aime* amiableté et doulceur. (V3)
       ,Von seiner Natur her er mag Freundlichkeit und Wohlwollen.'

(16) Autres hommes *ont* blasmees femmes pour autres causes. (SV-Abfolge)
       ,Andere Männer haben beschuldigt Frauen für andere Gründe.'

Nur die Beispiele für V3 und SV sind im Neufranzösischen grammatisch. V1 tritt im Neufranzösischen in Fragesätzen auf, V2 gibt es kaum noch. In Fragesätzen kommt diese Wortstellung noch heute vor, wenn das Subjekt ein Pronomen, z.B. *il*, ist, vgl. *Quand lit-il la traduction de Harry Potter*? ,Wann liest er die Übersetzung von Harry Potter?' Wir erkennen in der Abbildung eine dramatische Veränderung, nämlich den Verlust von V2 und einen weniger ausgeprägten, aber radikalen Wandel, nämlich den Verlust von V1 in deklarativen Hauptsätzen. Die Abbildung 4.8 macht auch deutlich, dass der Wandel vom Alt- zum Mittelfranzösischen nur sanft und sogar in entgegengesetzter Richtung (minimaler Anstieg von V2 gegenüber dem Altfranzösischen im Vergleich zum fast vollständigen Verlust von V2 im Neufranzösischen) stattfand. Der Umbruch fand also vom Mittel- hin zum Neufranzösischen statt.

Wie ist ein so tiefgreifender Wandel aber möglich? Schließlich haben wir in Kapitel 1.2 beim Spracherwerb erklärt, dass Kinder die Sprache ihrer Eltern im Normalfall problemlos erwerben. Dort hatten wir auch ausgeführt, dass sich der Spracherwerb trotz des defizitären Inputs in nur wenigen Jahren erfolgreich vollzieht — dies nennt man auch das ,logische Problem des Spracherwerbs', für das mit Hilfe der Annahme einer Universalgrammatik eine Lösung versucht wird. Beim Sprachwandel liegt nun offensichtlich auch ein logisches Problem vor. Wir wollen hier zwei Erklärungsansätze kurz vorstellen: die Grammatikalisierungstheorie und die kognitiv ausgerichtete Theorie zum Sprachwandel.

Die älteste, aber bis heute weiter entwickelte Wandeltheorie basiert auf dem Konzept der Grammatikalisierung. Der Begriff ‚Grammatikalisierung' wurde erstmals von Meillet (1912) im Sinne einer „attribution du caractère grammatical à un mot jadis autonome" (‚Zuweisung eines grammatischen Charakters an ein ehemals autonomes Wort ') verwendet. Von Kurylowicz (1965) wurde Grammatikalisierung aus diachronischer Sicht auf denjenigen Prozess bezogen, der Lexeme zu grammatischen Formativen (Morpheme, v.a. Affixe, vgl. Kapitel 3) macht bzw. die Funktion grammatischer Formative noch stärker grammatikalisiert. Seither wird dieses Konzept in der historischen Sprachforschung zur Erklärung von Wandelprozessen verwendet. Auf den Fall der Wortstellung übertragen könnten wir uns beispielsweise die Person- und Numerusmarkierungen am finiten Verb ansehen. Im Neufranzösischen sind Subjekte im Singular notwendig, um zwischen den einzelnen Personen unterscheiden zu können: Eine Form − [ʃãt] − taucht auf in *je chante* ‚ich singe', *tu chantes* ‚du singst', *il/elle chante* ‚er/sie singt'. Der Verlust bestimmter Möglichkeiten bei der Stellung des finiten Verbs könnte also mit dem Verlust der Zuordnung von Markierungen für bestimmte grammatische Morpheme einhergangen sein bzw. der Grund für den Wandel sein. Markiert das Verb nicht mehr eindeutig die Person bzw. den Numerus, so muss über eine gewisse rigide Wortstellung angezeigt werden, wie die Satzglieder zueinander in Beziehung stehen. Man könnte auch sagen, dass die Wortstellung grammatikalisiert wird: Es ist also die Wortstellung (Syntax, vgl. Kap. 6), die anzeigt, welches Satzglied das Subjekt des Satzes ist.

Im Rahmen einer modernen Grammatiktheorie, die sich generative Grammatik nennt und die wir im Kapitel 6 vorstellen werden, wird eine Erklärung des syntaktischen Sprachwandels mit dem Prozess des Spracherwerbs (vgl. Kapitel 1.2 und Lightfoot 1991, 1999) in Verbindung gebracht, wobei davon ausgegangen wird, dass sich die einmal parametrisierten Eigenschaften der erworbenen I-Sprache[40] im Erwachsenenalter nicht mehr verändern. Die zentrale Frage lautet dann, wie es dazu kommen kann, dass Kinder im Spracherwerb andere parametrische Optionen (vgl. Kapitel 1.2) erwerben als die der Grammatik der Elterngeneration. Vor dem Hintergrund der Ergebnisse der Spracherwerbsforschung können Annahmen, wonach es im Spracherwerbsprozess Übertragungsfehler oder Tendenzen zur Reduktion von Komplexität geben könnte, ausgeschlossen werden, da wir gezeigt haben, dass Kinder ihre Muttersprache(n) vollständig erwerben. Demnach ist Sprachwandel in dieser Perspektive nur denkbar, wenn die Kinder auf einen veränderten Input treffen. Diese Veränderungen müssen nach Lightfoot (1999: 149) die spezifischen Strukturen bzw. strukturellen Indizien betreffen, die die sprachspezifische Parametrisierung bestimmen. Wenn sie im sprachlichen Input aufgrund von Veränderungen im Sprachgebrauch nicht mehr vorkommen, führt dies zu parametrischem Wandel. Da in dieser Sicht der Parameterwechsel beim Übergang von einer Generation zur nächsten stattfindet, wird ein abrupter

---

[40] Dieser Begriff von Chomsky (1986) bezeichnet die ‚interne, individuelle und intensionale Sprache' im Gegensatz zur externalisierten E-Sprache. Nach Yang (2000) ist die E-Sprache der Generation n der Input für den Erwerbsprozess der Generation n+1.

Wandel angenommen. Einen solchen abrupten Wandel konstatieren wir in der Abbildung 4.8 zwischen dem Mittel- und dem Neufranzösischen. Weitere Forschungen sind hier allerdings nötig, um tatsächlich zeigen zu können, dass er sich von einer zur nächsten Generation vollzieht. Hierfür muss das Lebensalter der Menschen zum jeweiligen Jahrhundert berücksichtigt werden. Für das Mittelalter wäre also zu prüfen, ob in Texten im Abstand von zirka 30 Jahren eine solche abrupte Veränderung auftritt. Wir können diese interessanten Fragen hier nicht weiter vertiefen (vgl. Schmeißer in Vorb.).

4.4.2 Sprachwandel mit Sprachkontakt

Am Beginn des Kapitels haben wir bereits die ,Neue Romania' erwähnt und dabei auch die sogenannten ,Kreolsprachen' kennengelernt, also diejenigen Sprachen, die — überwiegend während der kolonialen Expansion — aus dem Kontakt der europäischen Sprachen mit einheimischen Sprachen entstanden sind, viele davon mit Beteiligung der romanischen Sprachen Französisch, Portugiesisch und Spanisch (vgl. Holm (2000) für einen Überblick über die Kreolsprachen in der Welt). Zu der Entstehung haben sich in der Kreolsprachenforschung (auch ,Kreolistik') ab der Mitte des 20. Jahrhunderts drei führende Theorien entwickelt, die wir im Folgenden kurz vorstellen wollen. Vorab sei angemerkt, dass Kreolsprachen im Gegensatz zu Pidgin-Sprachen, die oft, aber nicht immer eine Vorstufe in der Entwicklung waren und zumeist aus Handelskontakten entstanden, Muttersprache der Sprecher sind und damit voll ausgebaute Sprachsysteme darstellen.

Die erste Theorie, die Substrat-Theorie, nimmt an, dass die Sprachen der Einheimischen, also das Substrat, wesentliche Charakteristika der jeweiligen Kreolsprache (v.a. die Grammatik) beigesteuert haben, während die Sprache der Kolonialherren Lexikon und Aussprache bestimmt, wie es etwa Lefebvre (1998) für das französisch-basierte Haiti-Kreol zeigt. Umgekehrt nimmt die Superstrat-Theorie an, dass die Kolonialsprachen die entscheidenden Charakteristika der Kreolsprachen bestimmen. Diese Theorie ist heute jedoch wenig vertreten.

Die obengenannte Substrat-Theorie befindet sich vorrangig in Konkurrenz zur Universalien-Theorie von Bickerton (1988). Dieser nimmt an, dass die universale Sprachfähigkeit, die er als ,Bioprogramm' bezeichnet und die der Universalgrammatik von Chomsky (vgl. Kapitel 1.2) ähnelt, die Kinder der ersten Generation von Kolonisten und importierten Sklaven aus aller Welt befähigte, aus dem vielsprachigen, sehr defizitären Input vollständige Sprachen zu entwickeln. Bickerton stützt sich auf den Vergleich bestimmter grammatischer Eigenschaften in vielen Kreolsprachen, die sich, obwohl in ganz verschiedenen Ländern der Welt und auf Basis unterschiedlicher europäischer Sprachen entstanden, erstaunlich ähneln, z.B. weisen praktisch alle französisch-basierten Kreolsprachen sehr ähnliche Tempus-Modus-Aspekt-Markierer auf[41] (vgl. Stein 1985 und 1997 für einen vergleichenden Überblick). Dabei handelt es sich, anders als im Französischen, nicht um gebundene Morpheme, sondern um frei und vor dem Verb stehende ein- bis zweisilbige Morpheme, die einzeln und kombiniert alle Tempora, Modi und Aspektmarkierungen ausdrücken können.

Letztlich ist die Frage nach der ‚richtigen' Entstehungstheorie keineswegs so einfach zu beantworten, zumal es Belege sowohl für eine wichtige Rolle der Substratsprache als auch für Universalien gibt. Letztere erfordern, dass das Phänomen der Kreolsprachen im engen Zusammenhang mit dem (bilingualen) Erstspracherwerb (vgl. Kapitel 1.2) gesehen wird. Genau so eine Betrachtungsweise legt Julius (2010) zugrunde. Sie beschäftigt sich mit dem Phänomen der Auslassbarkeit von Subjekten (in den Beispielen wie folgt markiert: Ø) in zwei französischbasierten (Haiti-Kreol und Mauritius-Kreol) und zwei spanischbasierten (Papiamentu und Palenquero) Kreolsprachen. Hierfür wollen wir ein Beispiel aus dem Mauritius-Kreol geben, welches wir Adone (1994: 33) entnommen haben.

(17) Ø pe rod sãnz koñstitisyoñ brit
     Ø ASP try change constitution brutally
     „they are trying to change the constitution quickly"

Die Kreolsprachen werden nicht nur untereinander und mit den jeweiligen romanischen Lexifizierer-Sprachen (aus denen die lexikalischen, also nicht die grammatischen Morpheme stammen) verglichen, sondern es wird auch einen Bezug zum Erwerb im bilingualen Erstspracherwerb des Französischen und Spanischen hergestellt. Dies erfolgt unter der sehr plausiblen Annahme, dass auch zum Zeitpunkt der Entstehung der genannten Kreolsprachen eine mehrsprachige Situation herrschte, nämlich in der zweiten Generation, nachdem eine erste Generation versuchte, die Sprache der Kolonialherren als Fremdsprache zu erwerben und dabei eine reduzierte Variante dieser Sprache, ein ‚Pidgin', entstand, das die Kinder neben den jeweiligen Substratsprachen erwarben und ausbauten. In dieser Situation können die Substratsprachen Einfluss auf das entstehende Kreol im bilingualen Erstspracherwerb gehabt haben, so wie es für deutsch-romanisch bilingual aufwachsende Kinder nachgewiesen werden konnte.

---

[41] Tempus markiert die zeitliche Struktur der Handlung (z.B. Vergangenheit vs. Zukunft), Modus die Einstellung des Sprechers zur Satzaussage (z.B. Indikativ vs. Konjunktiv). Der Aspekt wird in den romanischen Sprachen beispielsweise durch die Unterscheidung zwischen perfektiven und imperfektiven Vergangensformen des Verbs oder durch Adverbien wie *immer* vorgenommen.

4.5   Aufgaben

Übung 1.

Allgemeine romanistische Aufgaben:

   a. Zum Vulgärlateinischen: Überlegen Sie, was in den Beispielen aus dem Appendix Probi jeweils passiert ist, und warum die bemängelten Formen für den Verfasser des Anhangs falsch waren. (Lösung in Klare 2007: 24.)

   b. Klare (2007: 19ff.) gibt eine sehr genaue Periodisierung für die Entwicklungsphasen des schriftlichen Lateins an. Beschreiben Sie die sieben Phasen.

   c. Recherchieren Sie in den oben angegebenen Werken für Galicisch, Korsisch und Frankoprovenzalisch, welche Gründe für und welche gegen den Status ‚Sprache' (vs. Dialekt) sprechen, indem Sie die in Kapitel 4.1 eingeführten Kriterien wie z.B. den Grad des Ausbaus verwenden. Ermitteln Sie die erforderlichen Informationen aus historischer und aktueller Sicht und wägen Sie sie gegeneinander ab. Diskutieren Sie nach kurzer Präsentation, z.B. in einem Tutorium oder Seminar.

Übung 2.

Aufgabe zum Französischen: Im Folgenden lesen Sie einen kurzen Ausschnitt aus der mittelalterlichen französischen Chronik „La Conqueste de Constantinoble" von Josfroi de Villehardouin, die er zwischen 1207 und 1213 verfasste. Er beschreibt das Verhalten einiger französischer Ritter, die in Griechenland infolge des Kreuzzugs Land erworben bzw. erobert hatten. Dazu lesen Sie die neufranzösische Übersetzung (vgl. Debidour 1980/1882: 60f.) des Abschnitts. Vergleichen Sie die beiden Versionen des Zitats im Hinblick auf die verwendeten Wörter und ihre Position. Beschreiben Sie, was sich alles geändert hat.

> Villehardouin: „Quant chascuns sot assener à sa terre, la covoitise del monde, qui tant aura mal fait, nes laissa estre en paix; ainz comença chascuns à faire mal en sa terre, li uns plus et li autre mains; et li Grieu les commencierent à haïr et à porter malvais cuer."

> Neufranzösische Übersetzung von Debidour: „Quand chacun put aller à sa terre, la convoitise du monde, qui aura tant fait de mal, ne les laissa pas être en paix ; mais chacun commença à faire mal en sa terre, l'un plus et l'autre moins ; et les Grecs commencèrent à les haïr et à nourrir de mauvaises pensées."

Aufgabe zum Italienischen: Versuchen Sie, mit Ihren Kenntnissen des heutigen Italienischen das Geschehen zu verstehen und zu beschreiben, was in dem nachfolgenden kurzen Ausschnitt aus der von Bernardo Maragone ursprünglich auf Lateinisch geschriebenen und später in *volgare* fortgesetzten Stadtchronik *Annales Pisani* aus dem 12. Jahrhundert geschildert wird. Vergleichen Sie die dort vorkommenden Verbformen mit Ihnen bekannten Formen im Hinblick auf Veränderungen.

„*1175*. Genovesi venneno di notte contro di loro, et preseno la galera di Vitello in nel mare di giugnio, et l'altra galera se ne tornò a Pisa. *Item*. Marabotto con dua galere ando in Provenza, et essendo giunto supra Miglia trovo una galera de Genovesi et la preseno, ma li homini che erano in la città vedendo questo, tanto e' cavalieri quanto e' pedoni, montando sopra dua loro galere difeseno et liberonno la nave, preseno la galera de Marabbotto del mese di luglio, et l'altro ritornò à Pisa." (Maragone 1930-1936)

Aufgabe zum Spanischen: Lesen Sie die nachfolgende kurze altspanische Urkunde aus Pidal (1966: 43, Nr. 20), in der ein gewisser Pelayo Peldez im Jahr 1204 eine geerbtes Grundstück in Lomilla (bei Aguilar de Campó) an den Abt von Aguilar verkauft. Ermitteln Sie, welche Wörter und Sätze noch lateinisch und welche schon altspanisch sind und versuchen Sie, die Urkunde für sich zu übersetzen. Ziehen Sie dabei etymologische Wörterbücher und sonstige Hilfsmittel zu Rate. Hinweise: Häufig wird statt ‚v' ein ‚u' geschrieben; das ‚s' wird teilweise als ‚ſ' geschrieben, was wir genauso wiedergeben. Für ‚und' (damals noch ‚e', während ‚y' wie im Französischen für ‚dort' stand) wird ein besonderes Zeichen verwendet, das wir hier nicht wiedergeben können. Wir benutzen daher hilfsweise das kaufmännische ‚und'-Zeichen (&). Das Zeichen ‚ts' steht für ‚teste', also Zeuge.

„Ego Pela Pelaz una cum fratribus meis Aluar Gonzaluez & Maior Gonzaluez & Gonzaluo Petrez noſtro ſubrino.... In Era M.ª CC.ª XLIJ.ª Regnante rege Allefonſo cum regina Alienor in Toleto & in Caſtella. Alfieraz regis comes Fernandus... Alfonſo Guſtioz ts.... Petro ſobrino ts. Johanes erno de Mari Uelaſchez ts. Ego Pela Pelaz & Aluar Gonzaluez ſumus fidiadores de adozir a Maior Gonzaluez ad otorgar eſta heredat que nos uendemos en Lomiella, ujua ſediendo ; & ſi ella morir, ad ſuos filios que ſean pagados de precio & de robra."

Übung 3.

Die Zeitschrift MIC Romania stellt zeitgenössische Literatur in den romanischen Regionalsprachen vor. Wir wollen nun einige Beispiele für Sie auflisten und Sie dazu einladen, den Versuch einer Übersetzung zu wagen.

Französischstudierende lesen das folgende Gedicht von Marcel Dalarun (Coutances 1922) zitiert nach MIC Romania 3 (2010: 19). Dabei handelt es sich um das Normannische.

La joulie pole neire

La JOULIE poule neire
A byin de la minsère
O veit pus mais cllai
O va touot de travers

Biâo que la cache seit dreite
Ch'est eune vraie surguette
D'aveu ses lunettes
Ol avise pus miette

V'là-t-i paé halas!
Qu'o grile patrafllas
Cha fit tête en bas
Eun reide biâo quinetras

Mais le gentil quétoun
La juque sus se dos
I s'en vount lo le loung
Chauntaunt eune caunchoun

Italienischstudierende lesen das folgende Gedicht von Mirella Malusà (Pola 1962) zitiert nach MIC Romania 3 (2006: 24). Es handelt sich hier um das Istrische.

Dasparasion

I son rastada in sico
in quista spiaſa diſulada.
I iè pierso el timon,
i iè peirso l'ancura,

i iè isà la vila
sfidando el fuorto vento
can u ma diva paſ
La mieia barca
ſi in piriculo!
I dievo salvada!

Spanischstudierende lesen das folgende Gedicht von Chuse Antón Santamaría (Ayerbe 1950) zitiert nach MIC Romania 3 (2006: 45). Dabei handelt es sich um das Aragonesische.

Paxaros estranios ....

Paxaros estranios
esperpizan
a luz biba.

Entre os chuegos
de os críos
s'esboldrega
o día.

En o mantel
de o zielo
o pan de o sol
s'esmicaza
en estrellas
que parpadían.

Querer
ye darse
á porfía.

4.6   Literatur

Adone, Dany (1994): „Creolization and language change in Mauritian Creole". In: Adone, Dany/Plag, Ingo (Hgg.): *Creolization and Language Change.* Tübingen: Niemeyer, S. 23-43.

Ascoli, Graziado I. (1873): „Saggi ladini". In: *Archivio Glottologico Italiano* 1, S. 1-556.

Ascoli, Graziado I. (1878): „Schizzi francoprovenzali". *Archivio Glottologico Italiano* 3, S. 61-120.

Banniard, Michael (1993): *Europa. Von der Spätantike zum frühen Mittelalter.* München/Leipzig: List. [dt. Übersetzung des frz. Originals von 1989].

Berschin, Helmut/Fernández-Sevilla, Julio/Felixberger, Josef (²1995): *Die spanische Sprache. Verbreitung, Geschichte, Struktur.* Ismaning: Hueber.

Bickerton, Derek (1988): „Creole Languages and the bioprogram". In: Newmeyer, Frederick J. (Hrsg.): *Linguistics: The Cambridge Survey, Volume 2 Linguistic Theory: Extensions and Implications.* Cambridge: Cambridge University Press, S. 268-284.

Bierbach, Christine/Birken-Silverman, Gabriele (2003a): „Deutsch-italienischer Sprachkontakt". In: Moraldo, Sandro M. (Hrsg.): *Tendenzen der deutschen Gegenwartsprache.* http://www.ids-mannheim.de/prag/sprachvariation/.../Deutsch2003.PDF [Stand: 17.10.2011].

Bierbach, Christine/Birken-Silverman, Gabriele (2003b): „Italienische und spanische Migranten in Südwestdeutschland – ‚vicini, ma diferentes'". In: Erfurt, Jürgen/Budach, Gabriele/Hofmann, Sabine (Hgg.): *Mehrsprachigkeit und Migration. Ressourcen sozialer Identifikation.* Frankfurt/M.: Peter Lang, S. 77-99.

Blasco-Ferrer, Eduardo (1994): *Handbuch der italienischen Sprachwissenschaft*. Berlin: Schmidt.

Bollée, Annegret/Neumann-Holzschuh, Ingrid ([5]2007): *Spanische Sprachgeschichte*. Barcelona u.a.: Klett.

Bossong, Georg (2008): *Die romanischen Sprachen: Eine vergleichende Einführung*. Hamburg: Buske (Studienbuch).

Chomsky, Noam (1986): *Knowledge of Language: Its Nature, Origin and Use*. New York: Praeger.

Clahsen, Harald/Meisel, Jürgen/Pienemann, Manfred (1983): *Deutsch als Zweitsprache. Der Spracherwerb ausländischer Arbeiter*. Tübingen: Narr.

Coseriu, Eugenio (1954/1978): „Das sogenannte ,Vulgärlatein' und die ersten Differenzierungen in der Romania". In: Kontzi, Reinhold (Hrsg.): *Zur Entstehung der romanischen Sprachen*. Darmstadt: Wiss. Buchgesellschaft, S. 257-291.

Coseriu, Eugenio (1980): „,,Historische' Sprache und ,Dialekt '". In: Göschel, Joachim (Hrsg.): *Dialekt und Dialektologie*. Wiesbaden: Steiner, S. 106-122.

Coseriu, Eugenio ([2]1992): *Einführung in die Allgemeine Sprachwissenschaft*. Tübingen: Francke.

Còveri, Lorenzo (1988): „Italienisch: Sprache und Generationen". In: Holtus, Günter/ Metzeltin, Michael/Schmitt, Christian (Hgg.): *Lexikon der romanistischen Linguistik (LRL). Bd. IV*. Tübingen: Niemeyer, S. 231-236.

Debidour, Antonin (1980/1882): *Les Chroniqueurs: Villehardouin – Joinville – Froissart – Commines. I-II*. Genève: Slatkine Reprints.

de Pizan, Christine (1997): *La città delle dame/Le Livre de la Cité des Dames*. Bilinguale Ausgabe. Richards, Earl Jeffrey (Hrsg.), Caraffi, Patricia (Übers.). Mailand: Luni Editrice.

Dietrich, Wolf/Geckeler, Horst ([4]2004): *Einführung in die spanische Sprachwissenschaft*. Berlin: Schmidt.

Durante, Marcello (1981): *Dal latino all'italiano moderno*. Bologna: Zanichelli.

Durante, Marcello (1993): *Geschichte der italienischen Sprache*. Stuttgart: Steiner.

Ferguson, Charles A. (1959): „Diglossia". In: Ferguson, Charles A./Huebner, Thom (Hgg.): *Sociolinguistic perspectives on language in society, 1959-1994*. New York: Oxford University Press, S. 25-39.

Frank, Barbara/Hartmann, Jörg (1997): *Inventaire systématique des premiers documents des langues romanes*. 5 Bände. Tübingen: Narr (ScripOralia 100/I-V).

Fusco, Fabiana (2007a): „La lingua dei giovani in Italia: tratti e movimenti". In: Neuland, Eva (Hrsg.): *Jugendsprachen: mehrsprachig – kontrastiv – interkulturell*. Frankfurt a.M.: Lang, S. 149-167.

Fusco, Fabiana (2007b): „Il dialetto e la lingua dei giovani in Italia". In: Neuland, Eva (Hrsg.): *Jugendsprachen: mehrsprachig – kontrastiv – interkulturell*. Frankfurt a.M.: Lang, S. 85-98.

Gabriel, Christoph/Meisenburg, Trudel (2007): *Romanische Sprachwissenschaft*. Paderborn: Fink.

García-Hernández, Benjamín (1990): „L'intransitivation en latin tardif et la primauté actantielle du sujet." In: Calboli, Gualtiero (Hrsg.): *Latin vulgaire – latin tardif II. Actes du IIème Colloque international sur le latin vulgaire et tardif*. Tübingen: Niemeyer, S. 129-144.

Geckeler, Horst/Dietrich, Wolf ([2]1995): *Einführung in die französische Sprachwissenschaft*. Berlin: Schmidt.

Gilliéron, Jules/Edmont, Edmond (1902-1910): *Atlas Linguistique de la France*. Bologna: Forni, 1969.

Gordon, Raymond G./Grimes, Barbara F. ([15]2005): *Ethnologue: Languages of the world*. Dallas: SIL International.

Haase, Martin (2007): *Italienische Sprachwissenschaft*. Tübingen: Narr (bachelor-wissen).

Hajek, Sandra (2009): *Dialektklassifikation mittels des Levenshteinschen Sequenzabstandsmaßes am Beispiel des italienischen Sprachraumes*. Unveröffentlichte Magisterarbeit, Bergische Universität Wuppertal.

Hermann, Ursula (1993): *Herkunftswörterbuch*. Etymologie und Geschichte von 10000 interessanten Wörtern. München: Orbis Verlag.

Holm, John (2000): *An introduction to pidgins and creoles*. Cambridge: Cambridge University Press.

Julius, Christina (2010): *Der Null-Subjekt-Parameter in romanisch-basierten Kreolsprachen im Vergleich zum bilingualen Erstspracherwerb*. Unveröffentlichte Bachelor-Thesis. Bergische Universität Wuppertal.

Kaiser, Georg (2002): Verbstellung und Verbstellungswandel in den romanischen Sprachen. Tübingen: Niemeyer.

Klare, Johannes (⁶2007): *Französische Sprachgeschichte*. Klett (Uni-Wissen Französisch).

Koch, Peter/Krefeld, Thomas/Oesterreicher, Wulf (²1997): *Neues aus St. Eiermark. Das kleine Buch der Sprachwitze*. München: C.H. Beck.

Koch, Peter/Oesterreicher, Wulf (1985): „Sprache der Nähe – Sprache der Distanz: Mündlichkeit und Schriftlichkeit im Spannungsfeld von Sprachtheorie und Sprachgeschichte". In: *Romanistisches Jahrbuch* 36, S. 15-43.

Koch, Peter/Oesterreicher, Wulf (1990): *Gesprochene Sprache in der Romania. Französisch, Italienisch, Spanisch*. Tübingen: Niemeyer.

Krefeld, Thomas (1988): „Italienisch: Periodisierung". In: Holtus, Günter/Metzeltin, Michael/Schmitt, Christian (Hgg.): *Lexikon der romanistischen Linguistik (LRL). Bd. IV*. Tübingen: Niemeyer, S. 748-762.

Kurylowicz, Jerzy (1965): „The Evolution of Grammatical Categories." In: *Diogenes* 51, S. 55-71.

Lapesa, Rafael (⁹1981): *Historia de la lengua española*. Madrid: Gredos.

Lausberg, Heinrich (³1969): *Romanische Spachwissenschaft. Bd. 1: Einleitung und Vokalismus*. Berlin: de Gruyter.

Lefebvre, Claire (1998): *Creole genesis and the acquisition of grammar. The Case of Haitian Creole*. Cambridge: Cambridge University Press.

Lightfoot, David (1991): *How to Set Parameters: Argument from Language Change*. Cambridge, Mass.: MIT Press.

Lightfoot, David (1999): *The Development of Language. Acquisition, Change and Evolution*. Malden/Oxford: Blackwell.

Lewandowski, Theodor (⁴1984): *Linguistisches Wörterbuch*. Heidelberg u.a.: Quelle & Meyer (Uni-Taschenbücher, UTB).

Lleal, Coloma (1990): *La formación de las lenguas romances peninsulares*. Barcelona: Barcanova.

Maragone, Bernardo (12. Jh): *Annales Pisani*. In: Lupo Gentile, Michele (Hrsg.) (1930-1936): *Rerum Italicarum scriptores*. Bologna: Zanichelli. Digitalisierte Ausgabe der Biblioteca Italiana, Rom, 2003.

Meillet, Antoine (1912): L'évolution des formes grammaticales. In: Meillet, Antonie (Hrsg.): *Linguistique historique et linguistique générale*, t. 1. Paris: Klincksiek, S. 130-148.

Menéndez Pidal, Ramon (1966): *Documentos Lingüísticos de España I. Reino de Castilla*. Revista de Filología Española – Anejo LXXXIV, Madrid.

Michel, Andreas (1997): *Einführung in das Altitalienische*. Tübingen: Narr.

Montrul, Silvina (2008): *Incomplete acquisition in bilingualism: Re-examining the age factor*. Amsterdam: Benjamins.

Nebrija, Antonio de (1492/³1989): *Grámatica de la lengua castellana. Estudio y edición Antonio*

Quilis. Madrid: Centro de Estudios Ramón Areces.

Nerbonne, John/Siedle, Christine (2005): „Dialektklassifikation auf der Grundlage aggregierter Ausspracheunterschiede". In: *Zeitschrift für Dialektologie und Linguistik* 72, Heft 2, S. 129-147.

Neuland, Eva (Hrsg.) (^{3}2008): *Jugendsprache – Jugendliteratur – Jugendkultur. Interdisziplinäre Beiträge zu sprachkulturellen Ausdrucksformen Jugendlicher*. Frankfurt a.M.: Lang.

Oesterreicher, Wolfgang (1995): „L'oral dans l'écrit. Essai d'une typologie à partir des sources du latin". In: Callebat, Louis (Hrsg.): *Latin vulgaire – latin tardif IV. Actes du 4e colloque international sur le latin vulgaire et tardif. Caen, 2-5.9.1994*. Tübingen: Niemeyer.

Pomino, Natascha/Zepp, Susanne (^{2}2008): *Hispanistik*. UTB: Stuttgart (UTB basics).

Rinke, Esther/Meisel, Jürgen (2009): „Subject inversion in Old French: Syntax and information structure". In: Kaiser, Georg A./Remberger, Eva-Maria (Hgg.): *Proceedings of the Workshop Null-subjects, Expletives, and Locatives in Romance*. Konstanz: Fachbereich Sprachwissenschaft, S. 93-130.

Scherfer, Peter (2005): „Sprachliche Varietäten: Sorten und Interrelationen". In: *Moderne Sprachen* 48, I, S. 59-93.

Scherfer, Peter (^{3}2008): „Jugendsprache in Frankreich". In: Neuland, Eva (Hrsg.): *Jugendsprache – Jugendliteratur – Jugendkultur. Interdisziplinäre Beiträge zu sprachkulturellen Ausdrucksformen Jugendlicher*. Frankfurt a.M.: Lang, S. 149-167.

Schmeißer, Anika (2011): *Zum Hergang des Verbstellungswandels im Französischen: Eine diachrone Analyse der Wortstellung in Haupt- und Nebensatz*. Unveröffentlichte Masterarbeit, Bergische Universität Wuppertal.

Schmeißer, Anika (in Vorb.) *Eine diachrone Analyse des Finitums im Französischen und Spanischen des 16. Jahrhunderts*. Dissertation, Bergische Universität Wuppertal.

Schuchardt, Hugo (1866): *Der Vokalismus des Vulgärlateins I-III*. Teubner: Leipzig.

Stein, Peter (1985): *Kreolisch und Französisch*. Tübingen: Niemeyer.

Stein, Peter (1997): „Kreolistik". In: *Grenzgänge* 4 (8), S. 96-121.

Tagliavini, Carlo (^{2}1998): *Einführung in die romanische Philologie*. München: Beck.

Väänänen, Veikko (^{3}1981): *Introduction au Latin Vulgaire*. Paris: Editions Klinksieck.

Valdés, Guadalupe (2000): *Spanish for native speakers: AATSP professional development series handbook for teachers K-16 (vol. 1)*. New York: Harcourt College Publishers.

Veltman, Calvin (1983): *Language shift in the United States*. Berlin: Mouton de Gruyter.

Wartburg, Walther v. (1950): *Die Ausgliederung der romanischen Sprachräume*. Bern: Francke.

Wolf, Heinz-Josef (1991): *Glosas Emilianenses*. Hamburg: Buske.

Yang, Charles D. (2000): „Internal and external forces in Language Change". In: *Language Variation and Change* 12, S. 231-250.

Zimmermann, Klaus (1990): „Französisch: Sprache und Generationen". In: Holtus, Günter/Metzeltin, Michael/Schmitt, Christian (Hgg.): *Lexikon der romanistischen Linguistik (LRL). Bd. V, 1*. Tübingen: Niemeyer, S. 238-247.

Zimmermann, Klaus (^{3}2008): „Kontrastive Analyse der spanischen, französischen, portugiesischen und deutschen Jugendsprache". In: Neuland, Eva (Hrsg.): *Jugendsprache – Jugendliteratur – Jugendkultur. Interdisziplinäre Beiträge zu sprachkulturellen Ausdrucksformen Jugendlicher*. Frankfurt a.M.: Lang, S. 169-182.

Zimmermann, Klaus/Müller-Schlomka, Ute (2000): „Die spanische und mexikanische Jugendsprache. Ein Vergleich der Lexik und der Verfahren der Varietätenkonstruktion". In: *Iberoamericana* 77, S. 39-69.

Zimmermann, Klaus/Remmert, Natascha (2007): „Herausforderungen und Perspektiven diatropisch-kontrastiver Studien der Jugendsprache innerhalb der Hispania". In: Neuland, Eva (Hrsg.): *Jugendsprachen: mehrsprachig – kontrastiv – interkulturell*. Tübingen: Lang, S. 65-84.

5 Semantik

Wenn Sie sich schon immer gefragt haben, wie es eigentlich kommt, dass wir ein-ander zwar meistens verstehen, aber doch häufig auch Missverständnisse (auch die lustigen, die wir in Witzen erzählen und hören entstehen), und dass wir mit Wörtern häufig bestimmte Assoziationen verbinden (was sich z.B. die Werbung zunutze macht), werden Sie in diesem Kapitel sicher einige Antworten finden — auch auf viele weitere interessante Fragen. Nachdem wir das sprachliche Zeichen von de Saussure bereits im Kapitel über die Phonetik und Phonologie kennenge-lernt und uns mit seiner Ausdrucksseite beschäftigt haben, wollen wir in diesem Kapitel nun die Inhaltsseite genauer betrachten und die Teildisziplin der Seman-tik vorstellen, die wir wie folgt charakterisieren:

📖 Die **Semantik** ist derjenige Bereich der Sprachwissenschaft, der sich mit dem Inhalt (frz. *signifié*, it. *significato*, sp. *significado*) oder auch der Bedeu-tung der sprachlichen Zeichen auf allen Ebenen der Sprache, also im Wort, Satz und Text, befasst.

Dabei ist das Wort ‚Bedeutung‘ selbst mehrdeutig. Wir müssen mindestens zwei unterscheiden: a) Bedeutung im Sinne von Funktion oder Meinung in einem bestimmten Kontext und b) Bedeutung im Sinn eines konventionell festgelegten Informationsgehalts sprachlicher Ausdrücke. Die Semantik als Teilbereich der Sprachwissenschaft interessiert sich vor allem für b), also die Bedeutung sprach-licher Ausdrücke, die de Saussure in seinem Modell des sprachlichen Zeichens mit *signifié* bezeichnet hat. Schauen wir es uns zur Erinnerung noch einmal an. Abbildung 5.1 macht deutlich, dass es nur die Beziehung zwischen der Aus-drucksseite (frz. *signifiant*, it. und sp. *significante*) und der uns hier besonders inte-ressierenden Inhaltsseite (frz. *signifié*, it. *significato*, sp. *significado*) darstellt. Dabei ist die Beziehung zwischen der Inhaltsseite (auch: Konzept) und Ausdrucksseite arbiträr (= willkürlich festgelegt), beide formen zusammen ein geistiges Gebilde.

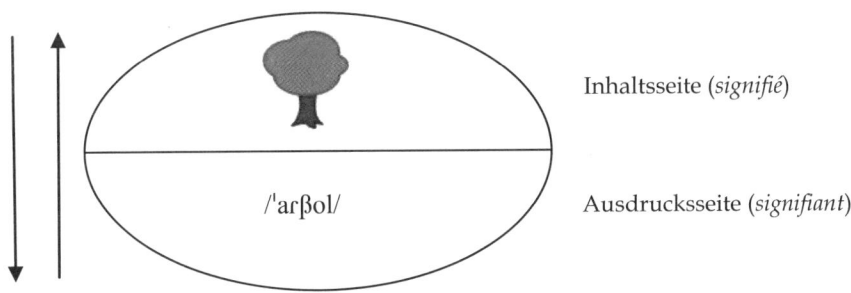

Abbildung 5.1:
Zeichenmodell nach de Saussure am Beispiel des spanischen Worts *árbol* ‚Baum‘

Dass die Verbindung zwischen Ausdrucks- und Inhaltsseite arbiträr ist, hat schon de Saussure sehr betont, und dies ist auch eine Besonderheit des sprachlichen Zeichens im Vergleich zu anderen Zeichen. Die Festlegung, welche Ausdrucks-seite mit welcher Inhaltsseite korrespondiert, beruht auf Konvention.

Da Wörter also eine Art von Zeichen sind, gibt es hier eine Schnittstelle zwischen der Semantik als Lehre der Bedeutung von sprachlichen Zeichen oder Ausdrücken und der allgemeineren Zeichen- und Bedeutungstheorie, der Semiotik, die sich mit allen Typen von Zeichen beschäftigt, also auch nichtsprachlichen, u.a. den meisten Verkehrsschildern. An diesen können wir unterschiedliche Zeichentypen betrachten.

Der erste Typ umfasst solche Zeichen, bei denen das Schild und das, worauf es uns hinweist, in unmittelbarer Beziehung zueinander stehen — dies folgt dem Prinzip der Kontiguität, einem Prinzip der Assoziation aus der behavioristischen Schule (vgl. Kapitel 1), demzufolge Nahestehendes in Raum und Zeit miteinander assoziiert werden (Stuhl → Tisch). Diesen Zeichentyp nennt man nach Peirce (1931) Index oder indexikalisches Zeichen. Dazu gehören u.a. das Umleitungsschild und das Einbahnstraßenschild auf dem nachfolgenden Foto, das gleich vorgibt, in welcher Richtung die Einbahnstraße befahren werden darf bzw. muss.

Abbildung 5.2:
Einbahnstraßenschild (Foto: K. Schmitz)

Solche Zeichen findet man auch in der Sprache: Es handelt sich dabei um ‚deiktische Ausdrücke‘, deren Bedeutung man nur in Bezug auf die Sprechsituation (‚im Hier und Jetzt‘), in der sie geäußert werden, ermitteln kann (Näheres dazu in Kapitel 7). Im untenstehenden Foto gilt dies für das ‚Kreuzt‘-Schild.

Der zweite Zeichentyp bildet eine Ähnlichkeit zwischen einer Situation auf dem Schild und der beabsichtigten Vorschrift ab — sehr typisch ist das Fußgängerübergang-Schild, das uns bekanntlich sagt ‚Vorsicht, Fußgänger haben bei Kreuzen der Straße Vortritt‘. Zu solchen abbildenden, also ikonischen Zeichen, oder ‚Ikons‘ genannt, zählt man außerdem Zeichen, Graphiken, Piktogramme, Bilderschriften usw. — kurz alle, die Eigenschaften des realen Objekts oder Sachverhalts durch Abbildung imitieren, warum nicht auch eine Kellnerin wie im nachfolgenden Foto:

Abbildung 5.3:
Variante des Fußgängerschildes in einem Kneipenviertel
von Wuppertal (Foto: K. Schmitz)

Der dritte Zeichentyp ist anders beschaffen als die beiden vorigen und lässt sich durch das Vorfahrtsschild illustrieren.

Abbildung 5.4:
Das Vorfahrtsschild (Foto: K. Schmitz)

Hier stehen Schild und das Gemeinte weder in unmittelbarer Beziehung zueinander noch besteht eine Ähnlichkeit zwischen ihnen — es handelt sich also weder um ein indexalisches noch um ein ikonisches Zeichen. Wir können hier die Bedeutung nicht aus dem Zeichen ableiten. Die Verbindung des Verkehrsschilds mit dem Sachverhalt ‚Vorfahrtsstraße' ist allein durch Konvention (Übereinkunft) festgelegt. Es ist also ein ‚symbolisches Zeichen'. Dieser symbolische Charakter trifft auch auf die meisten sprachlichen Zeichen zu, denn in der Lautkette [ʃtuːl] sieht nichts aus wie ein Stuhl oder hat die Funktion eines Stuhls. Die Zuordnung ist also im systematischen Sinn willkürlich oder arbiträr.

Eine länderspezifische Festlegung der ja generell international verwendeten Verkehrsschilder zeigt der Vergleich des Vorfahrt-Gewähren-Schildes in den folgenden Abbildungen, wobei das deutsche Schild in Abbildung 5.5a und das französische Schild in Abbildung 5.5b zu sehen ist. Das französische Schild ist noch einmal mit dem schriftsprachlichen Hinweis auf seine Bedeutung versehen.

Abbildung 5.5a
Dt. Vorfahrt-Gewähren-Schild

Abbildung 5.5b
Frz. Vorfahrt-Gewähren-Schild
(Fotos: K. Schmitz)

Insgesamt kann man also sagen, dass alle sprachlichen Zeichen stets durch Konvention festgelegt sind, egal durch welches Prinzip (indexalisch, ikonisch oder symbolisch) sie auf das Gemeinte verweisen. Hingegen können nichtsprachliche Zeichen konventionell sein, müssen es aber nicht, wie wir gesehen haben.

Wir kombinieren aber auch nichtsprachliche und sprachliche Zeichen: Nicht alle im Verkehr wichtigen Informationen können mit rein nichtsprachlichen Schildern ausgedrückt werden, wie die folgende Abbildung zeigt. Der Vorrang der abgebildeten Straßenbahn vor allen anderen Straßenverkehrsteilnehmern käme auch dann nicht zum Ausdruck, wenn Menschen, Autos, Fahrräder etc. dazu abgebildet wären. Wir müssen hier auf sprachliche Zeichen zurückgreifen.

Abbildung 5.6:
Vorrangschild für die Straßenbahn (Stuttgart) (Foto: K. Schmitz)

Nachdem wir nun einen ersten Eindruck vom Gegenstandsbereich der Semantik erhalten haben, wollen wir an dieser Stelle einige Teilbereiche vorstellen.

Trotz des generellen Auftretens von Wörtern im größeren Zusammenhang in der gesprochenen und geschriebenen Sprache sind wir intuitiv in der Lage, sie aus ihrem Kontext herauszunehmen und als sprachliche Einheiten isoliert zu betrachten. Einen großen Teilbereich der Semantik bildet die lexikalische Semantik, die die vorgenannte konventionell festgelegte oder lexikalische Bedeutung von Wörtern untersucht und Modelle für ihre Erfassung und Analyse erarbeitet. Bedeutungen sind in unserem mentalen Lexikon gespeichert, wo sie auch nicht unverbunden nebeneinander, sondern in Relation zueinander stehen. Diese Sinnrelationen oder semantischen Relationen sind ebenfalls Gegenstand der lexikalischen Semantik, auch als Lexikologie bezeichnet: Hier beschäftigt man sich also wissenschaftlich mit dem Wortschatz einer Sprache und seiner internen Struktur sowie mit dem Bedeutungsstellenwert der einzelnen Wörter in dieser Struktur, wobei die aktuelle Forschung auch Fragestellungen zur mentalen Repräsentation, Organisation und Funktion des Wortschatzes nachgeht, also Aspekten der kognitiven Semantik. Die Lexikographie kann man als angewandte Lexikologie betrachten, denn sie setzt die Erkenntnisse der Lexikologie in Theorien und Methoden zur Erstellung von Wörterbüchern um. Ein weiterer traditioneller und auch heute noch intensiv bearbeiteter Bereich der Betrachtung einzelner Wörter ist die Etymologie, in der die Herkunft und Entwicklung lexikalischer Einheiten, d.h. ihr Laut- und Bedeutungswandel, untersucht wird.

In diesem Kapitel werden wir vorrangig die Wortebene ansehen, d.h. den Gegenstand der lexikalischen Semantik (auch Wortsemantik genannt). Im folgenden Abschnitt 5.1 wollen wir uns damit beschäftigen, wie die Inhaltsseite des sprachlichen Zeichens zum bezeichneten konkreten Gegenstand in der Welt steht, und in 5.2, wie unser mentales Lexikon strukturiert ist. Außerdem lernen wir einige Theorien dazu, wie wir Bedeutungen erfassen können (5.3). Im letzten Abschnitt des Kapitels (5.4) wollen wir kurz auf die Schnittstellen der Semantik eingehen: 1. zwischen (Satz-)Semantik und Pragmatik über die Rolle des Äuße-

rungskontextes, und 2. zwischen (Wort-)Semantik und Syntax, speziell die Verb-
bedeutung und ihre Rolle bei der Bildung von Sätzen.

5.1   Bedeutung, Referenz und Welt

In diesem Abschnitt gehen wir der wichtigen Frage nach, wie wir mit Hilfe von
sprachlichen Zeichen oder Ausdrücken auf Gegenstände und Vorgänge in der
außersprachlichen Realität Bezug nehmen.

5.1.1 Bedeutung und Referenz

Bevor wir auf die Beziehung zwischen Bedeutung und Referenz eingehen, wollen
wir den Begriff Referenz definieren:

> Die **Referenz** ist die Bezugnahme eines sprachlichen Zeichens auf eine
> Entität in der außersprachlichen Realität (Lebewesen, konkreter Gegen-
> stand oder ein Abstraktum wie z.B. Weisheit). Die Entität, auf die wir uns
> in einer bestimmten Äußerungssituation mit einem sprachlichen Zeichen
> beziehen, wird **Referent** genannt.

Man verwendet für den Begriff Referenz auch die Termini Denotation und Bezeichnung. Da dies aber nicht einheitlich erfolgt, verwenden wir im Folgenden
den Begriff Referenz. Das Zeichenmodell von de Saussure hatten wir bereits in
Kapitel 2 kennengelernt. Ogden/Richards (1923: 11) haben dieses Modell weiterentwickelt und die Beziehung zwischen dem Zeichen und dem außersprachlichen
Referenten, auf den sich ein Sprecher bei der Verwendung des Zeichens bezieht,
integriert. Zwischen dem Prozess der Bezugnahme, ‚thought' bzw. ‚reference' im
Dreieck, und dem Symbol besteht eine kausale Relation. Das Zitat aus Ogden/
Richards (1923: 10f.) zeigt, dass der Sprachbenutzer im Vordergrund steht:

> „When we speak, the symbolism we employ is caused partly by the reference we
> are making and partly by social and psychological factors — the purpose for which
> we are making reference, the proposed effect of our symbols on other persons, and
> our own attitude. When we hear what is said, the symbols both cause us to perform
> an act of reference and to assume an attitude which will, according to circum-
> stances, be more or less similar to the act and attitude of the speaker."

Diese kausale Verbindung wird in ihrem Zeichenmodell in Abbildung 5.7 durch
die durchgezogene Linie zwischen dem Symbol und dem Prozess der Bezugnahme verdeutlicht. Auch zwischen dem Prozess der Bezugnahme und dem Referenten besteht eine kausale Beziehung, die direkter Natur sein kann, wenn es
sich um konkret Wahrnehmbares handelt, wie in unserem Fall ein Baum, oder
aber indirekt ist, wenn der Sprecher z.B. auf Napoleon referieren möchte. Die

Verbindung zwischen dem Symbol und dem Referenten ist nur indirekt, weshalb die beiden eine gestrichelte Linie verbindet. Das Symbol steht für den Referenten; diese Verbindung schafft der Sprachbenutzer durch den Prozess der Bezugnahme, also durch ‚thought' bzw. ‚reference' im Dreieck:

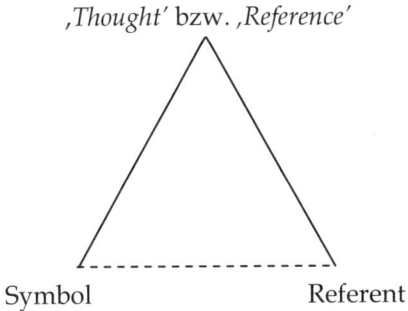

Abbildung 5.7:
Semiotisches Dreieck nach Ogden/Richards (1923)

Das Modell von Ogden/Richards berücksichtigt den Sprachbenutzer. Dafür enthält das Zeichenmodell von de Saussure das abstrakte idealisierte Lautbild, mit *signifiant* bezeichnet. Die Vorteile beider Modelle hat Raible (1983) zu einem neuen Modell kombiniert, das Blank (2001: 9) leicht adaptiert, wie in Abbildung 5.8, dargestellt. Hier wird deutlich, welche Bestandteile des Zeichens außersprachlich sind (die rechte Hälfte), d.h. das Konzept, das wir uns vorstellen und unser ganzes Wissen darüber (z.B. eben das Konzept ‚Baum' mit all unserem Wissen über Bäume), den konkreten Referenten (also den konkreten Baum in einer entsprechenden Redesituation), andererseits werden uns die einzelsprachlichen Anteile verdeutlicht, d.h. die abstrakte bzw. idealisierte Lautung sowie die konkrete Aussprache und die Verbindung mit der einzelsprachlichen Bedeutung ‚Baum'.

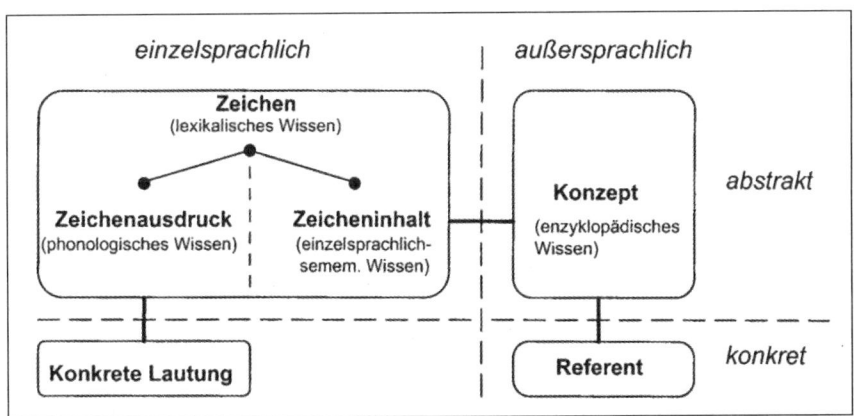

Abbildung 5.8:
Kombiniertes Modell von Blank (2001)

5.1.2 Inhalt, Umfang und ‚Beigeschmack' eines Begriffs

Bedeutung und Referenz muss man unterscheiden, wie wir bereits angedeutet
haben. Dabei helfen uns die Fachtermini Intension/Extension, die wir im Folgenden definieren und erklären:

> 📖 **Intension** ist die Bestimmung eines sprachlichen Ausdrucks durch seinen
> Inhalt, also die Bedeutung. Mit **Extension** meinen wir dagegen den Um-
> fang eines Ausdrucks, d.h. die Menge derjenigen Referenten, auf die er
> sich beziehen kann.

Das wollen wir uns am folgenden Beispiel klarmachen: Die Extension von ‚Blume' ist größer als die von ‚Rose', da ‚Rose' ein Unterbegriff von ‚Blume' ist, man
also mit ‚Blume' auf jede Rose referieren kann, aber umgekehrt nicht mit ‚Rose'
auf jede Blume. Dafür ist die Intension von ‚Rose' größer als die von ‚Blume', da
‚Rose' spezifischer ist und mehr Bedeutungskomponenten enthalten muss (neben
Pflanze mit Blüte auch Dornen, Duft etc.). Zusätzlich assoziieren wir mit ‚Rose'
auch u.a. Märchen (Dornröschen) und Romantik (rote Rosen). Diese Assoziationen gehören zu den Konnotationen.

> 📖 **Konnotationen** umfassen die Gesamtheit assoziativer, emotionaler, wer-
> tender und/oder stilistischer Bedeutungsaspekte eines sprachlichen Aus-
> drucks.

Solche Konnotationen können auch negativ bewertet sein, wie die folgenden Beispiele zeigen:

> (1) a. frz. *voiture* — *bagnole*   (wie dt. Auto — Karre)
>   b. it. *macchina* — *carretto* (siehe a.)
>   c. sp. *caballo* — *rocín*   (wie dt. Pferd — Gaul)

Für die Wortpaare in (1) gilt ebenfalls, dass *bagnole/carretto/rocín* eine geringere
Extension, aber dafür eine größere Intension haben, die mit der jeweiligen Konno-
tation zusammenhängt. Wichtig ist, dass diese Konnotationen nicht individuelle
Assoziationen sind, sondern zu den Bedeutungsaspekten gehören, die alle Menschen in einer Sprachgemeinschaft teilen, denn wir müssen diese beim Gebrauch
von z.B. *rocín*, *carretto* und *bagnole* mitberücksichtigen.

5.1.3 Bedeutung und Welt

Wir haben bereits hervorgehoben, dass das sprachliche Zeichen eine abstrakte
Einheit in unserem Geist ist, und von dem konkreten sprachlichen Referenten in
der Welt deutlich getrennt. Die Semantik, die sich auf die Inhaltsseite dieser Zeichen konzentriert, wird oft — wie Sprache allgemein — als autonom aufgefasst,

d.h. dass Sprachen eigenständige Systeme bilden, deren interne Organisation von der außersprachlichen Welt (weitgehend) unabhängig ist.

Mit dieser Eigenständigkeit können nun auch einzelsprachliche Unterschiede im Hinblick auf die Versprachlichung der Wirklichkeit einhergehen, wie u.a. das berühmte Beispiel der Farbadjektive zeigt (vgl. die ausführliche Darstellung in Gabriel/Meisenburg 2007: 167ff.): Obwohl die außersprachliche, physikalische Realität für alle Sprachgemeinschaften prinzipiell gleich ist, nehmen einzelne Sprachen jeweils unterschiedliche Einteilungen des kontinuierlichen Lichtspektrums vor. Dabei ist es wichtig, von den Grundfarbwörtern auszugehen, also nur von denjenigen, die nicht als Unterbegriff eines anderen Farbwortes gelten (,lindgrün' → ,grün'), morphologisch einfach sind (also nicht komplex wie ,himmelblau'), nicht auf einen bestimmten Objektbereich festgelegt sind (wie z.B. ,blond' für Haare und Bier) und nicht von einer Bezeichnung für ein Objekt mit einer bestimmten Farbe (z.B. ,oliv' von Olive) abgeleitet sind. Es verbleiben dann im Deutschen als Grundfarbwörter z.B. weiß, schwarz, rot, gelb, grün — ähnlich in den romanischen Sprachen: frz. *blanc, noir, rouge, jaune, vert*; it. *bianco, nero, rosso, giallo, verde* und sp. *blanco, negro, rojo, amarillo, verde*. Bei ,blau' hingegen sehen wir einen der genannten Unterschiede: Während Französisch nur ein Wort, nämlich *bleu* hat (das u.a. mit *clair* ,hell' zu hellblau oder mit *marine* zu ,marineblau' kombiniert werden kann), verfügt das Italienische mit *azzurro* (hellblau) und *blu* (dunkelblau) und das Spanische mit *azul* (noch zu ergänzen durch *claro/marino/oscuro* wie im Französischen) und *celeste* (himmelblau) jeweils über mehr als ein Grundfarbwort. Einen extremen Fall stellt die Papua-Sprache Dani (Neuguinea) dar, die insgesamt nur zwei Grundfarbwörter hat: *mola* für weiß und alle warmen Farben und *mili* für schwarz und alle kalten Farben. Während dies Belege für die sprachliche Autonomie sind, gibt es aber auch Hinweise darauf, dass die Entsprechungen zwischen dem sprachlichen Ausdruck und der Wirklichkeit nicht völlig willkürlich sind, wiederum aus dem Bereich der Farbadjektive: Wenngleich Sprachen unterschiedlich viele Farbadjektive aufweisen, gibt es doch bestimmte Implikationen, d.h. wenn eine Sprache wie Dani nur zwei Grundfarbwörter aufweist, markiert sie damit den maximalen Kontrast; gibt es ein weiteres Grundfarbwort, ist es ,rot'; an dritter Stelle kommt ,grün' und/oder ,gelb' hinzu, an vierter ,blau' usw. Wenn eine Sprache auch eigene Bezeichnungen für Farben wie ,grau' oder ,orange' aufweist, verfügt sie in der Regel auch über die Grundfarbwörter für die vorgenannten Farben. Demnach gibt es also auch übereinzelsprachlich nachweisbare Hierarchien, die sich aus der Beschaffenheit der Sehrinde ableiten.

Auch wenn bestimmte sprachliche Einteilungen sich bis zu einem gewissen Grad an der Realität orientieren, lässt sich die Annahme der sprachlichen Autonomie dennoch aufrechterhalten, indem das sprachliche Zeichensystem als weitgehend unabhängiges Ordnungsprinzip aufgefasst wird, das bestimmte Bereiche der Gedankenwelt auf willkürliche Weise bestimmten Lautketten zuordnet (daher die Arbitrarität des sprachlichen Zeichens).

Weitere Belege für die Autonomie sind z.B. die unterschiedlichen Wörter, die im Lebensmittelbereich für Fleisch von Tieren gebraucht werden (im Gegensatz zum lebenden Tier): Hier unterscheidet z.B. das Spanische zwischen *pez* (lebender

Fisch) und *pescado* (zum Verzehr vorbereiteter roher Fisch). Eine solche Opposition gibt es im Deutschen und den anderen romanischen Sprachen nicht.

5.2   Die Organisation unseres Lexikons

In diesem Abschnitt wollen wir uns mit demjenigen Teil unseres sprachlichen Wissens beschäftigen, der das erworbene Wissen über Wörter beinhaltet. Das sprachliche Wissen ist in unserem Gedächtnis verankert. In der modernen Linguistik betrachtet man die menschliche Sprache als ein komplexes kognitives Kenntnissystem: Unser gesamtes Wissen ist in unserem Langzeitgedächtnis gespeichert. Von dort kann es bei Bedarf in das Kurzzeitgedächtnis abgerufen werden. Denjenigen Teil des Langzeitgedächtnisses, in dem das sprachliche Wissen über Wörter repräsentiert ist, nennen wir mentales Lexikon (vgl. Kapitel 1). Eine mögliche semantische Organisationseinheit für die Speicherung der Bedeutung von Wörtern stellen die sogenannten Wortfelder bzw. semantischen Felder dar, die wir im folgenden Abschnitt 5.2.1 vorstellen.

Zu den Aufgaben der lexikalischen Semantik gehört auch die Erfassung desjenigen Teils unserer Sprachkenntnis, der uns dazu befähigt, Beziehungen zwischen den Bedeutungen sprachlicher Ausdrücke auszumachen. Unser Wortschatz ist durch unterschiedliche Bedeutungsrelationen gegliedert, wovon die wichtigsten in den Abschnitten 5.2.2 bis 5.2.7 vorgestellt werden.

Bislang haben wir intuitiv mit dem ‚Wort' gearbeitet. Wir wissen jedoch — auch aus der Morphologie (vgl. Kapitel 3) — dass das Wort sprachwissenschaftlich eine problematische Einheit ist. In der Semantik und der Lexikologie hat man daher den Terminus ‚Wort' durch Lexem bzw. Lexie ersetzt.

    📖 Während man unter **Lexem** meistens eine lexikalische Grundeinheit versteht, z.B. frz. *peur*/it. *paura*/sp. *miedo* ‚Angst' oder frz. *lettre*/it. *lettera*/sp. *carta* ‚Brief', kann eine **Lexie** auch eine größere Einheit umfassen, z.B. ein Wortbildungsprodukt wie dt. Briefträger/it. *postino* oder sogar Mehrwortverbindungen wie z.B. frz. *pomme de terre* ‚Kartoffel'.

Wir wollen in den weiteren Abschnitten diese Begriffe verwenden.

5.2.1 Wortfelder

Wortfelder lassen sich wie folgt definieren:

    📖 **Wortfelder** bestehen aus einer Gruppe von Lexemen, die sich inhaltlich ähneln, derselben Wortart angehören und einen gemeinsamen Referenzbereich haben.

Einige Beispiele für solche Gruppen zeigen die folgenden Beispiele (wobei eine Konvention in der Semantik befolgt wird, wonach die Namen von Wortfeldern in Großbuchstaben geschrieben werden):

(2) Wortfelder

WERKZEUG: Hammer, Zange, Schraubenzieher, Bohrmaschine...
VERWANDTSCHAFTSNAMEN: Mutter, Vater, Schwester, Bruder, Oma...
FARBADJEKTIVE: blau, gelb, rot, grün, braun, rosa, lila, orange...

Ein Lexem gehört zu einem Wortfeld, wenn es mindestens einen gemeinsamen Bedeutungsbestandteil mit den anderen Vertretern des Wortfelds teilt. Die Mitglieder eines Wortfeldes stehen in paradigmatischer Beziehung zueinander, d.h. sie können an der gleichen Stelle im Satz/Text stehen (da gleiche Wortart). Wortfelder sind aber keine starren Einheiten: Das Lexem frz. *mère*/it. *madre*/sp. *madre* ‚Mutter' gehört sowohl dem Wortfeld VERWANDTSCHAFTSNAMEN als auch dem Wortfeld WEIBLICHE PERSONEN an. Die Wortfeldtheorie nimmt an, dass sich der gesamte Wortschatz einer Sprache in semantische Felder ordnen lässt, dass sich die Bedeutungen der Lexeme eines Wortfelds gegenseitig bestimmen und dass die Lexeme eines Wortfeldes dessen gesamtes Bedeutungsspektrum abdecken. Anzumerken ist hierbei, dass in den gegebenen Sprachen nicht alle gedanklichen Konzepte sprachlich mit einem Lexem realisiert werden: Während z.B. das Lateinische im Wortfeld VERWANDTSCHAFTSNAMEN zwischen *avunculus* (Onkel mütterlicherseits) und *patruus* (Onkel väterlicherseits) unterschied, sind im Französischen nur *oncle*, im Italienischen nur *zio* und im Spanischen nur *tío* zu finden. Sprachen scheinen also ihre Wortfelder auf verschiedene Weise zu gliedern, wie wir auch schon bei den Farbadjektiven gesehen haben (Kapitel 5.1.3).

Der Begriff des Wortfelds darf nicht mit dem der Wortfamilie verwechselt werden.

📖   Die **Wortfamilie** umfasst Lexeme, die nicht semantisch, sondern formal verwandt sind, weil ihr zentraler Bestandteil sprachgeschichtlich auf denselben Ursprung zurückgeführt werden kann. Sie stehen nicht in paradigmatischer Beziehung und haben unterschiedliche Referenzbereiche.

Dies verdeutlichen die folgenden Beispiele:

(3)   Wortfeld: frz. *haut, bas, gras, mince, large*
                       ‚hoch, tief, dick, schlank, breit'
                       it. *alto, basso, grasso, snello, largo*
                       sp. *alto, bajo, gordo, delgado, largo*

      Wortfamilie: frz. *haut, hauteur, hautesse, hautain*
                       ‚hoch, Höhe, Hoheit, hochmütig/Hochmütigkeit'
                       it. *alto, altitudine, altezza, altezzosità*
                       sp. *alto, altitud, alteza, altura*

5.2.2 Monosemie und Polysemie

Viele sprachliche Ausdrücke, unter ihnen auch Bezeichnungen für Alltagsgegen-
stände (z.B. Staubsauger — frz. *aspirateur*, it. *aspirapolvere*, sp. *aspiradora*) weisen
genau eine, relativ fest umrissene Bedeutung auf. In diesen Fällen spricht man
von Monosemie (von griech. *mónon* ‚einfach', *sēma* ‚Zeichen'). Aber die Bedeutung
eines sprachlichen Zeichens kann auch eher vage und kontextuell unterschiedlich
deutbar sein, wie am Beispiel der Bedeutungsnuancen von ‚nehmen' in verschiedenen Zusammenhängen deutlich wird (vgl. Gabriel/Meisenburg 2007: 171):

> (4) frz. *prendre un sac, prendre de l'essence, prendre un café, prendre le train,*
> *prendre une ville, prendre sa température, prendre une décision, prendre du*
> *poids* etc.
>
> it. *prendere una borsa, prendere il treno, prendere una decisione* etc.
>
> sp. *tomar un lápiz, tomar una bebida, tomar el tren, tomar una costumbre, to-*
> *mar asiento, tomar una decisión* etc.

In den Beispielen mit *prendre/prendere/tomar* könnte man auch sagen, dass nicht
verschiedene Varianten ein und derselben Bedeutung vorliegen, sondern unterschiedliche Einzelbedeutungen, so dass hier eine Mehrdeutigkeit (auch: Ambiguität) eines Ausdrucks vorliegt, die als Polysemie bezeichnet wird.

> 📖 Bei der **Polysemie** (von griech. *polýs* ‚viel', *sēma* ‚Zeichen') entsprechen
> einem *signifiant* mehrere *signifiés*, d.h. ein Wort weist mehrere, unter-
> schiedliche Bedeutungsnuancen auf, zwischen denen ein (mehr oder we-
> niger) erkennbarer Zusammenhang besteht.

Dieser Zusammenhang kann aber manchmal auch nur noch in einer diachronen
Perspektive vorliegen und nur durch eingehende etymologische Studien feststell-
bar sein. So entsteht Polysemie durch Bedeutungswandel, wobei eine neu hinzu-
getretene Bedeutung manchmal allein ‚überlebt', während die ältere Bedeutung
verloren geht (vgl. hierzu Blank 1997, 2001). Wenn der semantische Unterschied
zwischen zwei Lexemen sehr gering ist, spricht man nicht von Polysemie, sondern von Kontextvarianz. Dies ist dann der Fall, wenn verschiedene Aspekte
eines *signifiés* in einem bestimmten Kontext stärker hervorgehoben werden, wie
das folgende spanische Beispiel zeigt (vgl. Pomino/Zepp 2008: 112, Blank 2001:
108):

> (5) a. El coche necesita un cambio de aceite.
> ‚Dieses Auto benötigt einen Ölwechsel.'
>
> b. Este coche es demasiado caro.
> ‚Dieses Auto ist sehr teuer.'

In beiden Beispielen hat *coche* ‚Auto' dieselbe Bedeutung (Auto), wobei in (5a) der
Aspekt des Motors und in (5b) der materielle Wert hervorgehoben werden.

5.2.3 Homonymie

Diese semantische Relation lässt sich wie folgt definieren:

📖 Man spricht man von **Homonymie** (griech. *homōnymia* ‚Gleichnamigkeit'), wenn zwei (oder mehrere) Lexeme, die inhaltlich gar nicht (oder heute nicht mehr) miteinander in Verbindung gebracht werden können, hinsichtlich ihrer Ausdrucksseite identisch sind.

Beispiele für Lexeme, bei denen sowohl lautliche als auch graphische Identität besteht, also eine vollständige Homonymie, geben Gabriel/Meisenburg (2007: 172):

(6) frz. a. *louer$_1$* ‚loben' (< lat. LAUDARE)/*louer$_2$* ‚(ver)mieten' (< lat. LICARE)

b. *livre$_1$* (m) ‚Buch' (< lat. LIBER)/*livre$_2$* (f) ‚Pfund'(< lat. LIBRA)

c. *page$_1$* (m) ‚Page' (< it. *paggio*)/*page$_2$* (f) ‚Seite' (< lat. PAGINA)

(7) it. *riso$_1$* ‚Lachen' (< lat. RIDERE)/*riso$_2$* ‚Reis' (< spätlat. RISUS < griech. *óryza*)

(8) sp. *llama$_1$* ‚Flamme, Leidenschaft' (< lat. FLAMMA)/*llama$_2$* ‚Lama' (< quech. LLAMA)/*llama$_3$* ‚er/sie ruft an' (< lat. CLAMARE)

Von ‚partieller Homonymie' spricht man dann, wenn zwei *signifiants* entweder nur lautlich oder nur graphisch übereinstimmen, also entweder Homophonie oder Homographie vorliegt. Beispiele für gleiche Schreibung bei verschiedener Lautung geben Gabriel/Meisenburg (2007: 172) an, wobei es sie nur im Französischen und Italienischen zu geben scheint (vgl. auch Blank 2001: 112):

(9) frz. *les fils* [le.fis] ‚die Söhne'/[le.fil] ‚die Fäden'

it. *pesca* [ˈpes.ka] ‚Fischerei, Fischfang'/[ˈpɛs.ka] ‚Pfirsich' (s.o.)

Viel häufiger kommt eine unterschiedliche Schreibung mit gleicher Lautung vor, wie die folgenden Beispiele zeigen (vgl. Gabriel/Meisenburg 2007: 172):

(10) frz. a. [sɛ̃] *saint* ‚heilig', *sain* ‚gesund', *sein* ‚Brust', *seing* ‚Privaturkunde', *ceint* ‚umgürtet/umgeben'

b. [vɛ̃] *vin* ‚Wein', *vingt* ‚zwanzig', *vainc* ‚siegt', *vain* ‚vergebens'

c. [so] *sot* ‚dumm', *seau* ‚Eimer', *sceau* ‚Siegel', *saut* ‚Sprung'

(11) it. a. [ánno] *anno* ‚Jahr', *hanno* ‚sie haben'

(12) sp. a. [la.ˈβa.ka] *la vaca* ‚Kuh', *la baca* ‚Dachgepäckträger'

b. [o.xe.ˈar] *hojear* ‚durchblättern', *ojear* ‚beäugen'

c. [ˈasta] *hasta* ‚bis', *asta* ‚Lanze'

Falls Sie sich jetzt fragen, wie man einigermaßen sicher die Begriffe Polysemie, Kontextvarianz und Homonymie verwenden kann, gerade wenn umfangreiche etymologische Untersuchungen nicht möglich sind, man also aus heutiger Perspektive entscheiden will oder muss, so mag der Vorschlag von Blank (2001: 111) für die Unterscheidung aus synchroner Perspektive von Kontextvarianz,

Polysemie und Homonymie interessant sein: Wenn der Referent und die Wortform identisch sind, handelt es sich um Kontextvarianz; wenn die Wortform identisch ist, der Referent verschieden und eine semantische Relation erkennbar ist, besteht Polysemie: Wenn die Wortform identisch ist, aber der Referent verschieden und keine semantische Relation erkennbar ist, besteht Homonymie. Die semantischen Relationen, auf die sich Blank dabei bezieht, sind aus unterschiedlichen Bedeutungswandelprozessen resultierende Typen von Polysemien. Dies muss Gegenstand weiterführender Lektüre und Seminare bleiben.

5.2.4 Synonymie

Eine umgekehrte Situation zur Polysemie ergibt sich im Fall der Synonymie.

📖 Bei der **Synonymie** liegen mehrere Lexeme mit gleicher Bedeutung vor.

Tatsächlich sind Bedeutungen jedoch selten völlig gleich. Man hat daher unterschiedliche Definitionen formuliert. Die strenge Definition besagt, dass zwei Einheiten dann synonym sind, wenn ihre Bedeutung vollkommen identisch ist. Setzt man dabei voraus, dass zudem eine Austauschbarkeit vorliegen muss, ohne dass sich die Gesamtbedeutung der jeweiligen Äußerung ändert, dann gibt es nur wenige oder keine ,wirklichen' Synonyme bzw. keine totale Synonymie, auch wenn sich Wortpaare in gewissen Kontexten manchmal semantisch stark ähneln. Setzt man hingegen voraus, dass für Synonymie eine identische Referenz vorliegen muss, so existieren Synonyme durchaus, selbst totale Synonyme. So können sich ,Apfelsine' und ,Orange' auf denselben außersprachlichen Referenten beziehen. Genauso bezeichnen sowohl ,Sonnabend' als auch ,Samstag' den sechsten Wochentag und müssten nach dieser Definition als Synonyme bezeichnet werden. Hierbei werden etwaige diatopische, diaphasische, diastratische (vgl. Kapitel 4) und kontextuell bedingte Varianzen nicht berücksichtigt.

Die Abweichungen zwischen synonymen Zeichen können auf drei Typen zurückgeführt werden: Im ersten Fall handelt es sich um konnotative Varianten, in denen es sich um denselben Referenten und denselben Zeicheninhalt handelt, aber verschiedene kommunikative Werte bzw. Verwendungsbedingungen bestehen, wie die folgenden Beispiele illustrieren (vgl. auch Kapitel 5.1.2):

(13) frz. *la prison — la taule* ,Gefängnis — Knast'
it. *la prigione — la galera (andare in galera)*
sp. *la prisión — la chirona (ir a chirona)*

Im zweiten Fall spielen unterschiedliche Bedeutungsnuancen eine entscheidende Rolle — es besteht also keine Bedeutungsgleichheit der Wörter, sondern es geht um zusätzliche Aspekte, wie Pomino/Zepp (2008: 113) am folgenden spanischen Beispiel der Lexeme *grande/adulto/mayor* ,groß, erwachsen' verdeutlichen (die sich aber auch ins Französische und Italienische übersetzen lassen: *grand / adulte / majeur* bzw. *grande / adulto / maggiore*):

(14) a. ¡Qué grande/adulto/mayor está!
,Wie erwachsen er ist!'
b. Por el hecho de que era mayor de edad lo han condenado a cinco años de cárcel. ,Auf Grund der Tatsache, dass er volljährig ist, haben sie ihn zu fünf Jahren Gefängnis verurteilt.'
c. Los jugadores de baloncesto son muy grandes.
,Die Baskettballspieler sind sehr groß.'

Während in (14a) alle drei Lexeme in der Bedeutung ,erwachsen' verwendet werden können, hat ,*mayor de edad*' in (14b) eine etwas andere Bedeutung, die den juristisch relevanten Aspekt der Strafmündigkeit betont. In (14c) wird dagegen der Aspekt der Körpergröße der Basketballer in den Vordergrund gerückt.

Der dritte Fall betrifft unterschiedliche Selektionsbeschränkungen, d.h. hier liegen Kontextbeschränkungen vor, so dass das Vorkommen bestimmter Lexeme an bestimmte semantische Eigenschaften anderer Lexeme gebunden ist, die die Auswahl beschränken. In dieser Konstellation spricht man auch von partieller Synonymie. Sie lässt sich an den folgenden Beispielen verdeutlichen:

(15) frz. a. *pourri – avarié – rance* ,faul/verfault – verdorben – ranzig'
b. *une planche pourrie, la neige pourrie, un oeuf pourri...*
c. *le beurre/l'huile/le lard rance* (nur Lebensmittel bzw. Öle, Fette)

(16) it. a. *Luigi girò/voltò la testa.* ,Luigi drehte den Kopf.'
b. *Fellini vuole girare/*voltare un film.* ,Fellini möchte einen Film drehen.' (Bsp. in (16) aus Thomaßen 2004 : 79)

(17) sp. a. *una cosa es cierta/segura* ,eins ist sicher' (Pomino/Zepp 2008: 113)
b. *un cierto/*seguro asunto* ,eine bestimmte Sache'
c. *un asunto *cierto/seguro* ,eine sichere Sache (Geschäft)'

5.2.5 Hyponymie

Wir haben gesehen, dass sich beim Austausch von synonymen Lexemen gegeneinander die betreffenden Aussagen stilistisch unterscheiden. Dagegen ergibt sich beim Ersetzen eines Adjektivs wie z.B. ,blau' durch ,rot' eine andere Satzbedeutung. Daher sagt man auch: Die Lexeme sind inkompatibel. Prinzipiell trifft Inkompatibilität mit Ausnahme der Synonymie auf alle semantischen Relationen zu. Man spricht von Inkompatibilität im engeren Sinn, wenn es darum geht, Beziehungen zwischen Lexemen aus einem Wortfeld zu bestimmen, die nicht als Gegensatz beschrieben werden können (vgl. Abschnitt 5.2.6 zu Gegensätzen).

📖 Der Begriff **Hyponymie** (von griech. *hypó* ,unter' und *-onyma* ,Namigkeit') bezieht sich auf Klassen inkompatibler Lexeme, die sich durch eine gemeinsame Bedeutungskomponente auszeichnen. Dabei geht es um die hierarchische Struktur des Wortschatzes.

Montag, Dienstag, Mittwoch etc. können mit dem Oberbegriff ‚Wochentag' zusammengefasst werden, genauso wie Rose, Tulpe, Nelke mit ‚Blume'.

📖 Den Oberbegriff bezeichnet man als **Hyperonym** (griech. *hypér* ‚über', -*onyma* ‚Namigkeit'), die jeweils inkompatiblen Lexeme als **Hyponyme**. Lexeme, die zu einer Unterklasse gehören, bezeichnet man als **Kohyponyme**.

Diese Relation wollen wir uns anhand der folgenden Beispiele veranschaulichen.

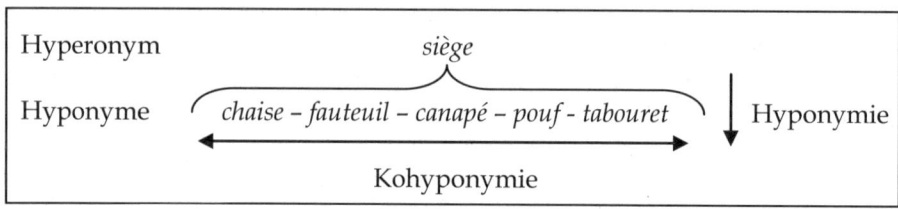

Abbildung 5.9:
(Ko)Hyponymie am frz. Beispiel der Sitzgelegenheit (nach Blank 2001: 31)

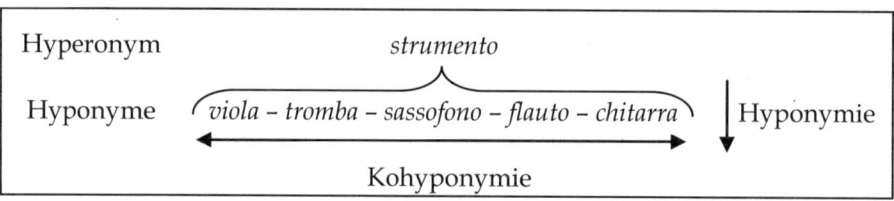

Abbildung 5.10:
(Ko)Hyponymie am it. Beispiel der Musikinstrumente

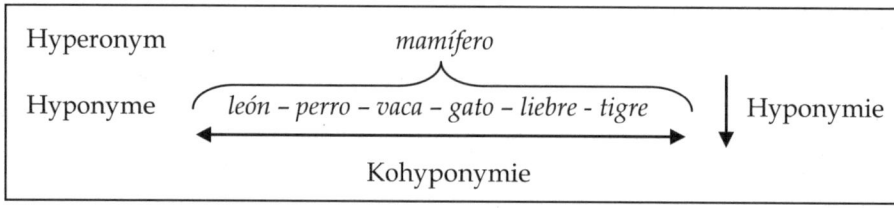

Abbildung 5.11:
(Ko)Hyponymie am sp. Beispiel der Säugetiere (nach Pomino/Zepp 2008: 114)

5.2.6 Antonymie

Anders als bei der Hyponymie- bzw. Hyperonymie-Beziehung geht es bei der Antonymierelation grundsätzlich um Gegensätze, d.h. um Kontrast. Dabei lassen sich mehrere Untertypen von Kontrasten unterscheiden. Der erste Typ ist die konträre Antonymie.

📖 **Konträre Antonymie** liegt bei Wortpaaren wie z.B. *warm — kalt* vor, bei denen aus der Verneinung des einen nicht automatisch das andere Wort entsteht. Zwischen beiden Gegensätzen gibt es mehrere Zwischenstufen.

Dies sollen die folgenden romanischen Beispiele verdeutlichen (vgl. Gabriel/Meisenburg 2007: 174):

(18) frz. *froid — frais — tiède — chaud* ‚kalt — frisch — lau(warm) — warm'

   it. *gelido — freddo — fresco — tiepido — caldo*
   ‚eiskalt — kalt — frisch — lau(warm) warm'

   sp. *helado — frío — fresco — tibio — caliente* (wie bei it.)

Der zweite Typ ist sozusagen das Gegenteil vom ersten:

📖 Bei der **komplementären Antonymie** besteht keine Graduierbarkeit — verneint man das eine Wort, trifft automatisch das Gegenteil zu.

Zur Veranschaulichung zeigen wir die Beispiele in (19).

(19) frz. *mort — vivant* ‚tot — lebendig' *présent — absent* ‚anwesend — abwesend'
   it. *morto — vivo*   *presente — assente*
   sp. *muerto — vivo*   *presente — ausente*

Beim dritten Typ spricht man von direktionaler Antonymie:

📖 Die **direktionale Antonymie** betrifft Wortpaare, die Vorgänge bezeichnen, deren Richtung bzw. Ausrichtung oder Ziel gegensätzlich ist.

Die folgenden Beispiele illustrieren solche Wortpaare:

(20) frz. *venir — s'en aller*   *s'endormir — se réveiller*   *ouvrir — fermer*
      ‚kommen — gehen'   ‚einschlafen — aufwachen'   ‚öffnen — schließen'
   it. *venire — andarsene*   *addormentarsi — svegliarsi*   *aprire — chiudere*
   sp. *venir — ir*   *dormirse — despertarse*   *abrir — cerrar*

Schließlich bezeichnet der vierte Typ die konverse Antonymie.

📖 Die **konverse Antonymie** betrifft Wortpaare, die eine Relation bezeichnen, die von verschiedenen Bezugspunkten her gesehen wird.

Da sie weniger vom Gegensatz geprägt wird und vielmehr die gegenseitige Bedingtheit der beiden Lexeme im Wortpaar im Vordergrund steht (es gibt keinen Sohn ohne Vater und andersherum), wird die konverse Antonymie auch häufig getrennt von den obigen Antonymierelationen als Konversion vorgestellt (vgl. Blank 2001, Stein 2010). Typische konverse Lexeme sind z.B.

(21) frz. *acheter — vendre*   *père — fils*   *maître — élève*
           ,kaufen — verkaufen'   ,Vater — Sohn'   ,Lehrer — Schüler'
     it.   *comprare — vendere*   *padre — figlio*   *maestro — alumno*
     sp.   *comprar — vender*   *padre — hijo*   *maestro — alumno*

5.2.7 Meronymie

Die Meronymie (Teil-Ganzes-Beziehung) bezeichnet die Beziehung eines Ganzen (z.B. *corps/corpo/cuerpo* ,Körper') zu den Teilen, aus denen es besteht (z.B. *tête/ testa/cabeza* ,Kopf', *jambe/gamba/pierna* ,Bein' etc.).

Im Unterschied zur Hyponymie, die sich auf das Verhältnis zwischen einem Oberbegriff (Hyperonym) und einer Gruppe von Kohyponymen bezieht, deren Referenten in der Wirklichkeit nicht unbedingt gemeinsam auftreten (z.B. bestimmte Tiere wie Löwen, Pinguine etc.) geht es hier um Lexeme, die sich auf Dinge beziehen, die wir in der Welt tatsächlich als zusammengehörig erfahren. Die am Körper-Beispiel verdeutlichte Beziehung (das Lexem Finger ist ein Meronym des Lexems Hand) gibt es bei der Hyponymie nicht: Ein Löwe ist nicht Teil eines Säugetiers.

5.3 Die Erfassung von Bedeutungen: Merkmale und Theorien

In diesem Abschnitt wollen wir uns mit zwei unterschiedlichen Theorien zur Bedeutungserfassung näher beschäftigen, die unterschiedliche Methoden verwenden und verschiedene Perspektiven einnehmen.

5.3.1 Die strukturalistische Merkmalsanalyse

In der europäischen strukturalistischen Semantik wird Bedeutung nicht als unzerlegbares Ganzes aufgefasst, sondern anhand von distinktiven semantischen Merkmalen zusammengesetzt (man bezeichnet diese Herangehensweise daher auch als Merkmalssemantik; vgl. auch Kapitel 2 zu den distinktiven Merkmalen in der Phonologie). In Anlehnung an die Phonologie wird das Vorhandensein oder Nichtvorhandensein eines semantischen Merkmals durch ein Plus oder ein

Minus notiert, d.h. semantische Merkmale sind binär, z.B. [+ belebt] vs. [- belebt]. Auch terminologisch besteht eine Ähnlichkeit zur Phonologie und Morphologie:

📖 Die distinktiven semantischen Merkmale werden als **Seme** bezeichnet. Das Bündel von Semen, das die Bedeutung (den semantischen Gehalt) eines Wortes ausmacht, heißt entsprechend **Semem**.

In Abbildung 5.12 werden wir zum besseren Verständnis die Parallelen zwischen den Einheiten der Semantik, Phonologie und Morphologie aufzeigen und veranschaulichen. In diesen Teilbereichen können wir — wie bereits einzeln dargelegt — zwischen konkreten und abstrakten Einheiten unterscheiden. Die konkreten Einheiten sind das Sem, das Phon und das Morph, die abstrakten Einheiten das Semem, das Phonem und das Morphem. Die in der Abbildung verwendeten Beispiele können Sie in den jeweiligen Kapiteln nachvollziehen, und zwar zum ‚Phon — Phonem' in Kapitel 2.2, zum ‚Morph — Morphem' in Kapitel 3.1 und schließlich zum Sem — Semem im folgenden Abschnitt dieses Kapitels.

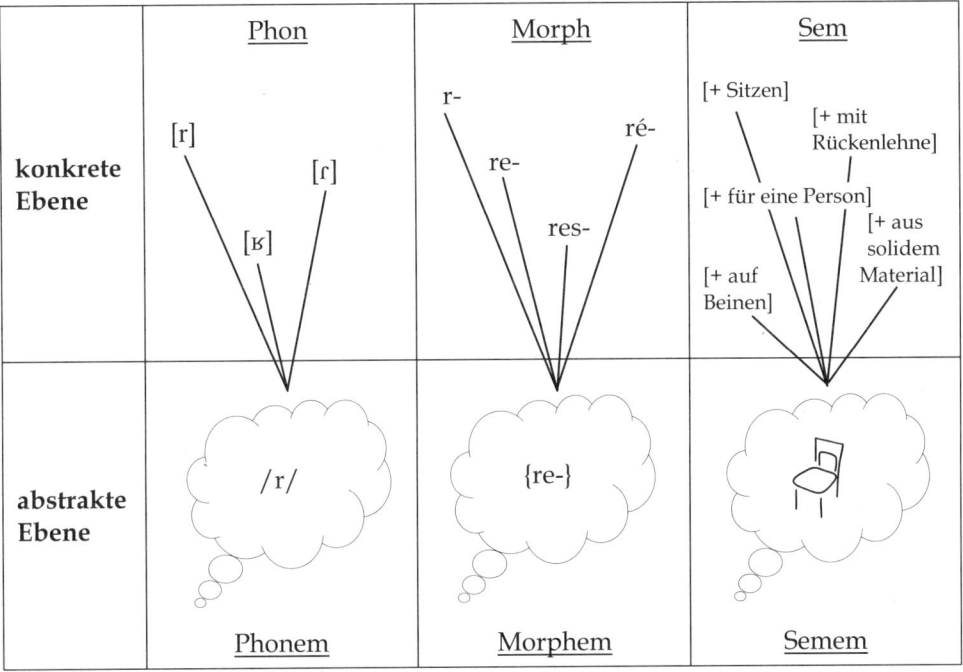

Abbildung 5.12:
Konkrete und abstrakte Einheiten der Phonologie, Morphologie und Semantik

Die Ermittlung der distinktiven semantischen Merkmale erfolgt in ähnlicher Weise wie die Ermittlung distinktiver Lautmerkmale in der Phonologie, nämlich durch das Bilden von Oppositionspaaren. Da nicht jedes Oppositionspaar Aufschluss über die vorhandenen Merkmale bringt und überdies viel mehr Lexeme als distinktive Laute existieren, bedient man sich in der Semantik der Wortfelder (vgl. Abschnitt 5.2.1).

Ein berühmtes Beispiel für eine Semanalyse (Ermittlung der distinktiven Merkmale) ist die Analyse der französischen Wörter des Wortfeldes SITZGELE-GENHEITEN von Pottier (1963). Er hat die ausgewählten Lexeme danach untersucht, worin sie sich jeweils unterscheiden, z.B. unterscheidet das Merkmal [± mit Rückenlehne] *tabouret* ,Schemel' (it. *sgabello*, sp. *taburete*) von *chaise* ,Stuhl' (it. *sedia*, sp. *silla*). Die allen Lexemen im gegebenen Wortfeld gemeinsamen Seme (im Beispiel [+ zum Sitzen]) bilden das Archisemem, das in Gestalt eines Archilexems (hier *siège*/Sitzgelegenheit) realisiert werden kann, also den Oberbegriff darstellt. Nicht alle Wortfelder müssen ein Archilexem aufweisen.

Im Folgenden zeigen wir eine ,romanistische' Adaptation mit den französischen Originalbegriffen und italienischen, spanischen und deutschen Äquivalenten und grau unterlegtem Archisem (für das französische Original vgl. Blank 2001: 17, für die spanischen Originalbegriffe und die italienische bzw. spanische Adaptation Pomino/Zepp 2008: 108):

	S_1 mit Rücken-lehne	S_2 auf Beinen	S_3 für 1 Person	S_4 zum Sitzen	S_5 mit Arm-lehne	S_6 aus solidem Material
chaise/sedia/silla [Stuhl]	+	+	+	+	–	+
fauteuil/poltrona/ sillón [Sessel]	+	+	+	+	+	+
tabouret/sgabello taburete [Hocker]	–	+	+	+	–	+
canapé/divano/ sofá [Sofa]	+	+	–	+	+	+
pouf/pouf/puf [Sitzkissen]	–	–	+	+	–	–

Abbildung 5.13:
Semanalyse des Wortfeldes SITZGELEGENHEITEN im Französischen,
Italienischen und Spanischen (nach Pottier 1963)

In der Merkmalssemantik haben die Merkmale, mit denen die Bedeutung von Zeichen wie oben beschrieben erfasst wird, einen besonderen Charakter, den sie in anderen semantischen Theorien nicht haben (vgl. die Prototypentheorie im folgenden Abschnitt): Es handelt sich um wesentliche Merkmale, die sowohl notwendig als auch hinreichend sind. Wenn sich — wie oben dargestellt — die Bedeutung von *chaise/sedia/silla* aus den Merkmalen [+ Rückenlehne, + mit Beinen, + für eine Person, + zum Sitzen, + aus solidem Material] zusammensetzt, und in der außersprachlichen Wirklichkeit ein Objekt existiert, auf das alle diese Eigenschaften zutreffen, wird es im Französischen *chaise*, im Italienischen *sedia* und im Spanischen *silla* genannt. Die aufgezählten Merkmale sind also hinreichend, um das Vorhandensein eines Stuhls zu postulieren, und sie sind auch notwendig, weil jeder Gegenstand, der diese Bezeichnung zu Recht trägt, diese Merkmale auch aufweisen muss.

Die strukturalistische Herangehensweise weist jedoch eine ganze Palette von Problemen auf, die dazu geführt haben, dass viele andere Theorien erarbeitet wurden, u.a. die Prototypentheorie. Die wichtigsten Probleme sind die folgenden:

- Das Hauptproblem ist die Ermittlung der Seme: Welche müssen wir annehmen? Wenn man ein Wortfeld wie VOGEL anhand von notwendigen und hinreichenden Merkmalen bestimmen will, muss nicht nur geklärt werden, wie viele Vogelarten bzw. Lexeme berücksichtigt werden müssen, sondern es gibt auch Vögel, die nicht alle aufgeführten Merkmale erfüllen. Demnach sind nicht alle Merkmale notwendig (vgl. hierzu den Ansatz der Prototypentheorie).

- Die Erfassung von Polysemien ist nicht möglich, da nur die im Wortfeld relevante Bedeutung eines Lexems analysiert wird. Im Wortfeld SITZGELEGENHEITEN kommt die folgende Polysemie vor: Frz. *canapé* bedeutet sowohl ‚Sofa‘ als auch ‚belegte Brotscheibe‘. Dieses Problem wird ausgeklammert, indem man für das betreffende Wortfeld nur die Bedeutung des Lexems analysiert, die jeweils relevant ist.

- die Anzahl der Seme: Je mehr Wörter eines Wortfelds analysiert werden (hier z.B. auch noch *canapé/divano/sofá*), desto mehr Seme müssen berücksichtigt werden.

- der enorme Aufwand: Bisher ist keine Gesamtanalyse eines einzelsprachlichen Wortschatzes erfolgt, weil der Aufwand immens ist (der Petit Robert enthält ca. 60.000 Stichwörter!). Es wurden auch alle diatopisch, diaphasisch und diastratisch sowie als veraltet markierten Mitglieder eines Wortfeldes ausgeklammert sowie Neologismen.

5.3.2 Die Prototypentheorie

Um die zentralen Probleme der Merkmalstheorie anders anzugehen, wurde ein Gegenentwurf entwickelt, die Prototypentheorie oder Prototypensemantik, die ihre Grundlagen in der Psychologie hat. Eine ihrer Grundideen ist, dass die Entscheidung über die Zugehörigkeit eines sprachlichen Zeichens zu einer Kategorie nicht durch eine Checkliste von notwendigen und hinreichenden Merkmalen getroffen wird, sondern durch den Vergleich mit einem typischen Exemplar dieser Kategorie. Um wieder das klassische Beispiel ‚Stuhl‘ aufzugreifen: In der Prototypensemantik nimmt man an, dass das, was allen Stühlen gemein ist, die Ähnlichkeit mit einem ‚typischen‘ Stuhl ist. Dieser wird als Prototyp bezeichnet.

Worin besteht denn nun der Prototyp? Auch in der Prototypensemantik wird mit Merkmalen gearbeitet, d.h. es gibt prototypische Merkmale, nämlich diejenigen des Prototyps der Kategorie, bei ‚Stuhl‘ z.B. [+ zum Sitzen], [+ 4 Beine],

[+ eine Lehne]. Ein wichtiger Unterschied zur Merkmalssemantik ist, dass die prototypischen Merkmale weder notwendig noch hinreichend sind, d.h. sie müssen nicht alle vorliegen, damit ein Gegenstand einer Kategorie zugeordnet werden kann. Wichtig ist in der Prototypensemantik vielmehr, ob genügend Merkmale erfüllt sind, um eine Ähnlichkeit mit dem Prototypen festzustellen. Wenn dies der Fall ist, wird das Element als der entsprechenden Kategorie zugehörig anerkannt. Je mehr prototypische Merkmale zutreffen, desto ähnlicher ist der Gegenstand dem Prototypen und desto leichter kann man seine Zugehörigkeit zur betreffenden Kategorie feststellen. Die Kategorien sind hier radial angelegt, mit einem typischen Vertreter des Prototypen in der Mitte (bei der Kategorie VÖGEL etwa der Spatz) und entfernteren Exemplaren an den Rändern (je nach Ähnlichkeit näher oder weiter entfernt vom Prototypen). Die radiale Anordnung innerhalb der Kategorie kann sich auch sprachlich äußern, wie das folgende spanische Beispiel mit ‚rigurosamente hablando' (streng genommen) zeigt:

(22) Rigurosamente hablando, un pingüino es un pájaro.
       ‚Streng genommen ist ein Pinguin ein Vogel.'

Dies ist völlig normal bei einem eher entfernten Vertreter, man würde die adverbiale Wendung aber mit abnehmender Wahrscheinlichkeit benutzen, je näher man dem Prototypen kommt. Sie werden sicher schon überlegt haben, welche prototypischen Merkmale Vögel denn nun haben — laut Kleiber (1998) und Pomino/Zepp (2008: 112) sind es auf jeden Fall die folgenden:

(23) prototypische Merkmale der Kategorie VOGEL:
       a. [+ kann fliegen]
       b. [+ hat Federn]

       c. [+ hat die Form ]
       d. [+ hat Flügel]
       e. [+ ist nicht domestiziert]
       f. [+ legt Eier]
       g. [+ hat einen Schnabel]

Wir haben anhand des Beispiels der Farbadjektive bereits gesehen, dass sich einzelne Sprachen darin unterscheiden können, wie sie bestimmte Wortfelder aufteilen, je nach ihrer Wahrnehmung der außersprachlichen Wirklichkeit. So kann z.B. auch die Darstellung der Kategorie VÖGEL das Bild je nach Sprachregion variieren: Sprecher des amerikanischen Spanischen können schon eine andere Anordnung als Sprecher des Spanischen in Spanien treffen, da in Mittel- und Südamerika teilweise andere Vogelarten leben als in Spanien.

Wie so eine Analyse dieser Kateorie aussieht, wollen wir anhand der Darstellung von Kabatek/Pusch (2011) zeigen:

Abbildung 5.14:
Prototypikalische Analyse der Kategorie VOGEL
(aus: Kabatek/Pusch 2011: 129)

Die vorgenannten Unterschiede in der Wahrnehmung gelten natürlich auch im Hinblick auf andere Länder oder Regionen der Erde: So steht in der Analyse der Kategorie VOGEL von Aitchison (1987), die eine ,Reihenfolge der Vogelhaftigkeit' (*birdiness ranking*) für das Englische vornimmt, das Rotkehlchen im innersten Kreis, d.h. dieser Vogel wird als Prototyp angesehen. Für das Spanische geben Kabatek/Pusch (2011: 129) und Pomino/Zepp (2008: 111) hingegen Amsel und Spatz als prototypische Vögel an.

Natürlich ist die Prototypensemantik genau wie die Merkmalssemantik nicht ohne Probleme: So wird als ein grundsätzliches Problem angesehen, dass die Prototypensemantik eher außersprachliche Kategorien analysiert und die Bezeichnungen entsprechend systematisiert, als dass sie die Frage beantwortet, wie die Bedeutung des Lexems *Vogel* genau zu fassen ist. Außerdem kann sie Polysemien auch nicht wirklich systematisch erfassen. Ein Ansatz, der dies versucht, wurde von Pustejovsky (1995) entwickelt. In diesem Ansatz wird versucht, die Polysemie im Lexikon zu modellieren. Wir können in unserer Einführung auf diesen Ansatz nicht weiter eingehen, wollen aber dennoch ein Beispiel in stark vereinfachter Form vorstellen. Wir hatten in 5.2.2 die Polysemie des Verbs frz. *prendre* ,nehmen' genannt, indem wir die einzelnen Bedeutungen durch das Hinzufügen von Ergänzungen verdeutlicht haben, die jeweils zu einer anderen Bedeutung von *prendre* führen, z.B. *prendre un sac* ,eine Tasche nehmen', *prendre un pain* ,ein Brot essen', *prendre une femme* ,eine Frau nehmen/heiraten', *prendre un café* ,einen Kaffee trinken'. Laut Pustejovsky (1995) müssen wir für das Verb *prendre* eine sehr allgemeine Bedeutung auswählen, z.B. ,mettre avec soi' ,zu/mit sich legen'. Je nachdem, ob es mit *sac, pain* oder *café* konstruiert wird, bekommt es eine entsprechende Bedeutung. Mit anderen Worten: Es ist nicht der Fall, dass wir in unserem mentalen Lexikon mehrere Einträge für *prendre* annehmen müssten, also *prendre₁, prendre₂, ...* von denen einer ‚trinken' (wie in frz. *prendre un café*) bedeutet, sondern wir legen einen einzigen Eintrag zugrunde, *prendre*, der allgemein genug ist, und aus dem sich im Zusammenhang mit den Ergänzungen, die jeweiligen Bedeutungen ableiten lassen. Pustejovsky (1995) hat diese Sichtweise so verfolgt, dass er Regeln dafür formuliert hat, wie diese Bedeutungen zustande kommen. Auch dies wollen wir kurz an einem Beispiel demonstrieren: Während *prendre une femme* im Französischen mit ‚épouser' übersetzt wird, kann *prendre la femme* — wie *prendre le bras, prendre la main* ‚den Arm/die Hand nehmen' — nur bedeuten, dass man eine bestimmte Frau zu sich herannimmt. Hier tritt also die allgemeine Bedeutung von *prendre* wie in *prendre un sac* hervor. Es spielt also auch eine Rolle, welche Semantik die Ergänzung genau hat.

5.4 Schnittstellen der Semantik

Bis jetzt haben wir Wörter, oder besser Lexeme, für sich, also ohne Kontext betrachtet und dabei ihre möglichen Beziehungen untereinander im mentalen Lexikon sowie Theorien zur Erfassung ihrer Bedeutung kennengelernt. In diesem Abschnitt wollen wir nun auf größere Bedeutungseinheiten zu sprechen kommen, nämlich Äußerungen (die mehr oder weniger als einen Satz umfassen können). Dabei erfolgt eine Äußerung zumeist auch in einem bestimmten Kontext. Welche Rolle der Äußerungskontext für die Interpretation eines Satzes spielt und wie wir aus den einzelnen Lexemen eines Satzes oder einer komplexen Äußerung auf die Äußerungsbedeutung schließen, wollen wir in Kapitel 5.4.1 kurz betrachten. Einen speziellen Bereich des Zusammenspiels von Semantik und Syntax, nämlich die Verbsemantik und ihre syntaktische Umsetzung, stellen wir in Kapitel 5.4.2 etwas ausführlicher vor. Im letzten Unterabschnitt 5.4.3 werfen wir noch einen Blick auf den Wortschatzerwerb im Erstspracherwerb, in dem grammatische Prinzipien eine Rolle spielen.

5.4.1 Semantik und Pragmatik: Äußerungskontext und -bedeutung, Inferenzen

Stellen wir uns den folgenden Satz vor: ‚Er hat das Buch gestern zurückgebracht' (frz. *Il a rendu le livre hier.*/it. *Ha restituito il libro ieri.*/sp. *Devolvió el libro ayer.*). In diesem Satz können wir zunächst natürlich alle Lexeme einzeln analysieren (inkl. ihrer Wortfelder, semantischen Relationen zu anderen Lexemen etc.) und die Ausdrucksbedeutung aus den einzelnen Bestandteilen gewinnen. Aber uns interessiert hier natürlich, wie wir ‚er' und ‚gestern' verstehen können. Erst wenn wir einen konkreten Kontext haben, können wir die Referenzen festlegen — auch die Zeitreferenz, die sich nicht mit der Zeit deckt, zu der dies gesagt wird, sondern davor liegen muss. Ein mögliches Szenario oder ein Kontext wäre z.B., dass Sie, liebe Leser, in der Universitätsbibliothek stehen und dringend ein Buch ausleihen müssen, das Sie für eine Hausarbeit benötigen. Sie nennen der Bibliothekarin den Titel, die nachguckt und bemerkt, dass der eingetragene Entleiher ein Professor ist. Jetzt sagt sie „Er hat das Buch gestern zurückgebracht". Sie freuen sich und leihen es gleich auf Ihren Namen aus. Jetzt wissen wir, wer das Buch zurückgebracht hat und wann, nämlich am Tag vor der Anfrage. Der Satz, der für sich allein noch keine konkrete Bedeutung hat, erhält nun eine Äußerungsbedeutung. Sie kommt dadurch zustande, dass der Satz mit seiner Ausdrucksbedeutung in einem konkreten Kontext geäußert und interpretiert wird.

Neben der Referenz kommt außerdem ein weiterer zentraler Begriff zum Tragen, der der Wahrheit. Wenn die Bibliothekarin den Satz so äußert, ist er wahr. Aber er könnte auch falsch sein, wenn das Szenario etwas verändert wäre, z.B. wenn ein Kommilitone meint, Herr X habe das Buch zurückgebracht, und sich dabei irrt (das Buch ist orange wie ein anderes wichtiges Lehrbuch und der Professor hat das andere Buch zurückgebracht, aber nicht das gefragte). Die Frage der Wahrheit betrifft vor allem Deklarativsätze (Aussagesätze), ist aber auch für andere Satztypen relevant, z.B. für Fragesätze: Wenn ich einen Bekannten frage „Hast Du das Buch zurückgebracht?", dann würde ich mit meiner Frage anzeigen, dass ich wissen möchte, ob der entsprechende Deklarativsatz (,Du hast das Buch zurückgebracht.') wahr ist.

Das benannte Szenario ist also der Äußerungskontext, den wir für die exakte Festlegung der Äußerungsbedeutung unseres Ausgangssatzes benötigen — mit anderen Worten handelt es sich dabei um die Gesamtheit aller Gegebenheiten, die sich auf Referenz und Wahrheit eines Satzes auswirken können. Dazu gehören v.a.:

- der Sprecher bzw. die Sprecherin der Äußerung
- der Adressat bzw. die Adressatin der Äußerung
- der Zeitpunkt der Äußerung
- der Ort, an dem die Äußerung erfolgt
- die gegebenen relevanten Fakten zum Zeitpunkt der Äußerung

Sind uns diese Informationen bekannt, können wir die Äußerungsbedeutung definieren:

📖 Die **Äußerungsbedeutung** ist die Bedeutung eines Ausdrucks, die sich aus seiner Verwendung und Interpretation in einem gegebenen Äußerungskontext ergibt, indem wir auf der Basis der Ausdrucksbedeutung und der Hinzuziehung der relevanten Aspekte des Äußerungskontextes eine Interpretation vornehmen.

Nun ziehen diejenigen, die die Äußerung einer anderen Person interpretieren, meistens alle möglichen Schlüsse daraus, sogenannte Inferenzen. Im obigen Beispiel schließen Sie mit einer gewissen Wahrscheinlichkeit, dass das gesuchte Buch nun ausgeliehen werden kann. Das wird nicht gesagt, aber im gegebenen

Szenario mitkommuniziert. Auf die Untersuchung solcher Schlussfolgerungen, auf die Rolle, die sie spielen und wie sie mit dem tatsächlich Gesagten zusammenhängen, können wir hier nicht eingehen. Dies sind wichtige Fragestellungen in der Pragmatik, dem Gebiet, das sich mit den Regeln beschäftigt, die den Gebrauch der Sprache leiten (vgl. Kapitel 7).

5.4.2 Semantik und Syntax: Verbsemantik und Verbvalenz

Die Bedeutungsbestimmung durch die Merkmalsanalyse, die wir im vorigen Abschnitt 5.3 vorgestellt haben, ist auch auf zahlreiche verbale Wortfelder angewandt worden, z.B. auf die Verben der Fortbewegung des Französischen (vgl. Krassin 1984, Gabriel/Meisenburg 2007). Dazu wurden Seme wie z.B. [± Bewegung], [± zielgerichtet], [± im Wasser], [± techn. Hilfsmittel] verwendet. Wenn so eine Analyse auch die Bedeutungskomponenten dieser Verben mehr oder weniger gut erfasst, bleibt aber ausgeklammert, welche Rolle das Verb im Satz tatsächlich spielt. Dies ist ein Problem, denn es lässt sich leicht beobachten und deutlich machen, dass die Bedeutung eines einzelnen Lexems auch Konsequenzen für die Gestalt des Satzes hat, in dem es vorkommt. So fordert beispielsweise die Bedeutung des Bewegungsverbs frz. *aller*/it. *andare*/sp. *ir*, dass die mit ‚gehen' ausgedrückte Bewegung zielgerichtet ist und das Ziel auch in Form einer Ortsangabe ausgedrückt werden muss (vgl. Gabriel/Meisenburg 2007: 184):

(24) frz. Marie va dans sa chambre.   vs.   *Marie va.
     it.   Maria va nella sua stanza .   vs.   *Maria va.
     sp. María va a su habitación .   vs.   *María va.

Bei anderen Verben hingegen ist die Ortsangabe fakultativ, wie die folgenden Beispiele mit dem Verb ‚tanzen' zeigen:

(25) frz. Marie danse dans sa chambre.   vs.   Marie danse.
     it.   Maria balla nella sua stanza.   vs.   Maria balla.
     sp. María baila en su habitación.   vs.   María baila.

Aber die beiden Verben (*aller*/*andare*/*ir* und *danser*/*ballare*/*bailar*) haben auch etwas gemeinsam, nämlich die Tatsache, dass in beiden Fällen eine Einheit präsent ist, die als Urheber oder Ausführender der vom Verb bestimmten Handlung (gehen/tanzen) zu verstehen ist, nämlich das Subjekt Marie/Maria/María (vgl. Gabriel/Meisenburg 2007: 184). Diese wenigen Beobachtungen zeigen uns schon, dass die Bedeutung des Verbs eine zentrale Rolle spielen muss. Man betrachtet und erfasst daher die Verbsemantik als Verbindung zwischen Semantik und Syntax, wobei es hierfür unterschiedliche Möglichkeiten gibt.
    Einer der ersten und bekanntesten Ansätze, mit denen man diesen Beobachtungen gerecht zu werden versucht, ist derjenige von Tesnière (1959). Er hat den aus der Chemie übernommenen Begriff der Valenz oder Wertigkeit eingeführt:

Ebenso wie die Valenz eines chemischen Elements angibt, wie viele Elektronen ein Atom des Elements für Verbindungen zur Verfügung stellt, gibt die Valenz eines Verbs die Anzahl von Leerstellen an, die von diesem eröffnet werden.

Die Elemente, die die von der Valenz vorgegebenen Leerstellen ausfüllen, nennt man Aktanten. Ein Verb hat also eine bestimmte Anzahl von primären ‚Mitspielern', die an der Handlung beteiligt sind. Anhand der Anzahl von Aktanten, die ein Verb verlangt, unterscheidet Tesnière (1969) zwischen nullwertigen, einwertigen, zweiwertigen und dreiwertigen Verben[42]. Beispiele für diese unterschiedlichen Gruppen sind u.a. die folgenden:

(26) Wertigkeit von Verben

nullwertig:	v.a. Witterungsverben wie z.B. *neiger/nevicare/nevar* ‚schneien'
einwertig:	z.B. *rêver/sognare/soñar* ‚träumen'; *courir/correre/correr* ‚laufen'
zweiwertig:	z.B. *laver/lavare/lavar* ‚waschen'; *aller/andare/ir* ‚gehen'
dreiwertig:	z.B. *demander/domandare/preguntar* ‚fragen'; *mettre/mettere/poner* ‚setzen/stellen/legen'

Sie denken jetzt vielleicht an die klassische Grammatik, aus der Sie die Begriffe ‚intransitiv', ‚transitiv' und ‚di-/bitransitiv' kennen. Das ist auch nicht falsch, aber es ist wichtig zu bedenken, dass die klassische Unterscheidung zwischen intransitiven und transitiven Verben — anders als die Wertigkeit — das Subjekt nicht miterfasst (und einberechnet), während die Valenz auch das Subjekt mitzählt.

In modernen Grammatiktheorien, wie z.B. der Lexical Functional Grammar (LFG) oder der Head Driven Phrase Structure Grammar (HPSG), werden, wie in der Valenztheorie, Subjekte mit zu der Wertigkeit des Verbs gezählt. Bis heute wird diskutiert, ob diese Herangehensweise richtig ist. So scheinen Witterungsverben, die nur ganz eingeschränkte Subjekte wie Götternamen und das semantisch leere dt. *es* bzw. frz. *il* zulassen (*Et Zeus pleuvait continuellement./Il neigait.*) dafür zu sprechen, dass man Subjekte eng mit der Semantik des Verbs verknüpft und von dieser abhängig macht. Es gibt aber nur sehr wenige Verbklassen, die durch ihr besonderes Subjekt auffallen und u.a. deshalb als eigene Klasse zu charakterisieren sind — in der Regel sind es eben Objekte, die zu den einzelnen Verbunterklassen führen. In unserer Einführung geht es uns weniger darum, eine Entscheidung zwischen beiden Sichtweisen herbeizuführen, als vielmehr darum, den engen Zusammenhang zwischen Aktanten und Verb einerseits und des sehr lockeren Zusammenhangs zwischen Zirkumstant und Verb andererseits aufzuzeigen. Auf die Zirkumstanten wollen wir nun eingehen.

---

[42] Anders als Tesnière (1969) führen manche Forscher auch vierwertige Verben, z.B. *traduire/tradurre/traducir* ‚übersetzen' auf (vgl. Pomino/Zepp 2004: 119).

Wir können unsere Sätze um weitere Ergänzungen des Ortes, der Zeit sowie der Art und Weise anreichern. Solche Ergänzungen, die fakultativ, d.h. nicht obligatorisch bzw. nicht valenzdeterminiert sind, werden in der Valenztheorie Zirkumstanten genannt. Die folgenden Sätze analysieren wir im Hinblick auf Aktanten und Zirkumstanten:

(27) frz. Les étudiants$_{AKTANT}$ quittent l'université$_{AKTANT}$ à dix heures
du soir$_{ZIRKUMSTANT}$

(28) it. Gli studenti$_{AKTANT}$ abbandonano l'università$_{AKTANT}$
alle dieci della sera.$_{ZIRKUMSTANT}$

(29) sp. Los estudiantes$_{AKTANT}$ salen de la universidad$_{AKTANT}$
a las diez de la tarde.$_{ZIRKUMSTANT}$

Nun ist aber neben der reinen Anzahl der Aktanten offenbar auch die Beschaffenheit relevant, wie die folgenden Beispiele zeigen: Die Sätze in (30c) sind zwar — anders als in (30b und d) — im Hinblick auf den Satzbau zielsprachlich, aber semantisch abweichend (deshalb wird das Fragezeichen ,?' gesetzt):

(30) a. frz. Les étudiants quittent l'université.
   it. Gli studenti abbandonano l'università.
   sp. Los estudiantes salen de la universidad.

   b. frz. *Les étudiants quittent.
   it. *Gli studenti abbandonano.
   sp. *Los estudiantes salen.

   c. frz. ?Les bâtiments quittent l'université.
   it. ?Gli edifici abbandonano l'università.
   sp. ?Los edificios salen de la universidad.

Die Valenz der Verben ist üblicherweise im (mentalen) Lexikon spezifiziert; das Gleiche gilt für die jeweilige Rolle, die der oder die Aktanten des Verbs spielen (wie in einem Theaterstück spielt jeder seine Rolle).

Die Rollen, die das Verb an seine Aktanten vergibt, werden semantische Rollen (auch thematische Rollen, abgekürzt Theta-Rollen, θ-Rollen, von *theta* = griech. Buchstabe th/θ) genannt. Bis heute ist in der Fachdiskussion jedoch umstritten, wie viele und welche semantischen Rollen angenommen werden müssen. Die gängigsten semantischen Rollen wollen wir im Folgenden kurz vorstellen:

(31) Semantische Rollen

   a. AGENS: Im Beispiel *Marie ferme la porte./Maria chiude la porta./María cierra la puerta.* ,Maria schließt die Tür.' ist *Marie/Maria/María* diejenige, die die Handlung ausführt und diese Rolle erhält (AGENS von lat. AGERE ,handeln'). Wenngleich der Träger der Rolle AGENS meist Subjekt des Satzes ist, muss das Subjekt nicht immer die Rolle AGENS tragen: In einem Satz wie ‚Der Sturm deckte die Dächer ab.' wird für *Sturm* eher die Rolle URSACHE angenommen.

b. EXPERIENCER: Im Satz *Marie voit une araignée./Maria vede un ragno./ María ve una araña.* ‚Marie sieht eine Spinne.' ist *Marie/Maria/María* nicht AGENS, sondern eine Person, die diese Erfahrung macht, ein EXPERIENCER. *Voir/vedere/ver* ‚sehen' ist eines der sogenannten Perzeptionsverben (Verben der Wahrnehmung); außer bei diesen Verben wird diese semantische Rolle insbesondere bei den sog. psychologischen Verben, wie z.B. *plaire/piacere/gustar*, ‚gefallen' verwendet.

c. THEMA/PATIENS: Im Beispiel *Jean écoute un CD de Mozart./Gianni ascolta un CD di Mozart./Juan escucha un CD de Mozart.* ‚Hans hört eine CD von Mozart.' ist *un CD de/di/de Mozart* von der durch *Jean/Gianni/ Juan* ausgeführten Handlung betroffen. Die Rolle THEMA wird demjenigen Element, einer unbelebten Entität, zugewiesen, das eine Handlung bzw. einen Prozess (hier des Angehörtwerdens) durchläuft. Die semantische Rolle PATIENS ist das Pendant von THEMA, das für belebte Entitäten gilt, die von einer Handlung betroffen sind (z.B. geschlagen werden in ‚Hans schlägt Markus.').

d. ZIEL: Im Satz *Marie court à la maison./Maria corre a casa./María corre a casa.* ‚Maria läuft nach Hause.' ist *à la maison/a casa* ‚nach Hause' das ZIEL der vom Verb beschriebenen Bewegung.

e. EMPFÄNGER (auch REZIPIENT): In den Beispielsätzen *Marie rend le livre sur Tesnière à Pierre./Maria rende il libro su Tesnière a Piero./María le devuelve el libro sobre Tesnière a Pedro.* ‚Maria gibt Peter das Buch über Tesnière zurück.' ist *Pierre/Piero/Pedro* der EMPFÄNGER. Diese semantische Rolle tritt in der Regel nur bei Verben auf, die eine Positionsänderung bzw. einen Besitzerwechsel eines Objekts anzeigen.

f. QUELLE: Diese Rolle tritt v.a. bei Bewegungsverben auf und bezeichnet gerade das Gegenteil von ZIEL: Im Satz *Les élèves viennent de l'école./Gli alunni vengono dalla scuola./Los alumnos vienen de la escuela.* ‚Die Schüler kommen aus der Schule.' ist *de l'école/dalla scuola/de la escuela* der (Ursprungs-)Ort, von dem aus sich die Schüler fortbewegen (hin zu einem anderen Ort, dem ZIEL ihrer Bewegung).

g. ORT: Schließlich gibt es auch diese Rolle, die im Gegensatz zu QUELLE und ZIEL in der Regel nur bei Zustandsverben vorkommt. Die folgenden Beispiele zeigen solche Verben, die einen festen Ort benötigen: *Les touristes sont dans le musée./I turisti sono nel museo./Los turistas están en el museo.* ‚Die Touristen sind im Museum.'.

Bis heute besteht Uneinigkeit über das Inventar der semantischen Rollen. Für die Festlegung des Inventars ist es wichtig, dass man aufzeigen kann, dass sich die Annahme einer Rollendifferenzierung auch syntaktisch (oder morphologisch) niederschlägt. So wählt das Italienische in den folgenden Beispielen unterschiedliche Hilfsverben, je nachdem ob die semantische Rolle ORT (*avere*) oder QUELLE

(33b)/ZIEL (32b) (*essere*) ausgedrückt wird. Dieser Unterschied wird so gedeutet, dass zwei semantische Rollen notwendig sind.

(32) a. it. Maria ha disceso la montagna. ‚Maria ist den Berg herabgestiegen.'
     b. it. Maria è discesa a valle.   ‚Maria steigt ins Tal herab.'

(33) a. it. Maria ha sceso le scale.   ‚Maria steigt die Treppenstufen herunter.'
     b. it. Maria è scesa dall'autobus. ‚Maria steigt aus dem Bus.'

5.4.3 Kind und Welt: Aufbau des Wortschatzes im Erstspracherwerb

In Kapitel 3.4.4 haben wir bereits die Kreativität von Kindern im Hinblick auf die Bildung von Komposita vorgestellt, wobei sowohl in der jeweiligen Sprache existierende als auch neue Wortschöpfungen (z.B. *capuce de tortue* ‚Schildkrötenkapuze', *maman cuillère* ‚Mamalöffel') produziert werden. Kinder möchten all das, was sie in der Welt neu entdecken, auch benennen und in ihr bisheriges Wissenssystem einordnen und bilden hierfür immer neue Kategorien und Unterkategorien. Sie bauen sich also einen Wortschatz, oder, wie wir bereits in Kapitel 1.4 und den vorigen Abschnitten dieses Kapitels vorgestellt haben, ein mentales Lexikon auf und dies geht sehr schnell (vgl. auch Kapitel 1.2). In diesem Abschnitt wollen wir uns den Aufbau des kindlichen Wortschatzes im Hinblick auf einfache Wörter (oder Simplizia) und Wortarten genauer betrachten und dabei die romanischen Sprachen untereinander und mit dem Deutschen vergleichen.

Wir beginnen mit dem, was viele Forscher beobachtet haben (wobei viele zum Erwerb des Deutschen oder Englischen gearbeitet haben): Kinder beginnen mit ungefähr 12 Monaten, das erste Wort zu produzieren, verstehen aber zu diesem Zeitpunkt schon weitaus mehr Wörter. Auch wenn je nach Studie die Zeitangaben für das Auftreten des ersten Wortes und die Dauer der ersten, relativ langsamen Phase des Worterwerbs variieren, ist in der Regel das Verstehen neuer Wörter immer früher entwickelt als ihr Gebrauch und der rezeptive Wortschatz ist deutlich größer als der produktive — Ausnahmen bilden jedoch Kinder, die ganz früh oder ganz spät beginnen zu sprechen (vgl. Kauschke 2002). Dieser ersten Phase folgt häufig ab ca. 1;8 Jahren der sogenannte Vokabularspurt, also eine sprunghafte Ausweitung des Wortschatzes, der bis zum Alter von 3;6 Jahren andauert (Szagun 2002). In dieser Zeit erwerben die Kinder durchschnittlich 9-10 neue Wörter am Tag (vgl. Clark 2003). Natürlich besteht auch hier eine hohe Variabilität im Hinblick darauf, wie lang der Vokabularspurt andauert und wie früh er bei den Kindern, die ihn aufweisen, einsetzt. Hinsichtlich der inhaltlichen Gliederung des frühen produktiven Wortschatzes wurden die folgenden Charakteristika genannt: So benennen Kinder Aspekte ihrer unmittelbaren Umgebung wie Familienmitglieder, Spielsachen, Tiere, Ess- und Trinkbares, Tönendes und Bewegtes (vgl. Stern und Stern 1928/1975, Clark 2003). Nach Wode (1988: 146) beziehen sich die produzierten Wörter auf das, was „konkret, hörbar, sichtbar, greifbar, manipulierbar" ist. So besteht der frühe Wortschatz meist aus Nomina, die konkrete Personen oder Gegenstände benennen — insbesondere vertritt Gentner (1982) die Annahme, dass sprachübergreifend gilt, dass Nomina stets die erste Wortart sind, die Kinder erwerben und es eine Nomen-Verb-Asymmetrie gibt. Die Benennung von Aktionen folgt nach Stern und Stern (1928/1975) erst in einer späteren Phase, die zwischen 1;9 und 3;0 angesetzt wird (Wode 1988). Ab dem Alter von 3;0 beginnt die lexikalische Strukturierung (u.a. der Aufbau von semantischen Relationen, vgl. Kapitel 5.2). Die genannten Beobachtungen legen Tendenzen dar, die nicht für jedes Kind und jede Sprache genau so stimmen müssen. Im Folgenden wollen wir einige neuere Studien zum Erwerb von Nomina und Verben durch monolinguale romanischsprachige und deutschsprachige Kinder sowie durch bilingual mit einer romanischen Sprache und Deutsch aufwachsenden Kinder vorstellen.

Pillunat (2006) hat die von Gentner (1982) auf Basis von Kinderdaten aus dem Englischen, Deutschen, Japanischen, Kaluli, Mandarin und Türkischen postulierte Nomen-Verb-Asymmetrie überprüft, indem sie den Lexikonerwerb von Longitudinalstudien von je zwei monolingual deutschen und französischen Kindern sowie einem italienischen Kind (anhand von Daten aus der CHILDES-Datenbank und für das deutsche Kind Chantal aus dem bereits vorgestellten WuBiG-Projekt, vgl. Kapitel 1) und von vier bilingual deutsch-französisch und fünf deutsch-italienisch aufwachsenden Kindern (Daten aus dem WuBiG-Projekt) untersuchte. Eichler (2010) stellt diese Untersuchung auf eine noch größere empirische Basis (insgesamt 10 monolinguale Kinder und 17 bilinguale Kinder aus dem WuBiG-Projekt) und untersucht zudem monolinguale und bilinguale mit Spanisch aufwachsende Kinder. Sie führt den D(urchschnittlichen) N-V-Faktor ein, der die durchschnittliche Differenz zwischen Nomen- und Verbtypen über einen längeren Zeitraum (hier von zirka drei Jahren) erfasst. Der Faktor 1 ist gleichzusetzen mit einer symmetrischen Entwicklung, d.h. die Anzahl der Verb- und Nomentypen ist über die Lexikonentwicklung gleich. Bei den monolingual mit einer romanischen Sprache aufwachsenden Kindern konnte sie eine Nomen-Verb-Asymmetrie belegen, welche ganz besonders im Italienischen und Spanischen und nicht so stark im Französischen ausgeprägt ist (vgl. Abbildung 5.15). Diese Asymmetrie lässt sich nicht bei den untersuchten deutschsprachigen monolingualen Kindern nachweisen; gleichzeitig aber konnte ausgeschlossen werden, dass die romanischsprachigen Kinder deshalb eine Nomendominanz aufwiesen, weil sie weniger Verben als die deutschsprachigen Kinder im Gesamtvokabular zur Verfügung hatten.

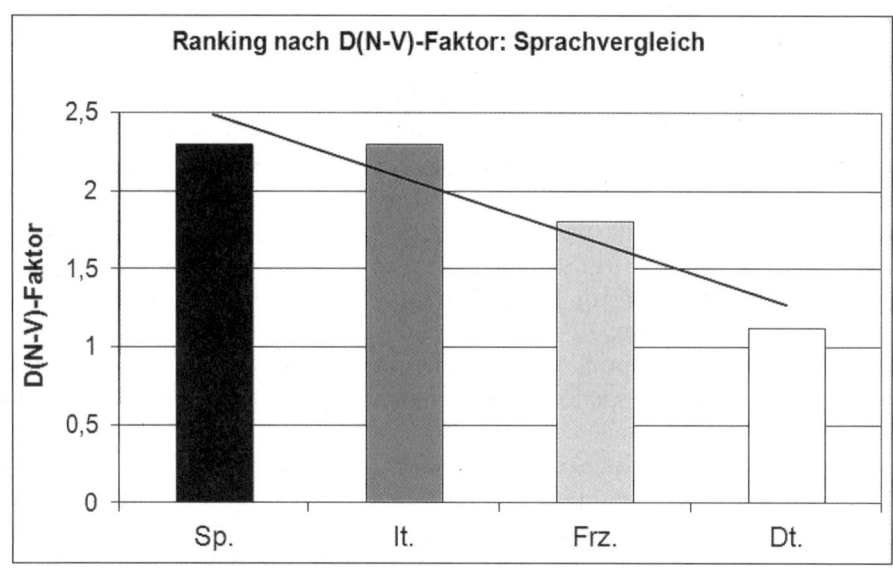

Abbildung 5.15:
Durchschnittlicher Verb-Nomen-Unterschied bei monolingualen Kindern
(aus: Eichler 2010: 320)

Die Analyse des Lexikons der untersuchten bilingualen Kinder ergab, dass alle
bilingualen Kinder in der romanischen Sprache das für den Erwerb der romanischen Sprachen typische Muster, also eine Nomen-Verb-Asymmetrie, aufwiesen,
während die bilingualen Kinder im Deutschen öfter auch nicht den für die monolingualen Kinder gezeigten ausgeglichenen Erwerb beider Kategorien zeigten.
Die bilingualen Kinder wiesen auch im Deutschen eine Nomen-Verb-Asymmetrie
auf, so dass von einem Einfluss der jeweiligen romanische Sprache auf das Deutsche gesprochen werden kann. Interessant ist auch, dass dieser Einfluss unabhängig davon aufgetreten ist, ob die bilingualen Kinder ihre beiden Sprachen in
einem balancierten Verhältnis (gleichmäßiger MLU-Anstieg in beiden Sprachen)
oder unbalancierten Verhältnis (eine Sprache ist deutlich weiter entwickelt als die
andere, große MLU-Differenz) erwarben (beide Konstellationen sind bei den
Kindern vorgekommen). Beachtlich ist, dass im Input der Kinder im Sprachver-
gleich ähnlich viele Nomina und Verben aufgetreten sind (vgl. Abbildung 5.16).
Das Auftreten der Asymmetrie im Deutschen war davon abhängig, wie stark die
Nomen-Verb-Asymmetrie in der jeweiligen romanischen Sprache ausgeprägt
war: Wenn diese sehr stark ausgeprägt war, wie im Italienischen und Spanischen,
so war diese auch im Deutschen dieser Kinder sehr deutlich. War diese eher
schwach ausgepägt, wie im Französischen, so ließ sich die Asymmetrie auch nur
schwach im Deutschen der bilingualen Kinder nachweisen.

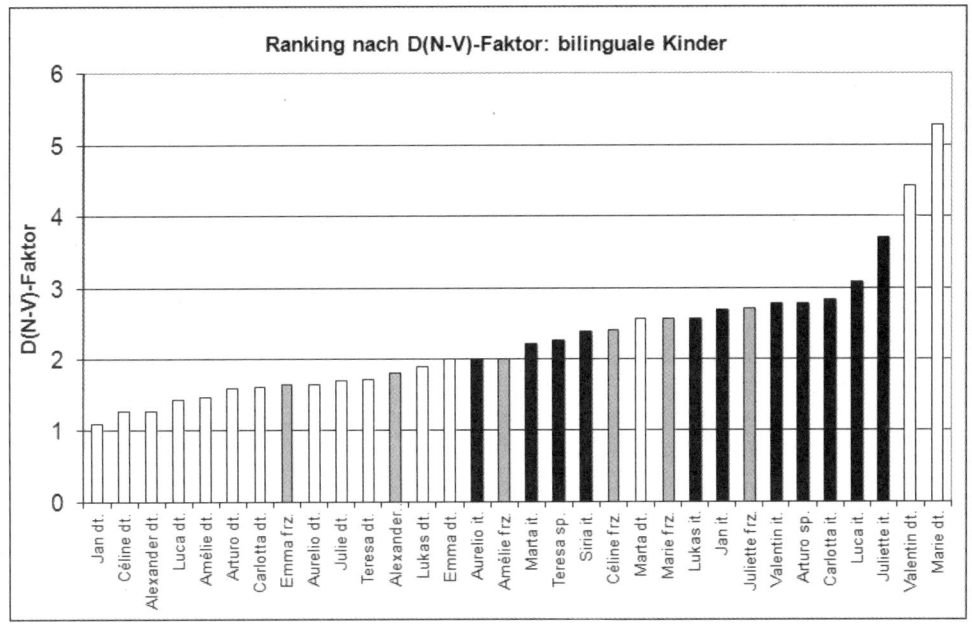

Abbildung 5.16:
Durchschnittlicher Verb-Nomen-Unterschied bei bilingualen Kindern
(aus: Eichler 2010: 326)

Weshalb sind diese Informationen über den Lexikonerwerb romanischer und deutschsprachiger Kinder überhaupt relevant? Kinder, die mit Chinesisch aufwachsen, benutzen zunächst Verben und weisen eine Nomen-Verb-Asymmetrie zugunsten der Verben auf. Unsere Ausführungen zum Spracherwerb sollen zeigen, dass der Erwerb des Wortschatzes eben nicht nur von dem Bedürfnis der Kinder abhängig ist, Familienmitglieder, Spielsachen, Tiere, Ess- und Trinkbares, Tönendes und Bewegtes zu benennen, sondern auch grammatische Prinzipien eine große Rolle spielen. Auf diese Prinzipien wollen wir im folgenden Kapitel näher eingehen.

5.5   Aufgaben

Übung 1.

Im Folgenden lesen Sie einige Witze in den jeweiligen romanischen Sprachen aus Koch/Krefeld/Oesterreicher (1997). Wir verzichten hier auf die Übersetzung, geben Ihnen jedoch hierfür die Nr. des Witzes aus der Sammlung an. Überlegen Sie, mit welcher semantischen Relation jeweils gespielt wird und inwiefern auch weitere Aspekte aus sprachlichen Bereichen eine Rolle für den Witz spielen:

a. Französisch (Nr. 214):
    Epitaphe pour la tombe d'un poète (proposée par son ennemi):
    LES VERS SE VENGENT

b. Italienisch (Nr. 51):
    Napoleon tanzte auf einem Ball mit einer italienischen Gräfin:
    „Contessa, gli italiani sono tutti dei banditi!"
    Die Gräfin:
    „Buona parte, sí!"

c. Spanisch (Nr. 26):
    El señor Morán, al bajarse del avión, oye una voz proveniente de los altavoces que
    le dice: „Señor Morán, por favor, suba a la primera planta."
    Después de algunos minutos, la misma voz repite algo indignada:
    „Señor Morán, por favor, bájese del ficus."

Übung 2.

a. Vergleichen Sie die prototypikalischen Analysen im Spanischen für die Kategorie ‚Vögel' mit der Analyse von Aitchison (1987) und überlegen Sie, wie die Analyse für Französisch, Italienisch und Deutsch aussehen könnte.

b. Überlegen Sie sich ein Wortfeld mit mindestens fünf Mitgliedern (z.B. FAHRZEUGE, MASCHINEN) und versuchen Sie, es sowohl nach der Merkmalssemantik als auch nach der Prototypensemantik zu analysieren. Erläutern Sie, ob und in welcher Hinsicht für Ihr gewähltes Wortfeld — wie bei der Kategorie ‚Vögel' — Unterschiede in der Wahrnehmung der außersprachlichen Welt zu berücksichtigen sind. Diskutieren Sie Ihre Ergebnisse und Überlegungen mit Ihren KommilitonInnen.

Übung 3.

Überlegen Sie für die folgenden Beispiele aus den drei romanischen Sprachen, welche semantische Relation zwischen den beiden Wörtern bzw. in den Wortgruppen bestehen könnte.

a. Französisch

    *   *monter — établir*
    *   *vin — vint*
    *   *terre — montagne*
    *   *large — étroit*
    *   *couvre — métal*

    *   *féminin — masculin*
    *   *félin — tigre*
    *   *citron, orange, mandarine*
    *   *décoller — atterrir*
    *   *tante — nièce*

b. Italienisch

    *   *salire — montare*
    *   *divisa — divisa*
    *   *terra — montagna*
    *   *largo — stretto*
    *   *rame — metallo*

    *   *femminile — maschile*
    *   *felino — tigre*
    *   *limone, arancia, mandarino*
    *   *decollare — atterrare*
    *   *zia — nipote*

c. Spanisch

- subir – aumentar
- vino – vino
- tierra – montaña
- ancho – estrecho
- cobre – metalo

- femenino – masculino
- felino – tigre
- limón, naranja, mandarina
- salir – aterrizar
- tía – sobrina

Übung 4.

Beschreiben Sie die Bedeutung der folgenden Nomina für Gewässer mit Hilfe der angegebenen Merkmale: Größe, fließend/stehend, natürlich/künstlich, Salz-, Süß-, Regenwasser. Welche Probleme ergeben sich?

a. Französisch
- mer
- étang
- lac
- fleuve
- rivière
- ruiseau
- torrent

b. Italienisch
- mare
- laghetto
- lago
- fiume
- –
- ruscello
- torrente di montagna

c. Spanisch
- mar
- estanque
- lago
- corriente
- río
- rivera
- torrente o arroyo de montaña

Übung 5.

Betrachten Sie das folgende Bild mit der französischen Konstruktion. Diskutieren Sie, ob sich die Gesamtbedeutung aus den Einzelbestandteilen ableiten lässt.

5.6   Literatur

Aitchison, Jean (1987): *Words in the Mind. An Introduction to the Mental Lexicon.* Oxford: Blackwell.

Blank, Andreas (1997): *Prinzipien des lexikalischen Bedeutungswandels am Beispiel der romanischen Sprachen.* Tübingen: Niemeyer.

Blank, Andreas (2001): *Einführung in die lexikalische Semantik für Romanisten*. Tübingen: Niemeyer (Romanistische Arbeitshefte).

Clark, Eve V. (2003): *First Language acquisition*. Cambridge: Cambridge University Press.

Eichler, Nadine (2010): *Code-Switching bei bilingual aufwachsenden Kindern: Eine Analyse der gemischtsprachlichen Nominalphrasen unter besonderer Berücksichtigung des Genus*. Unveröffentlichte Doktorarbeit, Bergische Universität Wuppertal.

Gabriel, Christoph/Meisenburg, Trudel (2007): *Romanische Sprachwissenschaft*. Paderborn: Fink.

Gentner, Dedre (1982): „Why nouns are learned before verbs: Linguistic relativity vs. natural partitioning". In: Kuczaj II, Stan (Hrsg.): *Language Development. Vol. 2: Language, thought and culture*. Hillsdale, N.J.: Erlbaum.

Kabatek, Johannes/Pusch, Claus D. ([2]2011): *Spanische Sprachwissenschaft: Eine Einführung*. Tübingen: Narr (bachelor-wissen).

Kauschke, Christina (2000): *Der Erwerb des frühkindlichen Lexikons – eine empirische Studie zur Entwicklung des Wortschatzes im Deutschen*. Tübingen: Narr.

Kleiber, Georges ([2]1998): *Prototypensemantik. Eine Einführung*. Tübingen: Narr (narr studienbücher).

Krassin, Gudrun (1984): *Das Wortfeld der Fortbewegungsverben im modernen Französisch*. Frankfurt a.M.: Lang.

Müller, Natascha/Riemer, Beate (1998): *Generative Syntax der romanischen Sprachen. Französisch, Italienisch, Portugiesisch, Spanisch*. Tübingen: Stauffenburg.

Ogden, Charles K./Richards, Ivor A. ([10]1949): *The Meaning of Meaning: A Study of the Influence of Language upon Thought and of the Science of Symbolism*. London: Routledge & Kegan Paul. 1st ed., 1923.

Peirce, Charles S. (1931-1958): *Collected Papers of Charles Sanders Peirce*. Volumes I-VI. Edited by Charles Hartshorne & Paul Weiss. Cambridge, Mass.: Harvard University Press.

Pillunat, Antje (2007): *Der Erwerb des Lexikons durch mehrsprachige Kinder: Französisch, Italienisch und Deutsch im Vergleich*. Unveröffentliche Magisterarbeit, Bergische Universität Wuppertal.

Pomino, Natascha/Zepp, Susanne ([2]2008): *Hispanistik*. Stuttgart: UTB (UTB basics).

Pottier, Bernard (1963): *Recherches sur l'analyse sémantique en linguistique et en traduction mécanique*. Nancy: Université de Nancy.

Pustejovsky, James (1995): *The Generative Lexicon*. Cambridge, Mass.: MIT Press.

Raible, Wolfgang (1983): „Zur Einleitung". In: Stimm, Helmut/Raible, Wolfgang (Hgg.): *Zur Semantik des Französischen*. Wiesbaden: Steiner (Beihefte zur Zeitschrift für französische Sprache und Literatur, Band 9), S. 1-24.

Real Academia Española Madrid (2010): *Nueva Gramática de la lengua española*. Madrid: Espasa Libros.

Snyder, Lynn S./Bates, Elizabeth/Bretherton, Inge (1981): „Content and context in early language development". In: *Journal of Child Language* 8, S. 565-582.

Stein, Achim ([3]2010): *Einführung in die französische Sprachwissenschaft*. Stuttgart: Metzler.

Stern, William/Stern, Clara (1928/1975): *Die Kindersprache: eine psychologische und sprachtheoretische Untersuchung*. Darmstadt: Wissenschftliche Buchgesellschaft.

Szagun, Gisela (2002): *Sprachentwicklung beim Kind*. München: Urban & Schwarzenberg.

Tesnière, Lucien (1959): *Éléments de syntaxe structurale*. Paris: Klincksieck.

Thomaßen, Helga (2004): *Lexikalische Semantik des Italienischen*. Tübingen: Niemeyer (Romanistische Arbeitshefte; 47).

Wode, Henning (1988): *Einführung in die Psycholinguistik. Theorien – Methoden*. Ismaning: Max Hueber Verlag.

6 Syntax

In diesem Kapitel wollen wir uns mit der Syntax der romanischen Sprachen befassen. Wie bereits in den vorherigen Kapiteln wollen wir zugleich in eine bestimmte Sprachtheorie einführen, in diesem Fall werden wir die generative Grammatik genauer kennenlernen.

6.1 Vom amerikanischen Distributionalismus zur generativen Grammatik: Ein bisschen Geschichte

6.1.1 Der amerikanische Strukturalismus oder Distributionalismus

Wohl der bekannteste Vertreter des amerikanischen Strukturalismus ist Leonard Bloomfield. Seine Sicht von Linguistik als Wissenschaft war durch den Behaviorismus stark beeinflusst. Er plädierte dafür, dass sich die Sprachwissenschaft auf das beschränkt, was der direkten Beobachtung zugänglich ist, d.h. auf das sichtbare, konkrete Verhalten. Sprache wurde wie jedes Verhalten auf die Stimulus-Response-Beziehung zurückgeführt. Was im Sprecher bzw. Hörer mental vorgeht, ist nicht der direkten Beobachtung zugänglich und deshalb nicht von Interesse. Ein praktischer Stimulus (Magenknurren beim Sprecher) führt zu einer sprachlichen Ersatzreaktion (Äußern des Hungergefühls durch den Sprecher), ein sprachlicher Ersatzstimulus (Äußern des Hungergefühls durch den Sprecher und Verstehen der Äußerung durch den Hörer als Aufforderung) führt zu einer praktischen Reaktion (der Hörer gibt dem Sprecher etwas zu essen).

$$S \rightarrow r .... s \rightarrow R$$

Eine solche Sichtweise von Sprache wird auch als *mechanistisch* bzw. *antimentalistisch* bezeichnet, da die nicht direkt beobachtbaren Anteile bei der Beschreibung von beispielsweise sprachlichem Verhalten völlig ausgeblendet werden.

Die für die Sprachanalyse notwendige Distributionsanalyse geht auf Zellig Harris zurück. Hier zeigen sich die besonderen Charakteristika des amerikanischen Strukturalismus, der sich als Hauptziel die Ermittlung der Distribution von Sprachelementen gesetzt hat. Dabei sollte der Rekurs auf Außersprachliches –

nach dem amerikanischen Bild die Bedeutung (= *meaning*)[43] — möglichst vermieden werden. Die Vorgehensweise der amerikanischen Distributionalisten lässt sich mit Hilfe von zwei Termini beschreiben:

- Segmentieren mit Hilfe der Substitution
- Anschließende Ermittlung der Distribution der gewonnenen Segmente (Klassifizieren)

   📖 Die **Distributionsanalyse** ist die Ermittlung aller möglichen Umgebungen eines bestimmten Segmentes auf einer bestimmten (z.B. der phonologischen) Ebene.

Haben zwei Elemente die gleiche(n) Umgebung(en), werden sie zu einer Klasse zusammengefasst. Dies zeigt das folgende Beispiel auf der syntaktischen Ebene:

(1)   Maria   braucht   eine Wohnung.
       Sie   braucht   eine Wohnung.
       Die Frau   braucht   eine Wohnung.
       Sie   braucht   eine Wohnung.

Die Segmente, die substituiert werden können, werden ‚Phrasen' genannt. In unserem Beispiel sind dies *Maria* und *die Frau*, welche durch das Personalpronomen *sie* ersetzt werden können. Auf das Phänomen der Phrasen werden wir in Kapitel 6.2 näher eingehen.

6.1.2   Die generative Grammatik

Der amerikanische Linguist Noam Chomsky hat die strukturelle Linguistik in seinem Buch *Syntactic Structures* (1957) stark kritisiert. Saussures *langue* setzt er mit *a store-house of signs* (1963) gleich, d.h. mit einer Inventarisierung von Sprachelementen. Er reformuliert das Ziel der Linguistik wie folgt:

   „The fundamental aim in the linguistic analysis of a language L is to separate the grammatical sequences which are the sentences of L from the ungrammatical sequences which are not sentences of L and to study the structure of the grammatical sequences." (Chomsky 1957: 13)

Eine generative Grammatik soll genau dies leisten.

---

43 Den amerikanischen Strukturalisten reichte es aus zu wissen, dass bestimmte Einheiten verschieden sind; was jedoch den Unterschied semantisch ausmacht, war nicht Aufgabe ihrer praktizierten Linguistik. *Meaning* ist nur insofern wichtig, da ohne Bedeutung nicht entschieden werden kann, ob zwei geäußerte Formen gleich oder verschieden sind.

📖   Eine **generative Grammatik** erzeugt alle grammatischen Sätze einer Sprache und nur diese.

Jeder Äußerung wird eine strukturelle Beschreibung zugewiesen, die die Bestandteile und deren strukturelle Beziehungen anzeigt. Dabei wird zwischen sogenannten wohlgeformten und nicht wohlgeformten Sätzen unterschieden. Im Unterschied zur strukturellen Linguistik geht es Chomsky um den/die Sprecher(in) der jeweiligen Sprache und sein/ihr Wissen, über das er/sie verfügt.

> „[A] grammar mirrors the behavior of the speaker, who, on the basis of a finite and accidental experience with language, can produce or understand an indefinite number of new sentences." (Chomsky 1957: 15)

Seit die generative Grammatik als Sprachmodell diskutiert wird, ist nicht nur eine Einbeziehung von wohlgeformten Sätzen einer Sprache notwendig, sondern auch die nicht wohlgeformten Sätzen müssen durch den für die Sprache gültigen Regelapparat richtig als ungrammatisch ausgeschlossen werden. Der Terminus ‚grammatisch' ist nach Chomsky zu trennen von dem Begriff ‚bedeutungsvoll' oder ‚sinnvoll'. Für das Aufzeigen dieses Unterschieds wollen wir die Sätze von Chomsky in (2) benutzen, die mittlerweile berühmt geworden sind:

(2) a. Colorless green ideas sleep furiously.   grammatisch, aber sinnlos
      b. Furiously sleep ideas green colorless.   ungrammatisch und sinnlos
      c. The book seems interesting.   grammatisch und sinnvoll
      d. *Read you a book on modern music?   ungrammatisch und sinnvoll

In der frühen Phase der generativen Grammatik standen besonders konstruktionelle Homonymien (s. Kapitel 5.2.3) im Vordergrund, die eben gerade auf unterschiedliche strukturelle Beziehungen der Spracheinheiten zurückgeführt werden.

(3) They are flying planes.
      a. They are [flying$_{Adj}$ planes].
      b. They [are flying$_V$] planes.

Mit der Bedeutung in (3a) ist *flying* ein Adjektiv zum Nomen *planes*, in der anderen, (3b), gehört es zum Verb und steht für die *-ing*-Form des Verbs im Englischen.

Im weiteren historischen Verlauf löste sich die generative Grammatik immer weiter von den strukturalistischen Wurzeln. Der eigentliche Paradigmenwechsel wird durch Chomsky's *Aspects of the Theory of Syntax* (1965) eingeleitet. Hier führt Chomsky auch die wichtige Unterscheidung zwischen Kompetenz und Performanz ein (vgl. auch Gabriel/Müller 2008: 5).

„We thus make a fundamental distinction between competence (the speaker's knowledge of his language) and performance (the actual use of language in concrete situations). Only under the idealization [...] is performance a direct reflection of competence. In actual fact, it obviously could not directly reflect competence. A record of natural speech will show numerous false starts, deviations from rules, changes of plan in mid-course, and so on." (Chomsky 1965: 4)

Mit Kompetenz bezeichnen wir also das Sprachwissen, mit Performanz den Gebrauch dieses Wissens. Eine weitere wichtige Unterscheidung ist die zwischen substantiellen und formalen Universalien (siehe Kapitel 1.2.2).

📖 **Substantielle Universalien** sind die distinktiven Merkmale in der Phonologie oder die lexikalischen Kategorien N(omen), V(erb) etc.

„A theory of substantive universals claims that items of a particular kind in any language must be drawn from a fixed class of items." (Chomsky 1965: 28)

Formale Universalien beziehen sich auf den Charakter der Regeln und die Art und Weise, wie diese zusammenwirken[44].

Ferner unterscheidet Chomsky zwischen unterschiedlichen Adäquatheitsstufen einer Grammatik. Wenn wir als Linguisten für eine bestimmte Sprache mehrere Grammatiken annehmen können, welche der vielen möglichen Grammatiken ist dann die beste? Der nachfolgende englischsprachige Text ist Radford (1981: 25f.) entnommen.

„A grammar of a language is **observationally adequate** if it correctly predicts which sentences are (and are not) syntactically, semantically and phonologically well-formed in the language."

Im Deutschen spricht man von Beobachtungsadäquatheit. Eine Grammatik, die korrekt vorhersagt, welche Sätze in einer Sprache syntaktisch, semantisch etc. wohlgeformt sind, ist beobachtungsadäquat.

„A grammar of a language is **descriptively adequate** if it correctly predicts which sentences are (and are not) syntactically, semantically and phonologically well-formed in the language, and also correctly describes the syntactic, semantic and phonological structure of the sentences in the language in such a way as to provide a principled account of the native speaker's intuitions about this structure."

Im Deutschen spricht man von Beschreibungsadäquatheit. Eine Grammatik ist beschreibungsadäquat, wenn sie jedem wohlgeformten Satz auch eine Struktur zuordnen kann. Umgekehrt könnte man auch verlangen, dass die Zuweisung

---

44   So könnte als formale Universalie (aus Sicht der generativen Grammatik) bezeichnet werden, dass die Grammatik einer jeden Sprache eine Art Phrasenstrukturgrammatik ist. Siehe hierzu (10) und folgende Beispiele.

keiner Struktur den Rückschluss zulassen müsste, dass ein Satz nicht wohlgeformt ist.

> „A grammar attains **explanatory adequacy** just in case it correctly predicts which
> sentences are and are not well-formed in the language, correctly describes their
> structure, and also does so in terms of a highly restricted set of optimally simple,
> universal, maximally general principles which represent psychologically plausible
> natural principles of mental computation, and are 'learnable' by the child in a li-
> mited period of time, and given access to limited data."

Im Deutschen spricht man von Erklärungsadäquatheit. Eine Grammatik erreicht
Erklärungsadäquatheit, wenn sie beobachtungs- und beschreibungsadäquat ist
und zugleich derart aufgebaut ist, dass sie von Kindern erworben werden kann.

Eine weitere wichtige Unterscheidung, die auf Chomsky zurückgeht, ist die
zwischen Grammatikalität (welche auf der Ebene der Kompetenz anzusiedeln ist)
und Akzeptabilität (welche auf der Ebene der Performanz anzusiedeln ist). So
kann ein grammatischer Satz nicht akzeptabel sein, z.B. wenn er zu viele Relativsätze enthält; derartige Sätze überfordern das Gedächtnis des Hörers.

> „The more acceptable sentences are those that are most likely to be produced, more
> easily understood, less clumsy, and in some sense more natural." (Chomsky 1965:
> 11)

Die Unterscheidung zwischen grammatischen und akzeptablen Sätzen wird
ganz besonders im Sprachverstehensprozess deutlich, wenn dieser nicht so funktioniert, wie wir es uns wünschen. Da der Hörer die inhaltliche Planung der
Äußerung des Sprechers nicht kennt, muss er die Äußerungen analysieren. Nun
gibt es Sätze, die den Hörer „auf den Holzweg führen". Sie werden in der Literatur als *garden-path*-Sätze ‚Gartenweg-Sätze' bezeichnet, der Effekt bei der Satzanalyse wird *garden-path*-Effekt genannt. Diese Sätze sind grammatisch, sie würden
aber, wegen der Schwierigkeiten bei der Verarbeitung als wenig akzeptabel eingestuft werden. Ein Beispiel für den *garden-path*-Effekt ist aus Ferreira/Hender-
son (1991) — versuchen Sie einmal selbst eine Übersetzung:

(4) a. When the gardener bathes his poodle joins him.
     b. Quand le jardinier baigne son caniche le joint.
     c. Quand le cuisinier cuit le poulet s'envole.

Unser Satzanalysesystem analysiert die NP *his poodle* zu dem Verb *bathes* gehörig als Objekt, bis es bei der Analyse des Verbs *joins* feststellen muss, dass *his
poodle* nicht Objekt von *bathes* ist, sondern als Subjekt von *joins* fungieren muss.
Zu diesem letzten Schritt verhilft uns unser syntaktisches Wissen, da im Englischen Subjekte nur unter ganz eingeschränkten Bedingungen weggelassen werden können. Wenn ein Nebensatz (im Beispiel durch *when* eingeleitet) einem
Hauptsatz vorangestellt ist, kann das Subjekt nicht weggelassen werden. Der Par-
ser (unser Satzanalyseprogramm) erkennt diesen Fehler bei der Analyse des Wor-

tes *joins* und revidiert sie. Solche *garden-path*-Sätze sind grammatisch (sobald die richtige Satzanalyse ausgewählt wurde), sie sind aber wegen des erhöhten Analyseaufwandes wenig akzeptabel.

6.2   Syntaktische Kategorien

Von den zahlreichen Sprachmodellen, die die Sprachwissenschaft im Laufe der Entwicklung geprägt haben, haben sich die meisten auf bestimmte syntaktische Kategorien geeinigt, mit Hilfe derer die Einzelsprachen beschreibbar sind.

> 📖 **Syntaktische Kategorien** bilden Einheiten, Wortsequenzen, die in einem intuitiven und einem sprachlich nachweisbaren Sinn eng zusammengehören.

Eine fundamentale Eigenschaft von Grammatiken natürlicher Sprachen ist die Strukturabhängigkeit ihrer Regularitäten. Ein Beispiel dafür ist die Verbstellung im deutschen Nebensatz. Eine strukturunabhängige Regel könnte beispielsweise lauten: Stelle das finite Verb (dasjenige, welches mit dem Subjekt hinsichtlich Person und Numerus übereinstimmt) an das Ende der Wortkette. Eine solche Regel nimmt nicht auf die Struktur der Wortkette Bezug, sondern allein auf die lineare Abfolge der Elemente. Diese Regel ist im Deutschen offenbar im Falle von Nebensätzen erfolgreich, da das finite Verb dort tatsächlich an der letzten Satzposition erscheint (vgl. Müller/Riemer 1998: 9).

Eine Besonderheit des Deutschen ist nun, dass das finite Verb (auch ,Finitum') im Hauptsatz an anderer Position steht als im Nebensatz, nämlich an der zweiten Position.

(5)   Heute <u>habe</u> ich ein Buch von Chomsky gelesen.

Eine strukturunabhängige Regel würde lauten: ,Stelle das Finitum an die zweite Satzposition'. Diese Regel sagt nun auch für im Deutschen ungrammatische Sätze voraus, dass sie grammatisch seien (6a) und umgekehrt schließt sie im Deutschen grammatische Sätze als ungrammatisch aus (6a').

(6)   a. *Ein <u>habe</u> ich heute Buch von Chomsky gelesen.
       a'. Dass ich ein Buch von Chomsky gelesen habe, <u>sagte</u> ich bereits.

An Fragesätzen im Italienischen lässt sich ebenfalls gut zeigen, dass nicht die lineare Abfolge entscheidend ist, sondern dass auf Wortgruppen Bezug genommen werden muss. Bei der Bildung von Fragesätzen im Italienischen wird das Verb an die erste Position gestellt, unabhängig davon, welche Position es im Hauptsatz innehat. Eine Regel, die nur auf die lineare Abfolge der einzelnen Sprachelemente abhebt (z.B. ,Stelle das zweite Wort im Fragesatz an die erste

Satzposition'), ist unangemessen, wie der ungrammatische Satz in (7b') deutlich zeigt.

(7) a. Maria compra un pane.   ‚Maria kauft ein Brot.'
     a'. Compra Maria un pane?   ‚Kauft Maria ein Brot?'
     b. Il bambino che grida compra un pane.
                                        ‚Das Kind, das schreit, kauft ein Brot.'
     b'. *Bambino il che grida compra un pane?
                                        ‚Kind das, das schreit, kauft ein Brot?'

Gesetzmäßigkeiten in natürlichen Sprachen lassen sich offenbar nicht über lineare Abfolgen von Wörtern formulieren. Vielmehr muss die Struktur von Wortsequenzen berücksichtigt werden. Im Fall von Entscheidungsfragen (auch ‚Ja/Nein-Fragen') in den romanischen Sprachen müsste eine Regel Bezug auf das finite Verb nehmen.

Mit welchem Begriffsvokabular lassen sich nun die Regularitäten beschreiben? Der Strukturalismus hat mehrere Methoden hervorgebracht, die es uns ermöglichen zu bestimmen, welche Wörter zu Wortsequenzen zusammengefasst werden müssen. Einer dieser Tests ist das Einsetzen von Wortsequenzen unterschiedlicher Länge und Art in die gleiche syntaktische Umgebung, das wir an dem spanischen Satz in (8) verdeutlichen möchten. Solche Wortsequenzen werden zu syntaktischen Einheiten, den Phrasen, zusammengefasst.

(8) a. Chomsky ha escrito <u>muchos libros.</u>
         ‚Chomsky hat viele Bücher geschrieben.'
     b. Chomsky ha escrito <u>muchos libros interesantes.</u>
         ‚Chomsky hat viele interessante Bücher geschrieben.'
     c. Chomsky ha escrito <u>libros que sirven mundialmente a lingüistas como</u>
         <u>base de discusión.</u>
         ‚Chomsky hat Bücher geschrieben, die in der ganzen Welt Linguisten als Diskussionsbasis dienen.'

Gesetzmäßigkeiten wie die Stellung des Finitums im deutschen Hauptsatz oder die Initialstellung des Finitums im italienischen Fragesatz werden mit Hilfe dieser syntaktischen Einheiten formuliert. Die Verbstellung im deutschen Hauptsatz wäre demnach wie folgt zu definieren: Das finite Verb steht im Hauptsatz nach der ersten syntaktischen Phrase. Deshalb ist der Satz (6a) ungrammatisch, da *ein* in diesem Satz keine vollständige syntaktische Phrase darstellt (die Wörter *Buch von Chomsky* gehören dazu). Der Satz (6a') wird als grammatisch vorhergesagt, da der vorangestellte Konjunktionalsatz (mit *dass* eingeleitet) eine vollständige syntaktische Phrase darstellt und das Finitum nach dieser steht. Wir können nun das Prinzip der Strukturabhängigkeit formulieren:

📖 Syntaktische Gesetzmäßigkeiten sind stets **strukturabhängig**. Bei der Beschreibung dieser Gesetzmäßigkeiten spielen syntaktische Phrasen eine entscheidende Rolle.

Die syntaktischen Phrasen als Einheiten sind nun auch in einer bestimmten Weise aufgebaut. Beim Aufbau der syntaktischen Einheiten unterscheidet man eine lexikalische Ebene (Ebene der Wörter) und eine phrasale Ebene, deren Sichtbarmachung durch Tests möglich ist.

📖 Die **lexikalischen Kategorien** sind N(omen), V(erb), A(djektiv), P(räposition) etc. Man nennt sie auch **Köpfe**, weil sie der jeweilen phrasalen Kategorie ihren Namen geben. Die **phrasalen Kategorien** sind NP (Nominalphrase), VP (Verbalphrase), AP (Adjektivphrase), PP (Präpositionalphrase) etc.

In den folgenden Abschnitten betrachten wir die Struktur dieser phrasalen Kategorien in den romanischen Sprachen.

6.2.1 Die VP

Wir beginnen mit der Verbalphrase (VP) und schauen uns die folgenden Beispiele aus den drei romanischen Sprachen in (9) an:

(9) a. Marie dort.   ‚Maria schläft.'
     b. Marie rencontre une copine.   ‚Maria trifft eine Freundin.'
     c. Marie va à Paris.   ‚Maria fährt nach Paris.'
     a'. Maria dorme.   ‚Maria schläft.'
     b'. Maria incontra un amico.   ‚Maria trifft einen Freund.'
     c'. Maria va in biblioteca.   ‚Maria geht in die Bibliothek.'
     a''.María duerme.   ‚Maria schläft.'
     b''.María soluciona el problema.   ‚Maria löst das Problem.'
     c''.María va a la escuela.   ‚Maria geht zur Schule.'

Die Verbalphrase kann ganz offensichtlich nur aus einem Verb bestehen wie in (9a, a', a'') oder aus einem Verb und einer Nominalphrase (als direktem Objekt) wie in (9b, b', b'') oder aber aus einem Verb und Präpositionalphrase wie in (9c, c', c''). Wir können diese Beobachtung auch schematisch als Phrasenstrukturregel schreiben:

(10)   a. VP → V   → = ‚besteht aus'
        b. VP → V NP
        c. VP → V PP
oder   d. VP → V (NP) (PP)   (...) = fakultativ

6.2.2 Die NP bzw. DP

Auch die Nominalphrase weist eine interne Struktur auf:

(11) a. Marie
  b. une lettre   ,ein Brief'
  c. une brève lettre   ,ein kurzer Brief'
  d. une jolie fille avec un chapeau rouge   ,ein hübsches Mädchen mit einem roten Hut'

  a'. Maria
  b'. una lettera
  c'. una breve lettera
  d'. una bella ragazza con un capello rosso
  a''. María
  b''. una carta
  c''. una breve carta
  d''. una bella chica con un sombrero rojo

Die Nominalphrase kann nur aus einem Nomen bestehen wie in (11a, a', a'') oder aus einer Determinanten[45] (hier aus einem unbestimmten Artikel) und einem Nomen wie in (11b, b', b'') oder aus einer Determinanten, einem Nomen und einem Adjektiv wie in (11c, c', c'') oder gar aus einer Determinanten, einem Adjektiv und einem Nomen, einer Präpositionalphrase als Ergänzung wie in (11d, d', d''). Wir können auch hier wieder schematisch eine Phrasenstrukturregel schreiben:

(12)   a.   NP → (D) (AP) N (PP)   D = Determinante
       b.   NP → (D) N (AP) (PP)

Die Strukturen in (12) werden wir im weiteren Verlauf des Kapitels noch revidieren. Die Stellung des attributiven Adjektivs ist im Deutschen auf die pränominale Position eingeschränkt. Hier würden wir also mit einer einzigen Phrasenstrukturregel auskommen. In den romanischen Sprachen sind beide Abfolgen — N ADJ und ADJ N — erlaubt, die häufigere Position des Adjektivs ist die postnominale. Die romanischen Sprachen erfordern also zwei Regeln, wie in (11d, d', d'') deutlich wird.

     Da Sprachen eine Reihe von Stellungsvariationen aufweisen, könnte man die Beobachtung, dass wir in den romanischen Sprachen sowohl pränominale also auch postnominale attributive Adjektive vorliegen haben, auch syntaktisch erklären. Wir könnten dann eine der beiden Positionen des Adjektivs als zugrundelegend bezeichnen und die andere aus dieser ableiten. Oft wird die Stellung des

---

[45]   Zu den Determinanten (engl. *determiner*) werden die bestimmten und unbestimmten Artikel sowie die adjektivischen Begleiter des Nomens (Demonstrativ-, Possessiv- und Indefinitbegleiter) gezählt.

attributiven Adjektivs so analysiert, dass Adjektive grundsätzlich links vom Nomen stehen — also NP → ... AP N ... — und sich das Nomen, sollte dies (wie bei
Farbadjektiven) notwendig sein, anschließend in eine höhere Position (also nach
links) verschiebt, so dass sich die postnominale Stellung bestimmter Adjektive
ergibt, vgl. (13).

(13) un rouge chapeau → un chapeau rouge ~~chapeau~~

Die durchgestrichene Kopie bezeichnet die Position(en), an der/denen sich Elemente einmal befunden haben, in (13) markiert die Kopie die Position, die das
verschobene Nomen hinterlässt. Wir können für die Nominalphrase auch eine
syntaktische Struktur annehmen, die dann wie in (14) aussehen würde.

(14)

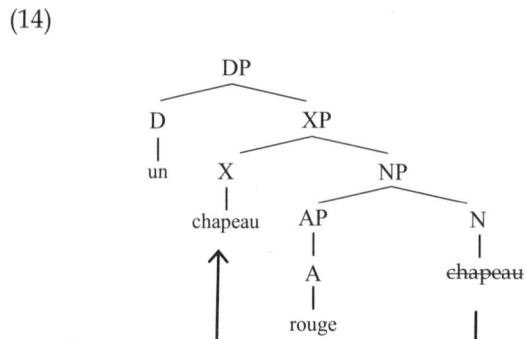

In dieser Struktur wollen wir absichtlich von der Natur der Kategorie, in die das
Nomen verschoben wird, abstrahieren. Auffällig an der Struktur ist, dass die Determinante eine eigene Phrase bildet, nämlich die DP (Determiniererphrase). Auf
diesen Punkt kommen wir weiter unten zu sprechen. An dieser Stelle wollen wir
einfach festhalten, dass wir diese Kategorie deshalb benötigen, weil wir in einer
immer binär (also zweifach) verzweigenden Struktur innerhalb der Nominalphrase für die Determinante keinen Platz hätten, wenn diese noch ein Adjektiv
enthält[46]. Würden wir die Phrasenstrukturregel in (12) einmal als Struktur abbilden, so wird sehr schnell deutlich, dass wir vier Verzweigungen hätten, was bei
einer binären Struktur eben nicht möglich ist.

(15)

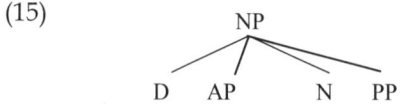

---

[46] Die Annahme von binär verzweigenden Strukturen soll es dem Kind beim Spracherwerb
erleichtern, die jeweils zielsprachliche Struktur für seine Muttersprache abzuleiten. Wir
könnten für diesen typischen Strukturaufbau annehmen, dass er dem Kind angeboren ist.
Es würde sich dann um eine universale Eigenschaft von Sprache handeln. Das Binaritäts-
prinzip haben wir an vielen anderen Stellen in dieser Einführung kennengelernt. Es wird bis
heute in der Forschung kontrovers diskutiert, ob Binarität tatsächlich universal gültig ist.

Determinierte Nomina bilden fortan also eine DP. Die Richtung der Verschiebung wird durch einen Pfeil markiert; der verschobene Ausdruck wird durchgestrichen, um die Position zu markieren, in der er sich vor der Verschiebung befunden hat.

Welche Belege könnte es dafür geben, dass die Adjektivstellung eher ein Problem darstellt, welches in der Syntax gelöst werden sollte und nicht etwa über die Annahme von zwei Phrasenstrukturregeln? Die romanischen Sprachen zeigen eine Formvariation bei manchen Adjektiven. Das Adjektiv hat die herkömmliche bzw. für die jeweilige romanische Sprache typische Form, wenn es postnominal steht. Steht es pränominal, so kann die Form von der herkömmlichen abweichen. Dieses möchten wir am Beispiel von it. *bello* ,schön' und sp. *bueno* ,gut' aufzeigen, welche die herkömmlichen Formen des Adjektivs darstellen.

(16) a. un concerto molto bello   ,ein sehr schönes Konzert'
     a'. un bel concerto   ,ein schönes Konzert'
     b. una gran mujer   ,eine großartige Frau'
     b'. una mujer grande   ,eine groß(gewachsen)e Frau'

Eine solche Formvariation lässt sich natürlich nur schwer in Form einer Phrasenstrukturregel festhalten. Außerdem hat sie ganz offensichtlich mit der Stellung des Adjektivs zu tun.

Auch für das Französische können wir solche Formalternationen in Abhängigkeit von der Vor- oder Nachstellung des Adjektivs konstatieren.

(17) a. une mère grande   ,eine groß(gewachsen)e Mutter'
     a'. une grand-mère   ,eine Großmutter'
     b. une tante grande   ,eine groß(gewachsen)e Tante'
     b'. une grand-tante   ,eine Großtante'

Wir sehen, dass die feminine Form des Adjektivs nicht obligatorisch ist, wenn das Adjektiv mit Hilfe eines Bindestrichs mit dem nachfolgenden Nomen verbunden ist. Fehlt der Bindestrich, verzeichnen wir bei der Voranstellung bei femininen Nomina auch eine feminine Form des Adjektivs, d.h. das pränominale Adjektiv ist mit dem postnominal gebrauchten formidentisch.

(18) a. une grande ville   ,Großstadt'
     b. grand capitaliste (m.) / grande capitaliste (f.) ,Großkapitalist'

Bei den Spracheinheiten, bei denen Nomina und Adjektive durch einem Bindestrich miteinander verbunden sind (17a' und 17b'), könnte man auch der Ansicht sein, dass es sich um Komposita handelt und diese dann innerhalb der Morphologie zu analysieren wären. *Grand-mère* wäre dann ein Nominalkompositum mit der Struktur Adj+N.

Eine zweite Beobachtung betrifft die Tatsache, dass in den romanischen Sprachen nur bestimmte Adjektive in beiden Positionen vorkommen dürfen und

dass mit den verschiedenen Adjektivpositionen unterschiedliche Lesarten verbunden sind, die manchmal nur nuanciert, manchmal aber sehr groß sind. So
handelt es sich bei *el amigo bueno* um einen guten Menschen, bei *el buen amigo* um
einen guten Freund.

Die dritte Beobachtung kommt aus dem Spracherwerb von Kindern. Die Kinder aus dem Projekt WuBiG (vgl. Kapitel 1.2), die mit dem Deutschen und einer
romanischen Sprache gleichzeitig aufwachsen, zeigen — wenn auch sehr selten
— von der Zielsprache abweichende Adjektivstellungen im Deutschen. Die Beispiele in (19) kommen von Kindern, die gleichzeitig mit dem Deutschen und dem
Italienischen aufwachsen.

(19) a. schuhe dunkelbraun   (Taeschner 1983)
     b. reis gut   (Taeschner 1983)
     c. abschneiden die haare blonde (Repetto 2006)
     d. ein bagger großen   (Repetto 2006)

Bei unserer Analyse der Adjektivstellung in (14) würde man nicht erwarten, dass
bilinguale Kinder das Nomen nach links verschieben (um die postnominale Stellung zu erhalten) in einer Sprache, in der es gar nicht notwendig ist. Die Stellungen in (19) würden mit der Analyse von (14) aber genau dies bedeuten. Nun wäre
auch eine Analyse denkbar, in der das Adjektiv verschoben wird, um die beiden
möglichen Adjektivabfolgen in den romanischen Sprachen zu erhalten. Da es ein
syntaktisches Prinzip gibt, das Verschiebung von links nach rechts ausschließt
(vgl. Müller/Riemer 1998), kann nur (20) eine Alternative zu der in (14) vorgestellten Analyse sein. Wir müssten demnach für die romanischen Sprachen annehmen, dass die postnominale Position des Adjektivs die zugrundeliegende ist
und bei pränominaler Stellung das Adjektiv in eine Position vor das Nomen verschoben wird, welche wir in der Struktur wieder mit X angeben wollen.

(20) une salade bonne   →   une bonne salade ~~bonne~~

Wir hätten somit die folgende Struktur (21) vorliegen:

(21)

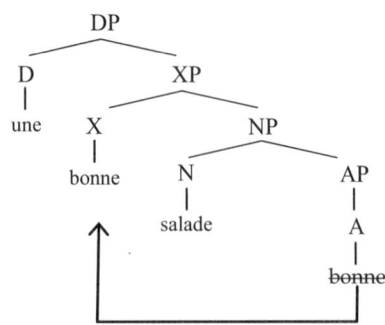

Legen wir (21) zugrunde, ließen sich die romanischen Sprachen im Vergleich zum Deutschen wie folgt darstellen: Im Französischen, einer Sprache mit prä- und postnominalen Adjektiven, ist die Adjektivverschiebung vom jeweiligen Adjektiv abhängig. Im Deutschen dagegen, einer Sprache mit ausschließlich pränominalen Adjektiven, ist die Adjektivverschiebung mit allen Adjektiven obligatorisch, d.h. die Verschiebung bezieht alle Vertreter der Kategorie A(djektiv) ein. Man könnte nun weiter vermuten, dass Konstruktionen ohne eine Verschiebung sparsamer im Hinblick auf den (syntaktischen) Arbeitsaufwand oder einfacher sind als solche mit Verschiebungen. Dies würde beispielsweise für ein bilingual deutsch-französisches Kind vorhersagen, dass es zunächst mit dem ökonomischen Weg beginnt, nämlich den postnominalen Adjektiven. Das Kind lernt ja mit dem Französischen eine Sprache, die diesen Weg auch ausschöpft. Im Laufe der Entwicklung wird diese ökonomische Verfahrensweise für einige Adjektive revidiert. Dass nicht die Struktur (21), sondern die Struktur (14) die bessere ist, dafür argumentieren Rizzi/Arnaus Gil/Repetto/Müller/Müller (2011). Die 15 über die Zeitspanne von anderthalb bis fünf Jahren analysierten bilingualen Kinder produzieren nichtzielsprachliche Adjektivstellungen in ihren beiden Sprachen. In Abbildung 6.1 zeigt die linke Graphik alle pränominalen Adjektive (sowohl zielsprachliche als auch nichtzielsprachliche) und man sieht, dass viele nichtzielsprachliche Realisierungen darunter sind. Die rechte Graphik zeigt alle (wieder zielsprachliche und nichtzielsprachliche) postnominalen Adjektive, die insgesamt seltener auftreten und weniger nichtzielsprachliche postnominale Stellungen aufweisen. Mit anderen Worten ist es die pränominale Stellung des Adjektivs, die von den Kindern übergeneralisiert wird, und es gibt insgesamt mehr pränominale Adjektive. Eine solche Verteilung kann sehr gut unter Zugrundelegung der Struktur (14) vorhergesagt werden, weil das Kind für die pränominale Position ‚nichts tun muss'.

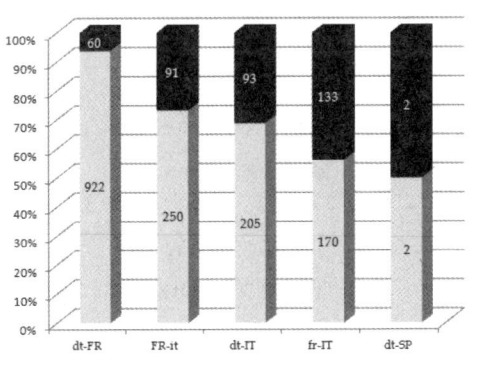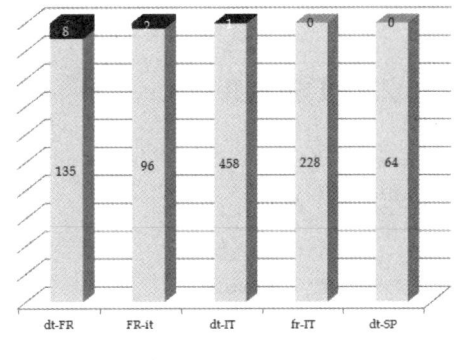

Abbildung 6.1:
(Nicht)Zielsprachliche Adjektivstellung in den romanischen Sprachen Französisch, Italienisch, Spanisch von bilingualen Kindern
(aus: Rizzi et al. 2011)

Eine Entscheidung zwischen den Strukturen (14) und (21) wollen wir absichtlich nicht herbeiführen, da es hier einzig um die Möglichkeit geht, Regularitäten von Sprachen nicht mit Hilfe von Phrasenstrukturregeln, sondern mit Hilfe von syntaktischen Operationen, hier der Verschiebung nach links, abzubilden (weiter unten legen wir deshalb einfach (14) zugrunde). Beide Strukturen sind bis heute in der Syntaxforschung Gegenstand einer Diskussion.

Wir wollen an dieser Stelle noch einmal kurz auf die Annahme zurückkommen, dass die Determinante eine eigene Phrase bildet, die DP. Wir hatten dies damit begründet, dass in einer ansonsten binären Struktur kein Platz für drei Elemente ist, wenn also eine Determinante, ein Adjektiv und ein Nomen vorhanden sind. Es gibt aber noch weitere Gründe für die Annahme, dass Determinanten eigene Phrasen bilden. So ist die Klasse der Mitglieder geschlossen, d.h. es kommen im Laufe der Zeit keine Elemente — beispielsweise durch Entlehnung — dazu. Für Nomina stellt sich die Situation anders dar. Wenn wir uns den Wortschatz des Französischen in Kanada ansehen, so stellen wir fest, dass sehr viele Nomen aus dem Englischen ins Französische entlehnt werden und wurden, besonders frequente Beispiele sind *job, gang, boyfriend*, also Nomina. Wegen der Geschlossenheit der Klasse der Determinanten, und da Determinanten grammatische Funktionen ausdrücken, bezeichnet man sie auch als funktionale Kategorie im Gegensatz zu den Nomina, die eine lexikalische Kategorie darstellen. Wir kommen weiter unten auf diese Unterscheidung zurück und erläutern sie genauer. Das eigentliche Problem, da mehr als zwei Elemente in einer binären Struktur untergebracht werden müssen, gibt es nicht nur für Nomina, die zusammen mit einer Determinante und einem Adjektiv auftreten. Die romanischen Sprachen (wie auch das Deutsche) kennen auch Verben, die zwei Objekte erzwingen, ein sogenanntes direktes und ein indirektes Objekt. Das Verb *donner/dare/dar* ‚geben‘ ist ein solches. Wir werden im weiteren Verlauf auf dieses Platzproblem genauer eingehen.

6.2.3 Die AP

Auch Adjektivphrasen (AP) haben eine interne Struktur, die wir wieder aufzeigen wollen:

(22) a.   froid   ‚kalt‘
     b.   freddo
     c.   frío

     a'.   très froid   ‚sehr kalt‘
     b'.   troppo freddo
     c'.   demasiado frío

     a''. très envieux du bien de Pierre   ‚sehr neidisch auf Peters Vermögen‘
     b''. molto invidioso dei beni di Giulio
     c''. muy envidioso de los bienes de Pedro

Demnach besteht die AP minimal aus einem Adjektiv. Zusätzlich kann ein Adverb in der AP enthalten sein oder gar eine PP.

(23)   AP → (Adv) A (PP)   Adv = Adverb

6.2.4 Die PP

Die Struktur der Präpositionalphrase (PP) enthält eine P und eine DP bzw. NP.
Zusätzlich kann wieder ein Adverb auftreten.

(24)	a.	sur la rue	‚auf der Straße'
	b.	sulla strada	
	c.	en la calle	
	a'.	sans peur	‚ohne Angst'
	b'.	senza paura	
	c'.	sin miedo	
	a''.	presque sans argent	‚fast ohne Geld'
	b''.	quasi senza soldi	
	c''.	casi sin dinero	

Die Phrasenstrukturregel für Präpositionalphrasen lässt sich entsprechend so
formulieren:

(25) PP → (Adv) P {DP, NP}   {a, b} = entweder a oder b

6.2.5 Phrasen und ihre psycholinguistische Realität

Gibt es Phrasen wirklich? Die Antwort auf diese Frage ist positiv. Die Phrase ist
eine psycholinguistisch reale Einheit, die man im Sprachverstehensprozess nachweisen kann. Psycholinguisten haben untersucht, ob es eine bevorzugte Lesart für
den folgenden Satz gibt (Cuetos/Mitchell 1988: 77).

(26) El periodista entrevistó a la hija del coronel que tuvo el accidente.
       ‚Der Reporter interviewte die Tochter des Oberst, der den Unfall hatte.'

Eine Strategie, die für den Sprachverstehensprozess und dessen Effizienz eingeführt wurde, basiert auf Frazier (1979: 562) und wird mit *Late Closure* bezeichnet.
Late Closure besagt, dass neues Sprachmaterial in die gerade vom Hörer postulierte syntaktische Phrase integriert wird:

„If grammatically permissible, attach new items into the clause or phrase currently
being processed."

Für den spanischen Satz würde diese Strategie vorhersagen, dass der Relativsatz, der durch *que* deutlich markiert ist, zunächst innerhalb der Phrase *del coronel* (eine PP) analysiert würde, also in die gerade (von links nach rechts) analysierte Phrase integriert würde. Eine andere Möglichkeit wäre, den Relativsatz zu *la hija* (eine DP) gehörig zu analysieren. Beide haben wir als syntaktische Phrasen bzw. Konstituenten kennengelernt. Wir wollen kurz die Struktur der DP *la hija del coronel* darstellen, um dies zu verdeutlichen. Dabei werden wir *a* in *a la hija* (vgl. in 26) der Einfachheit halber vernachlässigen.

(27)

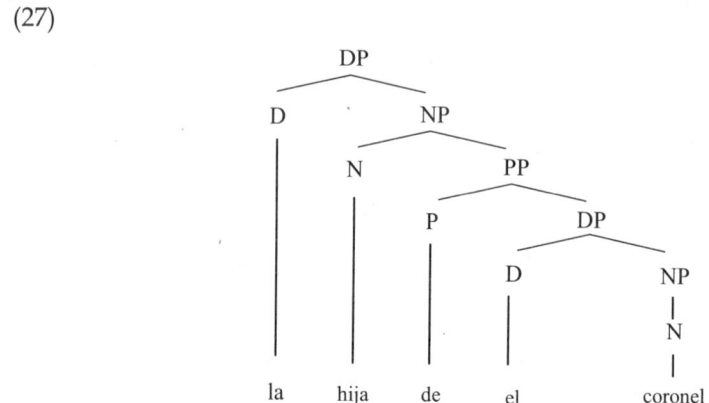

Nach unserer Definition bildet die Determinante *la* zusammen mit *hija* eine DP. Genauso bilden *el* und *coronel* eine DP. Relativsätze haben die Eigenschaft, dass sie Aussagen über ein Bezugselement im übergeordneten Satz machen. Dieses Bezugselement ist die DP. Der spanische Satz ist ambig, d.h. er kann die (präferierte) Lesart haben, dass die Tochter den Unfall hatte, oder der Relativsatz kann die DP *el coronel* als Bezugselement haben. Die Ambiguität, aber auch die Bevorzugung einer Lesart (die in diesem Beispiel dem *Late Closure*-Prinzip widersprechen würde) zeigen deutlich, dass wir, wenn wir Sprache verstehen, eine syntaktische Analyse in Form von Phrasen durchführen; wir können dabei auch auf Phrasen zurückgreifen, die wir bereits syntaktisch abgeschlossen haben. Es ist im Verstehensprozess jedoch mit weniger Aufwand verbunden, wenn wir uns nicht an eine zuvor analysierte Phrase erinnern müssen.

Phrasen spielen auch beim Sprachproduktionsprozess eine große Rolle. In der Literatur gilt als belegt, dass durchschnittlich sechsmal pro 100 Wörter unflüssig gesprochen wird (Fox 1995), was bedeutet, dass eine Pause entsteht, ein „ehm" geäußert oder aber ein Wort wiederholt wird. Ein Beispiel aus der Kindersprache für derartig unflüssige Sprache entnehmen wir Di Venanzio (2010: 12). In (28) repariert das monolingual deutsche Kind die DP. Interessant ist dabei, dass das Kind auch die Determinante wiederholt, obwohl dies nicht notwendig wäre, da das reparierte Nomen auch ein Femininum ist und das Kind es auch als solches klassifiziert hat:

(28) da ei- eine nas- eine gurke is er ra- raufgeflogn (Chantal 3;2,08) (Di
        Venanzio 2010: 18)

Di Venanzio kommt bei fünf monolingual deutschen Kindern im Alter von zwei
bis fünf Jahren auf insgesamt 332 Selbstreparaturen, dem Untersuchungsgegen-
stand der Arbeit. Dafür hat sie 31.551 Äußerungen angesehen, was der Behauptung zu widersprechen scheint, dass unflüssige Sprache relativ häufig vorkommt.
Von den 332 Selbstreparaturen sind 224 so beschaffen, dass bei der Reparatur der
linke Phrasenrand wiederholt wird. Schon in Fox/Hayashi/Jasperson (1996: 186)
heißt es, dass „repair in English conversation is strongly organized according to
syntactic constituents". Wir sehen also am Beispiel von unflüssiger Sprache, dass
die Sprachorganisation sehr wahrscheinlich in Phrasen strukturiert ist.
   Die einzelnen Phrasenstrukturregeln, die wir bisher kennengelernt haben,
ergeben geordnet ein Regelsystem, mit dem eine Satzstruktur generiert werden
kann. Ein solches Regelsystem wird als generative Grammatik bezeichnet.

(29)   S → {DP, NP} VP   S = Satz, {a, b} = entweder a oder b
       VP → V ({DP, NP}) (PP)
       DP → D NP
       NP→ (AP) N (PP)
       AP → (Adv) A (PP)
       PP → (Adv) P {DP, NP}

Eine Grammatik, die ausschließlich Phrasenstrukturregeln enthält, ist eine Phrasenstrukturgrammatik. Eine der wichtigsten Eigenschaften dieses Regelapparats
ist die Rekursivität, d.h. eine bereits aufgerufene Regel kann erneut aufgerufen
werden. So haben wir mit den Beispielen in (11 d, d', d'') *une jolie fille avec un chapeau rouge* DPn kennengelernt, innerhalb derer eine PP auftritt, welche dann wieder eine DP enthält: *un chapeau rouge*. Die Rekursivität einiger Regeln soll gewähr-
leisten, dass die Satzlänge (oder allgemein Phrasenlänge) in natürlichen Sprachen
prinzipiell beliebig ist.
   Die bisher vorgestellten lexikalischen Kategorien werden durch Elemente
aus dem Lexikon (Lexeme, vgl. Kapitel 5) repräsentiert. So sind im Lexikon Einheiten wie *Marie, pomme, amico, coche* etc. als Nomina markiert. Auch für die anderen bisher besprochenen Kategorien gibt es Wörter oder freie Morpheme in den
romanischen Sprachen, die diese repräsentieren.

(30)   N → frz. *Marie, pomme* ‚Apfel'; it. *amico* ‚Freund'; sp. *coche* ‚Auto' etc.
       D → frz. *le* ‚der', *la* ‚die'; it. *il* ‚der', *un* ‚ein'; sp. *el* ‚der', *una* ‚eine' etc.
       V → frz. *mange* ‚isst'; it. *incontra* ‚trifft'; sp. *baila* ‚tanzt' etc.
       A → frz. *fier* ‚stolz'; it./sp. *breve* ‚kurz', *grande* ‚groß' etc.
       Adv → frz. *très* ‚sehr'; it. *troppo* ‚zu sehr'; sp. *muy* ‚sehr' etc.
       P → frz. *à* ‚zu'; it. *con* ‚mit'; sp. *hacia* ‚nach' etc.

Die graphische Darstellung von Phrasenstrukturregeln ist das Baumdiagramm,
das wir an Beispiel (31) illustrieren. Die Linien in der Struktur nennt man auch

Zweige (engl. *branches*), die Schnittpunkte zweier Zweige auch Knoten (engl. *nodes*).

(31)

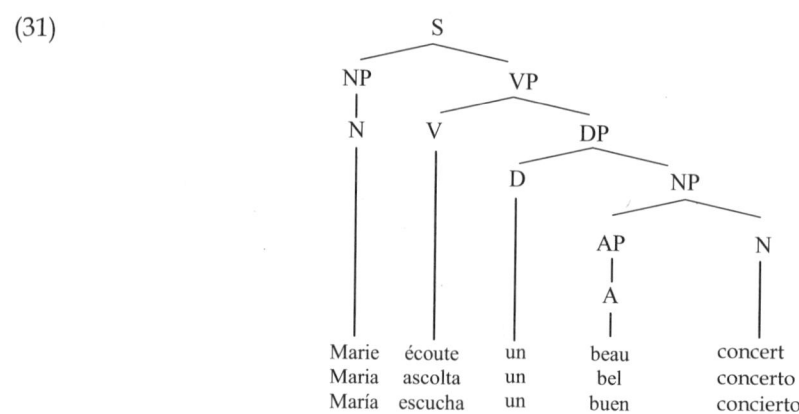

Manchmal findet man aus Platzgründen auch eine Klammerdarstellung, *labeled bracketing* genannt.

(32) $[_S [_{NP} [_N$ Marie$]] [_{VP} [_V$ écoute$] [_{DP} [_D$ un$] [_{NP} [_{AP} [_A$ beau$]] [_N$ concert$]]]]]$

$[_S [_{NP} [_N$ Marie$]] [_{VP} [_V$ escolta$] [_{DP} [_D$ un$] [_{NP} [_{AP} [_A$ bel$]] [_N$ concerto$]]]]]$

$[_S [_{NP} [_N$ Marie$]] [_{VP} [_V$ escucha$] [_{DP} [_D$ un$] [_{NP} [_{AP} [_A$ buen$]] [_N$ concierto$]]]]]$

Jeder Knoten dominiert alle diejenigen Knoten/Kategorien, die unter ihm hängen. Eine Kategorie wird von einer anderen Kategorie unmittelbar dominiert, wenn zwischen den beiden keine weiteren Kategorien auftreten, also

(33) α dominiert β unmittelbar, genau dann wenn
   a.   α β dominiert
   b.   es keine Kategorie γ gibt, die β dominiert und von α dominiert wird.

Die Klausel b. besagt, dass es zwischen α und β keinen intervenierenden Knoten geben darf.

   📖 Kategorien, die vom gleichen Knoten dominiert werden, heißen **Schwesterknoten**. Der sie dominierende Knoten wird als **Mutterknoten** bezeichnet. Elemente, die keine weiteren Elemente dominieren, sind **Terminalsymbole**.

Mit anderen Worten, es gibt verzweigende und nichtverzweigende Knoten. Nichtverzweigende Knoten kann man auch sehr gut in der Struktur (31) an der Subjekt-NP und der AP erkennen. Hier führt eine direkte Linie von der phrasalen Kategorie zur lexikalischen Kategorie. Weshalb ist die Dominanzrelation wichtig? Die Dominanz und die unmittelbare Dominanz wirken sich in Sprachen aus. Wir wollen hierfür ein Beispiel aus dem Deutschen anführen, um den Unterschied zu demonstrieren. Im Deutschen finden wir den folgenden Kasuswechsel:

(34) a. Maria hat den Brief geschrieben.
    b. Maria hat mit dem Bleistift geschrieben.
    c. *Maria hat mit den Bleistift geschrieben.

Das Verb *schreiben* vergibt im Deutschen den Akkusativkasus. Dies wird in (34a) deutlich. Wir wollen nun aber verhindern, dass der Akkusativ auch dann vom Verb zugewiesen wird, wenn eine Präposition zwischen das Verb und die kasusmarkierte DP tritt. Intuitiv gesprochen unterbricht die Präposition ganz offensichtlich die zuvor bestehende Relation zwischen Verb und DP. Dieses lässt sich über die Begriffe der Dominanz und der unmittelbaren Dominanz klären. In der Struktur (35) würde die VP die DP in beiden Fällen dominieren, d.h. wenn sie die DP als Schwester nimmt (34a) und wenn sie die PP als Schwester nimmt (34b und 35).

(35)

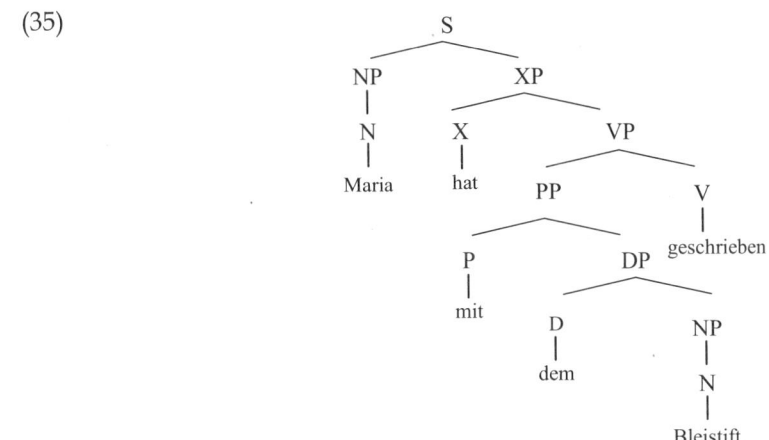

Allerdings dominiert die VP die DP nur dann unmittelbar, wenn die PP fehlt. Man sieht deutlich, dass die PP zwischen die VP und die kasusmarkierte DP tritt, also interveniert. Auf die Kategorie XP wollen wir an dieser Stelle noch nicht eingehen.

Nachdem wir einzelne Phrasen und deren Struktur eingeführt haben, wollen wir nun zu einem für die Syntax zentralen Begriff kommen, nämlich der Konstituente.

📖 Eine **Konstituente** ist eine Kette von Terminalsymbolen, die von einem gleichen Knoten ausschließlich dominiert wird.

Wenden wir diese Definition auf die Struktur in (35) an, so könnten wir z.B. sagen, dass D allein keine Konstituente darstellt, da der diese Kategorie dominierende Knoten, die DP, auch noch die NP dominiert, also D nicht ausschließlich dominiert. Für die Kategorien P, D und N dürfen wir im Gegensatz dazu behaupten, dass sie eine Konstituente bilden, da sie in der Struktur (35) ausschließlich von der PP dominiert werden. Eine Konstituente ist also minimal eine Phrase, sie kann jedoch, wie im gewählten Beispiel, auch aus mehreren Phrasen bestehen.

Syntaktische Prozesse betreffen stets Konstituenten, niemals Wortsequenzen. Umgekehrt können wir dann durch die syntaktischen Prozesse die Konstituenten offen legen (vgl. Pomino/Zepp 2008: 131). Dieses wollen wir im Folgenden an einigen syntaktischen Operationen im Deutschen, Französischen, Italienischen und Spanischen aufzeigen.

In den genannten Sprachen gibt es die Möglichkeit, parenthetische Ausdrücke wie *je crois/ich glaube/credo/creo* zwischen Konstituentengrenzen einzuschieben.

(36) a.   Marie mange — je crois — la petite pomme.
     b.   *Marie mange la petite — je crois — pomme.
     a'. Maria kauft — glaub ich — die roten Gummibärchen.
     b'. *Maria kauft die roten — glaub ich — Gummibärchen.
     a''. Maria compra — credo — una bella macchina.
     b''. *Maria compra una bella — credo — macchina.
     a'''. María está leyendo — creo — un buen periódico.
     b'''. *María está leyendo un buen — creo — periódico.

Wenn Konstituenten syntaktische Operationen beschränken, so dürfen wir aus den Daten in (36) schließen, dass es sich bei der grammatischen Konstruktion um einen Einschub an Konstituentengrenzen, bei der ungrammatischen Konstruktion eben um einen Einschub an Wortkettengrenzen handelt. Genauer gesagt wird *je crois* in Beispiel (36a) zwischen V und DP (Konstituentengrenze) geschoben, in (36b) handelt es sich jedoch um keine Konstituentengrenze.

Pronomina stehen für DPn. Mit anderen Worten können wir anstelle einer DP wie *la grande voiture* in (37) auch *la* setzen. Die ungrammatischen Beispiele zeigen, dass es nicht möglich ist, das Pronomen für N in einer DP, die noch aus einer Determinante und einem Adjektiv besteht, zu gebrauchen.

(37) a.   Marie conduit <u>la grande voiture</u> là-bas et Jean <u>la</u> conduit aussi.
     b.   Marie conduit la belle <u>voiture</u> là-bas. *Jean <u>la</u> conduit aussi une belle.
     a'. Maria fährt das große Auto dort und Hans fährt es auch.
     b'. Maria fährt das schöne Auto dort. *Hans fährt ein schönes es auch.
     a''. Maria guida sempre la macchina e Gianni non la guida mai.
     b''. Maria guida la bella macchina. *Gianni non la guida mai una bella.
     a'''. María conduce siempre el coche y Juan no lo conduce nunca.
     b'''. *María conduce siempre el gran coche. *Juan no lo conduce nunca un gran.

Nachdem wir uns mit den syntaktischen Kategorien N, V, A und P befasst haben und deren Baupläne kennengelernt haben, wollen wir uns mit solchen Kategorien

näher befassen, deren Inventar ganz offensichtlich begrenzt ist, nämlich den sogenannten funktionalen Kategorien.

6.3   Funktionale Kategorien

In den folgenden Abschnitten wollen wir Ihnen die funktionalen Kategorien D, T
und C vorstellen. Wie die Determinante drücken auch die anderen Kategorien
grammatische Informationen aus und ihr Inventar ist in den Einzelsprachen begrenzt (vgl. auch Rowlett 2007).

6.3.1   D für Determinanten

In den vorangegangenen Abschnitten haben wir schon eine solche funktionale
Kategorie kennengelernt, nämlich die Determinante (D). Die Repräsentanten von
D sind im Vergleich zu den von N stark begrenzt. So gibt es in den hier diskutierten Sprachen oftmals nur wenige Formen für den definiten Artikel, den indefiniten Artikel etc. Die sehr eingeschränkte Anzahl an sprachlichen Repräsentanten
ist eines der Merkmale von funktionalen Kategorien. Auch werden sie in der Regel nicht aus anderen Sprachen entlehnt. So können wir, durch den Sprachkontakt bedingt, (ganz besonders) Nomina und Verben aus anderen Sprachen entlehnen, wie die kulinarischen Bezeichnungen *ciabatta*, *baguette* und Bezeichnungen für Handlungen wie *faxen* und *mailen*. Wir würden dennoch diese nicht —
wie in (38a) — mit der italienischen Determinante benutzen, wenn wir Deutsch
sprechen, oder die aus dem Englischen entlehnten Verben mit der für das Englische grammatischen Wortstellung gebrauchen (vgl. 38b). Grammatisch wären
(38c) und (38d).

(38) a. *Bitte kauf mir una ciabatta!
      b. *Ich kann dir mailen das Dokument.
      c. Bitte kauf mir ein Ciabatta!
      d. Ich kann dir das Dokument mailen.

In der Spracherwerbsforschung ist dieses Phänomen auch sehr gut belegt.
Cantone/Müller (2008) haben sich die Sprachmischungen von fünf von Geburt an
mehrsprachig mit Deutsch und Italienisch aufwachsenden Kindern aus WuBiG
über einen Zeitraum von dreieinhalb Jahren angesehen (Altersspanne von anderthalb bis fünf Jahren) und festgestellt, dass nur ganz selten die Determinante
in der jeweils anderen Sprache benutzt wurde. Die Kinder wurden in vierzehntä-
gigem Abstand jeweils eine halbe Stunde im Deutschen und Italienischen beobachtet bzw. ihre Sprachproduktion per Videokamera aufgezeichnet. Die Sprach-
situation ist also eine monolinguale. Über den gesamten Untersuchungszeitraum
gerechnet haben die fünf Kinder im italienischen Sprachkontext nur sechsmal die

Determinante auf Deutsch und das Nomen auf Italienisch geäußert, mit anderen Worten wurde die Determinante gemischt: Sechs $D_{Deutsch}$ + $N_{Italienisch}$ (1,4%) im italienischen Sprachkontext. Der umgekehrte Fall war sehr viel häufiger: 436 $D_{Italienisch}$ + $N_{Deutsch}$ (98,6%) im italienischen Sprachkontext. Im deutschen Kontext, also wenn das Kind mit der deutschen Muttersprachlerin interagiert hat, war die Verteilung noch extremer. Der Fall, dass eine italienische Determinante mit einem deutschen Nomen gebraucht wurde, kam gar nicht vor. Der Fall, dass das Nomen aus dem Italienischen stammte, konnte oft belegt werden: 156 $D_{Deutsch}$ + $N_{Italienisch}$ (100%) im deutschen Sprachkontext. Das Beispiel aus dem Spracherwerb zeigt deutlich, dass wir eine Unterscheidung zwischen D und N machen müssen und dass sich diese auch empirisch (z.B. in Spracherwerbsdaten) niederschlägt.

6.3.2 T für Hilfsverben

Es gibt nun weitere funktionale Kategorien, mit denen wir uns im Folgenden beschäftigen wollen. Die Phrasenstrukturgrammatik, wie bisher erläutert, lässt zwei Kategorien unberücksichtigt, das Hilfsverb (T = engl. *tense*) und die nebensatzeinleitende Konjunktion (C = engl. *complementizer*). Bei beiden Kategorien ist ganz sicher, dass wir es mit einem sehr eingeschränkten Inventar an Repräsentanten zu tun haben.

In unseren romanischen Sprachen gibt es zwei Hilfsverben (*avoir/avere/haber* und *être/essere/ser*). Da die Hilfsverben allein dazu dienen, Tempus auszudrücken, wird die Kategorie, die die Hilfsverben beherrbergt, mit T (für Tempus) bezeichnet. In (39) finden sich Beispiele mit dem Hilfsverb ,haben'.

(39) a.   Marie a rencontré un ami.   ,Maria hat einen Freund getroffen.'
      a'.   Maria ha incontrato un amico.
      a''. María ha encontrado unas llaves. ,Maria hat Schlüssel gefunden.'

Wir wollen die tempusbildenden Hilfsverben erst einmal wie in (40) in unsere bisherige Struktur integrieren. Wir werden dann noch auf die genaue Bestimmung der Phrase, welche T dominiert, eingehen.

(40)

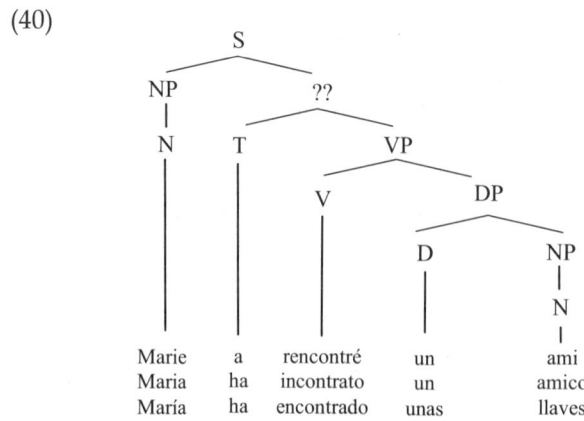

6.3.3 C für nebensatzeinleitende Konjunktion

Auch die nebensatzeinleitenden Elemente sind in ihrer Anzahl sehr eingeschränkt. Sie bilden die funktionale Kategorie C(omplementizer) (engl. *complementizer* ‚Komplementierer'). Realisierungen für diese Kategorie sind z.B. die Konjunktionen *parce que/perché/porque* ‚weil' oder *que/che/que* ‚dass'. Diese Kategorie muss außerhalb des Satzes stehen. Auch auf die genaue Struktur derjenigen Schicht, welche die nebensatzeinleitenden Konjunktionen enthält, werden wir noch eingehen.

(41) a.   Marie mange une pomme parce qu'elle a faim.
   ‚Maria isst einen Apfel, weil sie hungrig ist.'
  a'.   Non è uscito perché non aveva tempo.
   ‚Er ist nicht weggegangen, weil er keine Zeit hatte.'
  a''. No viene porque tiene mucho trabajo.
   ‚Er ist nicht gekommen, weil er viel Arbeit hat.'

Da Nebensätze ebenso wie Hauptsätze aus einem Subjekt und einem Verb bestehen, könnten wir einfach unseren Hauptsatz in (40) als einen Nebensatz darstellen, wenn wir eine weitere Schicht über S für den Nebensatzeinleiter annehmen, wie in (42) illustriert.

(42)

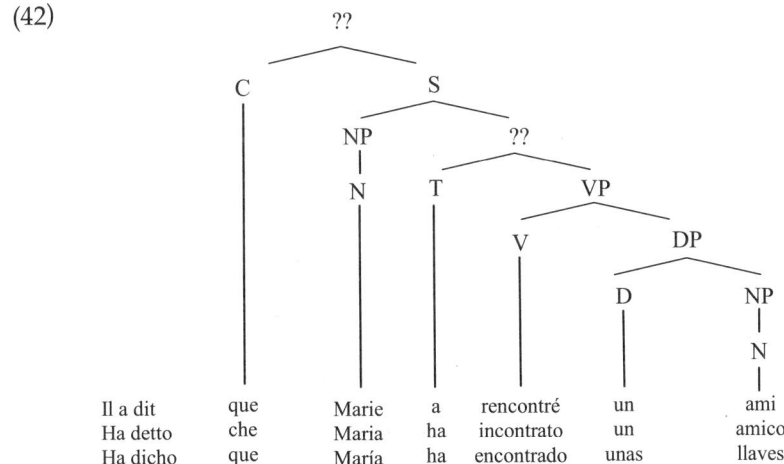

Wir werden im weiteren Verlauf des Kapitels zeigen, dass es eine bessere Idee für die Struktur von S und die Schicht darüber gibt. Bevor wir jedoch wieder darauf zurückkommen können, müssen wir uns zunächst mit weiteren für die syntaktische Analyse wichtigen Begriffe beschäftigen.

6.4   Komplemente und Adjunkte

Die Satzstruktur wird zu einem großen Teil von lexikalischer Information bestimmt.

> „Speakers of a language are equipped with an internal 'dictionary', which we shall
> refer to as the mental lexicon, or lexicon, which contains all the information they
> have internalized concerning the words of their language." (Haegeman 1991: 29)

Das mentale Lexikon (vgl. Kapitel 1 und 5) muss u.a. Informationen über syntaktische Kategorien enthalten: *acheter/comprare/comprar* ,kaufen' = Verb, *livre/libro* = Nomina etc. Unser Sprachwissen umfasst auch das Wissen darüber, ob bestimmte Konstituenten obligatorisch sind oder aber fakultativ.

(43) a.   Pierre a acheté [DP un livre] [PP dans la librairie].
           ,Peter hat ein Buch in der Buchhandlung gekauft.'
     a'. Piero ha comprato [DP un libro] [PP in libreria].
     a''. Pedro ha comprado [DP un libro] [PP en la librería].

Die PP in den Beispielsätzen ist fakultativ (auch: optional). Auch wenn man sie weglässt, bleibt der Satz grammatisch.

📖 Optionale phrasale Konstituenten werden als **Adjunkte** bezeichnet. Obligatorische phrasale Konstituenten werden **Komplemente** genannt.

Die DP in den Beispielsätzen ist Komplement. Man kann sie nicht weglassen, ohne dass der Satz ungrammatisch wird, vgl. in (44a, a', a'').

(44) a. *Pierre a acheté.   ‚Peter hat gekauft.'
     a'. *Piero ha comprato.
     a''.*Pedro ha comprado.

Ein weiterer Test, der zwischen Komplementen und Adjunkten unterscheidet, ist der der Austauschbarkeit der Präposition. Ist die PP Komplement, so ist die Präposition nicht durch eine andere ersetzbar. Handelt es sich um ein Adjunkt, können andere Präpositionen benutzt werden (vgl. z.B. Zagona 2002: 134).

(44) b. Recibí un mensaje de José/para Susana/por el móvil/en la
         biblioteca/durante la conferencia.   ‚Ich erhielt eine Nachricht von
         José/für Susanne/am Handy/in der Bibliothek/während der Konferenz.'
     b'. Conté con/*en tu ayuda.   ‚Ich habe mit/*in deiner Hilfe gerechnet.'

Ob eine Konstituente Adjunkt oder Komplement ist, wird durch das jeweilige Verb (oder eine andere bestimmende Kategorie) festgelegt. In der generativen Grammatik werden die Begriffe transitives Verb, intransitives Verb, ditransitives Verb (d.h. ein Verb mit zwei Komplementen, siehe in (45)) in sogenannten ‚Subkategorisierungsrahmen' dargestellt, um diesem Unterschied gerecht zu werden. Diese Rahmen geben die syntaktische Umgebung mit Bezug auf die Komplemente des jeweiligen Verbs an und bilden somit die Unterklassen von Verben (transitiv, intransitiv, ditransitiv) ab.

Man sagt: Das Verb *acheter* subkategorisiert oder selegiert eine NP bzw. DP. So erfordert ein transitives Verb ein Objekt, ein ditransitives zwei Objekte, wohingegen ein intransitives Verb kein Objekt haben darf. Die Verben werden also in Unterklassen eingeteilt, d.h. nach verschiedenen syntaktischen Umgebungen unterteilt (Subkategorisierung).

Da die Subkategorisierungseigenschaften von Verben lexemspezifisch sind, d.h. nicht aus einer allgemeinen syntaktischen Regel ableitbar, ist es sinnvoll anzunehmen, dass diese Information im Lexikon steht. Jedem Verb ist ein Lexikoneintrag zugeordnet, der den Subkategorisierungsrahmen (die syntaktische Umgebung) angibt (neben Informationen wie z.B. der Wortklassenzugehörigkeit).

(45) dormir/dormire/dormir ‚schlafen'
                            V, [__] intransitives Verb
     voir/vedere/ver ‚sehen' V, [__ {NP/DP}] transitives Verb mit NP/DP Komplement
     aller/andare/ir ‚gehen' V, [__ PP] transitives Verb mit PP Komplement
     donner/dare/dar ‚geben' V, [__ {NP/DP} PP] ditransitives Verb

Der Subkategorisierungsrahmen kann auch mehrere syntaktische Umgebungen erfassen. Diesen Umstand zeigt (46) formal und (47) im Hinblick auf Sprachbeispiele auf:

(46) croire/credere/creer ‚glauben'
             V, [__ {NP/DP}] eine Geschichte glauben, s. (47a, a', a'')
                   [__ Nebensatz] glauben, dass ..., s. (47b, b', b'')
                   [__ PP] an etwas glauben, s. (47c, c', c'')

(47) a.   Marie n'a pas cru [une seule parole de ce récit].
                   ‚Maria hat kein Wort von diesem Bericht geglaubt.'
       b.   Marie croit [que c'est l'heure de décider].
                   ‚Maria glaubt, dass es Zeit ist zu entscheiden.'
       c.   Marie croit en Dieu.
                   ‚Maria glaubt an Gott.'
       a'.   Maria non ha creduto [una sola parola di quel racconto].
       b'.   Maria crede [che sia ora di decidere].
       c'.   Maria crede in Dio.
       a''.   María no creyó [ninguna palabra de la historia].
       b''.   María cree [que es hora de decidirse].
       c''.   María cree en Dios.

Ob ein Verb transitiv oder intransitiv ist, wird durch seine Bedeutung bestimmt und ist keine unerklärbare, man sagt auch primitive, Eigenschaft der Grammatik. Diese Herleitung mit Hilfe der Bedeutung wollen wir genauer betrachten.

In der Logik unterscheidet man zwischen Prädikaten und Argumenten.

    📖 **Argumente** sind referierende Ausdrücke, die dazu dienen, eine Person, ein Objekt, eine Entität auszuwählen, über die gesprochen wird. **Prädikate** definieren Relationen zwischen referierenden Ausdrücken.

Einstellige Prädikate haben ein Argument; sie entsprechen im verbalen Bereich intransitiven Verben, z.B. *dormir/dormire/dormir* ‚schlafen'. Zweistellige Prädikate haben entsprechend zwei Argumente; im verbalen Bereich werden solche Relationen durch transitive Verben ausgedrückt, z.B. *acheter/comprare/comprar* ‚kaufen'. Schließlich gibt es noch dreistellige Prädikate, die dann folglich drei Argumente aufweisen; sie entsprechen den ditransitiven Verben, z.B. *mettre/mettere/poner* ‚setzen, stellen, legen'.

Jedes Prädikat hat seine eigene Argumentstruktur. Argumente sind die minimalen Teilnehmer der durch das Prädikat ausgedrückten Aktion, des Geschehens oder Zustands. Wie spielen nun Argumentstruktur und Subkategorisierungsrahmen zusammen?

Die Argumentstruktur macht keine Aussagen darüber, wie die Argumente eines Prädikats syntaktisch realisiert werden. Sie macht Aussagen über die Anzahl der notwendigen Konstituenten, nicht aber über deren Typ.

(48) acheter/comprare/comprar: ,kaufen'	Verb;	1	2
(49) dormir/dormire/dormir: ,schlafen'	Verb;	1	
(50) aller/andare/ir: ,gehen'	Verb;	1	2

Die Argumentstruktur notiert auch das Subjekt, im Gegensatz zum Subkategorisierungsrahmen, in dem das Subjekt nicht erscheint. Dies ist der Fall, da jedes Verb ein Subjekt hat und die ,Subjekthaftigkeit' somit nicht zur Bildung von Unterklassen von Verben führt. Wir erinnern uns, dass die Subkategorisierung dazu dient, Unterklassen von syntaktischen Kategorien (im Beispiel Verben) zu bilden.

Die anderen lexikalischen Kategorien haben ebenfalls eine Argumentstruktur. Auf diese werden wir nur sehr kurz eingehen. Das Adjektiv *envieux/invidioso/envidioso* ,neidisch' ist aus dem Verb *envier/invidiare/envidiar* ,beneiden' morphologisch abgeleitet. Die nachfolgenden Beispiele zeigen, dass eines der Argumente des Verbs bei Verwendung des Adjektivs implizit (d.h. mitverstanden, aber syntaktisch unausgedrückt) bleiben darf (vgl. Müller/Riemer 1998: 30). Um das Verständnis zu erleichtern, geben wir in den nachfolgenden Beispielen neben der Anzahl der Argumente auch deren syntaktische Realisierung im jeweiligen Beispiel an.

(51) envieux/invidioso/envidioso: ,neidisch'	Adjektiv;	1 *NP*	(2) *PP*

(52) a.   Pierre est envieux du bien de Marie.
                                    ,Peter ist auf Marias Vermögen neidisch.'
      a'.   Piero è invidioso dei beni di Maria.
      a''. Pedro es envidioso por naturaleza.   ,Peter ist von Natur aus neidisch.'
      b.   Pierre envie Marie.   ,Peter beneidet Maria.'
      b'.   Piero invidia Maria.
      b''. Pedro envidia a María.
      c.   Pierre est envieux.   ,Peter ist neidisch.'
      c'.   Piero è invidioso.
      c''. Pedro es envidioso.
      d.   *Pierre envie.   ,Peter beneidet.'
      d'.   *Piero invidia.
      d''. *Pedro envidia.

Die Beispiele in (52c, c', c'') zeigen, dass bei Adjektiven, die ein verbales Gegenstück haben, ein Argument implizit bleiben kann. Dies ist bei der Verwendung als Verb im Aktivsatz (vgl. 52b, b', b'') nicht möglich (52d, d', d'').

Kommen wir zu von Verben abgeleiteten Nomina. Auch diese haben eine Argumentstruktur, jedoch können hier alle Argumente implizit bleiben (vgl. Müller/Riemer 1998: 31), wie wir am Beispiel von *destruction/distruzione/destrucción* ‚Zerstörung' illustrieren wollen (vgl. 54c, c', c''). Die Beispiele in (54d, d', d'') und in (54e, e', e'') zeigen wieder, dass beim Gebrauch als Verb alle Argumente im Aktivsatz syntaktisch realisiert werden müssen.

(53) destruction/distruzione/destrucción: Nomen; (1) (2)
     ‚Zerstörung'   *PP* *PP*

(54) a. La destruction de la ville par les ennemis était...
        ‚Die Zerstörung der Stadt durch die Feinde war...'
     b. La destruction de la ville était...
        ‚Die Zerstörung der Stadt war...'
     c. La destruction était...
        ‚Die Zerstörung war...'
     a'. La distruzione della città dai nemici era...
     b'. La distruzione della città era...
     c'. La distruzione era...
     a''. La destrucción de la ciudad por los enemigos era...
     b''. La destrucción de la ciudad era...
     c''. La destrucción era...
     d. Les ennemis ont détruit la ville.
        ‚Die Feinde haben die Stadt zerstört.'
     e. *Les ennemis ont détruit.
        ‚Die Feinde haben zerstört.'
     d'. I nemici hanno distrutto la città.
     e'. *I nemici hanno distrutto.
     d''. Los enemigos destruyeron la ciudad.
     e''. *Los enemigos destruyeron.

Präpositionen verhalten sich wiederum wie Verben. Alle Argumente müssen syntaktisch ausgedrückt werden (vgl. Müller/Riemer 1998: 31).

(55) entre/fra/entre: Präposition;   1   2   3
                                    NP   *NP*   *NP*

(56) a. Florence est entre Milan et Rome.
        ‚Florenz liegt zwischen Mailand und Rom.'
     a'. Firenze è fra Milano e Roma.
     a''. Florencia queda entre Milán y Roma.

6.5   Struktur von Sätzen

Der Exkurs über die Subkategorisierung und die Argumentstruktur war notwendig, um die syntaktische Struktur von Sätzen (Haupt- und Nebensätzen) bestimmen zu können.

Unter den bisher gemachten Annahmen ergeben sich nun einige Probleme, auf die wir im Folgenden genauer eingehen möchten. Das erste Problem, das wir lösen wollen, ist die syntaktische Abbildung von ditransitiven Verben. Bisher haben wir in unserer binär verzweigenden VP nur ein Objekt untergebracht. Wie sieht nun aber eine VP aus, die zwei Objekte, ein direktes und ein indirektes, beherbergen muss?

(57) a.   Marie met le livre sur la table.   ‚Maria legt das Buch auf den Tisch.'
     a'.   Maria mette il libro sul tavolo.
     a''. María pone el libro encima de la mesa.

Ein zweites Problem, welches wir bereits mit den Hilfsverben angesprochen haben, ist, dass die romanischen Sprachen ‚funktionale' Verben kennen, die dazu dienen, grammatische Informationen zu transportieren.

Im Falle der tempusbildenden Hilfsverben ist dies das Vergangenheitstempus. In den drei romanischen Sprachen gibt es nun auch ein weiteres Verb (das Passiv anzeigt: in den Beispielen b, b', b'' *été, stato, sido*). Bei der Passivierung wird dasjenige Argument, welches im Aktivsatz das Subjekt dargestellt hat, syntaktisch unterdrückt und das direkte Objekt des Aktivsatzes übernimmt die Funktion des Subjektes im Passivsatz. In einer VP, die nur ein Verb enthält, haben wir ganz offensichtlich keinen Platz für ein weiteres Verb.

(58) a.   Marie a construit la maison.   ‚Maria hat das Haus gebaut.'
     a'.   Maria ha costruito la casa.
     a''. María ha construido la casa.
     b.   La maison a été construite.   ‚Das Haus wurde gebaut.'
     b'.   La casa è stata costruita.
     b''. La casa ha sido construida.

Die drei romanischen Sprachen kennen auch ein Verb, das in sogenannten Kausativkonstruktionen benutzt wird: *faire/fare/hacer* ‚machen'. Hier wird, im Gegensatz zur Passivierung, wo ein Argument syntaktisch unterdrückt wird, ein Argument hinzugefügt, das die veranlassende Person oder den Grund für die durch das Verb ausgedrückte Handlung repräsentiert. Das ehemalige Subjekt wird bei einem transitiven Verb wie ‚waschen' im Beispiel zum indirekten Objekt, das mit *à/a* eingeleitet wird, bei ‚reparieren' wird es durch *par/da/a* eingeleitet.

(59) a.   Jean fait laver la voiture à Marie chaque semaine.
           ‚Hans lässt Maria das Auto jede Woche waschen.'
     a'.   Giulio fa lavare la macchina a Maria tutte le settimane.

a″.   Julio (le) hace lavar el coche a María todas las semanas.

b.   Marie a fait réparer le robinet par le plombier (pour la deuxième fois).

,Maria hat den Wasserhahn (zum zweiten Mal) vom Klempner reparieren lassen.'

b′.   Maria ha fatto riparare il rubinetto dall'idraulio (per la seconda volta).

b″.   María le ha hecho arreglar el grifo al fontanero (por segunda vez).

Wir dürfen also festhalten, dass dieses ,funktionale' Verb in unserer bisherigen Struktur keinen Platz hat. Die b.-Beispiele in (59) zeigen auch noch einmal das tempusbildende Hilfsverb, welches wir bisher nur als Kategorie benannt, aber noch nicht vollständig in die syntaktische Struktur integriert haben (vgl. 40). Wir benötigen also drei Verbpositionen: Eine Position haben wir bereits kennengelernt und in die syntaktische Struktur integriert, nämlich die des lexikalischen Verbs: in (58) z.B. *construite/costruita/construida*. Eine zweite Position wird für dasjenige Verb benötigt, welches morphologisch eine Passivkonstruktion anzeigt und dasjenige Argument, welches das Subjekt im Aktivsatz ist, manipuliert: in (58) *été/stata/sido*. Eine letzte Position ist für die Tempusinformation notwendig: in (58) *a/è/ha*. Wir müssen dann noch klären, wo in unserer syntaktischen Struktur *faire/fare/hacer* in den Kausativkonstruktionen unterkommen. Das Objekt-Problem und das Verb-Problem sind in der generativen Syntax so gelöst worden, dass man die lexikalische VP um eine funktionale Schicht erweitert hat. Die Struktur in (60) für ein ditransitives Verb zeigt deutlich, dass wir einen VP-Bereich bereitstellen können, der die beiden Objekte enthält, und einen weiteren *v*P-Bereich, der einzig und allein dem Subjekt zur Verfügung steht.

(60)

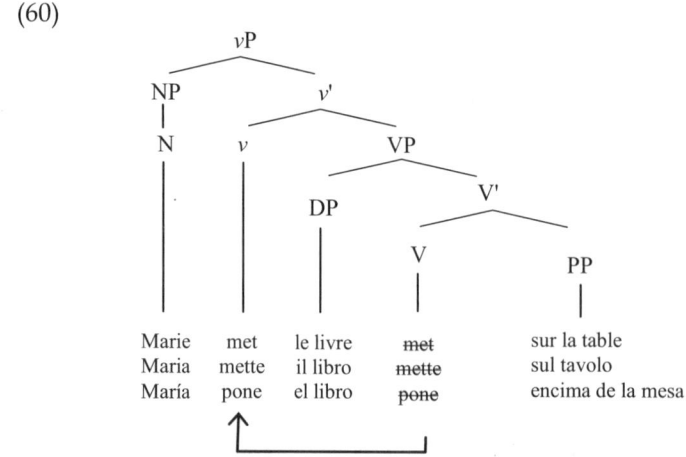

v könnte bei einer Passivkonstruktion das Passivauxiliar enthalten (wie in 61), bei einer Kausativkonstruktion das kausative Verb (wie in 62). In beiden Fällen wird das ehemalige Subjekt manipuliert, indem es nicht mehr als Subjekt des Satzes

ausgedrückt werden kann. Bei der Passivkonstruktion sieht man in Struktur (61),
dass die Subjektposition leer bleibt; wir hatten gesagt, dass im Passiv dasjenige
Argument, welches das Subjekt des Aktivsatzes darstellt, nicht mehr als Subjekt
ausgedrückt werden darf. Der Pfeil in (61) zeigt an, dass das Objekt im Passivsatz
an diejenige Position verschoben wird, in der alle Subjektargumente stehen müssen, um mit dem finiten Verb zu kongruieren. Auf diese Position werden wir
noch genauer eingehen (vgl. hierzu 69).

(61)

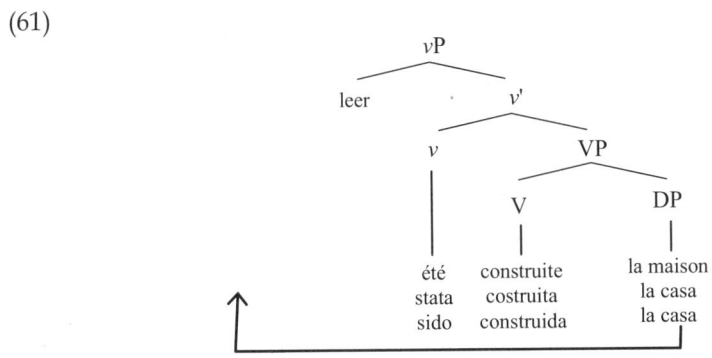

Bei der Kausativkonstruktion wird durch das kausative Verb ein neues Argument
eingeführt, welches das Subjekt des Kausativsatzes ist, vgl. (62).

(62)

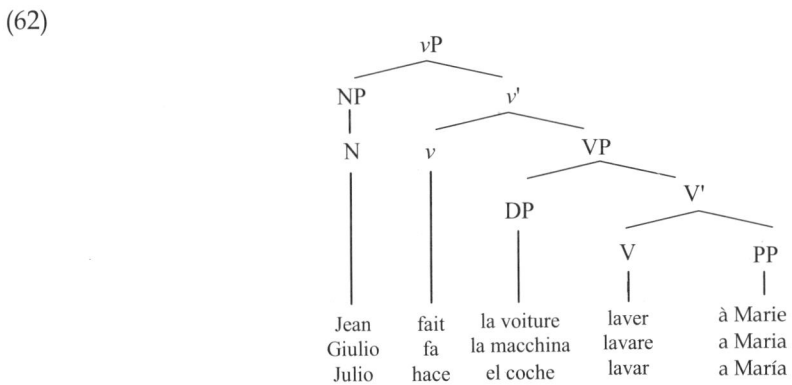

Damit unsere Strukturen immer binär sind, hat sich die Konvention durch-
gesetzt, dass alle für eine Phrase notwendigen Informationen als Projektionen
(notiert durch das Zeichen ', engl. *bar*) des Phrasenkopfes dargestellt werden.
Fehlen bestimmte Informationen, wie in der Struktur (61) das Argument, welches
im Aktivsatz das Subjekt darstellt, so werden diese auch nicht projiziert.

Die Phrasenstruktur soll also möglichst ökonomisch sein, d.h. nur das aufführen, was auch wirklich benötigt wird. Wir wollen aus diesem Grund die un-
ökonomische Struktur (61) durch die ökonomische in (63) ersetzen.

(63)

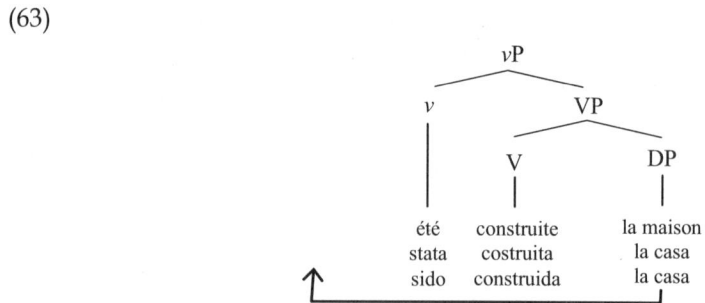

Sicher ist Ihnen aufgefallen, dass wir Eigennamen immer als NP notiert hatten, determinierte Nomina wie *la fille/la ragazza/la chica* ‚Mädchen‘ allerdings als
DPn. Auch dieses folgt zunächst ökonomischen Überlegungen. Da Eigennamen
in den Standardvarietäten der drei romanischen Sprachen nicht mit Artikelwörtern kombiniert werden, ist dies unmittelbar einleuchtend. Es gibt aber noch einen semantischen Grund, der Syntaktiker dazu veranlasst hat, Eigennamen als
NPn und eben nicht als DPn in der Syntax abzubilden. Eigennamen verhalten
sich nämlich semantisch anders als nominale Ausdrücke wie *fille/ragazza/chica*:
Sie haben eine feste Referenz, das heißt, sie identifizieren genau ein Individuum.
Sie tun dies auch dann, wenn sie mit (definiten) Artikelformen auftreten, z.B. wie
in vielen norditalienischen Varietäten.

Bei der Kausativstruktur in (62) fällt auf, dass sie für alle drei Sprachen noch
nicht die richtige Wortstellung abbildet; das kausative Verb muss ‚adjazent‘, also
direkt benachbart, zum lexikalischen Verb stehen. Wir wollen auf diesen Umstand nicht weiter eingehen, denn die Analyse würde das syntaktische Grund-
wissen, das wir hier vermitteln können, weit übersteigen. Wichtig ist noch die
Beobachtung, dass die diskutierten romanischen Sprachen Unterschiede hinsichtlich der Syntax von Kausativkonstruktionen machen, die wir hier nur aufzeigen,
aber nicht diskutieren können.

(64) a.　　Jean a fait lire les lettres à Marie.
　　　　　　　　　‚Hans lässt Maria die Briefe lesen.‘
　　a'.　　Giulio ha fatto leggere le lettere a Maria.
　　a''.　　Julio le hizo leer las cartas a María.
　　b.　　*Elles ont été faites lire par Jean.
　　　　　　　　　‚Sie wurden gemacht lesen durch Hans.‘
　　b'.　　(le lettere) Sono state fatte leggere da Giulio a Maria.
　　b''.　　*(las cartas) Han sido hechas leer por Julio.

Die Sätze in (64a, a', a'') enthalten das kausative Verb *faire/fare/hacer* und dementsprechend ein ,neues' Subjekt, nämlich *Jean/Giulio/Julio*. Das ehemalige Subjekt wird mit *à/a* eingeleitet. Wenn wir für diese Sätze in allen drei Sprachen die Struktur (62) annehmen würden, dann müssten diese Sätze passivierbar sein, was aber nicht in allen Sprachen der Fall ist (vgl. 64b, b''). Auf die genauen Gründe hierfür können wir nicht weiter eingehen.

Um zwei Komplemente in der VP unterbringen zu können, wie in Struktur (60), müssen wir, da die Struktur strikt binär aufgebaut ist, annehmen, dass sich diese nicht auf derselben Ebene befinden. Gibt es Evidenz für eine solche Annahme? Sollte dies richtig sein, so müssten wir syntaktische Unterschiede zwischen direkten und indirekten Objekten feststellen können. Wir wollen hier auf einen Unterschied eingehen, der die Möglichkeit der Passivierung betrifft. In allen drei romanischen Sprachen sind indirekte Objekte nicht passivierbar. Mit anderen Worten, indirekte Objekte werden niemals zum Subjekt der Passivkonstruktion (vgl. 65a', b', c'), was mit direkten Objekten ohne weiteres möglich ist (65a'', b'', c'').

(65) a.   Marie a envoyé un livre aux enfants.
          ,Maria hat den Kindern ein Buch geschickt.'
     a'.   *Les enfants/*Aux enfants ont été envoyés un livre.
          ,Den Kindern wurden ein Buch geschickt.'
     a''. Un livre a été envoyé aux enfants.
          ,Ein Buch wurde den Kindern geschickt.'
     b.   Maria ha mandato un libro ai bambini.
     b'.   *I bambini/*Ai bambini sono stati mandati un libro.
     b''. Un libro è stato mandato ai bambini.
     c.   María les ha enviado un libro a los niños.
     c'.   *Los niños/*A los niños (les) han sido enviado un libro.
     c''. Un libro les ha sido enviado a los niños.

Wir hatten das Subjekt des Aktivsatzes in einer eigenen Phrase, der *v*P, untergebracht und dieses auch begründet. Gibt es noch weitere Gründe dafür, das Subjekt nicht in der VP zusammen mit den Komplementen unterzubringen? Es zeigt sich, dass die Wahl des Objekts die semantische Interpretation des Subjekts verändern kann, so dass unterschiedliche semantische Rollen ins Spiel kommen (vgl. auch Kapitel 5.4).

(66) a.   Jean (interpretiert als aktiv Handelnder = AGENS) a heurté une voiture.
     b.   Jean (interpretiert als betroffene Person = PATIENS) a heurté sa tête (contre le mur).
     a'.   Piero ha urtato un suo compagno
     b'.   Piero ha urtato la testa (contro uno spigolo).
     a''. Mario rompió el florero.
     b''. Mario se rompió la cabeza.

Der umgekehrte Fall ist selten. Interessant ist hier, dass das Objekt, zumindest in den Beispielen, seine eigentliche Bedeutung verliert und man die gesamte Konstruktion auch als idiomatisch bezeichnen kann. Ein Idiom ist als Ganzes im Lexikon abgespeichert und ist syntaktischen Prozessen, wie der Passivierung, nicht mehr zugänglich (Müller/Riemer 1998: 38), wie (67a, b') zeigen:

(67) a.   Il ne casse pas les briques.   ‚Er zerschlägt nicht die Backsteine.'
      b.   Ça ne casse pas les briques. (= Ce n'est pas extraordinaire, ‚Es ist nichts
                                         Besonderes.')
      a'. Er macht nichts.   (passiviert: Nichts wurde gemacht)
      b'. Es macht nichts.   (nicht passivierbar)

Ferner existieren eine Reihe von Objekt-Idiomen mit dem Subjekt als freiem Argument, aber kaum Subjekt-Idiome mit freiem Objekt (Müller/Riemer 1998: 38).

(68) a.   donner/passer un savon à qn   ‚jdn. tadeln'
      a'.   dare del sapone a qc.   ‚jdm. schmeicheln'
      a''. echar flores a alguien   ‚jdm. Komplimente machen/jdn. loben'

Nun wird am Verb auch Tempus und Subjekt-Verb-Kongruenz (in den romanischen Sprachen hinsichtlich der Person und des Numerus) ausgedrückt. Wir haben gesehen, dass wir auch für die Tempusbildung ein Verb zur Verfügung haben, welches eine eigene Position erfordert. Wir wollen im Folgenden eine Struktur angeben, welche den Fall abbildet, dass ein tempusbildendes Verb anwesend ist, und eine Struktur für den Fall, dass die Tempusbildung nicht über ein freies Morphem, sondern über ein Flexionsaffix erfolgt.

(69)

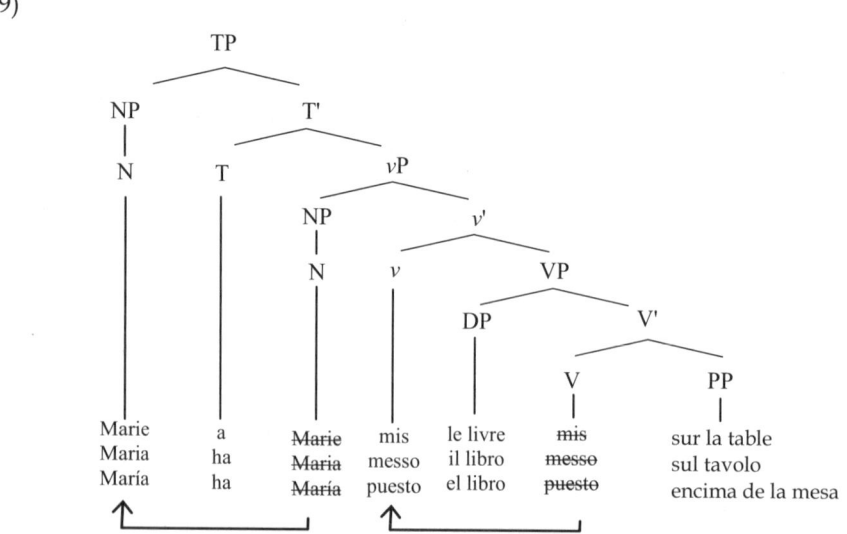

(70)

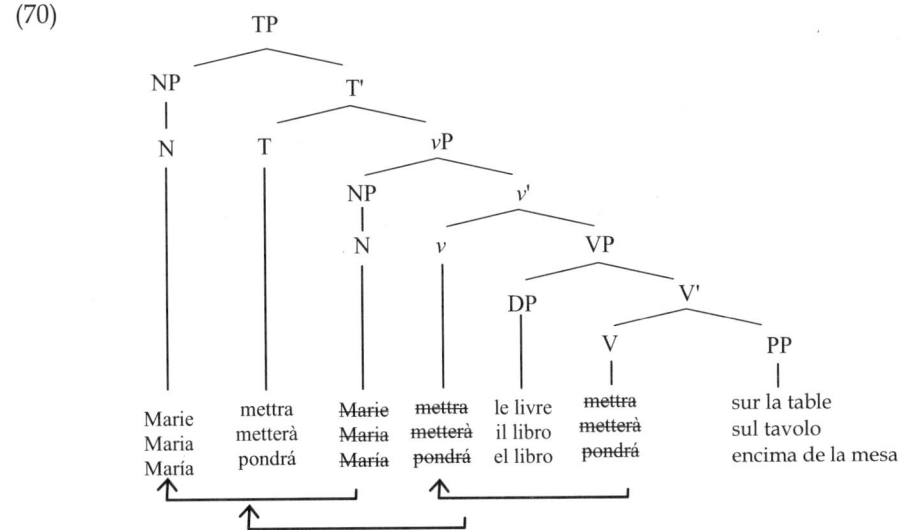

Wir haben in den Strukturen von sogenannten Zwischenebenen Gebrauch gemacht: V', v', T'. Wie lassen sich diese motivieren? Bisher haben wir die lexikalische Ebene (die Kopfebene, also V, N, A, P für die lexikalischen Kategorien und T, v, D für die funktionalen Kategorien) und die phrasale Ebene (auch Projektion genannt, VP, NP, AP, PP, TP, vP, DP) genau besprochen. Die Annahme einer Zwischenebene ist sinnvoll, wenn wir den Unterschied zwischen Komplementen und Adjunkten, den wir schon kennengelernt haben, abbilden wollen. Dazu sehen wir uns die folgenden Beispiele an:

(71) a. Jean a lu le livre au MIT au printemps. [47]
         ‚Hans hat das Buch am MIT im Frühjahr gelesen.'
      a'. Giulio ha letto il libro al MIT in primavera.
      a''. Julio ha leído el libro en el MIT durante la primavera.

Der Substitutionstest zeigt, dass die VP im Beispiel ein Komplement, nämlich das Buch, und zwei Adjunkte enthält, nämlich die beiden PPn, die ausdrücken, wo und wann Hans das Buch gelesen hat. Der Substitutionstest wird nun zeigen, dass alle Phrasen innerhalb der VP unterzubringen sind. Zunächst wollen wir die ganze VP substituieren. Die Substitution führt zu einem grammatischen Ergebnis (vgl. Müller/Riemer 1998: 45ff.).

(72) a. Jean a <u>lu le livre au MIT au printemps</u> et Marie l'a fait aussi/a
         fait la même chose.   ‚Hans hat das Buch am MIT im Frühjahr gelesen
         und Maria hat es auch getan.'

---

47 Das Massachusetts Institute of Technology (MIT) ist eine (private) Technische Hochschule und Universität in Cambridge, Massachusetts in den USA.

a′. Giulio ha letto <u>il libro al MIT in primavera</u> e Maria ha fatto lo stesso.

a″. Julio ha <u>leído el libro en el MIT durante la primavera</u> y María lo ha hecho también.

Wir wollen nun einen kleineren Teil der VP substituieren, nämlich [$_{VP}$ V DP PP]. Auch dieses ist möglich.

(73) a. Jean a <u>lu le livre au MIT</u> au printemps et Marie l'a fait en été.
>,Hans hat das Buch am MIT im Frühjahr gelesen und Maria hat es im Sommer getan.'

a′. Giulio ha letto <u>il libro al MIT</u> in primavera e Maria l'ha fatto d'estate.

a″. Julio ha <u>leído el libro en el MIT</u> durante la primavera y María lo ha hecho durante el verano.

Wir wollen nun einen noch kleineren Teil der VP substituieren, nämlich [$_{VP}$ V DP]. Auch dieses ist in allen drei romanischen Sprachen möglich.

(74) a. Jean a <u>lu le livre</u> au MIT au printemps et Marie l'a fait à l'Université de Harvard en été.
>,Hans hat das Buch am MIT im Frühjahr gelesen und Maria hat es an der Universität von Harvard im Sommer getan.'

a′. Giulio ha <u>letto il libro</u> al MIT in primavera e Maria l'ha fatto all'Università di Harvard d'estate.

a″. Julio ha <u>leído el libro</u> en el MIT durante la primavera y María lo ha hecho en la Universidad de Harvard durante el verano.

Die Substitution ist ganz offensichtlich strukturabhängig (sie nimmt Bezug auf Konstituenten). [$_{VP}$ V DP] bzw. [$_{VP}$ V DP PP] sind Konstituenten. Man hat sich darauf geeinigt, dass Adjunkte entweder auf der phrasalen Ebene (VP) oder aber auf einer Zwischenebene (als Projektion von V, also V′) abgebildet werden. Wir wollen nun noch allein [$_{VP}$ V] (ohne das direkte Objekt) substituieren. In den folgenden Beispielsätzen, die alle ,Hans hat im Frühjahr Syntactic Structures am MIT gelesen und Maria hat es auch getan/*hat es gemacht *Barriers* an der Universität Harvard mit ihrem Professor' bedeuten, werden zwei Indizes eingesetzt: Der Index i steht für die VP *lu/letto/leído Syntactic Structures*, während der Index j nur V (*lu/letto/leído*) repräsentiert. Die Ersetzung von i durch das Pronomen *l'* ist grammatisch, während j nicht durch das Pronomen *l'* ersetzt werden kann. Hierbei kommt es in allen drei romanischen Sprachen zu einem ungrammatischen Ergebnis, d.h. die Substitution bezieht sich minimal auf [$_{VP}$ V DP].

(75) a. Jean a [[{lu}$_j$ <u>Syntactic Structures</u>]$_i$ au MIT au printemps et Marie l$_i$'a fait aussi /*l$_j$'a fait Barriers à l'Université de Harvard avec son professeur.

a′. Giulio ha [[{letto}$_j$ <u>Syntactic Structures</u>]$_i$ al MIT in primavera e Maria ha fatto lo stesso$_i$/*l$_j$'ha fatto Barriers all'Università di Harvard con il suo professore.

a''. Julio ha [[{leído}ⱼ Syntactic Structures]ᵢ en el MIT durante la primavera y María ha hecho lo mismoᵢ/*loⱼ ha hecho Barriers en la Universidad de Harvard
con su profesor.

Übrigens hat Chomsky beide in (75) genannten Bücher geschrieben, *Syntactic Structures* 1957 und *Barriers* 1986. Es liegt nahe, diese am MIT zu lesen, an Chomskys Heimatuniversität. Der Buchname wäre dann syntaktisch auch als eine NP zu analysieren.

(76)

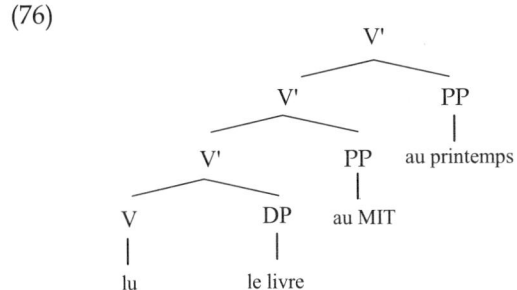

Die Zwischenebene (sowie die phrasale Ebene) kann mehrmals aufgerufen werden. Da dies die Ebene ist, auf der Adjunkte abgebildet werden, kann man festhalten, dass eine VP eine beliebige Anzahl von Adjunkten aufweisen kann. Die Beispiele zeigen, dass die minimale Domäne für die Substitution [$_{VP}$ V DP] ist. Mit anderen Worten, [$_{VP}$ V] ist keine Konstituente.

Wir müssen nun noch der Frage nachgehen, weshalb das Subjekt innerhalb der vP in einer besonderen Position erscheint, nämlich als Schwester von v' und unmittelbar dominiert von vP. Im Französischen, Italienischen und Spanischen kann der ansonsten mit dem nominalen Subjekt zusammen auftretende quantifizierende Ausdruck *tous/tutti/todos*[48] (z.B. 77a, b, c) auch vom nominalen Subjekt entfernt stehen. Dies zeigt das Beispiel (77a', d') für das Französische. Mit der Klammerung haben wir angezeigt, dass *tous/tutti/todos* ‚alle‘ allen Sprachausdrücken der VP vorangeht. Es liegt nahe zu vermuten, dass sich *tous/tutti/todos* in einer Schicht oberhalb von VP befindet, was wir auch bisher immer angenommen haben. Damit deutlich wird, dass innerhalb der VP kein Platz für einen solchen quantifizierenden Ausdruck zur Verfügung stünde, haben wir in der Struktur (78) ein Verb mit zwei Komplementen ausgewählt. Geht man nun davon aus, dass v die Schwester von VP ist, und berücksichtigt man die Tatsache, dass *tous/ tutti/todos* den Ausdrücken innerhalb der VP unmittelbar vorangeht, so bleibt nur eine Position links von v' für *tous/tutti/todos* übrig. Die Annahme ist nun, dass *tous/tutti/todos* in der Spezifikatorposition der vP lokalisiert ist. Die Spezifikatorposition bildet zusammen mit v' die höchste v-Projektion v'' oder vP.

---

48 Tous/tutti/todos wird wegen seiner variablen Stellung im Satz auch als *quantificateur flottant*/quantificatore fluttuante/cuantificador flotante bezeichnet.

(77) a.   Tous les étudiants font [vp réparer le rétroprojecteur].
            ‚Alle Studenten lassen den Overheadprojektor reparieren.'
      a'.   Les étudiants font tous [vp réparer le rétroprojecteur].
      b.   Tutti gli studenti fanno riparare il proiettore per lucidi.
      b'.   Gli studenti fanno tutti riparare il proiettore per lucidi.
      c.   Todos los estudiantes hacen reparar el retoproyector.
      c'.   Los estudiantes hacen todos reparar el retoproyector.
      d.   Tous les étudiants mettront le livre sur la table.
            ‚Alle Studenten werden das Buch auf den Tisch legen.'
      d'.   Les étudiants mettront tous le livre sur la table.
      e.   Tutti gli studenti metteranno il libro sul tavolo.
      e'.   Gli studenti metteranno tutti il libro sul tavolo.
      f.   Todos los estudiantes pondrán el libro encima de la mesa.
      f'.   Los estudiantes pondrán todos el libro encima de la mesa.

In (78) haben wir die französische Konstruktion (77d') syntaktisch abgebildet.

(78)

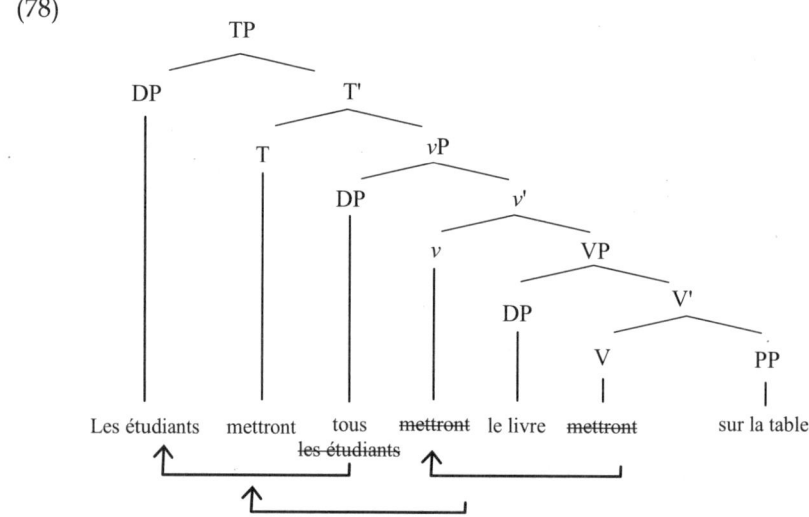

Diese Positionierung des Subjektes in der Spezifikatorposition von *v*P wird auch einer anderen Beobachtung gerecht: Die Struktur (78) zeigt, dass die Spezifikatorposition von VP durch das direkte Objekt ausgefüllt ist, wenn das Verb ditransitiv ist.

Wie wollen nun noch zu der funktionalen Schicht in Nebensätzen kommen. Wir haben die funktionale Kategorie C für nebensatzeinleitende Konjunktionen angenommen. Diese muss sich außerhalb von TP befinden. Ferner haben wir bereits gesagt, dass Komplementierer in den romanischen Sprachen vor dem Nebensatz, den sie einleiten, stehen. Wir nehmen also die Hauptsatzstruktur in

(78) und leiten diese mit einer Konjunktion C ein. Zusammen bilden der Hauptsatz und die Konjunktion die CP (die Komplementiererphrase).

(79)

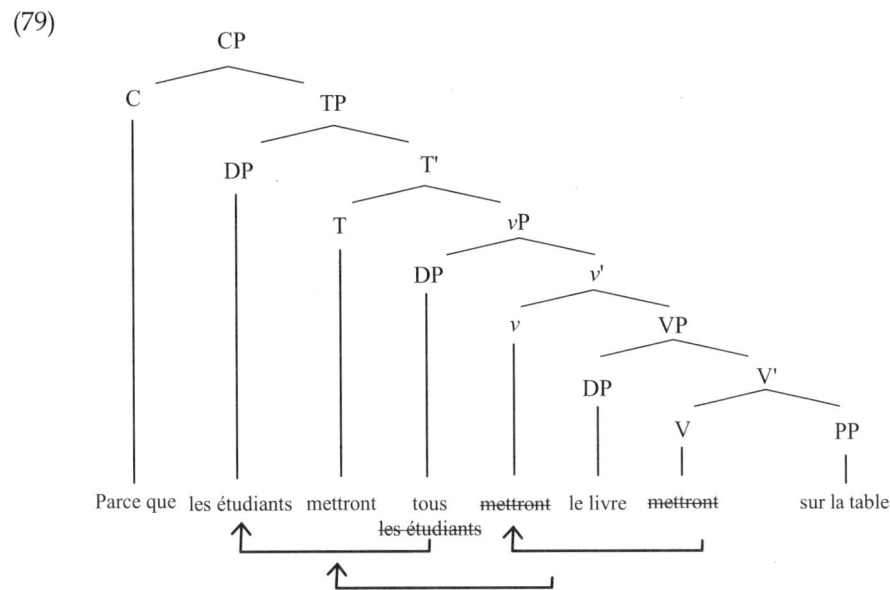

Wie ist die Struktur der linken Peripherie, also links von TP, nun genau? Betrachten wir hierfür die Ja/Nein-Fragen (auch Entscheidungsfragen genannt) und die Informationsfragen (Fragen mit einem Fragewort). In diesen Fragen wird das finite Verb im Französischen und Spanischen ganz offensichtlich vor das Subjekt verschoben. Bei den Informationsfragen folgt dem satzinitialen Fragewort das finite Verb. Handelt es sich bei dem Fragewort nicht um das Subjekt des Satzes, so steht das finite Verb wieder unmittelbar vor diesem. Für die Sätze in (80) ist die Struktur in (81) vorgeschlagen worden[49].

(80) a. Lit-il le livre?   ‚Liest er das Buch ?'
     b. Que lit-il?   ‚Was liest er ?'
     a'. ¿Lee él el libro?
     b'. ¿Qué lee él?

---

[49] Auf eine Darstellung des Italienischen haben wir hier bewusst verzichtet.

(81)

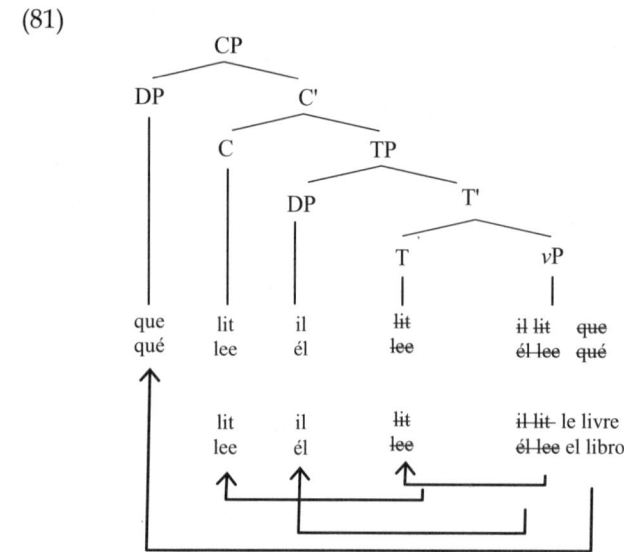

Welche Evidenz gibt es für die Analyse der Fragewörter als Verschiebung in die Spezifikatorposition von CP (die Schwesterposition von C')? Zunächst einmal muss die Tatsache erwähnt werden, dass sich die Fragewörter außerhalb von TP befinden, da sie am Satzanfang vor dem finiten Verb und dem Subjekt positioniert werden. Eine weitere Beobachtung ist, dass in einigen romanischen Varietäten neben dem Fragewort auch die Konjunktion *dass* gebraucht wird (vgl. Müller/Riemer 1998: 71).

(82) Québécois: Quoi que tu as fait? ‚Was dass du gemacht hast?'
                         Je me demande quoi que tu fais. ‚Ich frage mich, was
                         dass du machst?' (Koopman 1983: 389)

Dialetto Romagnolo: Chi ch-t'è vest. ‚Was dass du hast gesehen?' (Poggi
                         1983: 51)

Bairisch: Ich frage mich wen dass du gesehen hast.[50]

Die Abfolge der linksperipheren Sprachelemente in (82) spiegelt die syntaktische Struktur in (81) wider: Dasjenige Sprachelement, welches das Fragewort darstellt (*quoi* ‚was' im frz. Beispiel) steht in der Spezifikatorposition der CP. Die Konjunktion *que* steht in C. In der Struktur bildet *que* den Kopf der CP.

Die sogenannte linke Peripherie ist seit der Arbeit von Rizzi (1997) viel feiner analysiert worden. Da die Darstellung weitaus mehr syntaktisches Wissen erfordern würde, können wir hierauf nicht weiter eingehen.

---

[50] Wer sich über diese Dialekte näher informieren möchte, dem empfehlen wir für das Quebecer Französisch Tellier (1996), das Italienische Maiden/Parry (1997) und das Bairische Bayer (1984).

6.6   Aufgaben

Übung 1.

Stellen Sie den Subkategorisierungsrahmen und die Argumentstruktur der folgenden zwei Verben dar und diskutieren Sie die Probleme, die sich ergeben (bitte Beispielsätze für die jeweilige romanische Sprache konstruieren).

Frz.   *manger, neiger*
It.   *mangiare, nevicare*
Sp.   *comer, nevar*

Übung 2.

a. Zeichnen Sie den Strukturbaum für 1) und 2). Wählen Sie eine romanische Sprache aus.

1) Frz.   Pierre a lu un livre à la bibliothèque.
   It.   Piero ha letto un libro nella biblioteca.
   Sp.   Pedro ha leído un libro en la biblioteca.

2) Frz.   la destruction de la ville
   It.   la distruzione della città
   Sp.   la destrucción de la ciudad
   Port.   destruição da cidade

b. Erläutern Sie einen Konstituentenstrukturtest und führen Sie diesen an einem der Bespiele in 1) oder 2) durch.

Übung 3.

Französisch-deutsch, italienisch-deutsch und spanisch-deutsch zweisprachig aufwachsende Kinder gebrauchen die folgenden Konstruktionen in der jeweiligen romanischen Sprache, welche ungrammatisch sind. Beschreiben Sie, welche Eigenschaft die kindlichen Äußerungen von der Erwachsenensprache unterscheidet und wo die Schwierigkeit für das zweisprachige Kind liegt.

Frz.   a. Je veux ça prendre.
   b. On va le train prendre.
   c. Je veux une autre baguette chercher.
   d. Elle veut la poire manger.

It.   a. Tu devi la bottiglia prendere.
   b. Devi questo comprare.
   c. Voglio la mela mangiare.
   d. Devono questa fumare.

Sp.   a. Tú quieres este hacer.
   b. Yo quiero eso pintar contigo allí.
   c. Vamos caperucita roja y el lobo pintar.
   d. Yo voy mi comida buscar.

Übung 4.

Kreuzen Sie die richtigen Aussagen an:

1. Eine Konstituente ist eine Kette von Terminalsymbolen, die   ¤
   von einem Knoten dominiert wird.
2. Zum Subkategorisierungsrahmen eines Verbs gehören alle   ¤
   Argumente.
3. Artikelwörter gehören den funktionalen Kategorien an.   ¤
4. TP steht für Tempusphrase.   ¤
5. Funktionale Kategorien kann man aus anderen Sprachen   ¤
   entlehnen.
6. Nomina sind typische Prädikate.   ¤

Übung 5.

Betrachten Sie die folgenden Sätze. Kommentieren Sie die Behauptung, dass die syntaktische Form von Phrasen und die Satzbedeutung nichts miteinander zu tun haben.

Frz. a. Pierre a chargé le blé sur le camion.
     b. Pierre a chargé le camion de blé.
It. a. Pietro ha caricato il grano sul camion.
     b. Pietro ha caricato il camion di grano.
Sp. a. Pedro ha cargado basura en el camión.
     b. Pedro ha cargado el camión con basura.

6.7   Literatur

Bayer, Josef (1984): „COMP in Bavarian Syntax". In: *The Linguistic Review* 3, S. 209-274.
Cantone, Katja F./Müller, Natascha (2008): „*Un nase* or *una nase*? What gender marking within switched DPs reveals about the architecture of the bilingual language faculty". In: *Lingua* 118 (6), S. 810-826.
Chomsky, Noam (1957): *Syntactic Structures*. The Hague: Mouton.
Chomsky, Noam (1963): „Formal properties of grammars". In: Luce, R. Duncan/Bush, Robert R./Galanter, Eugene (Hgg.): *Handbook of Mathematical Psychology*. New York, S. 323-418.
Chomsky, Noam (1965): *Aspects of the Theory of Syntax*. Cambridge, MA.: MIT Press.
Chosmky, Noam (1986): *Barriers*. Cambridge, MA.: MIT Press.
Cuetos, Fernando/Mitchell, Don C. (1988): „Cross-linguistic differences in parsing: Restrictions on the use of the Late Closure Strategy in Spanish". In: *Cognition* 30, S. 73-105.
Di Venanzio, Laura (2010): *Selbstreparaturen im monolingualen Spracherwerb. Eine empirische Untersuchung zum Deutschen*. Magisterarbeit, Bergische Universität Wuppertal.
Ferreira, Fernanda/Henderson, John M. (1991): „Recovery from misanalyses of garden-path sentences". In: *Journal of Memory and Language* 31, S. 725–745.

Fox Tree, Janet E. (1995): „The effects of false starts and repetitions on the processing of subsequent words in spontaneous speech". In: *Journal of Memory and Language* 34, S. 709–738.

Fox, Barbara A./Hayashi, Makoto/Jasperson, Robert (1996): „Resources and repair: a crosslinguistic study of syntax and repair". In: Ochs, Elinor/Schegloff, Emanuel A./Thompson, Sandra A. (Hgg.): *Interaction and Grammar*. Cambridge: Cambridge University Press, S. 185-237 (Studies in Interactional Sociolinguistics, 13).

Frazier, Lyn (1979): *On Comprehending Sentences: Syntactic Parsing Strategies*. Bloomington: Indiana University Linguistics Club.

Gabriel, Christoph/Müller, Natascha (2008): *Grundlagen der generativen Syntax. Französisch, Italienisch, Spanisch*. Tübingen: Niemeyer (Romanistische Arbeitshefte, 51).

Haegeman, Liliane (1991): *Introduction to Government and Binding Theory*. Oxford: Blackwell (Blackwell's Textbooks in Linguistics, 1).

Koopman, Hilda (1983): „Control from COMP and Comparative Syntax." In: *The Linguistic Review* 2, S. 365-391.

Maiden, Martin/Parry, Mair (1997): *Die Dialects of Italy*. London: Routledge.

Müller, Natascha/Riemer, Beate (1998): *Generative Syntax der romanischen Sprachen. Französisch, Italienisch, Portugiesisch, Spanisch*. Tübingen: Stauffenburg (Stauffenburg Einführungen).

Poggi, Luigi (1983): *Implicazioni teoriche della sintassi dei pronomi clitici soggetto in un dialetto romagnolo*. Dissertation, Università della Calabria.

Pomino, Natascha/Zepp, Susanne (²2008): *Hispanistik*. Stuttgart: UTB (UTB basics).

Radford, Andrew (1981): *Transformational Syntax. A student's guide to Chomsky's Extended Standard Theory*. Cambridge: Cambridge University Press. (Cambridge Textbooks in Linguistics)

Repetto, Valentina (2006): *Uno studio sull'acquisizione bilingue. L'aggettivo in tedesco e in italiano*. Unveröffentlichte Magisterarbeit, Università degli studi di Pavia.

Rizzi, Luigi (1997): „The fine Structure of the left periphery". In: Haegeman, Liliane (Hrsg.): *Elements of Grammar. A Handbook in Generative Syntax*. Dordrecht: Kluwer, S. 281–337.

Rizzi, Silvana/Arnaus Gil, Laia/Repetto, Valentina/Müller, Jasmin/Müller, Natascha (2011): „Adjective Placement in Bilingual Children with special reference to Romance (French, Italian and Spanish)". Eingereicht in: *Studia Linguistica*.

Rowlett, Paul (2007): *The Syntax of French*. Cambridge: Cambridge University Press (Cambridge Syntax Guides).

Taeschner, Traute (1983): *The sun is feminine. A study on language acquisition in bilingual children*. Berlin, Heidelberg: Springer (Springer Series in Language and Communication 13).

Tellier, Christine (1996): *Éléments de syntaxe du français. Méthodes d'analyse en grammaire générative*. Québec, Canada: Les Presses de l'Université de Montréal.

Zagona, Karen (2002): *The Syntax of Spanish*. Cambridge: Cambridge University Press (Cambridge Syntax Guides).

7 Pragmatik

Ein von Geburt an mit Deutsch und Französisch aufwachsendes Kind (I) spricht mit seiner einsprachig deutschen Gesprächspartnerin (E). Eine Französin ist mit im Raum; sie heißt Marie-France. Das Alter des Kindes ist 3 Jahre und 9 Monate, also 3;9.

(1) E.: komm frag doch mal Marie-France ob sie — ob sie sauer is ob sie böse is dass wir faule eier — /
I.: nee du fragst /
E.: nee ich kann sie ja nich fragen
I.: ich auch nich! /
E.: ja ich kann kein französisch!/du kannst französisch!/ich weiß genau dass du französisch kannst /nun frag sie doch mal! /
I.: aber du kannst doch auch französisch, [a]n bisschen /
E.: ich kann doch überhaupt nicht französisch! /
I.: [a]n bisschen, hab ich doch gesehen! /

Mit dem Pronomen *ich* ist in dem kurzen Gesprächsausschnitt immer der Sprecher gemeint, der aber wechseln kann, also einmal das Kind, einmal die erwachsene Gesprächspartnerin ist. Das Phänomen, dass sich ein sprachlicher Ausdruck auf verschiedene Personen beziehen kann, wird Deixis genannt (hierauf werden wir in Kapitel 7.1 näher eingehen). Die Gesprächspartnerin möchte das Kind dazu bringen, eine Frage in französischer Sprache an die anwesende Französin zu stellen. Die sprachlichen Äußerungen enthalten nun nicht ausschließlich diejenigen Informationen, die versprachlicht wurden, sondern auch solche, welche nicht wörtlich ausgedrückt sind. So darf man aus einer der Äußerungen des Kindes schließen, dass es bemerkt hat, dass die Gesprächspartnerin keine Französin ist. Solche erschlossenen Informationen nennt man auch Implikaturen (< lat. IMPLICARE ‚hineinwickeln') (vgl. Kapitel 7.2). Weil die Gesprächspartnerin eine für die anschließende linguistische Analyse wertvolle Sprachaufnahme bewirken will, behauptet sie, dass sie kein Französisch könne. Man sagt auch, dass der Sprechakt der Behauptung vollzogen wurde (vgl. Kapitel 7.4). Nun handelt es sich im konkreten Fall nicht wirklich um eine Behauptung, sondern sogar um eine Lüge, die das Kind aufdeckt, indem es der Gesprächspartnerin zu verstehen gibt, dass es sie schon einmal hat Französisch sprechen hören. Eine pragmatische Theorie umfasst die drei genannten Bereiche und oft noch weitere, wie das Gebiet der Präsupposition (vgl. Kapitel 7.3) und das der Konversationsanalyse.

📖 Mit der **Präsupposition** wird das Wissen bezeichnet, welches z.B. für ein Gespräch vorausgesetzt wird.

So setzt unser Gesprächsausschnitt voraus, dass das Französische eine Sprache ist und es außerdem nicht selbstverständlich ist, dass jeder Gesprächsteilnehmer Deutsch und Französisch spricht. Die im Gespräch zu beobachtenden Wechsel zwischen dem Kind und der Erwachsenen strukturieren das Gespräch und werden im Rahmen einer Konversationsanalyse analysiert. Wer gern über die nachfolgenden Abschnitte hinaus den Gegenstandsbereich der Pragmatik entdecken möchte, dem empfehlen wir Meibauer (1999) und Levinson (1994). Wir dürfen ganz grob die Pragmatik nach unseren Ausführungen als die ‚Lehre vom Sprachgebrauch‘ definieren.

Gibt es in der Pragmatik auch Regeln, vergleichbar mit den uns vertrauten Grammatikregeln? Die Antwort auf diese Frage ist positiv, was das folgende Beispiel, wieder aus dem Spracherwerb, deutlich zeigt. Carlotta ist ein von Geburt an zweisprachig (Deutsch-Italienisch) aufwachsendes Kind aus WuBiG. In dem Gesprächsausschnitt wird sie gefragt, ob sie noch Windeln benötigt. Carlottas Alter beträgt 2;9.

(2) E.: ma lo so che hai un pannolino /   ‚aber (ich) weiß dass (du) eine Windel trägst‘ /

         ma devi andare in bagno, per caso? /   ‚aber musst (du) ins Badezimmer gehen?‘

     C.: io non ce l'ho /   ‚ich habe sie nicht‘
     E.: non ce l'hai? /   ‚(du) hast sie nicht?‘
     C.: no /   ‚nein‘
     E.: e come mai? /   ‚und warum?‘
         ti sei dimenticata stamattina? /   ‚hast (du) sie heute morgen vergessen?‘
     C.: sì /   ‚ja‘
     E.: ah sì / ma non ti serve più? /   ‚ah ja / aber brauchst (du) sie nicht mehr?‘
     C.: no /   ‚nein‘
     E.: ah senza pannolino – /   ‚ah ohne Windel – ‘
     C.: a letto io prende /   ‚Ich nehme im Bett‘ referiert auf Windel

         al – a – a notte si prende /   ‚man nimmt in der Nacht‘

Die Äußerungen des Kindes sind formal-grammatisch betrachtet schon recht nah an dem, wie auch Erwachsene sich ausdrücken würden. Jedoch zeigt der Gesprächsausschnitt, dass eine typische Eigenschaft des Italienischen von dem Kind noch nicht wie in der Erwachsenensprache gefordert markiert wird. Das Italienische (wie das Spanische) wird auch als ‚Null-Subjekt-Sprache‘ bezeichnet. Damit meint man, dass das Personalpronomen nicht ausgedrückt wird, wenn es durch die Gesprächssituation erschlossen werden kann. So hätte das Kind, abgesehen von der nichtzielsprachlichen Verbform (im Beispiel steht das Verb in der 3. Person Singular, es hätte aber in der 1. Person Singular stehen müssen), *al letto prendo* oder *al letto lo prendo* sagen müssen, d.h. die Auslassung des Subjektpronomens ist erwartet. Benutzt man das Personalpronomen *al letto io prendo*, so markiert das

Pronomen einen Kontrast, d.h. die Aussage wäre eben nicht, dass die Sprecherin nachts (im Bett) Windeln benutzt, sondern dass sie nachts Windeln benutzt im Gegensatz zu einer anderen Person. Die Verletzung der Regel, dass das Personalpronomen im Italienischen immer erfolgt, wenn der Bezug des Subjektpronomens aus dem Gesprächszusammenhang (auch Kontext genannt; vgl. Kapitel 1) folgt, zeigt uns, dass es ein enges Zusammenspiel zwischen sprachlicher Realisierung und Interpretation im Gesprächszusammenhang gibt und lässt den Rückschluss zu, dass sich unser strukturiertes Wissen über den Sprachgebrauch in der sprachlichen Form widerspiegeln kann (aber nicht muss).

7.1   Deixis

Die Beziehung zwischen Kontext und sprachlicher Form wird ganz besonders bei sogenannten deiktischen Sprachelementen deutlich.

   📖 **Deixis** (von griech. *deiktikos* ‚hinweisend‘) bezeichnet die Bezugnahme auf Personen, Orte und Zeiten mit Hilfe von deiktischen Sprachelementen. Hierzu zählen z.B. die Personalpronomina der ersten *moi/io/yo* und zweiten Person *toi/tu/tú*, Adverbien der Zeit wie *maintenant* vs. *alors/ahora* und Adverbien des Ortes wie *ici/qui*, vs. *là/aquí* vs. *allí*.

Solche Sprachelemente sind Variablen, deren Werte erst durch den Kontext (z.B. durch eine Geste) festgesetzt werden. So kann *hier* an jedem Ort der Erde sein, *jetzt* zu jedem Zeitpunkt und *ich* für jede beliebige Person, die gerade spricht, stehen.

7.1.1   Personaldeixis

Die Personaldeixis betrifft die Identität der Gesprächspartner. Wir unterscheiden einen Sprecher und einen Adressaten. Nicht alle sprachlichen Ausdrücke, mit denen man auf etwas referieren kann, haben auch deiktischen Charakter. Eigennamen (*Charlotte, Eiffelturm*) und definite Kennzeichnungen (*le mari de Charlotte/il marito di Carlotta/el marido de Carlota* ‚der Ehemann von Charlotte‘, *le plus haut bâtiment du monde/il più alto edificio del mondo/el edificio más grande del mundo* ‚das höchste Gebäude der Welt‘) bezeichnen eine einzige Entität, sie haben also eine festgelegte Referenz. Gattungsnamen (*chat/gatto/gato* ‚Katze‘) und Substanznamen (*lait/latte/leche* ‚Milch‘, *bois/legno/madera* ‚Holz‘) können als solche nicht referieren; dies wird erst durch ihre Verbindung mit Artikeln, quantifizierenden Ausdrücken oder Possessivbegleiter ermöglicht.

(3) a.   Le chat ne dort pas pendant la journée.   ‚Die Katze schläft
    a′.   Il gatto non dorme durante il giorno.   nicht während des Tages.'
    a″. El gato no duerme durante el día.

    b.   un litre de lait   ‚ein Liter Milch'
    b′.   un litro di latte
    b″. un litro de leche

    c.   le bois là-bas   ‚das Holz da unten'
    c′.   il legno di là
    c″. la/esa madera de ahí abajo/de abajo

Die romanischen Sprachen sind in dieser Hinsicht ganz besonders interessant, da sie in abgestufter Form die Artikelwörter und andere, die Referenz ermöglichende Sprachformen sichtbar machen. So hat Raposo (1998) darauf aufmerksam gemacht, dass allein im Portugiesischen Substanznamen ohne ein Artikelwort gebraucht werden können.

(4) a.   port. Odeio café/o café.
    b.   frz. Je déteste *café/le café.
    c.   it. Odio *caffè/il caffè.
    d.   sp. Odio *café/el café.

Eine direkte Übersetzung von (4a) ins Deutsche oder Englische ergibt ein grammatisches Resultat:

(5) a.   Ich hasse Kaffee/den Kaffee.
    b.   I hate coffee/the coffee.

Im Portugiesischen, Deutschen und Englischen bedeutet es auch etwas anderes, wenn Substanznamen mit dem definiten Artikel gebraucht werden. Wir sagen, dass der Fall ohne ein Artikelwort eine ‚generische' Aussage darstellt, im Beispiel eine Aussage über Kaffee im Allgemeinen. Wird der definite Artikel gebraucht, referiert der Sprecher auf einen bestimmten Kaffee, z.B. den in einem bestimmten Restaurant. Man spricht auch von einer ‚spezifischen' Lesart. Im Französischen, Italienischen und Spanischen werden beide Lesarten, die generische und die spezifische, mit Hilfe des definiten Artikels ausgedrückt.

Interessant ist nun die Beobachtung, dass sich die genannten romanischen Sprachen nicht nur im Hinblick auf die obligate Realisierung des Artikels unterscheiden, sondern auch bei der sogenannten Linksversetzung (Versetzung einer Spracheinheit an den linken Rand des Satzes), der Dislokation nach links. In den Sprachen mit obligaten Artikelwörtern zur Ermöglichung der Referenz von Substanznamen muss die nach links versetzte Spracheinheit durch ein Pronomen im Satz wiederaufgenommen werden. Im Portugiesischen dagegen, wo Artikelwörter mit Substanznamen optional sind, darf auch das Pronomen bei der Linksversetzung fehlen.

(6)   a.   port. <u>Esse livro</u>, o Luís comprou/comprou-<u>o</u> para a Maria.
           ,Dieses Buch, (der) Luis hat/hat es für Maria gekauft.'
       b.   frz. <u>Ce livre</u>, Louis *a acheté/<u>l</u>'a acheté pour Marie.
       c.   it. <u>Questo libro</u>, Luigi *ha comprato/<u>l</u>' ha comprato per Maria.
       d.   sp. <u>Este libro</u>, Luis *ha comprado/<u>lo</u> ha comprado para María.

Dieser Zusammenhang zeigt, dass die Obligatheit von Artikelwörtern zur Her-
stellung von Referenz nicht auf irgendwelche Weise erfolgt, sondern dass die
Sprachen Regularien folgen, welche sich durch die gesamte Sprachstruktur hin-
durchziehen.

7.1.2   Temporaldeixis

Die Temporaldeixis betrifft die zeitliche Orientierung. Neben den bereits genannten Adverbien sind auch die Verbaltempora deiktisch, weil man für deren Interpretation den Sprechzeitpunkt kennen muss. Dies wollen wir an den folgenden
Beispielen illustrieren:

(7)   a.   Jean regarde la télé.   ,Hans sieht fern.'
       b.   Jean a regardé la télé.   ,Hans hat ferngesehen.'
       c.   Jean regardera la télé.   ,Hans wird fernsehen.'

       a'.   Gianni gioca a tennis.   ,Hans spielt Tennis.'
       b'.   Gianni ha giocato a tennis.   ,Hans hat Tennis gespielt.'
       c'.   Gianni giocherà a tennis.   ,Hans wird Tennis spielen.'

       a''. Juan escribe una novela.   ,Hans schreibt einen Roman.'
       b''. Juan ha escrito una novela.   ,Hans hat einen Roman geschrieben.'
       c''. Juan escribirá una novela.   ,Hans wird einen Roman schreiben.'

Im Beispiel (7a, a', a'') überlappen Sprechzeitpunkt und Ereigniszeitpunkt. In (7b,
b', b'') liegt der Ereigniszeitpunkt vor dem Sprechzeitpunkt. (7c, c', c'') drückt dagegen aus, dass der Ereigniszeitpunkt nach dem Sprechzeitpunkt stattfindet. Neben Ereigniszeit und Sprechzeit ist noch die Referenzzeit zu berücksichtigen. In
dem Satz ,Hans guckte fern als wir reingekommen sind' in den drei romanischen
Sprachen

(8)   a.   Jean regardait la télé quand nous sommes rentrés.
       a'.   Gianni guardava la tv quando siamo entrati.
       a''. Juan veía la tele cuando entramos.

bezeichnet der durch *quand/quando/cuando* eingeleitete Nebensatz einen Zeitpunkt in der Vergangenheit, zu dem das Ereignis des Fernsehsehens stattfindet.

7.1.3   Lokaldeixis

Die Lokaldeixis bezeichnet die räumliche Orientierung der Gesprächspartner. Neben den bereits genannten lokalen Adverbien finden sich noch lokale Präpositionen wie frz. *sous* ‚unter‘ vs. *sur* ‚über‘ und Demonstrativpronomina. Das Spanische kennt ein dreigliedriges deiktisches System der Demonstrativa, mit den Formen *este* (*-a, -o*) zum Ausdruck von Nähe zum Sprecher, *ese* (*-a, -o*) zum Ausdruck von Distanz vom Sprecher zum Angesprochenen und *aquel* (*-lla, -llo*) zum Ausdruck der Entfernung vom Sprecher zur grammatischen 3. Person, also zu jemandem oder etwas außerhalb des Dialogs Stehendem (vgl. Dietrich/Geckeler 2004: 84f.).

7.1.4   Anaphorische Referenz

Viele Ausdrücke, die einen deiktischen Gebrauch erlauben, werden auch als Anaphern verwendet.

📖 **Anaphern** (von griech. ‚Rückbeziehung‘) sind sprachliche Ausdrücke, die auf einen anderen, zuvor genannten Ausdruck verweisen. Der Ausdruck, auf den sich die Anapher bezieht, wird auch **Antezedens** (von lat. ANTECEDENS ‚der/die/das Vorhergehende‘) genannt.

Im Beispiel (9) fungiert das Reflexivpronomen *se/si* als Anapher, der sprachliche Ausdruck in der Subjektposition *Marie/Maria/María* als Antezedens. Wenn wir anstelle des Reflexivpronomens ein nichtreflexives Objektpronomen *la* gebrauchen, kann sich das Pronomen nicht mehr auf *Maria* beziehen, sondern muss *Charlotte* als Antezedens nehmen. Antezedens und pronominaler Ausdruck sind koreferent. Formal wird die Koreferenz durch identische Indizes markiert.

(9)   Charlotte$_i$ und Maria$_j$ sind im Badezimmer.
   a.   Marie$_j$ se$_j$/la$_i$ regarde dans le miroir.
      ‚Marie$_j$ betrachtet sich$_j$/sie$_i$ im Spiegel.‘
   a'.   Maria$_j$ si$_j$/la$_i$ vede nello specchio.
   a''.   María$_j$ se$_j$/la$_i$ mira en el espejo.

Dass auch die Koreferenzbeziehungen von Pronomina durch die Pragmatik beeinflusst sind, zeigen die folgenden Beispiele, auf die Zibri-Hertz (1995) aufmerksam gemacht hat. Die Referenzmöglichkeiten der Pronomina sind abhängig davon, ob das jeweilige Adjektiv eine auf andere gerichtete Eigenschaft beschreibt.

(10)   Alexandre$_i$ und Pierre$_j$ in einem Gespräch mit Charlotte.
   a.   Pierre$_j$ est jaloux de lui$_i$/*de lui$_j$/*de lui-même$_j$.
      ‚Pierre$_j$ ist eifersüchtig auf ihn$_i$/*auf ihn$_j$/*auf sich selbst$_j$.‘

    b.   Pierre$_j$ est fier de lui$_i$/de lui$_j$/de lui-même$_j$.
         ,Pierre$_j$ ist stolz auf ihn$_i$/auf ihn$_j$/auf sich selbst$_j$.'
   a'.   Piero$_j$ è geloso di lui$_i$/*di lui$_j$/*di se stesso$_j$.
   b'.   Piero$_j$ è fiero di lui$_i$/di lui$_j$/di se stesso$_j$.
   a''. Pedro$_j$ está celoso de él$_i$/*de él$_j$/*de él mismo$_j$.
   b''. Pedro$_j$ está orgulloso de él$_i$/de él$_j$/de él mismo$_j$.

Das Pronomen *lui/él* ,ihn' ist im eigentlichen Sinne kein Reflexivpronomen. Wie die Beispiele aber zeigen, kann es durchaus, wie die reflexive Form, mit dem Subjekt des Satzes *Pierre/Piero/Pedro* koreferent sein, wenn das Adjektiv eine auf das Subjekt bezogene Eigenschaft ausdrückt. Dies ist bei dem Adjektiv *stolz* der Fall, nicht aber bei *eifersüchtig*.

7.2   Konversationsimplikatur

Wir hatten bereits zu Beginn des Kapitels erwähnt, dass während eines Gesprächs viele Annahmen sprachlich gar nicht realisiert oder vom Sprecher nur angedeutet werden. Durch die Implikatur kann der Sprecher mehr kommunizieren, als er tatsächlich sprachlich realisiert. Die Trennung zwischen Gesagtem und Implikatur geht auf Grice (1975) zurück. Er formuliert Regeln, die beachtet werden, wenn ein Sprecher mit seiner Äußerung mehr ausdrückt, als er sagt. Diese ,konversationellen Implikaturen' basieren auf dem von Grice formulierten Kooperationsprinzip.

> 📖 Das **Kooperationsprinzip** besagt, dass man seinen Beitrag zur Konversation genau so gestalten soll, wie es der Punkt der Konversation, an dem er erfolgt, erforderlich macht.

Es werden folgende Konversationsmaximen unterschieden:

(11) a. Mache deinen Beitrag so informativ, wie es der gegenwärtige
       Konversationszweck verlangt.   (Maxime der Quantität)
     b. Versuche, einen wahren Beitrag zu machen.   (Maxime der Qualität)
     c. Sei relevant.   (Maxime der Relevanz)
     d. Sei klar.   (Maxime der Modalität)

Damit ist keineswegs gemeint, dass Sprecher nicht auch manchmal lügen. Es soll jedoch sichergestellt werden, dass wir in einer Konversation erst einmal davon ausgehen, dass der Beitrag des Sprechers wahr ist. Es wäre recht umständlich, bei allen Äußerungen des Sprechers zunächst einmal zu vermuten, dass sie falsch seien. Kommen wir auf unser Beispiel der Null-Subjekt-Sprachen zurück. Wir hatten festgehalten, dass in diesen Sprachen das Personalpronomen ausgelassen werden kann, wenn keine besondere Hervorhebung oder ein Kontrast intendiert ist. Ein Satz mit realisiertem Personalpronomen, welches nicht der Hervorhebung oder dem Kontrast dient, ist aber nicht ungrammatisch, sondern pragmatisch unangemessen. Der italienische Satz

(12) Gianni$_i$ ha detto che lui$_i$ verrà alla festa.
,Hans$_i$ hat gesagt dass er$_i$ zu dem Fest kommt.'

ist ohne besondere Betonung oder Hervorhebung von *lui* unangemessen, aber eben nicht ungrammatisch. Wir können die Situation mit der folgenden im Deutschen vergleichen, wo die immer wieder erfolgte Wiederholung von *Charlotte* eben dazu führt, dass die Sätze pragmatisch unangemessen sind, wohl aber grammatisch.

(13) Charlotte ging gestern ins Kino. Dort wollte Charlotte einen Film ansehen, aber kurz vor Vorstellungsbeginn entschloss sich Charlotte doch noch dagegen und ging zu Charlottes Freundin, um einen Tee zu trinken und über Charlottes Probleme zu sprechen.

Dass das Personalpronomen von Sprechern des Italienischen auch tatsächlich ausgelassen wird, können wir über die Konversationsmaxime ,Mache deinen Beitrag so informativ, wie es der gegenwärtige Konversationszweck verlangt' erklären. Die Grammatik erlaubt in Sprachen wie dem Italienischen, dass Personalpronomina in Subjektposition ausgelassen werden. Die Pragmatik, genauer eine Konversationsmaxime, sorgt dafür, dass sie auch tatsächlich ausgelassen werden.

Es kommt nun auch vor, dass der Sprecher über die wörtlich ausgedrückte Bedeutung hinaus, je nach Situation, Bedeutungen mit seinen Äußerungen ,zum Ausdruck bringt'. Die müssen dann aus dem Kontext erschlossen werden. Die Untersuchung der wörtlich ausgedrückten Bedeutung gehört zur Semantik (vgl. Kapitel 5), die der kontextabhängigen Bedeutung zur Pragmatik. Ein Beispiel für solche zusätzlichen, kontextuell erschlossenen Bedeutungen ist die folgende Gesprächssituation:

(14)   Karin: Hat Charlotte ihre Doktorarbeit schon fertig?
       Justus: Man sieht sie kaum noch auf Parties.

Die Äußerung von Justus bedeutet wortwörtlich, dass Charlotte nicht mehr auf Parties geht. Sie impliziert, dass sie dies vor dem Schreiben an ihrer Doktorarbeit getan hat und dass sie sehr wahrscheinlich die Arbeit bald abgeben wird. Oftmals entsteht eine lustige Situation, wenn konversationelle Implikaturen nicht hinzugefügt werden. Sie kennen sicher alle den Witz, dass jemand beispielsweise nach der Uhrzeit gefragt wird: „Wissen Sie, wie spät es ist?" und die Antwort: „Ja!" deutlich macht, dass der Fragende bei einer positiven Antwort auch über die Uhrzeit informiert werden möchte. Dies ist implikatiert.

Wir hatten weiter oben erwähnt, dass die Implikatur auch sprachlich ‚angedeutet' werden kann. Hierfür zitieren wir ein Beispiel zum Sprachenwechsel aus Auer (1998: 6). Es handelt sich um Gesprächsteilnehmer aus Lateinamerika, die in Hamburg leben. In Deutschland ist das Rauchen nur in den Fluren erlaubt, die Bewohner fühlen sich aber nicht verpflichtet, sich an diese Regeln zu halten. Die deutschen, gemischten Wörter ‚Flur' und ‚Nichtraucher' zeigen an, dass es die in Deutschland gültigen Regeln sind, die als Hintergrundinformation zugrundegelegt werden.

(15) J.:   por qué por qué quieres ir al flur?   ‚Warum willst du auf den
                                                          Flur gehen?'
      C.:   para fumar   ‚zum Rauchen'
      J.:   aha   ‚aha'
      L.:   a(h)l fl(h)ur a(h)l a(h)l a(h)l
      J.:   y dónde al flur h h   ‚und wo auf dem flur h h'
      A.:   he he he he
      U.:   fuerte   ‚stark'
      L.:   ahí donde está la bicicleta   ‚da wo das fahrrad steht'
      J.:   aquí no hay aquí no hay nichtraucher   ‚da gibt es nicht da gibt es
                                                          nicht Nichtraucher'
      L: donde está la bici(cleta) - he he   ‚wo das Fahrrad steht he he'

Mit diesem Beispiel wollen wir zu einer schwierigen Begriffsunterscheidung kommen, der zwischen Implikatur und Präsupposition.

7.3   Präsupposition

Präsupponieren bedeutet voraussetzen. Wir wagen uns hiermit auf ein Gebiet, welches sehr komplex ist und bis heute beforscht wird. Der Unterschied zwischen Implikatur und Präsupposition ist recht schwierig, wird aber im Allgemeinen in der Möglichkeit gesehen, dass die Präsupposition aufhebbar ist. Zur Illustration dient folgendes Beispiel aus Levinson (1994: 188):

(16) a. John doesn't know that Bill came.   präsupponiert ‚Bill came'
    b. I don't know that Bill came.   präsupponiert nicht ‚Bill came'

Im Französischen, Italienischen und Spanischen zeigt die Existenz eines schwachen Objektpronomens (auch klitisches Objektpronomen) an, dass der Sprecher die Existenz des Referenten von *le/lo* beim Hörer voraussetzt, vgl. (17).

(17) a.   Est-ce que tu as déjà lu le nouveau livre de P.D. James?
         ‚Hast du schon das neue Buch von P.D. James gelesen?'
    a'.   Hai già letto il nuovo libro di P.D. James?
    a''. ¿Ya has leído el nuevo libro de P.D. James?
    b.   Ben oui, je *le* connais déjà.
         ‚Ja, ich kenne es schon.'
    b'.   Sì, *lo* conosco già.
    b''. Si, ya *lo* conozco.

Der indefinite Artikel markiert normalerweise eine Wortgruppe, deren Referent(en) neu eingeführt werden. Das schwache Pronomen *le* bzw. *lo* kann also nicht mit DPn koreferent sein, die einen indefiniten Artikel enthalten (vgl. 18b) — mit dem definiten Artikel wären die Beispiele grammatisch, z.B.: *El vaso, lo tengo en la estantería* ‚Das Glas, (ich) habe es im Regal'. Eine Ausnahme sind solche Wortgruppen, bei denen der indefinite Artikel dazu führt, dass diese generisch interpretiert werden, vgl. die Beispiele in (18a, a', a'').

(18)   a.   *Un homme*, on *le* reconnaît par sa façon de parler.
         ‚Ein Mann, man erkennt ihn an seiner Art zu reden.'
    a'.   *Un uomo*, *lo* si può riconoscere dal suo modo di parlare.
    a''. *Un hombre*, se *lo* reconoce por su manera de hablar.
    b.   Je voudrais boire du vin. – D'accord. *Un verre*, je *l*'ai dans l'étagère.
         ‚Ich würde gerne Wein trinken. – Einverstanden. *Ein Glas, das habe
         ich im Regal.'
    b'.   Vorrei bere del vino. – Va bene. *Un bicchiere*, *l*'ho nello scaffale.
    b''. Me gustaría beber vino. – De acuerdo. *Un vaso*, *lo* tengo en la estantería.

Im Französischen, Italienischen und Spanischen existiert die Rechts- bzw. Linksversetzung einer Wortgruppe. Wir hatten dieses Phänomen als Dislokation bezeichnet. Aus pragmatischer Sicht ist nun interessant, dass das klitische Objektpronomen nur mit einer NP/DP koreferent sein kann, die präsupponiert, also im Diskurs oder durch den Hörer bekannt ist. Im Beispiel (19) wird dies sehr gut deutlich, allerdings nur im Französischen und Italienischen. Im Spanischen ist die Rechtsversetzung (19c'') grammatisch. Auf diesen Umstand können wir in der Einführung nicht weiter eingehen; er ist auf die stärker ausgeprägte grammatische Funktion der Objektpronomina zurückzuführen (vgl. z.B. die obligatorische Wiederaufnahme von *a Pablo* durch *le* in *María le da el libro a Pablo* ‚Maria gibt Paul das Buch').

(19) a.   Qu'est-ce qu'il y a?   ‚Was gibt es?'
     a'   Cosa c'è?
     a''. ¿Qué pasa?

     b.   J'ai oublié ton crétin de stylo sur la table.
                 ‚Ich habe deinen blöden Stift auf dem Tisch vergessen.'
     b'.   Ho dimenticato la tua penna stubida sul tavolo.
     b''. Me he dejado tu maldito bolígrafo encima de la mesa.

     c.   *Je l'ai oubliée sur la table, ton crétin de stylo.
                 ‚Ich habe ihn auf dem Tisch vergessen, deinen blöden Stift.'
     c'.   *L'ho dimenticata sul tavolo, la tua penna stupida.
     c''. Que me lo he dejado sobre la mesa, tu maldito bolígrafo.

Wir wollen aus diesem Grund in (20) und (21) die spanischen Beispiele nur der Form halber auflisten. Wir müssen aber auf eine Diskussion verzichten. Betrachten wir nun die Rechts- bzw. Linksdislokation etwas genauer, da es einen pragmatischen Unterschied gibt, den wir hier kurz vorstellen wollen. In beiden Beispielgruppen kann als Antezedens ‚Möbel' angesehen werden. Im Fall der Linksversetzung — wie in (20b, b', b'') — können wir auf einzelne Möbelstücke Bezug nehmen: {*les tables/i tavoli/las mesas* ‚die Tische', *les chaises/le sedie/las sillas* ‚die Stühle'}. Sie sind dem Hörer durch sein Weltwissen bekannt. Die Linksdislokation drückt in den Beispielen in (20b, b', b'') einen Kontrast aus. Die Rechtsdislokation ist hierfür kein geeignetes syntaktisches Mittel und führt deshalb auch in allen drei romanischen Sprachen zur Ungrammatikalität (vgl. 20c, c', c''). Wenn keine Mitglieder aus der Menge ‚Möbel' intendiert sind, dann ist gerade die Rechtsdislokation das geeignete Mittel, vgl. (21b, b', b''). Es ist jedoch auch möglich, *stylo/penna/bolígrafo* ‚Stift' als Menge zu analysieren, also als Menge aller Schreibwerkzeuge. In diesem Fall (21d, d', d'') ist ‚Schreibwerkzeug' das Antezedens und eine Linksdislokation wird grammatisch, wenn wir beispielsweise ein Werkzeug im Kontrast zu einem anderen darstellen wollen. Wir haben die folgenden Sätze der Arbeit von López (2003: 199) entnommen und sie vom Katalanischen ins Französische, Italienische und Spanische übersetzt.

(20) a.   Qu'est-ce que tu as fait avec les meubles?
                 ‚Was hast du mit den Möbeln gemacht?'
     a'.   Cosa hai fatto con i mobili?
     a''. ¿Qué has hecho con los muebles?

     b.   Les tables je *les* ai réparées le matin, mais les chaises je *les* ai réparées
           le soir.   ‚Die Tische habe ich morgens repariert, aber die Stühle habe ich
                 abends repariert.'
     b'.   I tavoli *li* ho riparati la mattina, ma le sedie *le* ho riparate la sera.
     b''. Las mesas *las* he arreglado por la mañana pero las sillas *las* he arre-

glado por la tarde.

   c.   *Je *les* ai réparées le matin, les tables, mais je *les* ai réparées le soir, les chaises. ‚Ich habe sie morgens repariert, die Tische, aber ich habe sie abends repariert, die Stühle.'

   c'.   *Li* ho riparati la mattina, i tavoli, ma *le* ho riparate la sera, le sedie.

   c''.   *Las* he arreglado por la mañana las mesas, pero *las* he arreglado por la tarde las sillas.

(21) a.   Qu'est-ce que tu as fait avec le stylo à bille?
          ‚Was hast du mit dem Kugelschreiber gemacht?'

   a'.   Che cosa hai fatto con la penna?

   a''.   ¿Qué has hecho con el bolígrafo?

   b.   Je *l'*ai oublié sur la table, ton crétin de stylo à bille.
          ‚Ich habe deinen blöden Kugelschreiber auf dem Tisch vergessen.'

   b'.   *L'*ho dimenticata sul tavolo, la tua penna stupida.

   b''.   *Lo* he dejado encima de la mesa, tu maldito bolígrafo.

   c.   *Ton crétin de stylo à bille, je *l'*ai oublié sur la table.
          ‚Deinen blöden Kugelschreiber, ich habe ihn auf dem Tisch vergessen.'

   c'.   *La tua penna stupia, *l'*ho dimenticata sul tavolo.

   c''.   Tu maldito bolígrafo, *lo* he dejado encima de la mesa.

   d.   Le stylo à bille je *l'*ai oublié sur la table, mais le crayon je ne *l'*ai même pas touché.
          ‚Den Kugelschreiber habe ich auf dem Tisch vergessen, aber den Bleistift habe ich noch nicht einmal berührt.'

   d'.   La penna *l'*ho dimenticata sul tavolo, ma la matita non *l'*ho nemmeno toccata.

   d''.   El bolígrafo *lo* he dejado encima de la mesa, pero el lápiz ni siquiera *lo* he tocado.

Wir haben bisher gelernt, dass es syntaktische Verfahren in den romanischen Sprachen gibt, um anzuzeigen, dass der Sprecher die Existenz bestimmter Referenten beim Hörer voraussetzt. Mit unseren Äußerungen können wir nun auch handeln. Dieses wird im folgenden Abschnitt kurz dargestellt.

7.4   Sprechakte

Sprachliche Äußerungen sind zugleich Akte, also Handlungen. Im Rahmen der Sprechakttheorie wird der Frage nachgegangen, welche Art von Handlung mit einer Äußerung vollzogen wird. Als Begründer der Sprachakttheorie gilt Austin (1962). Populär wurde die Theorie jedoch erst mit der Sprechakttheorie von Searle (1969). Nach Searle besteht jeder Sprechakt aus drei Teilen:

- Äußerung von Wörtern (Äußerungsakt),
- Referenz und Prädikation (propositionaler Akt),
- Behaupten, Befehlen, Fragen, Versprechen, Beleidigen usw. (illokutionärer Akt).

Manchmal wird noch ein vierter Teilakt unterschieden, nämlich der perlokutionäre Akt. Hierbei handelt es sich um Wirkungen, die der Sprecher durch seinen Sprechakt absichtlich hervorbringt (z.B. beim Überzeugen soll die Wirkung des Glaubens bei der Zuhörerschaft erzielt werden).

Dass für eine sprachliche Handlung eine Voraussetzung die Äußerung der sprachlichen Einheiten ist, leuchtet unmittelbar ein. Die Unterscheidung zwischen dem propositionalen Akt und dem illokutionärem Akt ist aber nicht immer einfach. Betrachten wir dazu das folgende Beispiel:

(22) a. Die Studenten lesen das Buch.
     b. Lesen die Studenten das Buch?

Der Inhalt oder der propositionale Gehalt beider Sätze ist gleich. Man tut mit diesen Sätzen aber ganz Unterschiedliches. Satz (22a) ist eine Behauptung, Satz (22b) ist eine Frage. Die illokutionären Akte unterscheiden sich also. Nun gibt es bestimmte sprachliche Mittel, die den illokutionären Akt anzeigen. Im Beispiel (22) hatten wir als einen Indikator den Satztyp kennengelernt. Häufig wird die Illokution auch durch ein bestimmtes Verb ausgedrückt, ein sogenanntes performatives Verb. Mit Bezug auf das Beispiel könnten wir auch das Verb *fragen* gebrauchen: *Ich frage sie hiermit, ob sie das Buch lesen* (sie = die Studenten).

Die einzelnen Sprechakte sind in der Literatur klassifiziert worden. Searle unterscheidet fünf Klassen illokutionärer Akte:

- Assertive   *behaupten, feststellen* (Sprecher legt sich auf Wahrheit einer Proposition fest, GLAUBE)
- Direktive   *auffordern, befehlen* (Sprecher will Hörer auf Handlung verpflichten, WUNSCH)
- Kommissive   *versprechen, drohen* (Sprecher verpflichtet sich zu der Ausführung einer zukünftigen Handlung, ABSICHT)
- Expressive   *danken, entschuldigen* (Sprecher bringt psychischen Zustand zum Ausdruck)
- Deklarative   *taufen, ernennen* (erfordern eine Institution, ein bestimmter Zustand wird hergestellt)

7.5   Syntax und Pragmatik

Im Folgenden wollen wir zwei grammatische Bereiche näher beleuchten, für die man behaupten darf, dass die Pragmatik und die Syntax ‚zusammenspielen' müssen. Einer dieser Bereiche ist die Null-Subjekt-Eigenschaft. Hier bedingt die Pragmatik die syntaktische Beschaffenheit von Sätzen. Der andere Bereich ist der der Linksversetzung. An diesem wollen wir illustrieren, wie wichtig die Pragmatik für die Annahme bestimmter Kategorien in der Syntax ist.

7.5.1 Die Null-Subjekt-Eigenschaft

Wir hatten weiter oben das Italienische (wie das Spanische) als Null-Subjekt-Sprache bezeichnet. Damit meint man, dass das Personalpronomen nicht ausgedrückt wird, wenn es durch die Gesprächssituation erschlossen werden kann. Die Null-Subjekt-Eigenschaft ist also ein Bereich, in dem die Syntax und die Pragmatik zusammenspielen müssen.

Serratrice/Sorace (2003) und Serratrice/Sorace/Paoli (2004) formulieren pragmatische Kriterien, die die Wahrscheinlichkeit des Wegfalls des Subjekts bestimmen. Sie beschreiben den Informationsgehalt einer NP/DP. Die Idee ist nun folgende: Je höher der Informationsgehalt, desto geringer die Wahrscheinlichkeit des Wegfalls des Subjekts. Wir stellen Ihnen nun acht Merkmale des Diskurses vor, deren Werte binär (‚+‘, ‚–‘) sind. Liegen die Diskurseigenschaften in den Sprachdaten so vor, wie sie in der nachfolgenden Abbildung formuliert werden, sind die Merkmalswerte positiv, d.h. das Subjekt ist [+informativ], im anderen Fall negativ [-informativ]. Eine detaillierte Darstellung der Merkmale und ihre Anwendung auf das italienische Erwachsenensystem findet sich in Schmitz (2007).

Merkmal	+ infor-mativ	- infor-mativ
Physische Anwesenheit: Der Referent ist physisch anwesend	+	–
Aktiviertheitsgrad: Der Referent ist inaktiv oder halbaktiv	+	–
Kontrast: Der Referent wird zu anderen Referenten im Kontrast gebraucht	+	–
Differenziertheit im Diskurs: Der Referent unterscheidet sich von einem oder mehreren anderen Referenten	+	–
Bekanntheit im Diskurs: Der Referent wurde vorher nicht genannt	+	–
Frage: Der Referent ist Teil einer Frage oder einer Antwort auf eine Frage	+	–
Transitivität: Das Prädikat ist intransitiv	+	–
Person: Der Referent ist die 3. Person	+	–

Abbildung 7.1:
Über den Informationsgehalt informierende Merkmale
(nach Serratrice and Sorace 2003: 745)

Aufgrund dieser Merkmale können wir u.a. eine Vorhersage für das Italienische machen: Subjektauslassungen sollten häufiger mit der 1. und 2. als mit der 3. Person auftreten, da die 3. Person einen höheren Informationsgehalt hat. Dieses Ergebnis bestätigt Patuto (2011), vgl. Abbildung 7.2. Für ihre Untersuchung hat sie Spontanaufnahmen von italienischsprachigen Erwachsenen ausgewertet (insgesamt 1485 Äußerungen mit einem finiten Verb) (1. IT = 1. Person, Italienisch, 2. IT = 2. Person, Italienisch, 3. IT = 3. Person, Italienisch).

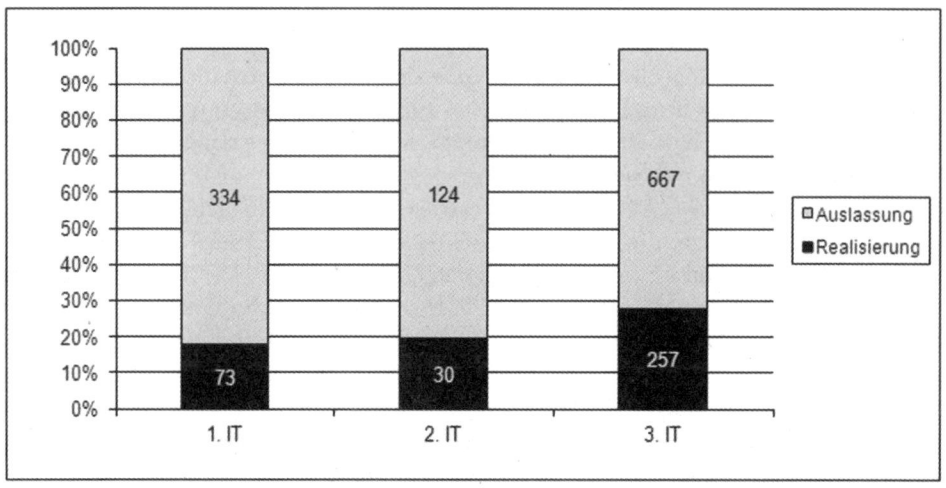

Abbildung 7.2:
Personenspezifischer Subjektgebrauch im italienischen
Erwachsenensystem aus Patuto (2011)

Serratrice/Sorace (2003) verfolgen in ihrer Arbeit das Ziel, den Erwerb des Italienischen mit Hilfe der Merkmale über den Informationsgehalt zu erfassen. Wenn also die Pragmatik beim Erwerb der Null-Subjekt-Eigenschaft eine große Rolle spielt, so sollten wir auch bei italienischsprachigen Kindern erwarten, dass die 3. Person seltener ausgelassen wird als die 1. und 2. Person. Patuto (2011) kommt zu dem erstaunlichen Ergebnis, dass die monolingualen Kinder die 3. Person in der Tat viel seltener auslassen als die 1. und 2. Person, welche von den Kindern auch zu oft ausgelassen werden. In Abbildung 7.3 wird deutlich, dass sich die Auslassung der 3. Person-Subjekte schon zu Beginn auf zirka 70% eingependelt hat und sich im Laufe der Entwicklung auch nicht mehr verändert (MLU = *mean length of utterance* ‚durchschnittliche Äußerungslänge', siehe Kapitel 3.4.4).

Patuto (2011) analysiert nun auch acht bilingual mit Italienisch und Deutsch aufwachsende Kinder. Das Deutsche ist keine Null-Subjekt-Sprache, d.h. das Subjekt muss realisiert werden.[51] Wir sehen, dass auch die bilingualen Kinder im Italienischen das Subjekt am wenigsten häufig in der 3. Person auslassen.

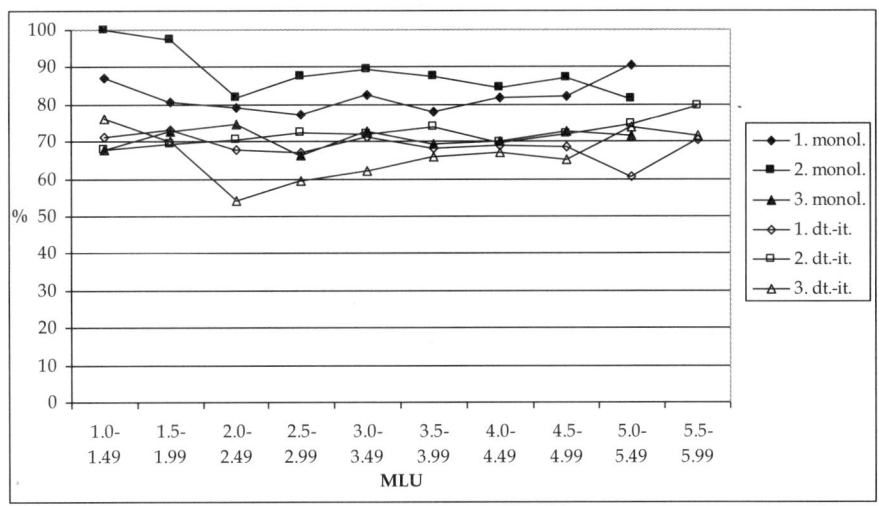

Abbildung 7.3:
Subjektauslassungen im Italienischen der monolingualen und
bilingualen Kinder aus Patuto (2011)

Die Abbildung zeigt aber auch ein anderes erstaunliches Ergebnis, nämlich dass alle bilingualen Kinder in allen Personen seltener das Subjekt auslassen als die monolingualen Kinder. Hier argumentiert Patuto mit Spracheneinfluss aus dem Deutschen auf das Italienische. Dies würde jedoch bedeuten, dass sich die unterschiedliche syntaktische Beschaffenheit des Deutschen (keine Null-Subjekt-Sprache) auf das Italienische auswirkt, eine Beobachtung, die nicht auf die pragmatischen Merkmale der Referenten zurückgeführt werden kann. Für weitere Informationen zu dem Thema empfehlen wir Schmitz/Patuto/Müller (2011).

7.5.2 Die linke Peripherie

Wir haben in Kapitel 6.5 bereits erwähnt, dass die sogenannte linke Peripherie seit der Arbeit von Rizzi (1997) viel feiner analysiert worden ist. Syntaktiker haben festgestellt, dass wir mit den in der Struktur (81) des Syntax-Kapitels aufgezeigten Positionen nicht auskommen, um für jedes Element, welches in den ro-

---

[51] Im Deutschen sind Subjektauslassungen möglich, wenn das Subjekt einen geringen Informationsgehalt hat und an erster Position im Satz steht: ‚Hast du Karin kürzlich getroffen?' – ‚Nee, hab die schon seit einem Jahr nicht mehr gesehen', ‚*Nee, die hab schon seit einem Jahr nicht mehr gesehen'. Diese Auslassungen machen im gesprochenen Deutsch allerdings nur 4% aus (vgl. Patuto 2011).

manischen Sprachen an der linken Satzperipherie erscheint, einen Platz bereitzu-
stellen. Hierzu gehört die in diesem Kapitel bereits eingeführte Dislokation im
Französischen. Obwohl viele Linguisten der Ansicht sind, dass das Französische
eine SVO-Sprache ist (23a), zeigt sich schon in der Arbeit von Moreau (1987), dass
70% aller Sätze, die ein Subjekt, ein Verb und ein Objekt enthalten, nicht die Abfolge SVO aufweisen. Schon die schwachen, klitischen Pronomina stehen vor dem
finiten lexikalischen Verb und sorgen im Französischen für eine von der SVO-
Ordnung abweichende Abfolge (23b). Das Französische stellt nicht, wie beispielsweise das Deutsche, die Möglichkeit bereit, über die Prosodie (vgl. Kapitel
2) bestimmte Konstituenten herauszustellen. Aus diesem Grund wird die Herausstellung von Konstituenten syntaktisch geregelt. Die Dislokation ist eines dieser
syntaktischen Mittel, bei der die herausgestellte Konstituente durch ein klitisches
Pronomen im Satz wieder aufgenommen wird (23c und d). Die Herausstellung
kann nach links (oder aber nach rechts, was uns hier weniger beschäftigt) erfolgen. Die herausgestellte Konstituente ist ein Topik, d.h. sie kodiert solche Information, von der der Sprecher annimmt, dass sie dem Hörer bekannt ist.

(23) a. Jean aime le vin rouge.   ‚Hans liebt Rotwein.'
                                       (unmarkierte SVO-Ordnung)
      b. Jean l'aime.   (SoV-Ordnung, o = klitisches Pronomen)
      c. Le vin rouge, Jean l'aime.   (Linksdislokation)
      d. Jean l'aime, le vin rouge.   (Rechtsdislokation)

Diese Möglichkeiten der Herausstellung existieren auch im Italienischen (24) und
Spanischen (25):

(24) a. Giulio ama le giornate estive.   ‚Giulio liebt die Sommertage.'
      b. Giulio le ama.
      c. Le giornate estive, Giulio le ama.
      d. Giulio le ama, le giornate estive.

(25) a. Juan compra (el) vino tinto de Rioja.   ‚Hans kauft den Rotwein aus Rioja.'
      b. Juan lo compra.
      c. El vino tinto de Rioja, Juan lo compra.
      d. Juan lo compra, el vino tinto de Rioja.

Diese Beispiele zeigen, dass wir mit einer einzigen funktionalen Kategorie in
der linken Peripherie wohl nicht auskommen können. Deshalb sind in den ver-
gangenen Jahren auch Strukturen wie die folgende diskutiert worden:

(26)   TopikP

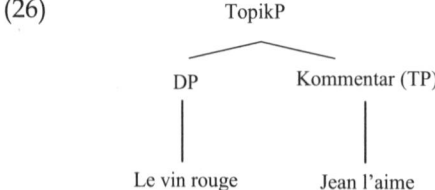

         DP   Kommentar (TP)

      Le vin rouge   Jean l'aime

An (26) wird deutlich, dass das Topik *le vin rouge* mit dem Kommentar *Jean l'aime* in der Syntax innerhalb einer Topikphrase (TopikP) verbunden wird. Wir können die Struktur umgangssprachlich auch wie folgt umschreiben: [$_{Topik}$*Was ich dir über den Rotwein sagen wollte*], [$_{Kommentar}$*Hans liebt ihn*]. Die nach links herausgestellte Konstituente erscheint im Französischen auch vor Fragewörtern, die wir innerhalb der CP analysiert haben (vgl. Kapitel 6.5, Struktur (81)). Wenn eine disloziierte Konstituente zusammen mit dem Fragewort im abhängigen Satz erscheint, dann steht erst das Fragewort (27c und d).

(27) a. Ce vin rouge, où tu l'as bu pour la première fois?
         ‚Diesen Rotwein, wo hast du ihn zum ersten Mal getrunken?'
     b. *Où, ce vin rouge, tu l'as bu pour la première fois?
         ‚Wo, diesen Rotwein, hast du ihn zum ersten Mal getrunken?'
     c. Dis-moi où ce vin rouge, tu l'as bu pour la première fois.
         ‚Sag mir, wo, diesen Rotwein, hast du ihn zum ersten Mal getrunken?'
     d. *Dis-moi ce vin rouge, où tu l'as bu pour la première fois.
         ‚Sag mir diesen Rotwein, wo hast du ihn zum ersten Mal getrunken?'

Im Italienischen erscheint die nach links herausgestellte Konstituente wie im Französischen vor Fragewörtern. Im Unterschied zum Französischen steht die disloziierte Konstituente im abhängigen Satz in den entsprechenden italienischen Übersetzungen von (27) vor dem Fragewort (28c und d).

(28) a. Questo vino rosso, dove l'hai bevuto per la prima volta?
     b. *Dove, questo vino rosso, l'hai bevuto per la prima volta?
     c. *Dimmi dove questo vino rosso, l'hai bevuto per la prima volta.
     d. Dimmi questo vino rosso, dove l'hai bevuto per la prima volta.

Im Spanischen gelten für die disloziierte Konstituente wieder andere Bedingungen: Die negative Beurteilung des Satzes in (29b) macht deutlich, dass eine linksversetzte Konstituente im unabhängigen Satz nicht dem Fragewort folgen darf. Die Ungrammatikalität des Satzes (29c) zeigt, dass dies auch im abhängigen Satz der Fall ist. Die linksversetzte Konstituente ist allein als herausgestelltes Topik (29a, d) zulässig. Im abhängigen Satz müssen wir die Konstruktion (29e) gebrauchen, also eine Rechtsversetzung.

(29) a. ¿Ese vino tinto, dónde lo bebiste por primera vez?
     b. *¿Dónde, ese vino tinto, lo bebiste por primera vez?
     c. *Dime dónde ese vino tinto lo bebiste por primera vez.
     d. Dime: ese vino tinto, dónde lo bebiste por primera vez.
     e. Dime dónde lo bebiste por primera vez, ese vino tinto.

Die drei romanischen Sprachen unterscheiden sich also hinsichtlich der Abfolge von linksversetzten Konstituenten (Topik) und Fragewörtern allein im abhängigen Satz. Hier wählt das Französische die Abfolge Fragewort+Topik, das Italienische Topik+Fragewort; das Spanische erlaubt keine der beiden Möglichkeiten. In dieser Sprache muss auf andere syntaktische Mittel zurückgegriffen werden (29d und e).

Wir sehen am Vergleich zwischen dem Französischen, Italienischen und Spanischen also einen Unterschied in der Wortstellung, der nicht durch die pragmatischen Eigenschaften der Sätze erklärt werden kann, sondern syntaktischer Natur und eng mit der Einzelsprache verbunden ist. Ohne die feine Unterscheidung der einzelnen Konstituenten nach ihrer pragmatischen Funktion wären die Unterschiede allerdings nicht erkennbar. Die unterschiedliche Position der dislozierten Konstituente wird in der Syntaxforschung oft so beschrieben, dass es mindestens zwei Positionen für topikalisierte Konstituenten geben muss, eine rechts und eine links von derjenigen Phrase, die das Fragewort enthält. Wir wollen dies einmal syntaktisch abbilden.

(30)

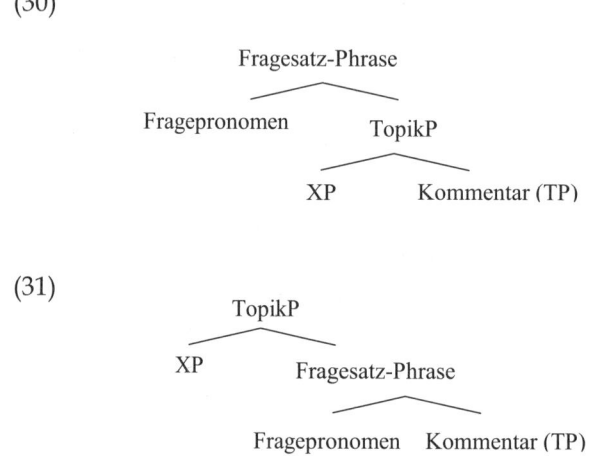

(31)

Da Fragewörter immer neue Informationen erfragen, ist die Fragesatz-Phrase auch als Fokusphrase bezeichnet worden. Das wollen wir an den folgenden Beispielen aus den drei romanischen Sprachen illustrieren:

(32) a. Où vas-tu? Je vais [FOKUS chez moi].
          ‚Wohin gehst du? Ich gehe zu mir (nach Hause).‘
     a'. Qu'est-ce que tu fais? Je [FOKUS vais chez moi].
          ‚Was machst du? Ich gehe zu mir (nach Hause).‘
     a''. Qu'est-ce qui se passe? [FOKUS Marie va chez elle].
          ‚Was passiert? Maria geht zu sich (nach Hause).‘

     b.   Dove vai? Vado [FOKUS a casa mia].
     b'. Cosa fai? [FOKUS Vado a casa mia].
     b''. Cosa succede? [FOKUS Maria va a casa sua].

     c.   ¿Adónde vas? Voy [FOKUS a mi casa].
     c'. ¿Qué haces? [FOKUS Voy a mi casa].
     c''. ¿Qué pasa? [FOKUS María va a su casa].

Für Hauptsätze hätten wir also die folgende Stuktur vorliegen:

(33)

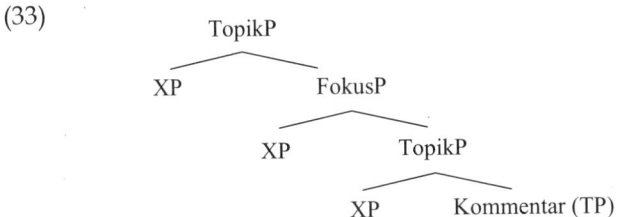

Wo finden nun unsere Komplementierer Platz? Sie drücken weder Topikali-
tät noch Fokus aus. Rizzi (1997) benennt diese funktionale Kategorie mit ForceP,
da Konjunktionen ausdrücken, ob es sich um einen Deklarativsatz (34a, a′, a′′),
einen Frage- oder Interrogativsatz (34b, b′, b′′) oder einen Adverbialsatz (34c, c′,
c′′) und dessen feine Semantik (temporal, lokal, kausal etc.) handelt. Die in Kapitel 6.5 behandelten Komplementierer wären dann also in der Kategorie Force
anzusetzen, die die höchste Kategorie in der Struktur der linken Peripherie darstellt, wie wir im Strukturbaum (35) zeigen.

(34) a.   Je pense que Marie a passé son examen.
          ‚Ich denke, dass Maria ihr Examen bestanden hat.‘

     b.   Je me demande si Marie a passé son examen.
          ‚Ich frage mich, ob Maria ihr Examen bestanden hat.‘

     c.   Mon père était soulagé parce que Marie a passé son examen.
          ‚Mein Vater war erleichtert, weil Maria ihr Examen bestanden hat.‘

     a′. (Io) penso che Maria abbia superato il suo esame.

     b′. (Io) mi chiedo se Maria abbia superato il suo esame.

     c′. Mio padre era sollevato perché Maria ha superato il suo esame.

     a′′. (Yo) pienso que María ha aprobado el examen.

     b′′. (Yo) me pregunto si María ha aprobado el examen.

     c′′. Mi padre estaba contento, porque María había aprobado el examen.

(35)

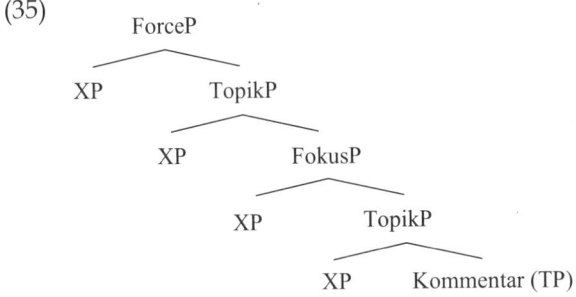

    In diesem Abschnitt haben wir am Beispiel des Aufbaus der linken Periphe-
rie gesehen, wie wichtig die Pragmatik für die Annahme bestimmter Kategorien
in der Syntax ist.

7.6   Aufgaben

Übung 1.

Geben Sie jeweils ein Beispiel aus dem Französischen, Italienischen oder Spanischen für die folgenden Sprachelemente:

1.   Personaldeixis
2.   Temporaldeixis
3.   Lokaldeixis

Übung 2.

Die folgende Graphik wurde aufgrund von spontansprachlichen Äußerungen von italienischen, französischen und deutschen einsprachigen Erwachsenen erstellt. Es handelt sich um die Objekte, d.h. die Graphik stellt dar, ob diese als Pronomen, als DP oder aber gar nicht sprachlich realisiert sind. Kommentieren Sie die Graphik und vergleichen Sie sie mit den Informationen, die Sie über die Subjekte in den dargestellten Sprachen erhalten haben. Wie könnte man den fehlenden Sprachenunterschied pragmatisch erklären?

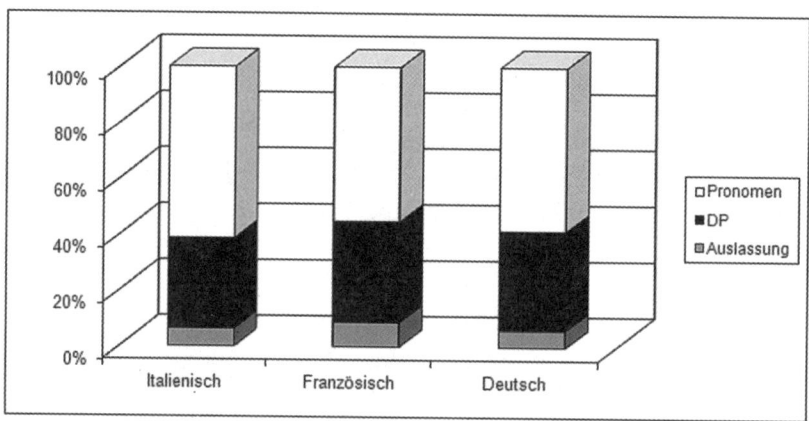

Übung 3.

Vielfach haben Forscher beobachtet, dass Spanisch-Sprecher, die in die USA eingewandert sind, nach ca. 6 Jahren regelmäßigem Kontakt mit dem Englischen beginnen, in ihrer Herkunftssprache häufiger die Subjekte zu realisieren als Sprecher im Heimatland. Gleichwohl bleibt die Null-Subjekt-Eigenschaft des Spanischen bestehen. Überlegen Sie, wie man das pragmatisch erklären könnte.

Übung 4.

Formulieren Sie für das Französische, Italienische oder Spanische jeweils ein Beispiel für jede Klasse der illokutionären Akte (Assertive, Direktive, Kommissive, Expressive, Deklarative).

7.7   Literatur

Auer, Peter (1998): Introduction: Bilingual conversation revisited. In: Auer, Peter (Hrsg.): *Code-switching in Conversation: Language, Interaction and Identity*. London: Routledge, S. 1-24.

Austin, John L. (1962): *How to do things with words*. Oxford: Clarendon Press.

Dietrich, Wolf/Geckeler, Horst (⁴2004): *Einführung in die spanische Sprachwissenschaft*. Berlin: Schmidt (Grundlagen der Romanistik).

Grice, Paul (1975): „*Logic and Conversation*". In: Cole, Peter/Morgan, Jerry (Hgg.): *Speech acts* (= Syntax and Semantics, 3), New York: Academic Press, S. 41-58.

Levinson, Stephen C. (1994): *Pragmatics*. Cambridge: Cambridge University Press (Cambridge Textbooks in Linguistics).

López, Luis (2003): „Steps for a well-adjusted dislocation". In: *Studia Linguistica* 57 (3), S. 193-231.

Meibauer, Jörg (²1999): *Pragmatik: Eine Einführung*. Tübingen: Stauffenburg (Stauffenburg Einführungen).

Moreau, Marie-Louise (1987): „L'ordre des constituants dans la production orale entre familiers. L'ordre des mots". In: *Travaux de linguistique* 14 (15), S. 47-65.

Patuto, Marisa (2011): *Der Erwerb des Subjekts in (Nicht-)Nullsubjektsprachen: Die Rolle des Spracheneinflusses und der Sprachdominanz bei bilingual deutsch-italienisch, deutsch-spanisch und französisch-italienisch aufwachsenden Kindern*. Doktorarbeit, Bergische Universität Wuppertal. In Vorbereitung.

Raposo, Eduardo (1998): „Definite/zero alternations in Portuguese: towards a unification of topic constructions". In: Schwegler, Armin/Tranel, Bernard/Uribe-Etxebarria, Myriam (Hgg.): *Romance Linguistics: Theoretical Perspectives*. Amsterdam: Benjamins, S. 197-212.

Schmitz, Katrin (2007): „L'interface syntaxe - pragmatique: Le sujet chez des enfants franco-allemands et italo-allemands". In: *AILE* 25, S. 9-43.

Schmitz, Katrin/Patuto, Marisa/Müller, Natascha (2011): „The null-subject parameter at the interface between syntax and pragmatics: Evidence from bilingual German-Italian, German-French and Italian-French children". Erscheint in: *First Language*. Vorabveröffentlichung in Online First [Stand: 10.05.2011], DOI 10.1177/ 0142723711403880.

Searle, John (1969): *Speech Acts. An Essay in the Philosophy of Language*. Cambridge: Cambridge University Press.

Serratrice, Ludovica/Sorace, Antonella (2003): „Overt and null subjects in monolingual and bilingual Italian acquisition". In: Beachley, Barbara/Brown, Amanda/Colin, Francis (Hgg.): *Proceedings of the 27ᵗʰ Boston University Conference on Child Language Development*. Somerville, MA: Cascadilla Press, S. 739-750.

Serratrice, Ludovica/Sorace, Antonella/Paoli, Sandra (2004): „Crosslinguistic influence at the syntax-pragmatics interface: Subjects and Objects in English-Italian bilingual and monolingual acquisition". In: *Bilingualism: Language and Cognition* n° 7 (3), S. 183-205.

Zibri-Hertz, Anne (1995): „Emphatic or reflexive? On the endophoric character of French *lui-même* and similar complex pronouns". In: *Journal of Linguistics* 31, S. 333-374.

8 Sprachwissenschaft und Literaturwissenschaft: Berührungspunkte

Eine rigorose Trennung zwischen den philologischen Teildisziplinen Sprachwissenschaft und Literaturwissenschaft hat es in der Fachgeschichte der Romanistik nie gegeben. Seit der Etablierung des Fachs im 19. Jahrhundert wurden diese beiden Dimensionen der Philologie (altgriech. *philología* ,Liebe zum Wort') enggeführt: Die literaturwissenschaftliche Theoriebildung berief sich auf Erkenntnisse der Linguistik, Sprachwissenschaftler setzten sich mit den Besonderheiten des Wortkunstwerks, des literarischen Texts, auseinander.[52]

Erst in den letzten Jahrzehnten haben die beiden Teildisziplinen aufgrund von jeweiliger Spezialisierung begonnen, sich auseinanderzuentwickeln. Dies ist aus internationaler Perspektive eher ein deutsches Phänomen. In vielen Ländern, insbesondere in der Romania, studiert man *eine* Philologie, d.h. eine Sprache, Literatur und Kultur: Französische Philologie, Spanische Philologie etc. Dies bedeutet im Grundstudium, dass beide Disziplinen erlernt und angewandt werden. Erst im Hauptstudium erfolgt die Spezialisierung zum Literaturwissenschaftler oder Linguisten. Die deutsche Romanistik ist ein Fach, in dem man mindestens zwei romanische Sprachen studiert und sich recht schnell für die eine oder andere Spezialisierung entscheiden kann. Doch die beiden Fächer sind fachgeschichtlich eng verbunden, und eine vertiefte Kenntnis der einen Disziplin erleichtert das Verständnis der anderen.

Bis heute gibt es wegweisende Versuche, die Erkenntnisse der Sprachwissenschaft für die literarische Analyse nutzbar zu machen.[53] Die Disziplinen sind eng miteinander verbunden. Auf den folgenden Seiten sollen diese Verknüpfungen und Konvergenzen von Sprachwissenschaft und Literaturwissenschaft nachvollzogen werden.

8.1 Poetik und Rhetorik

Als gelehrte Wege der Auseinandersetzung mit Texten erfuhren Poetik und Rhetorik bereits in der Antike ihre theoretische Ausformulierung. In einer chronolo-

---

[52] Borchmeyer (2005): „Der Potsdamer Romanist Ottmar Ette beschwört voller Stolz auf die eigene Fachtradition – der Namen wie Erich Auerbach, Ernst Robert Curtius oder Hugo Friedrich zugehören – die »Aufgabe der Philologie«, welche darin bestehe, Lebenswissen und »ÜberLebenswissen« zu vermitteln."

[53] Nur ein Beispiel hierfür ist die theoretische Arbeit von Jürgen Link, die von Studienanfängern gut nachvollzogen werden kann. Darüber hinaus ist das Werk von Bernd Spillner zu erwähnen, der nachdrücklich für eine stärker integrierte Analyse dieser Forschungsbereiche eingetreten ist.

gisch angelegten Darstellung der die Sprachwissenschaft und die Literaturwissenschaft verbindenden Bereiche steht die Rhetorik deshalb an erster Stelle. Das folgende Zitat stammt aus einer spanischsprachigen literaturwissenschaftlichen Einführung und verdeutlicht nicht nur die gemeinsamen Ursprünge unserer beiden Teildisziplinen, sondern macht auch deren lebensweltliche Verankerung deutlich:

> „[L]os **sofistas** (siglo V a.C.) eran profesores de Retórica cuyo objetivo era "decir las cosas bien" para persuadir al auditorio, sin que les importara la veracidad de los contenidos de sus discursos. Convencidos del poder que ejerce la palabra sobre los seres humanos, se dedicaron al estudio de la lengua — se les atribuye la invención de la **Gramática** — y a sus diferentes recursos expresivos: **el valor de los sonidos, las sílabas y el ritmo de las frases, la descripción de diversas combinaciones sintácticas, la importancia de la precisión en el uso de las palabras**..."
> ‚[D]ie Sofisten (5. Jh. v. Chr.) waren Gelehrte der Rhetorik, deren Ziel es war, „die Sachen gut zu sagen", um ihre Zuhörerschaft zu überzeugen, ohne dass ihnen der Gehalt ihrer Rede etwas bedeutete. Überzeugt von der Macht, die das Wort auf menschliche Wesen ausübt, widmeten sie sich dem Studium der Sprache — ihnen wird die Erfindung der **Grammatik** zugeschrieben — und den unterschiedlichen Ausdrucksmöglichkeiten: **die Lautwerte, die Silben und der Satzrhythmus, die Beschreibung verschiedenster syntaktischer Kombinationen, die Bedeutung der Genauigkeit im Gebrauch der Worte**...'
> (Hernández Guerrero (2005: 132); Hervorhebung: E.M.C.)

Weder die Fragen der Poetik, der Lehre von der Dichtkunst, noch der Rhetorik, der Lehre von der Redekunst, können ohne grundlegende Kenntnisse in Literaturwissenschaft oder Sprachwissenschaft verstanden werden. In der Antike galt das Fach der Grammatik als die Grundlage der Philologie. Erst die kunstvolle Anwendung rhetorischer Figuren garantierte eine gelungene Rede, erst die sensible sprachliche Fügung erzeugte ein Gedicht, das gelobt wurde, und erst die präzise sprachliche Form erlaubte die Freiheit des Inhalts.

Dies gilt bis heute. Schon in der Antike wurden sprachliche Fügungen des Literarischen beispielsweise in die Sphäre des Politischen übertragen. Politische Reden nutzen bis heute die Wirkungsmacht der sprachlichen Figuren. Das Gleiche gilt für die Sprache der Werbung. Worte haben Wirkung auf Menschen, und diese Wirkung analysieren und verstehen zu können, ist wesentliches Ziel einer philologischen Ausbildung. Literaturwissenschaft und Linguistik betrachten ähnliche Phänomene aus unterschiedlichen Perspektiven und mit unterschiedlichem theoretischem und analytischem Werkzeug. Das grundlegende Erkenntnisinteresse der beiden Disziplinen indes konvergiert: Es geht beiden Disziplinen um ein tieferes Verständnis von Sprache.

Zahlreiche wissenschaftliche Diskussionen machen deutlich, wie gerade Poetik und Rhetorik als aus der Antike stammende Teilbereiche die Berührungspunkte von Sprach- und Literaturwissenschaft deutlich werden lassen.

Unter dem Begriff der Poetik ist Verschiedenes zu verstehen. Zunächst ist dies der Titel eines der bedeutendsten Werke des griechischen Philosophen Aristoteles (384-322 v. Chr.). In diesem Werk hat Aristoteles unter anderem den Unterschied zwischen Literatur und Geschichtsschreibung dargelegt. Aus seiner Sicht ist die Literatur der Geschichtsschreibung gegenüber im Vorteil, da sie beschreibe, was sein könne, während die Geschichtsschreibung nur erläutere, was gewesen sei. Diese Ausrichtung auf das Mögliche, das der literarische Diskurs beschreibe, seine Fokussierung auf die kommenden Wirklichkeiten, machten für Aristoteles das Wortkunstwerk zu einem der privilegierten Bereiche, in denen der Mensch Erkenntnis erreichen könne. Später hat sich der Begriff der Poetik in seiner Bedeutung verengt auf Bücher, die ein ‚richtiges' dichterisches Schreiben propagierten. Sogenannte ‚Regelpoetiken' hielten fest, wie ein Text aufgebaut und sprachlich geformt sein sollte, um der jeweiligen Ästhetik zu genügen.

Die Rhetorik entstand im 5. Jahrhundert vor unserer Zeitrechnung. Wiederum war es Aristoteles, der die Lehre von der Rede theoretisch ausgearbeitet hat und als Aufgabe der Rhetorik nicht die Überredungskunst, sondern die Erkundung verstand, was an jeder Sache als glaubwürdig zu erachten sei. Aristoteles betonte, dass es die Rhetorik den Menschen ermögliche, strittige Sachverhalte im Für und Wider der Argumente zur Entscheidung zu bringen.

Die Kunst des Textkommentars (frz. *critique littéraire*, it. *critica letteraria*, sp. *crítica literaria*) hat also ihre Wurzeln in der Antike und schöpft aus den Einsichten der Poetik und der Rhetorik. Galt diese Lehre zunächst dem Ziel, den Schülern die klassischen Texte näherzubringen, und hatte deswegen eher die Form einer Interpretation durch den Lehrer, die der Schüler dann resümieren musste, ist der Textkommentar heute das wesentliche analytische Vorgehen der Literaturwissenschaft. Fernando Lázaro Carreter (1994) hat als Ziele eines Textkommentars benannt, dass nicht nur präzise dargelegt werden müsse, was der Text sage, sondern auch beschrieben werden muss, wie der Text gestaltet ist. Ein Textkommentar ist also kein bloßes Resümee des Textes, sondern gelingt am besten, wenn man ihn so verfasst, dass jemand, der den Text nicht gelesen hat, nicht nur versteht, wovon der Text handelt, sondern auch, wie er literarisch gestaltet ist. Dabei sollte man der folgenden logischen Ordnung folgen: Nach einer aufmerksamen Lektüre des Textes werden Verortung, Themen und Struktur beschrieben, sodann Form und sprachliche Gestalt analysiert.

Um die Spezifik eines je gegebenen Texts zu verstehen, ist eine Kombination von linguistischen und literarischen Kenntnissen notwendig. Erst in dieser doppelten Perspektivierung kann die gesamte Komplexität eines Textes erfasst werden. Je tiefer unsere literaturwissenschaftlichen und linguistischen Kenntnisse, desto besser sind wir in der Lage, einen Text zu entziffern und seine Komplexität zu erfassen. Ist unser linguistisches und sprachliches Wissen sehr groß, wird der Textkommentar präzise und intersubjektiv nachvollziehbar. Dies gilt auch für die Linguistik: Beispielsweise wird eine semantische Analyse erst ihre volle Macht entfalten, wenn man die Rhetorisierung eines Textes oder einer sprachlichen Aussage erkennen und interpretieren kann. Aus linguistischer Sicht kann man die rhetorische Ausarbeitung als eine Abweichung von der sprachlichen Norm verstehen, die bestimmte Effekte erzielen soll. So ist eine Kenntnis des rhetorischen Systems der Figuren und Tropen wesentlich, um sprachliche Muster erkennen und deuten zu können.

Es existiert eine große Bandbreite in der strukturierten Darstellung rhetorischer Figuren, wir folgen der Klassifikation von García Barrientos (2000: 11), der vier Kategorien benennt:

> „*fonológicas, gramaticales y semánticas,* según el plano del enunciado lingüístico inmediantamente manipulado, y *pragmáticas,* que afectan a la enunciación, es decir, que implican otros componentes de la situación comunicativa."
> ‚phonologische, grammatische und semantische, entsprechend der Ebene der sprachlichen Äußerung, derer man sich bedienen soll, und pragmatische [Kategorien, E. M. C.], die das Gesagte beeinflussen, d.h. die anderen Komponenten der Kommunikationssituation mit einschließen.'

Diese grundsätzlichen Formen rhetorischer Figuren werden nach Quintilian in vier Änderungskategorien (lat. QUADRIPARTITA RATIO) eingeteilt, in

- Figuren der Hinzufügung (wie Anapher und Epipher),
- Figuren der Auslassung (wie Zeugma und Ellipse),
- Figuren der Umstellung (wie Parallelismus oder Hyperbaton) und
- Figuren der Ersetzung (wie Antonomasie).

Eine an Beispielen reiche systematische Übersicht der rhetorischen Figuren findet sich bei García Barriento (2000), die an Vollständigkeit kaum übertroffen wird. Für die französische Literatur bietet Klinkert (2008) eine Übersicht und weitere Literaturhinweise, für die italienische Literatur ist Grewe (2009) zu empfehlen.

Curtius (1948) hat den Anstoß zu einer neuerlichen Beschäftigung mit dem Topos, einem Begriff der klassischen Rhetorik, gegeben.

> 📖 **Topos** (von griech. *topos*) bedeutet ‚Ort' und meint im Kontext der Rhetorik ein vorgeprägtes Bild oder Motiv.

Mittels einer Toposanalyse kann herausgearbeitet werden, wie in literarischen Texten, aber auch in politischen Reden oder anderen Diskursformationen, Topoi und zugehörige Argumentationsstrukturen verwendet werden. Für den Romanisten Curtius war dieses Vorgehen ein Weg der wissenschaftlich angemessenen Annäherung an den Text. So hielt er im Vorwort zur zweiten Auflage seines Buches über die Europäische Literatur fest:

> „Um meine Leser zu überzeugen, mußte ich die wissenschaftliche Technik anwenden, die das Fundament aller Geschichtsforschung ist: die Philologie. Sie bedeutet für die Geisteswissenschaften dasselbe wie die Mathematik für die Naturwissenschaften. [...] Ich habe versucht, sie mit derselben Präzision und Stringenz zu handhaben wie die Naturwissenschaften ihre Methoden handhaben. Die Geometrie demonstriert an Figuren, die Philologie an Texten. Die Mathematik darf sich mit Recht ihrer Exaktheit rühmen. Aber auch die Philologie ist der Strenge fähig. Sie muß Ergebnisse liefern, die verifizierbar sind."

8.2   Literatur und Fragen der Sprachwissenschaft

In den ersten Jahrzehnten des 20. Jahrhunderts stellten sich intellektuelle Fragen über Sprache und den literarischen Text, von denen wir bis heute in Fragen der Literaturtheorie und der Verknüpfung von Sprach- und Literaturwissenschaft profitieren können. Dazu gehörte unter anderem der sogenannte Kreis der ‚Russischen Formalisten‘. Die Sprach- und Literaturwissenschaftler aus diesem Kreis wollten neue Grundlagen für die beiden Disziplinen als wissenschaftliche Disziplinen schaffen. Dies schloss eine nahezu isolierende Betrachtung von Sprache und sprachlichem Kunstwerk ein. Zu diesen Intellektuellen zählte der Prager Linguist Roman Jakobson, der versucht hat, in seinem bedeutenden Aufsatz „Linguistik und Poetik" die Funktionen von Sprache zu systematisieren. Aus der Sicht von Jakobson waren in einer sprachlichen Kommunikation jeweils sechs Bereiche enthalten. Je nachdem, was im Mittelpunkt einer sprachlichen Handlung stand, unterschied Jakobson sechs verschiedene Funktionen von Sprache:

- Steht der Gegenstand im Mittelpunkt der Kommunikation, steht die referentielle Funktion im Vordergrund.
- Steht die Nachricht, also was wie gesagt wird, im Vordergrund, dann dominiert die sogenannte poetische Funktion.
- Dominiert der Sender einer sprachlichen Nachricht, ist die Funktion emotiv.
- Steht der sprachliche Kontakt im Mittelpunkt, dominiert die phatische Funktion (griech. *phatós* ‚gesagt‘).
- Der Empfänger wird über die konative Funktion (lat. CONATIO ‚das Bemühtsein, Anstrengung‘) beeinflusst.
- Geht es in der sprachlichen Nachricht um den Code, steht die metasprachliche Funktion im Mittelpunkt.

Im Bereich des literarischen Texts interessiert uns vor allem die von Jakobson als poetisch beschriebene Funktion. Hier geht es um die Art und Weise, um die sprachliche Verfasstheit von Texten. Um eine Interpretation des Inhalts zu erreichen, ist zuvor eine präzise Analyse der sprachlichen Form notwendig. Der literarische Text unterscheidet sich also auch von der gesprochenen Sprache durch bestimmte Merkmale wie die unterschiedliche sprachliche Ausformung der Nachricht (vgl. Pomino/Zepp 2008: 196f.).

Ein Beispiel ist der Roman *Ganas de hablar* von Eduardo Mendicutti (2008). Der Erzähler ist so konstruiert, dass er das Spanische in einer sehr spezifischen Art und Weise benutzt. Erst wenn wir in der Lage sind, die Varietäten des Spanischen zu unterscheiden, können wir bemerken, dass der Erzähler ein dialektal geprägtes Spanisch verwendet. Auf diese Weise werden in diesem literarischen Text Herkunft und Zugehörigkeit des Erzählers verdeutlicht, ohne diese explizit benennen zu müssen (vgl. Kapitel 1.5). Erst wenn wir die dialektale Prägung des Andalusischen in diesem Roman erkennen, verstehen und analysieren, kann unsere Interpretation des Textes den spezifischen Erzählerdiskurs erfassen. Ohne diese Fähigkeit blieben uns die für die Bedeutung des Romans wesentlichen Dimensionen der Ironie und des Humors verschlossen, und unsere Interpretation bliebe nur an der Oberfläche des Texts. Der Monolog des Ich-Erzählers in diesem Text geht über 306 Seiten und erschließt so über die Perspektive eines Individuums die kollektive Geschichte Spaniens vom Bürgerkrieg über die bleierne Zeit der Franco-Diktatur hin zur gegenwärtigen Lage Spaniens. Durch diese besondere Erzählform wird der Leser in die Position des Gegenübers, in den Worten Jakobsons: in die Rolle des Empfängers der Nachrichten versetzt. Die Erzählform erzeugt einen Dialog, der nicht leicht zu ertragen ist, denn die Konfrontation mit der Vergangenheit und der Gegenwart ist entsprechend unmittelbar. Die Erschießungen während des Bürgerkriegs, die in Massengräbern verscharrten Opfer, die erst vor einigen Jahren bei Bauvorhaben an das Licht der Öffentlichkeit gelangten, die Repressionen während der Diktatur, Gewalt, Radikalismus und Homophobie im 20. Jahrhundert — all dies wird dem Leser als virtuellem Gegenüber des Ich-Erzählers verdeutlicht. Mit der Wahl seiner Hauptfigur — der homosexuelle Ich-Erzähler des Romans arbeitet in einem Nagelstudio — öffnet der Autor ein Fenster in eine Welt, die auch im Spanien der letzten 35 Jahre nicht immer eine Stimme hatte. Das Buch trägt den Titel *Ganas de hablar* — *Lust zum Reden* — die Intention des Autors, eine bislang ungehörte Welt sichtbar und verstehbar zu machen, ist bereits im Titel enthalten. Mit den Mitteln der Soziolinguistik könnten diese Beobachtungen wesentlich vertieft werden.

Aus diesem Grunde haben wir beispielhaft drei Passagen dieses Romans ausgewählt, um zu verdeutlichen, wie wesentlich die Kombination von literarischem und linguistischem Wissen bei der Textanalyse ist.

In der ersten Passage spricht der Ich-Erzähler und verwendet im andalusischen Dialekt einige Wörter, die englisch klingen und nicht zum Spanischen gehören. Der Erzähler kann kein Wort Englisch, doch diese Einsprengsel markieren einen mündlichen Diskurs, den zu erzeugen aus unserer Sicht eine der Intentionen des Autors war. Die in jeder Sprache sehr spürbare Grenze zwischen mündlichem Diskurs und Schriftsprache wird intendiert überschritten, ja nahezu unsichtbar. Es geht dem Autor darum, die Sprache der Hauptfigur spürbar zu machen:

> „Que no tiene importancia. Me va a decir a mí ese chiquilicuatro lo que tiene o lo que no tiene importancia. Lo que pasa es que a él le han tocado otros tiempos. Pueden ya casarse y todo, qué alegría. Ahora se llaman **gais** o **gueis** o como se diga, ahora es otra cosa." (Mendicutti 2008: 34)

Eine Analyse dieses Ausschnitts mittels der Einsichten der Pragmatik (vgl. Kapitel 7) würde wichtige Fragen an den Text bereitstellen: Warum spricht der Erzähler ausschließlich in der ersten Person? Welche Bedeutung hat der Dialekt? Warum alterniert der Erzähler zwischen maskulinen und femininen grammatischen Konstellationen? Ohne diese pragmatischen Fragestellungen bliebe unsere Lektüre des Textes defizient.

Auch das zweite Beispiel enthält die bereits oben identifizierten Wörter, die das Englische evozieren. Ein weiteres dialektales Phänomen wird sichtbar: Es findet sich das augmentative Suffix[54] -azo als Merkmal des Andalusischen:

> „Un éxito, ¿por qué?, a ver, ¿por qué un éxito? ¿Un **exitazo**? ¿Eso te crees tú, Adrián? ¿Un exitazo por lo de visitas que he tenido en mi página **güeb**? A ver, ¿cuántas visitas dices que he tenido? Casi quinientas." (Mendicutti 2008: 176)

In der letzten Passage wird der selbstironische Gebrauch von Fremdwörtern noch deutlicher. Auch die Wiederholung *„no me digas, no me digas"* und der mehrfache Diminutiv entsprechen einer mündlichen Sprechsituation.

> „No me digas que no sabes la historia de Rosarito la Coquinera, Palomi, no me digas que no la sabes. Es muy **jevi** la historia de Rosarito. Sí, hija, no te rías, muy jevi, el niño de la Batea lo dice todo el tiempo, cuando no dice que algo es muy fuerte dice que algo es muy jevi, muy jevi es muy fuerte en inglés, por lo visto. Pues la historia de Rosarito es muy jevi." (Mendicutti 2008: 111)

Selbstverständlich ist dies nur ein Beispiel für eine ganze Anzahl von Romanen. Ganz grundsätzlich gehört zu literarischen Interpretationen eine pragmatische und soziolinguistische Analyse der Rede der Erzählfiguren. Unterschiedliche Sprachformen gehören ganz wesentlich zum literarischen Text, und eine angemessene Interpretation muss in der Lage sein, diese genau voneinander zu unterscheiden. Sprache markiert Figuren, sei es im Roman, sei es in dramatischen Texten, sei es das lyrische Ich im Gedicht. In der Analyse sind Soziolekte ebenso präzise voneinander zu unterscheiden und auf die Bedeutung des Textes zu beziehen wie kulturelle Codes. Diese Unterscheidung ist eng mit der Spezifik des literarischen Texts verbunden: Der literarische Diskurs ist jenseits von Herkunft und Zugehörigkeit von Autor und Leser verstehbar. Die sehr populären und bekannten Romane der französischen Autorin Fred Vargas, die den Kriminalbeamten Kommissar Adamsberg als Hauptfigur haben, werden auch von Nichtfranzösinnen und -franzosen verstanden. Die Texte transportieren ein Bild der französischen Gesellschaft, das zugleich sowohl national spezifisch als auch universal verständlich ist. Der Text wird für uns verstehbar, weil wir in der Lage sind, die Figurenrede als sprachliche Verfasstheit einer bestimmten Situation zu verstehen und zu analysieren.

In diesem Zusammenhang kann gezeigt werden, wie erhellend eine sprachwissenschaftliche Analyse für literaturwissenschaftliche Fragestellungen sein kann: So ging Krassin (1994: 17) im Rahmen ihrer Arbeit zu Phänomenen des gesprochenen Französisch auf die Arbeit von Tanzmeister (1985) ein. Dabei handelte es sich um eine Untersuchung der Sprache in Kriminalromanen des 20. Jahrhunderts. Hier wurde der sogenannte *ne*-Ausfall untersucht, der bereits in Kapitel

---

[54]   Augmentative Suffix dienen der Vergrößerung oder Verstärkung, vgl. frz. *-on* (*caisse* ‚Kasten' → *caisson* ‚Kastenwagen'), it. *-one* (*minestra* ‚Suppe' → *minestrone* ‚Minestrone; dicke Suppe'), sp. *-ón* (*hombre* ‚Mann' → *hombrón* ‚dicker, großer Mann').

1 vorgestellt wurde. Die linguistische Analyse zeigte, dass in den dialogischen Anteilen der Romane zum Teil bis zu 70% *ne*-Auslassungen zu verzeichnen sind. Hieraus wird die Bestrebung der Autoren ersichtlich, von der Schriftnorm abzuweichen und gesprochene Sprache möglichst authentisch wiederzugeben. Die Untersuchung kam weiterhin zu dem Ergebnis, dass ein wesentlicher Unterschied hinsichtlich des *ne*-Ausfalls in dialogischen und narrativen Anteilen der Romane zu beobachten ist.

So ist ein präziser linguistischer Blick auf die sprachlichen Figurationen eines literarischen Textes ein wichtiger Baustein von Textverständnis. Dies soll auch kurz an einem anderen Beispiel verdeutlicht werden. Michel Houellebecq gehört zu den bedeutendsten, aber auch den umstrittensten Schriftstellern der zeitgenössischen französischen Literatur. Für seinen letzten Roman *La Carte et le Territoire* wurde er mit dem Prix Goncourt ausgezeichnet. Seine Texte sind präzise Bestandsaufnahmen der kulturellen Verwerfungen unserer Gegenwart, und ihre zuweilen schmerzlich genauen Analysen schöpfen ihre Wucht aus einer sehr genauen Wiedergabe des gesprochenen Französisch. Wie dies zustande kommt, könnte man beispielsweise an dem bislang kaum untersuchten Gebrauch der Pronomina *ça* und *cela* nachvollziehen. Krassin (1994: 119) führte aus, dass *ça* sowohl in den narrativen als auch in den dialogischen Anteilen von Romanen aus dem 20. Jahrhundert überwog. Dennoch wurde in der Studie von Glatigny (1967: 42) darauf verwiesen, dass die Wahrscheinlichkeit des Gebrauchs von *cela* in narrativen Anteilen von Romanen zunimmt. Julia Müller hat 2003 eine empirische Untersuchung zum Gebrauch der beiden Pronomina in gesprochener und geschriebener Sprache durchgeführt. Für die gesprochene Sprache griff die Verfasserin auf Daten aus der WuBiG Studie zurück (das vierte Lebensjahr wurde analysiert). Für die geschriebene Sprache dienen zwei Romane des zeitgenössischen Schriftstellers Michel Houellebecq. In der Kindersprache stehen 1.445 Verwendungen von *ça* null Belegen von *cela* gegenüber. Im Roman *Les particules élémentaires* überwiegt *cela* (72%) in den narrativen Teilen und *ça* (76%) in den dialogischen Teilen. Im Roman *Plateforme* ist die Verteilung von *ça* im Erzähl- (43%) und Dialogteil (57%) weitestgehend ausgewogen; *cela* findet sich jedoch auch in diesem Roman viel häufiger (86%) in den Erzählpassagen. Welchen Figuren in den Romanen welche Sprachstile ‚in den Mund gelegt werden‘, wäre eine interessante Untersuchung, die aber den Rahmen unserer Einführung sprengen würde.

Der Romanist Leo Spitzer hat mit seinem literaturwissenschaftliche und linguistische Ansätze verbindenden Werk wichtige Vorarbeiten für einen Bereich geleistet, der uns heute als Stilanalyse vertraut ist. Er veröffentlichte zunächst Studien über romanische Syntax und Stilistik. Leo Spitzer war Professor an der Universität zu Köln, wurde aber von den Nationalsozialisten zur Emigration gezwungen und veröffentlichte in englischer Sprache im Jahre 1948 in Princeton die Studie *Linguistics and Literary History. Essays in Stilistics.* Spitzer versuchte, linguistische und literaturwissenschaftliche Interpretationsweisen hermeneutisch reflektiert zu verbinden.

   📖 Der Begriff **Hermeneutik** ist von dem griechischen Verb *hermēneuein* abgeleitet, das ‚auslegen‘, ‚erklären‘ oder ‚übersetzen‘ bedeutet, und bezeichnet den Prozess des Textverstehens.

Im Anschluss daran entstand die Stilanalyse. Spillner (1974) hat darauf hingewiesen, dass es keine einheitliche Definition von Stil gibt. Die Begriffe Stiltheorie, Stilforschung und Stilanalyse sollten nicht mit der häufig gebrauchten Bezeichnung Stilistik verwechselt werden.

   📖 Der Begriff **Stil** bezieht sich auf die Umsetzung außersprachlicher Voraussetzungen in der Textoberfläche. Stil konstituiert sich im Kommunikationsprozess, der Begriff bündelt die Gesamtheit der in einem Text verwendeten Stilelemente in ihrem Zusammenwirken.

Die Stiltheorie klärt nicht nur den Begriff, sondern versucht die theoretischen Grundlagen der Arbeit mit dem Begriff zu legen. Stilelemente können zum Beispiel individuelle Formen der Verwendung von Tempus oder Modus sein, eine spezifische Wortwahl oder Anordnung von Wörtern, aber auch Schreibweisen wie konsequente Kleinschreibung oder syntaktische Eigenarten. Die Stilanalyse kann mit Ergebnissen der Textlinguistik verknüpft werden.

   📖 Die **Textlinguistik** fragt aus sprachwissenschaftlicher Perspektive nach den Regeln, die Texte zusammenhalten, und nach den Wegen, wie sich die sprachlichen Bezüge zwischen einzelnen Textelementen beschreiben lassen.

Dabei lassen sich zum Beispiel Formen von Kohärenz und Kohäsion für den Textzusammenhang unterscheiden. Beaugrande/Dressler (1981: 8, Fn. 8) setzen Kohärenz mit dem Sinn eines Textes gleich, „als tatsächlich durch Textausdrücke aktiviertes Wissen". Der Begriff der Kohäsion zielt auf die semantisch-syntaktische Verbindung von Sätzen in einem Text:

> „Coherencia y cohesión se refieren, en realidad, a lo que la retórica clásica denominó *res* o asunto y *verba* o expresión y que hacía igualmente referencia al hecho insoslayable de que cualquier discurso comunica un contenido que debe estar adecuadamente planificado y estructurado pero que ese contenido se sostiene sobre un complejo entramado de relaciones lingüísticas-gramaticales que es necesario conocer para conseguir los resultados perseguidos. Como res y verba, coherencia y cohesión son dos aspectos inseparables del discurso." (Marimón Lorca 2008: 51f.)

   📖 Unter **Kohärenz** ist der inhaltliche Zusammenhang eines Textes zu verstehen, d.h. seine grundlegende logische Anordnung. **Kohäsion** bezeichnet den durch die sprachliche Form entstehenden Zusammenhang von Texten.[55]

Man kann sich den Unterschied zwischen diesen beiden Begriffen gut einprägen, wenn man Kohärenz als bezogen auf die innere und Kohäsion als bezogen auf die äußere Gestalt eines Textes oder einer mündlichen Aussage versteht. Wenn ein Text zum Beispiel konsequent in einem bestimmten Tempus geschrieben ist, dann ist dies ein Kohäsionsphänomen, kausale Strukturen eines Textes sind Kohärenzphänomene.

In der Textanalyse entsprechen die Begriffe sp. *campo* (Feld: Kontext, Thema), *modo* (Modus: Kommunikationsmedium) und *tenor*[56] (Tenor: Stil des Diskurses) den Fragen der Textlinguistik, wenn es um die sprachliche Formation eines Textes geht. Dies schließt sich an soziolinguistische Forschungen zu Register, Gesprächstyp und Gattung von Halliday (1978), Eggins (1994), Eggins/Martin (2000) an.[57]

Auch die Translatologie, die Wissenschaft vom Dolmetschen und Übersetzen, hat als ein Bereich der angewandten Sprachwissenschaft wesentliche Impulse für die Textanalyse, aber auch die Rezeptionsforschung gegeben.[58] Hierfür sind die rhetorischen Kategorien des *aptum* oder *decorum* wesentlich. Mit diesen Prinzipien ist die möglichst wirkungsmächtige Anordnung der einzelnen Bereiche eines Textes gemeint. Ein Redner wird seine Rede und ein Autor seinen Text stets in einer Weise zu komponieren versuchen, dass die verschiedenen Teile ein möglichst harmonisches Ganzes entstehen lassen. Diese Idealvorstellung ist seit der antiken Rhetorik in bestimmte Regeln überführt worden, wie ein möglichst gelungener Text entstehen soll. So sollten Inhalt und Ausdruck eines Textes einander möglichst ebenso entsprechen wie der Anlass einer Rede bzw. eines Textes seinem Gegenstand. Marimón Lorca (2008: 156f.) hat diese inhaltlich-sprachliche Adäquation wie folgt definiert:

> „[U]n concepto de larga tradición dentro de la retórica, disciplina del discurso que puede considerarse un referente importante para cualquier aspecto del estudio del texto. La idea de *aptum, decorum* o adecuación forma parte de la tradición retórica desde sus orígenes y está relacionado con la necesidad de adaptar todos los as-

---

55 Definitionen in Anlehnung an Martín Peris (2008: 88ff.).

56 „El campo del discurso: se refiere al contexto en que se hace uso de la lengua y depende del tema tratado (discusión científica, vida cotidiana) y de la actividad cotidiana que desarrollan el hablante y sus interlocutores (por ejemplo, labores domésticas, seminario académico). El modo de discurso: se refiere al canal de comunicación, al medio o *modo* en el que produce la actividad lingüística, incluyendo la distinción primaria entre lengua hablada y escrita. El tenor o estilo del discurso: se refiero al tipo de relación que existe entre los participantes en un proceso comunicativo; a este respecto, la distinción primaria y fundamental es la de *estilo educado* y *estilo coloquial*." (Moreno Fernández 2005: 99)

57 Vgl. die detaillierte Darstellung der Registertheorie von Marimón Lorca (2008: 160f.).

58 Vgl. hierzu Hurtado Albir (2001: 25-49) mit weiterführenden Informationen über den Zusammenhang von Translatologie, angewandter Sprachwissenschaft und Literaturwissenschaft.

pectos y etapas de la construcción textual entre sí y, a su vez, con el propio hablante, con los destinatarios de la situación de comunicación."
‚[E]in Konzept mit einer langen Tradition in der Rhetorik, der Lehre von der Rede,
die als wesentlicher Bezugspunkt für jedweden Aspekt der Textinterpretation angesehen werden kann. Das Konzept des *aptum, decorum* oder deren Entsprechungen
gehört zur rhetorischen Tradition seit ihren Ursprüngen und ist mit der Notwen-
digkeit verknüpft, alle Aspekte und Schritte der Erschaffung eines Textes miteinander in Beziehung zu setzen, ebenso wie mit dem Sprecher selbst und mit den Adressaten der Kommunikationssituation.'

Der Begriff des *aptum* evoziert auch den sozialen Gebrauch von Sprache in
einem Text, die situationsgerechte Sprachverwendung (Eggins/Martin 2000: 340).
Ob wir als Hörer einer Rede oder als Leser eines Textes das Vorgefundene als
glaubwürdig oder angemessen erachten, entscheidet sich angesichts der internen
dialogischen Struktur. Der russische Literatur- und Kunsttheoretiker Michail
Bachtin hat versucht, dieses Moment der Begegnung von innerer Stimmigkeit eines Textes und den Wortwelten des Lesers mit dem Begriff der Dialogizität zu
fassen. Bachtin hat stets darauf verwiesen, dass Sprache eng mit der gesellschaftlichen Realität verknüpft ist und so bereits sprachintern verschiedene Dimensionen des Wortes zugleich präsent sind. Für Bachtin war jede sprachliche Äußerung Teil eines dynamischen Prozesses, der als Sprechakt auf Wirkung gerichtet
ist und zur Gegenrede auffordert.

Die Literaturtheoretikerin Julia Kristeva hat 1967 auf der Grundlage von
Bachtins Überlegungen zur Dialogizität das Konzept der Intertextualität entfaltet.
Sie beschreibt Bachtins Errungenschaft wie folgt:

> „Bachtin gehört zu den ersten, die die statische Zerlegung der Texte durch ein Mo-
> dell ersetzen, in dem literarische Struktur nicht ist, sondern sich erst aus der Be-
> ziehung zu einer anderen Struktur herstellt. Diese Dynamisierung des Struktura-
> lismus wird erst durch eine Auffassung möglich, nach der das „literarische Wort"
> nicht ein Punkt [nicht ein feststehender Sinn] ist, sondern eine Überlagerung von
> Text-Ebenen, ein Dialog verschiedener Schreibweisen: der des Schriftstellers, der
> des Adressaten [oder auch der Person], des gegenwärtigen oder vorangegangenen
> Kontextes." (Kristeva 1972: 346)

Die weiter oben gegebenen Ausschnitte aus dem Roman *Ganas de hablar* machen
deutlich, wie wesentlich diese Einsichten für eine angemessene Lektüre von literarischen Texten sein können. Die Soziolinguistik versteht die Sprache als eine
Form sozialen Handelns und untersucht folglich die sozialen Bedingungen von
Sprachtätigkeit und Sprachvariationen. Ein berühmter Satz aus den siebziger Jahren fasst das grundlegende Erkenntnisinteresse der Soziolinguistik wie folgt zusammen: „Wer spricht was und wie mit wem in welcher Sprache und unter welchen sozialen Umständen mit welchen Absichten und Konsequenzen?" (Fishman
1972: 15). Ebenso wie ein Sprecher wählt der Autor eines literarischen Textes die
den bestimmenden Faktoren gemäße Sprachvarietät aus. Diese Auswahl kann auf
allen Ebenen zwischen Stil, Register, Dialekt und Sprache erfolgen. Francisco Mo-

reno (2008) hat die Bedeutung des *aptum* anhand des Schriftstellers Ignacio de Luzán[59] — *Arte de hablar*, 1723-1736 — verdeutlicht:

> „Es menester, pues, al hablar de modo apropiado a las circunstancias. Los retóricos incluyen todas las circunstancias de una acción a este verso: *quis, qui, ubi, quibus auxiliis, cur, quomodo, quando.*" (zitiert nach: Moreno Fernández 2005: 98)
> ‚Es ist erforderlich, in einem den Umständen entsprechenden Modus zu sprechen. Die Rhetoriker schließen alle Bedingungen einer Handlung in diesen Vers mit ein: wer, was, wo, mit welchen Mitteln, warum, wie und wann.'

Diese gerade dargestellten Zugriffe auf Sprache und Text erhalten im Kontext von Literatur und neuen Medien noch einmal eine besondere Bedeutung. Wer Sprache als ein Medium versteht, wird gerade angesichts der elektronischen Medien anerkennen, dass jedes Medium über seine technischen Eigenschaften spezifische Form- und Inhaltsveränderungen mit sich bringt. Die interaktiven, computergestützten Medien haben eine große Verbreitung und sind zuweilen durchaus anspruchsvoll und herausfordernd, gerade im Bezug auf Literaturproduktion und deren Rezeption.[60] Im Kontext dieser Einführung sei nur ein Beispiel aus der zeitgenössischen spanischen Literatur genannt, der Roman *El blog del inquisidor* des Schriftstellers Lorenzo Silva. In diesem Roman stößt die Hauptfigur im Internet auf einen ‚Blog des Inquisitors', in dem der Autor von einem Inquisitionsprozess des 17. Jahrhunderts berichtet. Lorenzo Silva nutzt die neuen Kommunikationsmedien in diesem Text zu einer Reflexion über die Grenzen und Möglichkeiten des Schreibens:

> „Ocurrió una tarde, cuando menos lo esperaba: después de comer, mientras navegaba sin rumbo por distraer el sopor. Tenía el programa de mensajería instantánea abierto, y de pronto se desplegó sobre la pantalla el cuadro que me avisaba de que alguien quería añadirme a su lista de contacto. Leí su alias: <<DseRRaNo>>. [...] Lo que sigue es, transcrita tal cual, la conversación, el 17 de julio de 2007*
>
> *En el blog, las transcripciones de chat son literales, y fieles, por tanto, a la discontinuidad del discurso característica de esta forma de diálogo, con numerosas intervenciones consecutivas del mismo interlocutor cuando se extiende más de lo corriente sobre alguna cuestión. Para mayor comodidad del lector, se ha optado aquí por unificarlas, de manera que el cambio de párrafo supone, que cambia, también, la persona que está hablando. También se ha subsanado las erratas notorias y la incoherencia en la sintaxis, allí donde procedía. (N. del e./t.)." (Silva 2008: 59f.)

---

[59] Ignacio de Luzán (1702-1754) war ein spanischer Dichter, der wesentlich zur Entfaltung des Neoklassizismus in der spanischen Literatur beigetragen hat. Hierfür war seine Regelpoetik von großer Bedeutung, die 1737 unter dem Titel *La Poética o reglas de la poesía en general y de sus principales especies* publiziert wurde.

[60] Ein anderes Beispiel für jene Verknüpfung von neuen Medien und Literatur ist im Bereich der spanischen Literatur der Roman *El arte de perder* von Lola Beccaria (2009). Die Autorin ist Sprachwissenschaftlerin und Mitglied der Real Academia Española und hat in ihrem Roman die neuen Formate des Schreibens wie Chat und Blog gewürdigt.

Dieses Phänomen betrifft selbstverständlich nicht nur die zeitgenössische spanische Literatur, sondern findet sich in allen Literaturen der globalisierten Welt. Die neuen Medien haben die sprachlichen Ausdrucksformen in syntaktischer und lexikalischer Hinsicht erweitert, entsprechend hat das Instituto Cervantes den neuen Medien in seinem Manual *Saber escribir* (2006) ein ganzes Kapitel gewidmet, in dem sich die vornehmlichen Charakteristika dargestellt finden.

8.3   Aufgaben

Übung 1.

Unterscheiden Sie die Begriffe *Rhetorik* und *Poetik*. Legen Sie dar, ob aus Ihrer Sicht die Rhetorik heutzutage die gleiche Bedeutung hat wie in der Antike. Erläutern Sie, welche Funktion der Rhetorik im 21. Jahrhundert zukommt.

Übung 2.

Recherchieren Sie in der Einführung *Literaturwissenschaftliche Grundbegriffe* von Jürgen Link (1996) nach dem Begriff *Textlinguistik* und versuchen Sie das Erkenntnisinteresse dieses Zugriffs in eigenen Worten zu erklären.

Übung 3.

Versuchen Sie, in den folgenden Textausschnitten den jeweiligen Texttyp zu bestimmen (wissenschaftlich-technischer Text, Text des administrativen und juristischen Bereichs, geisteswissenschaftlicher Text, journalistischer Text, literarischer Text oder umgangssprachlicher Text).

a. Französisch

Beispiel 1: Les quatre haveurs venaient de s´allonger les uns au-dessus des autres, sur toute la montée du front de taille. Séparés par les planches à crochets qui retenaient le charbon abattu, ils occupaient chacun quatre mètres environ de la veine; et cette veine était si mince, épaisse à peine en cet endroit de cinquante centimètres, qu´ils se trouvaient là comme aplatis entre le toit et le mur, se traînant des genoux et des coudes, ne pouvant se retourner sans se meurtrir les épaules. Ils devaient, pour attaquer la houille, rester couchés sur le flanc, le cou tordu, les bras levés et brandissant de biais le rivelaine, le pic à manche court. (Emilie Zola: *Germinal*)

Beispiel 2: La Constitution du 4 octobre 1958 est le texte fondateur de la Vᵉ République. Adoptée par référendum le 28 septembre 1958, elle organise les pouvoirs publics, définit leur rôle et leurs relations. Elle est le quinzième texte fondamental (ou le vingt-deuxième si l'on compte les textes qui n'ont pas été appliqués) de la France depuis la Révolution Française.

Norme suprême du système juridique français, elle a été modifiée à vingt-quatre reprises depuis sa publication par le pouvoir constituant, soit par le Parlement réuni en Congrès, soit directement par le peuple à travers l'expression du référendum. Son Préambule renvoie directement et explicitement à trois autres textes fondamentaux: la Déclaration des Droits de l'Homme et du Citoyen du 26 août 1789, le Préambule de la Constitution du 27 octobre <u>1946</u> (la Constitution de la IVe République) et la <u>Charte de l'environnement de</u> <u>2004</u>. Les juges n'hésitant pas à les appliquer directement, le législateur étant toujours soucieux de les respecter, sous le contrôle vigilant du juge constitutionnel, ces énumérations de principes essentiels ont leur place dans le bloc de constitutionnalité. Les règles relatives à la révision de la Constitution sont prévues par la Constitution elle-même.

La dernière modification est la loi constitutionnelle n° 2008-724 du 23 juillet 2008 de modernisation des institutions de la Ve République.

<u>Déclaration des Droits de l'Homme et du Citoyen du 26 août 1789 (articles 1er à 17)</u>

b. Italienisch

Beispiel 1: GENERE — Non si può attribuire a questo romanzo un genere ben preciso, in quanto si presenta come un ,pastiche' di generi letterari: romanzo storico, giallo e filosofico. Analizzandole in chiave storica, le vicende narrate sono ambientate nel Medioevo, e vedono la società a cavallo tra due epoche. Si può notare infatti la contrapposizione tra due realtà contrastanti, quella dell'abbazia, della delegazione papale e dei monaci, che sono ancora legati al rigido moralismo medievale e a inconfutabili dogmi, e quella di Guglielmo e, in parte, Adso, che hanno una mentalità aperta al progresso tecnico, sociale e culturale. A rendere il contrasto tra le due entità più colorito è la presenza di personalità realmente esistite, quali Michele da Cesena, Bernardo Gui e Ubertino da Cesena, che da così all'opera un tono di cronaca medievale.

Sotto il profilo di romanzo giallo, l'opera presenta evidenti analogie con gli scritti di Conan Doyle, in particolare con la figura di Sherlock Holmes. Da subito si coglie che la città di provenienza del frate francescano richiama il celebre romanzo di Conan Doyle ,Il mastino dei Baskerville' e inoltre, Guglielmo stesso ricalca il rinomato investigatore sia per aspetto fisico che per metodo d'indagine, ossia quello induttivo; entrambi i personaggi, per di più, hanno un carattere umile e modesto. Parallelamente, la figura di Adso riprende i tratti di Watson, l'aiutante di Holmes: come Watson, Adso è il narratore in prima persona della vicenda, è spesso un po' ottuso ma, ciò nonostante, desideroso di imparare dal suo maestro.

Visto in chiave filosofica, il romanzo presenta una grande componente esoterica, la quale conduce a una riflessione sulla legittimità della ricerca laica della verità in opposizione all'accettazione per fede delle verità tramandate.

Beispiel 2: Il defunto signor Lapecora era assittato sul pavimento dell'ascensore, le spalle appoggiate alla parete di fondo. Vicino alla mano destra c'era una bottiglia di Corvo bianco, ancora tappata con la stagnola. Allato alla mano mancina, un cappello grigio chiaro. Il fu signor Lapecora, vestito di tutto punto cravatta compresa, era un sessantino distinto, con gli occhi aperti e lo sguardo stupito, forse per il fatto d'essersi pisciato addosso. Montalbano si chinò, con la punta di un dito sfiorò la macchia scura in mezzo alle gambe del morto [...] (Andrea Camilleri: *Il ladro di merendine*).

c. Spanisch

Beispiel 1: MADRID | LONDRES.- Un mapa que data de hace más de 500 años y es considerado uno de los primeros en los que se utilizó el nombre de América **para designar el Nuevo Mundo**, ha sido subastado en Christies en Londres por un millón de dólares (800.000 euros). El mapa fue impreso a partir de una plancha de madera y es **uno de los cuatro ejemplares que ha sobrevivido de esa impresión**. La casa de subastas confirmó que es el mayor precio pagado por un mapa de una sola página en una subasta. Pero el mapa no es sólo el primero con la inscripción 'América'. Además, es **la primera vez que se dibu-**

ja el globo en 360°, el primero que 'separa' el continente en dos blolques, el norte y el sur, el primero en el que el océano Pacífico aparece como una 'entidad separada' y el primero en el que salen el Cabo de Hornos y se define la costa oeste de suramérica. (*El Mundo*)

Beispiel 2: JUAN CARLOS I Rey de España. A todos los que la presente vieren y entendieren. Sabed: Que las Cortes Generales han aprobado y Yo vengo en sancionar la siguiente ley orgánica. PREÁMBULO Las sociedades actuales conceden gran importancia a la educación que reciben sus jóvenes, en la convicción de que de ella dependen tanto el bienestar individual como el colectivo. La educación es el medio más adecuado para construir su personalidad, desarrollar al máximo sus capacidades, conformar su propia identidad personal y configurar su comprensión de la realidad, integrando la dimensión cognoscitiva, la afectiva y la axiológica. [...]

8.4   Literatur

Bachtin, Michail M. (1979): *Die Ästhetik des Wortes*. Frankfurt a.M.: Suhrkamp.

Beaugrande, Robert de/Dressler, Wolfgang (1981): *Einführung in die Textlinguistik*. Tübingen: Niemeyer (Konzepte der Sprach- und Literaturwissenschaft; 28).

Beccaria, Lola (2009): *El arte de perder*. Barcelona: Planeta.

Borchmeyer, Dieter: „Vom Nutzen der Philologie — Zwei Liebeserklärungen an eine bemitleidenswerte Wissenschaft". In: *Die Zeit*. Nr. 9 vom 24.2.2005.

Curtius, Ernst Robert (1948): *Europäische Literatur und lateinisches Mittelalter*. Bern u.a.: Francke.

Eggins, Suzanne (1994): *An Introduction to Systemic Functional Linguistics*. London: Pinter.

Eggins, Suzanne/Martin, James R. (2000): „Géneros y registros del discurso." In: Dijk, Teun A. van (Hrsg.): *El discurso como estructura y proceso*. Barcelona: Gedisa Editorial, S. 335-472.

Fishman, Joshua A. (1972): *The sociology of language. An interdisciplinary social science approach to language in society*. Rowley, Mass.: Newbury House.

García Barrientos, José Luis (2000): *Las figuras retóricas - El lenguaje literario 2*. Madrid: Arco/Libros.

Glatigny, Michel (1967) : „Formes vivantes et formes littéraires dans le système actuel des démonstratifs français". In: *Français dans le Monde* 52, S. 42-44.

Grewe, Andrea (2009): *Einführung in die italienische Literaturwissenschaft*. Stuttgart: Metzler.

Halliday, Michael A.K. (1978): *Language as Social Semiotic: the Social Interpretation of Language and Meaning*. London: Arnold.

Hernández Guerra, J.A./García Tejera, C. (2005): *Teoría, Historia y Práctica del Comentario Literario*. Barcelona: Ariel Lingüística.

Hurtado Albir, Amparo (2001): *Traducción y Traductología: Introducción a la traductología*. Madrid: Cátedra.

Instituto Cervantes (2006): *Saber escribir*. Madrid: Aguilar.

Klinkert, Thomas ([4]2008): *Einführung in die französische Literaturwissenschaft*. Berlin: Schmidt (Grundlagen der Romanistik; 21).

Krassin, Gudrun (1994): *Neuere Entwicklungen in der französischen Grammatik und Grammatikforschung*. Tübingen: Niemeyer (Romanistische Arbeitshefte; 38).

Kristeva, Julia (1972): „Bachtin, das Wort, der Dialog und der Roman". In: Ihwe, Jens (Hrsg.): *Literaturwissenschaft und Linguistik. Ergebnisse und Perspektiven, Bd. 3: Zur linguistischen Basis der Literaturwissenschaft*. Frankfurt a.M.: Athenäum, S. 345-375.

Lachmann, Renate (1982): *Dialogizität*. München: Fink (Theorie und Geschichte der Literatur und der schönen Künste: Reihe A Hermeneutik, Semiotik, Rhetorik).

Lázaro Carreter, Fernando (1994): *Cómo se comenta un texto literario*. Madrid: Cátedra.

Link, Jürgen ([6]1990): *Literaturwissenschaftliche Grundbegriffe: eine programmierte Einführung auf strukturalistischer Basis*. München: Fink (Uni-Taschenbücher; 305)

Marimón Llorca, Carmen (2008): *Análisis de textos en español*. Alicante: Publicaciones Universidad de Alicante.

Martín Peris, Ernesto (2008): *Diccionario de términos clave de ELE/Instituto Cervantes*. Alcobendas (Madrid): SGEL.

Mendicutti, Eduardo (2008): *Ganas de hablar*. Barcelona: Tusquets Editores.

Moreno Fernández, Francisco (2008): *Principios de sociolingüística y sociología del lenguaje*. Barcelona: Ariel.

Müller, Julia (2003): *Ça und cela im heutigen Französisch*. Unveröffentlichte Staatsexamensarbeit, Universität Hamburg.

Pomino, Natascha/Zepp, Susanne ([2]2008): *Hispanistik*. UTB: Stuttgart (UTB basics).

Spillner, Bernd (1974): *Linguistik und Literaturwissenschaft. Stilforschung, Rhetorik, Textlinguistik*. Stuttgart: Kohlhammer (Kohlhammer Studienbuchprogramm).

Silva, Lorenzo (2008): *El blog del inquisidor*. Barcelona: Destino.

Tanzmeister, Robert (1985): „Untersuchungen zur verbalen Negation in französischen Kriminalromanen". In: Bandhauer, Wolfgang/Tanzmeister, Robert (Hgg.): *Romanistik integrativ*. Wien: Braumüller, S. 565-588.

9 Arbeitstechniken für Linguisten

Sie müssen in einem linguistischen Seminar ein Referat halten oder eine Hausarbeit anfertigen? Kein Problem, in diesem Kapitel zeigen wir Ihnen, wie Sie bei der Suche nach der benötigten Fachliteratur am effektivsten vorgehen. Zudem werden Sie die Regeln kennenlernen, um die verwendete Literatur in Ihrer Hausarbeit richtig zu zitieren, sowie die Technik, ein Literaturverzeichnis anlegen.

Wenn Sie sich einen Zeitplan zur Bearbeitung Ihres Referates oder Ihrer Hausarbeit erstellt haben, steht die Suche nach fachlicher Literatur sicher ziemlich zu Anfang. Der eigentliche Rechercheprozess besteht, wie in Abbildung 9.1 dargestellt, aus mehreren Teilschritten, die sorgfältig geplant und durchgeführt werden müssen, um ein optimales Ergebnis zu erzielen.

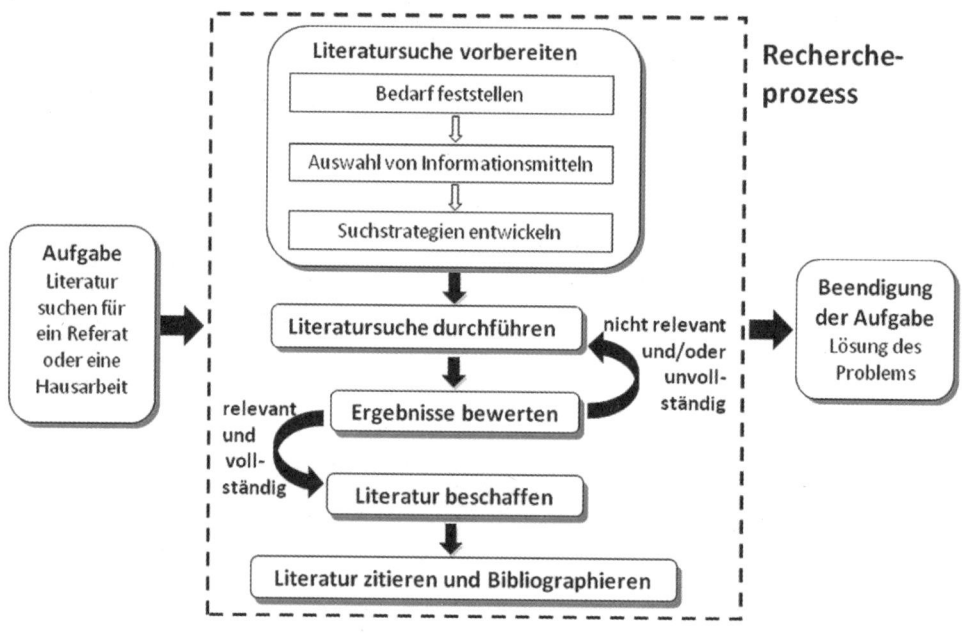

Abbildung 9.1:
Der Rechercheprozess

In den folgenden Abschnitten werden wir die einzelnen Schritte des Rechercheprozesses besprechen. Zunächst werden wir darauf eingehen, wie Sie Ihren Literaturbedarf feststellen (9.1), welche Informationsmittel Sie zu welchem Zweck einsetzen (9.2), mit welchen Suchstrategien und -techniken Sie die besten Ergebnisse erreichen (9.3), wie Sie die Ergebnisse Ihrer Literatursuche bewerten können (9.4), die benötigte Literatur beschaffen (9.5) und, schließlich, wie Sie ein Literaturverzeichnis anlegen und Literatur richtig zitieren (9.6).

9.1 Literaturbedarf feststellen

Bei der Vorbereitung der Literatursuche müssen Sie zunächst Ihren Bedarf feststellen. Vielleicht haben Sie von Ihrer Dozentin oder Ihrem Dozenten eine Literaturliste des Seminars bekommen? Dann bietet sich diese als erster Einstieg in die Literaturrecherche an. Schauen Sie zunächst im Bibliothekskatalog Ihrer Hochschulbibliothek, ob die entsprechende Literatur vor Ort vorhanden und für Sie zugänglich ist oder ob Sie sie per Fernleihe bestellen müssen. Durch diese Literatur erhalten Sie einen ersten Überblick über das von Ihnen zu bearbeitende Thema.

Ohne eine Literaturliste können Sie im Bibliothekskatalog natürlich nicht einfach nach einem Autorennamen oder einem bestimmten Buchtitel suchen — vielmehr müssen Sie zunächst einmal herausfinden, was und von wem überhaupt schon etwas zu Ihrem Thema verfasst wurde. Hierzu ist eine thematische Suche nötig. Welche Suchstrategien Sie anwenden müssen, um eine für Ihr Thema relevante und vollständige Trefferliste zu erhalten, werden wir Ihnen in Kapitel 9.4 vorstellen.

9.2 Auswahl von Informationsmitteln

Haben Sie Ihren Literaturbedarf bestimmt, können Sie das oder die Informationsmittel auswählen, die für Ihren Zweck geeignet sind. Im Folgenden werden wir Ihnen die wichtigsten Informationsmittel zur Literaturrecherche vorstellen.

9.2.1 Bibliothekskatalog

Machen Sie sich bei der Literatursuche im Bibliothekskatalog immer bewusst, dass Sie in einem Besitzverzeichnis recherchieren. Ein Bibliothekskatalog führt alle Medien auf, die zum Bestand der jeweiligen Bibliothek gehören — und nicht mehr. Wenn Sie also in Ihrer Hausarbeit einen aktuellen Forschungsüberblick geben sollen und dazu alle Literatur benötigen, die zu einem Thema verfasst wurde, dann reicht die alleinige Suche im Bibliothekskatalog nicht aus.

Hinzu kommt, dass Sie bei Ihrer Suche im Katalog noch nicht einmal alle für Ihr Thema relevante Literatur finden können, die in der Bibliothek vorhanden ist. Dies ist darin begründet, dass in einem Bibliothekskatalog in der Regel nur selbstständig erschienene Publikationen, d.h. ,ganze' Bücher und Zeitschriften, verzeichnet sind, nicht aber unselbstständig erschienene Publikationen, also ,Teile', d.h. Aufsätze daraus, siehe Tabelle 9.1.

302   Arbeitstechniken für Linguisten

Publikationen	
selbstständig erschienen	**unselbstständig erschienen**
Monographie	
Sammelband	Aufsatz aus Sammelband
Zeitschrift	Aufsatz aus Zeitschrift

Tabelle 9.1
Selbstständig und unselbstständig erschienene Publikationen

Im Vergleich zu einer Monographie (auch: Einzelschrift), die eine in sich abgeschlossene, vollständige Abhandlung über einen einzelnen Gegenstand darstellt und von einem oder mehreren Autoren stammt, handelt es sich bei einem Sammelband um eine Sammlung wissenschaftlicher Texte (Aufsätze) unterschiedlicher Autoren, die von einer Person, dem Herausgeber (kurz: Hrsg. oder Hg.), zur Publikation vorbereitet wurde. Neben Monographien kann im Bibliothekskatalog also nur nach Sammelbänden und Zeitschriften bzw. deren Titel selbst gesucht werden; einzelne Aufsätze sind jedoch nicht erfasst.

9.2.2 Bibliographien

Für eine vollständige Übersicht der Literatur ist daher die Verwendung von Bibliographien unerlässlich. Bibliographien sind Verzeichnisse von Literaturnachweisen zu einem bestimmten Thema oder Fachgebiet, und zwar unabhängig davon, welche Bibliothek sie besitzt.

📖 Ein **Literaturnachweis** enthält die Angaben, die zur Identifikation einer Publikation nötig sind. Hierzu zählen der/die Autoren oder Herausgeber, das Erscheinungsjahr, ggfs. die Auflage, der Titel der Publikation, Erscheinungsort, Verlag und ggfs. der Reihentitel sowie — bei Aufsätzen — die Seitenzahl.

Literaturnachweis

Müller, Natascha/Kupisch, Tanja/Schmitz, Katrin/Cantone, Katja (^{3}2011):
Einführung in die Mehrsprachigkeitsforschung: Deutsch, Französisch, Italienisch.
Tübingen: Narr (narr studienbücher).

Im Gegensatz zu Bibliothekskatalogen führen Bibliographien auch Nachweise von Aufsätzen aus Sammelbänden und Zeitschriften an[61]. Bibliographien sind in gedruckter Form und, immer häufiger, auch als bibliographische Datenbank verfügbar. Um Ihnen den Mehrwert einer Datenbank zu verdeutlichen, schauen wir uns deren Aufbau einmal näher an. Vereinfacht gesagt kann man sich die Daten in einer Datenbank wie in einer Tabelle geordnet vorstellen, siehe Abbildung 9.2.

INDEX					
	Autor	**Titel**	**Zeitschriftentitel**	**Schlagwort**	**Publikationstyp**	...
1	Aitchison, Jean	Words in the Mind		Psycholinguistik	Monographie	...
2	Butzkamm, Wolfgang	Startschwierigkeiten mit der Fremdsprache	Englisch	Psycholinguistik; Fremdsprachenerwerb	Aufsatz in Zeitschrift	...
3	Butzkamm, Wolfgang	Psycholinguistik des Fremdsprachenunterrichts	American Journal of Psychology	Psycholinguistik; Fremdsprachenunterricht	Aufsatz in Zeitschrift	...
4	Christ, Herbert	Lehren und Lernen fremder Sprachen und ihre Erforschung		Psycholinguistik; Fremdsprachenunterricht	Aufsatz in Sammelband	...
5	Field, John	Psycholinguistics. A resource book for students		Psycholinguistik	Monographie	...
6	Multhaup, Uwe	Psycholinguistik und fremdsprachliches Lernen		Psycholinguistik; Fremdsprachenerwerb	Monographie	...
7	Multhaup, Uwe/Wolff, Dieter (Hgg.)	Prozeßorientierung in der Fremdsprachendidaktik		Psycholinguistik; Fremdsprachendidaktik	Sammelband	...
...	...	...	...	...	...	...

Abbildung 9.2
Aufbau einer Datenbank

Horizontal, in den Zeilen der Tabelle, stehen die einzelnen, durchnummerierten Datensätze (= Literaturnachweise). Die vertikalen Spalten der Tabelle bilden die einzelnen Suchindizes (Sg. Suchindex). Diese ermöglichen die gezielte Suche in bestimmten Teilen der Datensätze. So kann man z.B. im Titelindex — siehe Abbildung 9.2 — nach dem Stichwort ‚Psycholinguistik' suchen und bekommt die

---

[61] Beachten Sie, dass in Bibliographien in der Regel keine Volltexte enthalten sind. Das heißt, Sie finden dort z.B. die bibliographischen Angaben eines Aufsatzes, nicht aber den Aufsatz in elektronischer Form selbst.

Datensätze angezeigt — nämlich 3 und 6 —, bei denen im Feld ‚Titel' das Wort ‚Psycholinguistik' vorkommt. Mit einer Suchanfrage können àuch mehrere Such-indizes gleichzeitig durchsucht werden. Zeitschriftenaufsätze von Wolfgang Butzkamm — wie in 2 und 3 — finden wir, wenn wir im Autorenindex nach ‚Wolfgang Butzkamm' und gleichzeitig im Index der Publikationstypen nach ‚Aufsatz in Zeitschrift' suchen.

Datenbanken weisen also — wie z.B. die *MLA International Bibliography* in Abbildung 9.3 — eine Vielzahl an Suchmöglichkeiten auf.

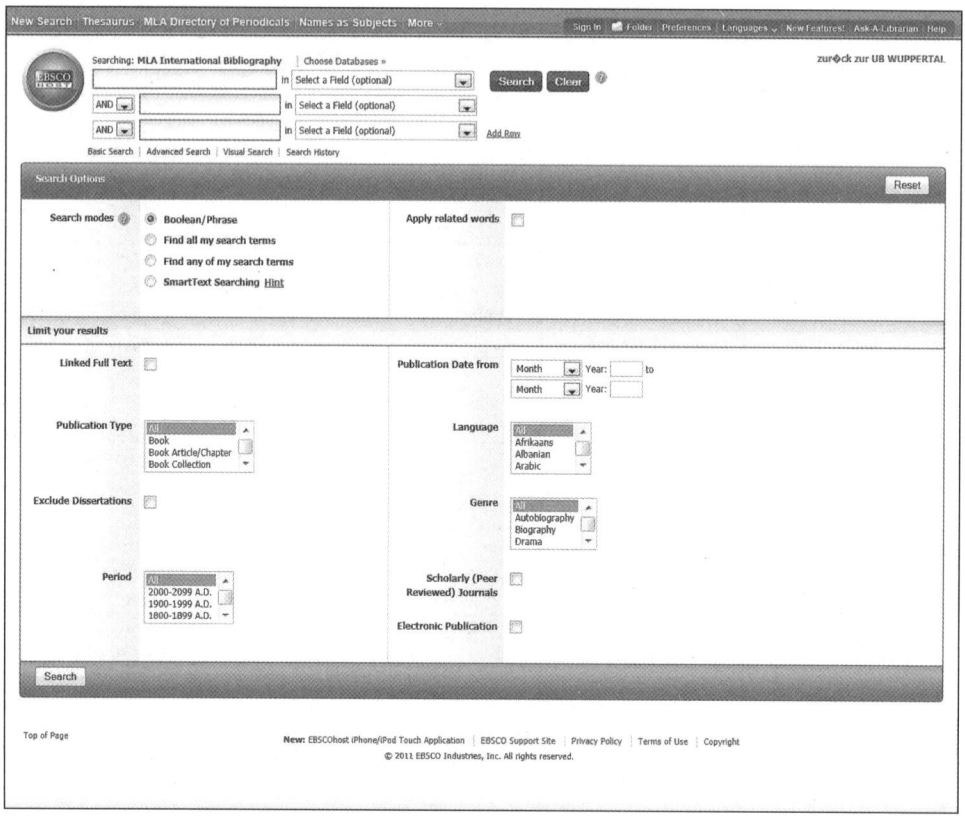

Abbildung 9.3:
Startseite der *MLA International Bibliography*

Bibliographische Datenbanken werden auf der Homepage Ihrer Hochschul-bibliothek angeboten. Da es sich in der Regel um kommerzielle Produkte handelt, werden sie von Ihrer Hochschulbibliothek abonniert (auch: lizenziert) und einem bestimmten Personenkreis, nämlich den Studierenden und Lehrenden der Hoch-schule, zugänglich gemacht. Schauen Sie mal auf die Homepage Ihrer Hochschulbibliothek, welche fachspezifischen bibliographischen Datenbanken dort für die Fächer, die Sie studieren, angeboten werden[62].

Und wenn Sie einen Überblick darüber haben möchten, welche bibliographischen Datenbanken es nicht nur in Ihrer Hochschulbibliothek, sondern überhaupt für Ihre Fächer gibt, dann empfiehlt sich das Datenbank-Infosystem (DBIS; http://www.bibliothek.uni-regensburg.de/dbinfo/ [Stand: 22.9.2011]).

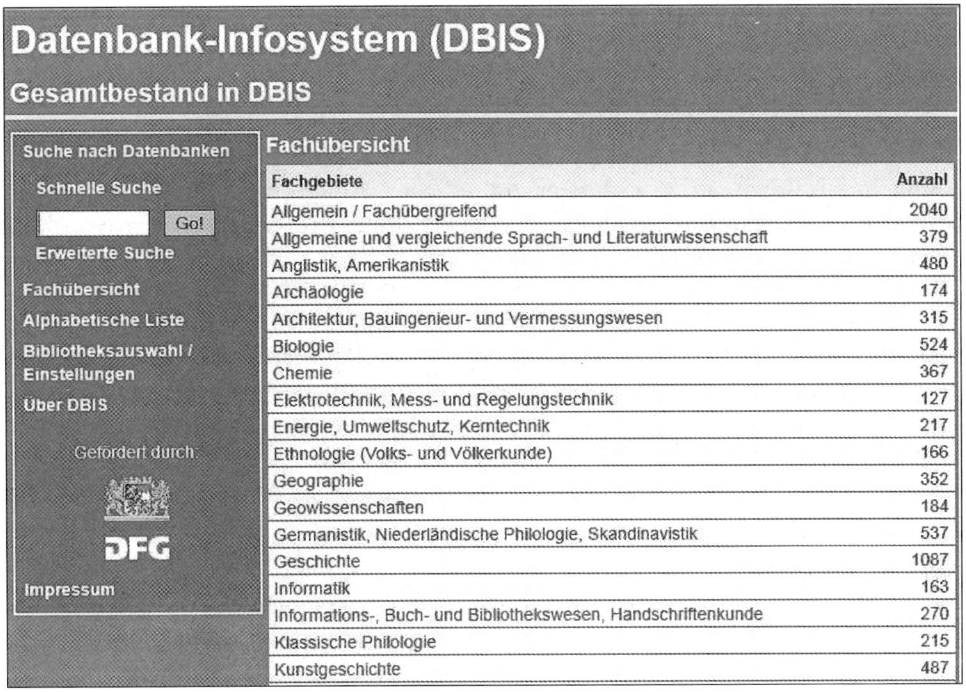

Datenbank-Infosystem (DBIS)
Gesamtbestand in DBIS

Suche nach Datenbanken

Schnelle Suche

[   ] Go!

Erweiterte Suche

Fachübersicht

Alphabetische Liste

Bibliotheksauswahl / Einstellungen

Über DBIS

Gefördert durch

DFG

Impressum

Fachübersicht

Fachgebiete	Anzahl
Allgemein / Fachübergreifend	2040
Allgemeine und vergleichende Sprach- und Literaturwissenschaft	379
Anglistik, Amerikanistik	480
Archäologie	174
Architektur, Bauingenieur- und Vermessungswesen	315
Biologie	524
Chemie	367
Elektrotechnik, Mess- und Regelungstechnik	127
Energie, Umweltschutz, Kerntechnik	217
Ethnologie (Volks- und Völkerkunde)	166
Geographie	352
Geowissenschaften	184
Germanistik, Niederländische Philologie, Skandinavistik	537
Geschichte	1087
Informatik	163
Informations-, Buch- und Bibliothekswesen, Handschriftenkunde	270
Klassische Philologie	215
Kunstgeschichte	487

Abbildung 9.4:
Startseite des Datenbank-Infosystems (DBIS)

DBIS listet — alphabetisch und nach Fächern geordnet — lizenzpflichtige und frei über das Internet verfügbare Datenbanken auf. Alleine für die Romanistik sind das momentan 373 Einträge [Stand: Juni 2011]. Jede Datenbank ist u.a. mit genauen Angaben zu den Fachgebieten, ihren inhaltlichen Schwerpunkten und ggfs. der Anzahl der Literaturnachweise versehen.

Benötigen Sie noch umfangreichere fachliche Informationen verschiedenster Art, dann lohnt es sich in jedem Fall, eine Virtuelle Fachbibliothek zu konsultieren. Was ist das genau? Viele große wissenschaftliche Bibliotheken Deutschlands betreuen ein sogenanntes Sondersammelgebiet. Das heißt, sie sammeln möglichst umfassend die in- und ausländische gedruckte und elektronische Literatur zu

---

[62] Ans Herz legen möchten wir Ihnen in diesem Zusammenhang die Datenbankschulungen, die regelmäßig von Ihrer Hochschulbibliothek durchgeführt werden. Das Schulungsangebot finden Sie in der Regel auf der Homepage der Bibliothek.

einem bestimmten Fachgebiet oder einer Region. In der Regel machen ‚Sonder-
sammelgebietsbibliotheken' ihre Dienstleistungen im Internet zugänglich. Ihre
Website wird ‚Virtuelle Fachbibliothek' (= ViFa) genannt und umfasst mindestens
den Bibliothekskatalog, in dem die Bestände verzeichnet sind, Listen neu erwor-
bener Bücher, frei zugängliche Fachdatenbanken, eine Sammlung fachlich rele-
vanter Websites und qualitätsgeprüfter Links. Die für die romanistischen Fächer
einschlägigen Virtuellen Fachbibliotheken sind die ViFa Rom mit dem Schwerpunkt auf Galloromanistik und Italianistik (http://www.vifarom.de [Stand:
22.9.2011]) und Cibera (http://www.cibera.de [Stand: 22.9.2011]), die auf Hispanistik und Lusitanistik ausgerichtet ist.

In Kapitel 1 und 3 haben wir uns mit Daten befasst, die der Datenbank
CHILDES (McWhinney 2000) entnommen wurden. Diese Datenbank stellt Samm-
lungen schriftlich aufgezeichneter mündlicher Äußerungen in verschiedenen
Sprachen bereit, mit denen der gestörte und ungestörte Spracherwerb von Kindern erforscht werden kann. Eine solche Sammlung — wie auch die schriftlicher
Texte — werden Korpus (von lat. CORPUS, Pl. CORPORA ‚Körper') genannt. Möchten Sie in Ihrer wissenschaftlichen Arbeit bestimmte Aspekte einer Sprache untersuchen, selbst aber keine Daten erheben, können Sie für Ihre Forschung auf ein
bestehendes (Kindersprach-, Dialekt- etc.) Korpus zurückgreifen. Eine hervorra-
gende Zusammenstellung verschiedenartiger Korpora der romanischen Sprachen
finden Sie in Pusch (2003).

9.2.3 Internet

Wenn Sie in den Datenbanken Ihrer Hochschulbibliothek recherchiert haben,
können Sie davon ausgehen, qualitativ hochwertige wissenschaftliche Literatur
gefunden zu haben. Doch wie sieht es mit der Seriosität, also der Wissenschaftlichkeit, von Internetquellen aus?

Franke/Klein/Schüller-Zwierlein (2010: 75) und Sesink (2010: 110) geben als
wichtigste Qualitätskriterien für Internetquellen die Nachprüfbarkeit und Nachvollziehbarkeit an:

- Ist erkennbar, welche Person oder Institution die Website verfasst hat? Also: Ist die Herkunft überprüfbar?
- Ist das Publikations- bzw. Erstellungsdatum der Website angegeben?
- Wird auf der Website belegt, auf welche Literatur und/oder Untersuchungen sie ihre Tatsachenaussagen stützt?
- Wird zwischen nachprüfbaren Fakten und Interpretationen (Meinungen)
  klar getrennt?

So genügt es z.B. nicht den Kriterien der Wissenschaftlichkeit, wenn Sie die
Inhalte der freien Enzyklopädie Wikipedia (http://de.wikipedia.org [Stand:
22.9.2011]) selbst verwenden, da nicht nur Fachwissenschaftler, sondern vielmehr

jeder beliebige Nutzer die Möglichkeit hat, einzelne Einträge in Wikipedia zu erstellen, zu ergänzen oder zu korrigieren. Für einen ersten und aktuellen Einblick in ein Thema ist Wikipedia sicher sehr gut geeignet, zum Zitieren und für fundiertes wissenschaftliches Arbeiten hingegen ist Fachliteratur unerlässlich.

Machen Sie sich zudem bewusst, dass Ihre Dozentin oder Ihr Dozent jederzeit nachprüfen kann, ob Sie die Ausführungen in Ihrer Hausarbeit aus Wikipedia oder einer anderen Internetquelle bezogen haben. Das ist zwar erlaubt, jedoch nur dann, wenn der Urheber genannt und der Text auch angemessen zitiert wird. Haben Sie dies — gleichgültig ob bewusst oder unbewusst — nicht beachtet, liegt ein Plagiat vor.

> 📖 Ein **Plagiat** (lat. PLAGIUM ‚Menschenraub') ist die Vorlage fremden geistigen Eigentums als eigenes Werk oder als Teil eines eigenen Werkes. Was zum geistigen Eigentum zählt und welche Rechte dem Urheber geistigen Eigentums zukommen, ist im ‚Gesetz über Urheberrecht und verwandte Schutzrechte', kurz: **Urheberrechtsgesetz**, festgelegt.

Als Diebstahl geistigen Eigentums handelt es sich um eine strafbare Handlung, die in jedem Fall dazu führt, dass Ihre Hausarbeit als nicht bestanden bewertet wird, und Geldbußen sowie Exmatrikulation zur Folge haben kann.

9.3   Suchstrategien entwickeln

Haben Sie Ihren Literaturbedarf bestimmt und ein passendes Informationsmittel gewählt, müssen Sie Strategien für eine erfolgreiche Literatursuche entwickeln. Wir werden Ihnen hier drei Suchtechniken vorstellen, nämlich die Stichwort- vs. Schlagwortsuche, die Verknüpfung von Suchbegriffen und die Suche im thematischen Feld.

9.3.1   Stichwort- vs. Schlagwortsuche

Stichwörter sind Wörter aus dem Titel eines Werkes. So haben wir im Datenbankausschnitt in Abbildung 9.2 gezielt im Titelindex nach dem Stichwort ‚Psycholinguistik' gesucht und zwei Literaturnachweise als Treffer erhalten. Bei einer Suche im Schlagwortindex hingegen, wären uns sieben Literaturnachweise angezeigt worden, denn alle enthalten ‚Psycholinguistik' als Schlagwort.

Was sind nun Schlagwörter? Das sind Wörter, die von Fachleuten nach einer genauen Inhaltsanalyse vergeben wurden und somit den Inhalt eines Dokumentes bezeichnen. Schlagwörter werden aber in der Regel nicht frei ausgewählt, sondern einem normierten Begriffsverzeichnis, der sogenannten Schlagwortnormdatei[63], entnommen.

Warum erhält man aber bei der Suche über den Schlagwortindex eine vollständigere Trefferliste? Dies ist darin begründet, dass auch die Literatur mit erfasst wird, die zwar den Suchbegriff, hier: ‚Psycholinguistik', nicht im Titel aufweist, die aber dennoch dieses Thema behandelt und der daher das entsprechende Schlagwort zugeordnet ist. Mit anderen Worten, ein Werk über Psycholinguistik muss nicht unbedingt das Wort ‚Psycholinguistik' im Titel enthalten. Denken Sie in diesem Zusammenhang auch daran, dass Sie bei der Suche z.B. nach einem deutschen Titelstichwort in der Regel auch nur deutschsprachige Literatur finden. So würde Ihnen bei der Suche nach dem Stichwort ‚Psycholinguistik' auch der Datensatz 5 in Abbildung 9.2 entgehen, der das engl. Äquivalent *Psycholinguistics* im Titel enthält.[64]

Bei der Suche nach Literatur zu einem vorgegebenen Thema empfiehlt sich folglich in der Regel die Suche über Schlagwörter, um eine größere Treffermenge zu erzielen. In einigen Datenbanken können auch Personennamen als Schlagwort (engl. *subject*) gesucht werden.

9.3.2 Verknüpfung von Suchbegriffen

Auf der Startseite der *MLA International Bibliography* in Abbildung 9.3 konnten Sie sich ein Bild von den unterschiedlichen Kriterien machen, nach denen Sie die Datenbank durchsuchen können. Von besonderer Bedeutung bei der Suche nach Literatur sind die Verknüpfungswörter UND, ODER und UND NICHT (bzw. in fremdsprachlichen Datenbanken ihre entsprechenden Pendants), die Bestandteil jeder Datenbank sind. Mit ihrer Hilfe können Sie zwei oder mehr Suchbegriffe miteinander verknüpfen, um die Treffermenge gezielt auszuweiten bzw. einzuschränken. Wie das funktioniert, wollen wir im Folgenden an einem Beispiel verdeutlichen.

Nehmen wir dazu an, Sie sollen in einem Seminar eine Hausarbeit zur ‚Suffigierung im Französischen' schreiben. Wie Sie in Abschnitt 9.3.1 gesehen haben, empfiehlt sich bei einer thematischen Suche die Suche im Schlagwortindex. Ihre Eingabe in das Suchfeld könnte also wie in Abbildung 9.5 aussehen.

---

[63] Die Schlagwortnormdatei wird federführend von der Deutschen Nationalbibliothek verwaltet und dient insbesondere zur Inhaltserschließung in Bibliotheken.

[64] Arbeiten Sie in einer englischen, französischen oder anderssprachigen Datenbank, gilt das umgekehrt natürlich genauso.

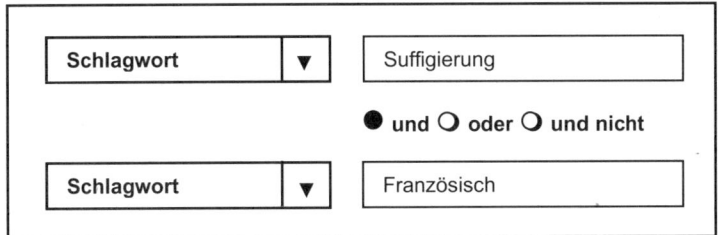

Abbildung 9.5:
Verknüpfung von Suchbegriffen

Besprechen wir nun, welche Auswirkungen die Verknüpfung der Suchbegriffe mit UND, ODER und UND NICHT auf die Art und Größe der Treffermenge haben.

(a) Verknüpfung ‚*Suffigierung* **UND** *Französisch*‘

Um die passende Literatur zu Ihrem Hausarbeitsthema zu finden, verknüpfen Sie die beiden Schlagwörter mit UND. Dann nämlich werden Ihnen die Literaturnachweise angezeigt, denen <u>sowohl</u> *Suffigierung* <u>als auch</u> *Französisch* als Schlagwörter zugeordnet sind. Übrigens hätten Sie das gleiche Ergebnis erzielt, wenn Sie beide Suchbegriffe in <u>eine</u> Suchzeile — hintereinander mit Leertaste abgetrennt — geschrieben hätten. In diesem Fall findet in Datenbanken nämlich in der Regel eine automatische UND-Verknüpfung statt[65].

(b) Verknüpfung ‚*Suffigierung* **ODER** *Französisch*‘

Bei der Verknüpfung mit ODER hingegen werden alle Literaturnachweise erfasst, in denen <u>entweder</u> *Suffigierung* <u>oder</u> *Französisch* <u>oder</u> beide Schlagwörter vorkommen. Die Treffermenge wird also wesentlich größer und unspezifischer, da neben der für die Hausarbeit einschlägigen Literatur auch Literatur, die sich mit Suffigierung in anderen Sprachen als dem Französischen sowie Literatur aller Fachgebiete, die sich thematisch auf das Französische beziehen, gefunden werden. Eine Verknüpfung mit ODER bietet sich vielmehr an, wenn synonyme Begriffe (s. Kapitel 5.2.4) abgedeckt werden sollen. Bei einer Suche z.B. nach ‚*Hyperonym* ODER *Oberbegriff*‘ oder ‚*ambig* ODER *doppeldeutig*‘ kann man davon ausgehen, relativ vollständig die Literaturnachweise zu dem jeweiligen Phänomen zu erhalten.

(c) Verknüpfung ‚*Suffigierung* **UND NICHT** *Französisch*‘

Mit UND NICHT schließen Sie alle Literaturnachweise aus, die *Französisch* als Schlagwort enthalten. Es verbleiben die Literaturnachweise, die sich mit

---

65   Dies gilt auch, wenn Sie in die Suchzeile von Google mehr als einen Begriff schreiben. Machen Sie sich das bei Ihrer Suchanfrage bewusst.

Suffigierung, nicht aber mit dem Französischen befassen. Diese Literaturnachweise wären für ihr Hausarbeitsthema nicht von Interesse. Sinnvoll ist
die Verknüpfung mit UND NICHT vor allem dann, wenn Sie bestimmte
Lesarten von Homonymen/Polysemen (Kapitel 5.2.2) ausschließen möchten. Stellen Sie sich vor, Sie sollen eine Hausarbeit über ‚Konversion im
Deutschen' schreiben. Sie wissen, dass der Terminus ‚Konversion' mit unterschiedlicher Bedeutung in der Semantik (Kapitel 5.2.6) und in der Morphologie (Kapitel 3.6) verwendet wird. Um nun die Literatur weitestgehend zu eliminieren, die den semantischen Aspekt behandelt, könnte eine
mögliche Suchanfrage ‚Konversion UND NICHT Semantik' lauten.

9.3.3 Suchbegriffe finden

Schauen wir uns an einem Beispiel an, wie Sie aus dem Thema Ihrer Hausarbeit
eine Liste von Suchbegriffen für Ihre Literaturrecherche ableiten können.

Angenommen, Sie sollen eine Hausarbeit über ‚Französische und deutsche
Wortbildung im Vergleich' schreiben, dann haben Sie bereits drei Themenaspekte
gegeben, nach denen Sie recherchieren können, nämlich *Französisch*, *Deutsch* und
Wortbildung. Um weitere Suchbegriffe für Ihre Literaturrecherche zu erhalten,
machen Sie sich zunächst den Inhalt Ihres Themas bewusst und versuchen Sie,
ihn in einigen aussagekräftigen Sätzen darzulegen. Filtern Sie aus diesen Sätzen
die wichtigsten Begriffe heraus. Zudem empfiehlt es sich, wie in Tabelle 9.2 verdeutlicht, die Suchbegriffe um Synonyme, verwandte Begriffe sowie Ober- und
Unterbegriffe der jeweiligen Themenaspekte zu erweitern.

	Begriff 1	**Begriff 2**	**Begriff 3**
Themenaspekte	Wortbildung	Französisch	Deutsch
Synonyme	Wortbildungslehre, Wortneubildung		
Verwandte Begriffe	Neologismus		
Oberbegriffe	Morphologie	Romanische Sprachen	Germanische Sprachen
Unterbegriffe	Komposition, Derivation, Präfigierung, Suffigierung	Neufranzösisch, Altfranzösisch	Hochdeutsch, Standarddeutsch
Übersetzungen	frz. *formation des mots*, it. *derivazione*, sp. *composición*	frz. *français*, it. *francese*	frz. *allemand*, sp. *aléman*

Tabelle 9.2:
Thematische Literatursuche

Besonders für den Themenaspekt *Wortbildung* lässt sich die Wortliste für Ihre Literaturrecherche erheblich erweitern. Statt *Wortbildung* könnte alternativ nach der
synonym gebrauchten *Wortbildungslehre* oder *Wortneubildung* gesucht werden,

ebenso nach dem verwandten Begriff *Neologismus*. Mit dem Oberbegriff *Morphologie* würden Sie die Treffermenge erweitern oder, analog dazu, mit den Unterbegriffen *Komposition*, *Derivation* usw. spezifizieren. Wenn Sie nach Titelstichwörtern suchen, denken Sie auch an entsprechende Übersetzungen wie frz. *formation des mots*, it. *derivazione* oder sp. *composición*, um auch die entsprechende fremdsprachige Literatur zu finden. Suchen Sie in einer Datenbank im Feld Schlagwörter, dann stellen Sie sicher, in welcher Sprache bzw. welchen Sprachen das Suchwort einzugeben ist. Diese Information finden Sie in der Hilfe-Datei der jeweiligen Datenbank.

9.4   Literatursuche durchführen und Ergebnisse bewerten

Haben Sie das Thema Ihrer wissenschaftlichen Arbeit hinreichend überdacht und nach möglichen Suchbegriffen aus dem thematischen Feld abgearbeitet, dann kann die Literatursuche beginnen. Probieren Sie es ruhig, um einen ersten Überblick über die Literatur zu erhalten, zunächst im Online-Katalog Ihrer Hochschulbibliothek und gehen dann zur genaueren Suche in die von Ihnen ausgewählte bibliographische Fachdatenbank über.

Nach jeder Suche stehen Sie vor der Aufgabe, die Ergebnisse zu sichten und zu bewerten, nämlich dahingehend, ob sie für die Fragestellung Ihrer wissenschaftlichen Arbeit relevant sind. Ein Problem, das sich bei der Literatursuche häufig stellt, ist neben der Qualität (auch: Relevanz) auch die Quantität erhaltener Ergebnisse. Haben Sie zu wenige oder zu viele Treffer in Ihrer Ergebnisliste? Dann kann Ihnen die ‚Checkliste' aus dem Online-Tutorial Informationskompetenz NRW[66], die wir für unsere Zwecke adaptiert haben, sehr nützlich sein.

---

66 Das Online-Tutorial Informationskompetenz NRW ist zu finden unter folgender URL: http://sam.ulb.uni-bonn.de/otnrw/index.htm [Stand: 22.9.2011].

Die Literatursuche ergibt...	
zu wenig Treffer	**zu viele Treffer**
Sind Tippfehler in den Suchbegriffen? Wurden falsche Platzhalter[67] oder Verknüpfungen verwendet?	Können Aspekte des Themas, d.h. Suchbegriffe kombiniert gesucht werden (= UND-Verknüpfung)?
Wurden zu viele Aspekte des Themas auf einmal kombiniert und dadurch die Suche zu stark eingeschränkt?	Gibt es Teilaspekte der Suchbegriffe, die man mit einer UND NICHT-Verknüpfung ausschließen kann?
Gibt es weitere bzw. bessere Suchbegriffe, die das Thema beschreiben?	Gibt es Suchbegriffe, die das Thema besser bzw. präziser beschreiben als die verwendeten?

Tabelle 9.3:
Checkliste bei zu wenigen oder zu vielen Treffern

Sollten Sie trotz der Checkliste in Tabelle 9.3 nicht zu brauchbaren Ergebnissen kommen, ist auch das kein Grund zum Verzweifeln. Mit diesem Problem können Sie sich jederzeit an Ihre Hochschulbibliothek wenden. Der für die romanischen Sprachen zuständige Fachreferent bzw. die Fachreferentin wird Ihnen bei der Literaturrecherche gerne weiterhelfen. Nutzen Sie diese Möglichkeit!

9.5   Literatur beschaffen

Haben Sie interessante Literaturnachweise für Ihre wissenschaftliche Arbeit gefunden, dann steht als Nächstes die Literaturbeschaffung auf dem Plan. In vielen Fällen ist es möglich, aus der Datenbank heraus zu recherchieren, ob das gesuchte Buch oder der Aufsatz in Ihrer Bibliothek verfügbar ist. Andernfalls müssen Sie die Literaturnachweise direkt im Bibliothekskatalog suchen.

Ist die Literatur in Ihrer Bibliothek nicht vorhanden, gibt es verschiedene Wege, daran zu kommen. Neben Anschaffungsvorschlägen, die Sie an die Bibliothek richten können, ist die Fernleihe die bevorzugte Möglichkeit. Hier werden Bücher und Aufsätze aus anderen Bibliotheken in Ihre Bibliothek geliefert. Was Sie beim Ausfüllen des Fernleihformulars berücksichtigen sollten, erfragen Sie am besten in Ihrer Bibliothek.

Neben den traditionellen, gedruckten Büchern und Zeitschriften gibt es in den Bibliotheken ein immer breiteres Angebot an elektronischen Medien. Hierzu

---

[67] Ein Platzhalter kann für einen oder mehrere Buchstaben (oder Zahlen) stehen. Verwendet werden u.a. die Symbole $, ?, * oder %. Welcher Platzhalter wofür im Bibliothekskatalog oder einer bibliographischen Datenbank verwendet wird, entnehmen Sie der jeweiligen Hilfedatei. Sie sind wichtig, wenn es mehrere Schreibweisen eines Wortes gibt. So wird bei Eingabe von Parf?m sowohl *Parfum* als auch *Parfüm* gefunden. Oder, wenn nach komplexen Wörtern gesucht werden soll: Fremdsprach* findet *Fremdsprache*, *Fremdsprachen*, *Fremdsprachenunterricht* usw.

zählen die E-Books, deren Inhalt in elektronischer Form zugänglich gemacht und auf einem Bildschirm wiedergegeben wird. Im PDF-Format können sie z.B. mit dem Adobe Reader, im HTML-Format mit einem Internetbrowser (z.B. Firefox) gelesen werden. Abbildung 9.6 stellt exemplarisch das E-Book *Cognitive Linguistics: Basic Readings* von Dirk Geeraerts (2006) dar.

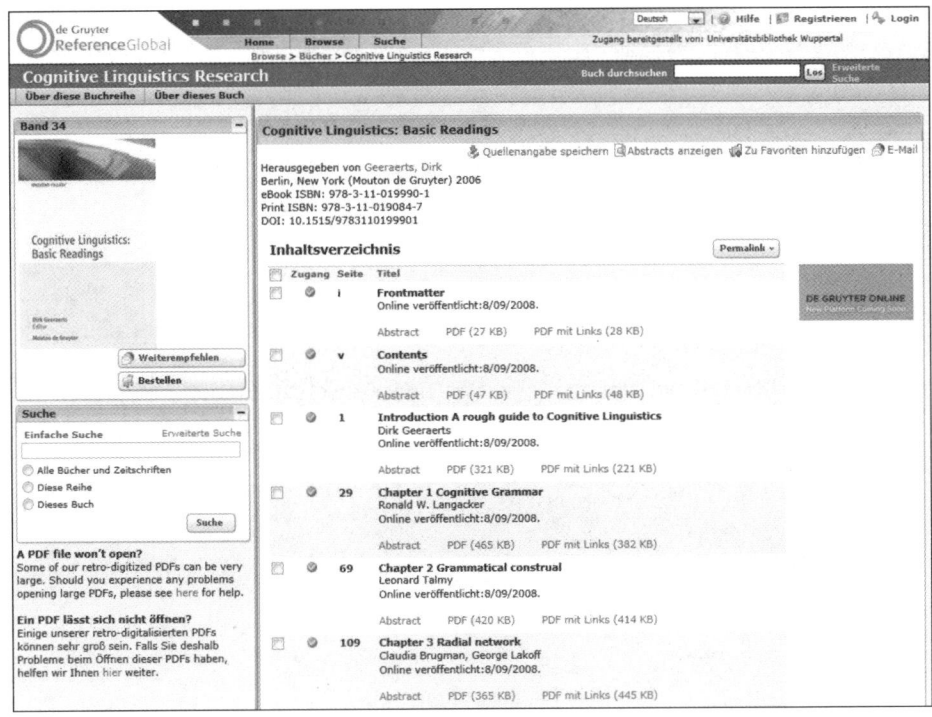

Abbildung 9.6:
Cognitive Linguistics: Basic Readings von Dirk Geeraerts als E-Book

Die einzelnen Kapitel können als PDF geöffnet, dann gespeichert oder ausgedruckt werden.

E-Books stehen den Hochschulangehörigen ohne zeitliche und räumliche Beschränkung zur Verfügung. Sie sind über einen Außenzugang via VPN[68] auch z.B. von zu Hause aus aufrufbar. Es lohnt sich folglich in jedem Fall, einmal im Online-Bibliothekskatalog zu schauen, ob das von Ihnen benötigte Buch vielleicht in elektronischer Form in Ihrer Bibliothek vorhanden ist. Denn im Gegensatz zu einem gedruckten Buch sind E-Books nie ausgeliehen, und Sie können jederzeit darüber verfügen.

---

[68] Das Akronym VPN steht für *Virtual Private Network*. Wie Sie einen Außenzugang via VPN herstellen, um auf die E-Books, Datenbanken und elektronischen Volltextzeitschriften Ihrer Bibliothek zugreifen zu können, finden Sie in der Regel auf deren Homepage erklärt.

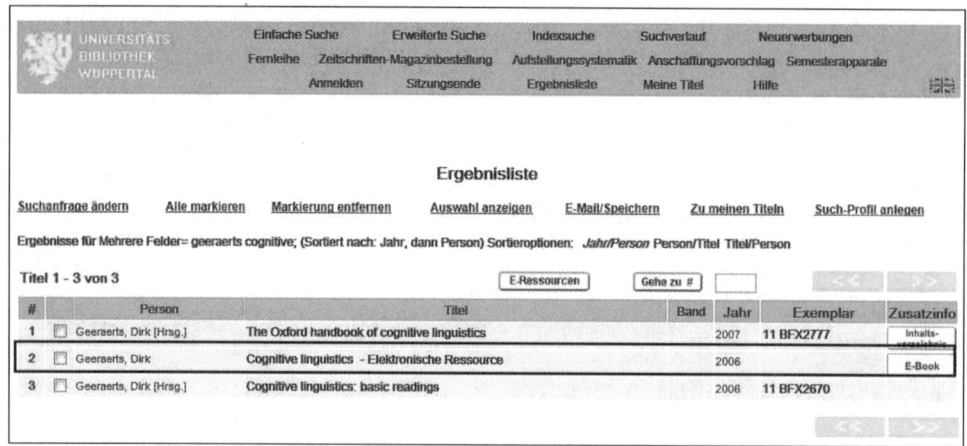

Abbildung 9.7:
E-Book im Online-Katalog der Universitätsbibliothek Wuppertal

Dies gilt auch für die Vielzahl an elektronischen Zeitschriften, die inzwischen von den Hochschulbibliotheken bereitgestellt werden, vgl. Abbildung 9.8.

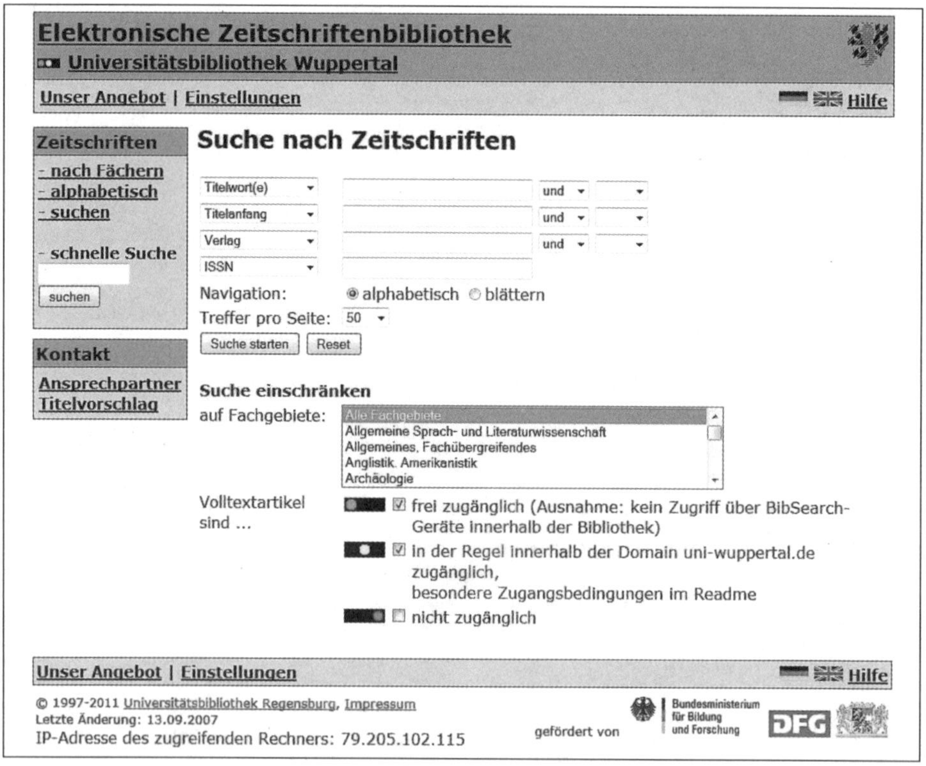

Abbildung 9.8:
Die Elektronische Zeitschriftenbibliothek

Wie in der Universitätsbibliothek Wuppertal werden sie zumeist über die Elektronische Zeitschriftenbibliothek (EZB) angeboten. Die EZB finden Sie als Angebot auf der Homepage Ihrer Bibliothek. Sie enthält die in Ihrer Bibliothek lizenzierten elektronischen Zeitschriften und die im Internet frei verfügbaren Zeitschriften im Volltext. Das heißt, Sie haben direkten Zugriff auf die Zeitschriftenaufsätze, können diese als PDF herunterladen oder abspeichern.

Wenn Sie sich die Literatur beschafft und für Ihre wissenschaftliche Arbeit gelesen und ausgewertet haben, folgt der letzte Schritt des Rechercheprozesses: das Zitieren und Bibliographieren der Literatur.

9.6   Literatur zitieren und Bibliographieren

In wissenschaftlichen Arbeiten — dazu zählen auch Ihre Referate und Hausarbeiten — muss für jedes Zitat aus der Primär- und Sekundärliteratur die entsprechende Quelle angegeben werden[69]. Auch wenn Sie nicht wörtlich zitieren, sondern die Ausführungen inhaltlich zusammenfassen oder übernehmen, ist ein Verweis auf das betreffende Werk unabdingbar. Zudem muss es bibliographiert, d.h. im Literaturverzeichnis der Arbeit aufgeführt werden. Bevor Sie damit beginnen, Ihre wissenschaftliche Arbeit zu verfassen, ist es ratsam, sich im Fach bzw. bei der jeweiligen Dozentin oder dem Dozenten zu erkundigen, ob eine bestimmte Form des Zitierens und Bibliographierens bevorzugt wird oder im Fachgebiet vielleicht sogar festgelegt ist.

Wir werden im folgenden Abschnitt kurz der Frage nachgehen, warum überhaupt zitiert werden muss, und uns danach damit befassen, wie korrekt zitiert und bibliographiert wird.

9.6.1 Sinn des Zitierens

In Kapitel 9.2.3 haben wir uns mit den Qualitätskriterien für Internetquellen befasst. Die wichtigsten, nämlich Nachprüfbarkeit und Nachvollziehbarkeit, treffen natürlich auch für wissenschaftliche Arbeiten zu. Aus jeder wissenschaftlichen Arbeit muss unmissverständlich hervorgehen, welche Aussagen, Untersuchungen und Erkenntnisse vom Verfasser selbst stammen und wo solche von anderen Autoren zugrundeliegen. Letzteres muss durch genaues Zitieren der Belegstellen kenntlich gemacht werden.

Was ist nun der eigentliche Sinn des Zitierens? Zu allererst liegt er natürlich darin, keinen Diebstahl geistigen Eigentums zu begehen. Mit dieser Problematik haben wir uns bereits in Kapitel 9.2.3 unter dem Stichwort ‚Plagiat' befasst. Des

---

[69]   In diesem Abschnitt werden wir Ihnen eine Einführung in das Zitieren und Bibliographieren geben. Für detaillierte Informationen siehe Franck/Stary (2009), Gerstenberg (2009) und Sesink (2010).

Weiteren wird der Leser durch die genauen Angaben erst in die Lage versetzt, die vom Verfasser in seiner Arbeit behandelten Quellen heranzuziehen, um einerseits die Aussagen zu überprüfen und andererseits mehr Wissen über den Forschungshintergrund zu gewinnen.

9.6.2 ,Richtiges' Zitieren

Wie wird nun eine Textstelle ,richtig' zitiert? Zunächst einmal ist zu sagen, dass es in jeder Wissenschaftsdisziplin nicht *eine*, sondern verschiedene Formen des Zitierens gibt. Grundsätzlich gilt, dass Sie sich in Ihrer Arbeit für einen bestimmten Zitierstil entscheiden müssen. Es erschwert die Lesbarkeit ebenso wie die Zuordnung einer Aussage zu dem Forscher, der sie eingebracht hat, wenn Sie innerhalb Ihrer Arbeit unterschiedlich zitieren. Daher ist eine konsequente Einheitlichkeit der Zitate unabdingbar. Wir werden Ihnen in diesem Kapitel eine Zitierweise exemplarisch vorstellen, die in der romanischen Sprachwissenschaft verbreitet ist.

Aus der Zitierweise muss eindeutig hervorgehen, ob die Zitate wörtlich wiedergegeben worden sind, ob Veränderungen wie Einschübe oder Weglassungen vorgenommen wurden oder ob Textstellen paraphrasiert, d.h. mit eigenen Worten wiedergegeben wurden. Grundsätzlich können zwei Zitierweisen unterschieden werden:

1. direkte Zitate
2. indirekte Zitate.

Direkte (auch: wörtliche) Zitate müssen in Wortlaut, Schreibung und Zeichensetzung bis ins Detail mit dem Originaltext übereinstimmen. Sie werden in doppelte Anführungsstriche gesetzt. Druckfehler dürfen Sie nicht einfach selbst korrigieren; sie müssen übernommen und mit [sic] (lat. SIC ,so, *wirklich so*') kenntlich gemacht werden.

(1)   „In dieser Einführung werden wir uns mit der Romanische [sic] Sprachwissenschaft befassen."

Was den Literaturnachweis angeht, so ist es in der romanischen Sprachwissenschaft vermehrt üblich, innerhalb des Textteils einer Arbeit nur Kurzangaben zu machen und die vollständigen bibliographischen Angaben im Literaturverzeichnis anzuführen. Die Kurzangaben umfassen den Nachnamen des Autors, das Publikationsjahr und gegebenenfalls die Seitenzahl(en) des zitierten Abschnitts und werden in runde Klammern gesetzt.

(2)   „Dieses Modell, das sicher in Einzelheiten korrekturbedürftig ist und keiner Verfeinerung Grenzen setzt, steht natürlich nicht im Widerspruch zur Transformationsgrammatik." (Zimmer 1995: 88)

Bei zwei oder drei Autoren sind alle Namen durch Schrägstriche getrennt aufzuführen, z.B. (Geckeler/Dietrich 1995: 19). Bei vier oder mehr Autoren wird häufig nur der erste genannt und auf die übrigen Autoren mit ‚u.a.' (= und andere) oder ‚et al.' (= lat. ET ALII ‚und andere') hingewiesen, z.B. (Müller et al. 2011: 24). Ebenso ist es möglich, beim ersten Zitieren eines Werkes alle Autoren anzugeben und — aus ökonomischen Gründen — bei allen weiteren Zitaten die verkürzte Form anzuführen.

Wollen Sie ein Zitat nicht in vollem Umfang übernehmen, dann müssen Sie diese Auslassungen durch drei Punkte in eckigen Klammern [...] markieren, vgl. (3).

(3)   „Dieses Modell [...] steht natürlich nicht im Widerspruch zur Transformations-grammatik." (Zimmer 1995: 88)

Grammatische Anpassungen können nötig werden, wenn Sie nicht den vollständigen Satz, sondern nur einen Teil davon zitieren wollen. Die Änderungen werden — wie in (4) dargestellt — in eckige Klammern gesetzt.

(4)   Zimmer (1995: 88) weist darauf hin, dass „[d]ieses Modell, das sicher in Einzelheiten korrekturbedürftig ist und keiner Verfeinerung Grenzen setzt, [...] natürlich nicht im Widerspruch zur Transformationsgrammatik [steht]."

Andere Änderungen, die Sie am Originalzitat vornehmen möchten, wie Einfügungen, vgl. (5), oder Hervorhebungen, vgl. (6), müssen Sie in eckigen Klammern mit Ihren Initialen (X.Y. = Ihre Initialen) versehen.

(5)   „Dieses Modell [der Sprachproduktion, Anmerkung: X.Y.], das sicher in Einzelheiten korrekturbedürftig ist und keiner Verfeinerung Grenzen setzt, steht natürlich nicht im Widerspruch zur Transformationsgrammatik." (Zimmer 1995: 88)

(6)   „Dieses Modell, das sicher in Einzelheiten korrekturbedürftig ist und keiner Verfeinerung Grenzen setzt, steht natürlich **nicht** [Hervorhebung: X.Y.] im Widerspruch zur Transformationsgrammatik." (Zimmer 1995: 88)

Sogenannte ‚Langzitate' (40 bis maximal 200 Wörter) sollten Sie aus Gründen der Übersichtlichkeit — wie in diesem Buch ersichtlich — eingerückt und ggfs. im Zeilenabstand verkleinert schreiben (vgl. Franck/Stary 2009: 180).

Wie geht man aber vor, wenn der Autor wiederum selbst jemanden zitiert? Sofern das Werk noch verfügbar ist, sollten Sie es sich beschaffen und daraus direkt zitieren. Zum einen hat dies den Vorteil, dass Sie sicher gehen können, wirklich korrekt zu zitieren, zum anderen haben Sie die Möglichkeit, auch den Hintergrund zu erschließen, in den das Zitat eingebunden ist. Haben Sie keine Möglichkeit, an den Originaltext heranzukommen, können Sie das Zitat in Ihre Arbeit einfügen. Ein Beispiel in (7): Sie übernehmen einen Satz von Dieter E. Zimmer, in dem Grice (1975) zitiert wird.

(7)   Zimmer (1995: 45) erklärt, dass keine absichtlich unvernünftigen Sätze geäußert
      würden, da „[a]lle Gespräche nämlich [...] von ungeschriebenen Gesetzen be-
      herrscht [würden], einer ungestraft nicht über den Haufen zu werfenden ‚Logik
      der Konversation', wie der Philosoph H.P. Grice (1975) sie nannte."

Bei einem indirekten Zitat wird der konkrete Bezug auf eine Textstelle paraphrasiert, d.h. mit eigenen Worten umschrieben.

(8)   Chomsky (1986) postuliert, dass dem Menschen eine Universalgrammatik ange-
      boren sei.

Dass es sich um keine wörtliche Aussage des Autors handelt, können Sie wie in
(8) mit Wendungen wie ‚Nach Ansicht von X' oder ‚Wie Y in seiner Studie ermittelt hat, ...' kenntlich machen. Das Erscheinungsjahr des Werkes — eventuell auch
eine genaue Seitenangabe — wird dabei in runden Klammern hinter den Nachnamen des Autors gestellt. In reinen Paraphrasen wird der Literaturnachweis,
wie in (9), mit ‚vgl.' (= vergleiche) eingeleitet.

(9)   Es wird postuliert, dass dem Menschen eine Universalgrammatik angeboren ist
      (vgl. Chomsky 1986).

Erstreckt sich der Text, den Sie zitieren möchten, über einen Seitenwechsel,
dann wird die Seitenzahl, auf der das Zitat im Originaltext beginnt, mit einem ‚f.'
für ‚und die folgende Seite' ergänzt (z.B. Chomsky 1986: 80f.). Werden mehr als
zwei Seiten paraphrasiert, dann folgt der Seitenzahl ‚ff.' (= ‚und die folgenden
Seiten').

Bezieht man sich auf mehrere Titel eines Autors aus demselben Jahr, dann
werden sie durch fortlaufende Buchstaben gekennzeichnet, z.B. Chomsky
(1986b). Falls mehrere Autoren mit dem gleichen Nachnamen zitiert werden,
nennt man auch den Vornamen.

9.6.3   Das Literaturverzeichnis

In das Literaturverzeichnis müssen Sie alle Werke — aber auch nur die — aufnehmen, die Sie in Ihrer wissenschaftlichen Arbeit zitiert haben. Welche Angaben
ein Literaturnachweis enthalten muss bzw. kann, hängt von der Art der Publikation ab. In Kapitel 9.2.1 haben wir einige Publikationsarten kennengelernt, die wir
hier noch ergänzen möchten:

    a.   Monographie
    b.   Sammelband
    c.   Aufsatz in Sammelband
    d.   Aufsatz in Zeitschrift
    e.   Zeitungsartikel
    f.   Publikation im Internet

Im Folgenden werden wir uns mit dem Aufbau von Literaturnachweisen befassen, welche Angaben obligatorisch und welche fakultativ sind, in welcher Reihenfolge sie aufgeführt werden müssen, in welcher Form und mit welcher Zeichensetzung. Beginnen wir mit der Monographie.

---

a.   Monographie

Angaben in Reihenfolge	Form und Zeichensetzung
Nachname, Vorname des Autors	Schpak-Dolt, Nikolaus
Erscheinungsjahr, ggfs. Auflage	(^{2}2006):
Titel der Monographie	*Einführung in die französische Morphologie.*
Erscheinungsort	Tübingen:
ggfs. Verlag	Niemeyer
ggfs. Reihentitel, -nummer	(Romanistische Arbeitshefte; 36).

Zur besseren Übersichtlichkeit geben wir den Literaturnachweis in unserem Beispiel noch einmal in (10) an:

(10) Schpak-Dolt, Nikolaus (^{2}2006): *Einführung in die französische Morphologie.* Tübingen: Niemeyer (Romanistische Arbeitshefte; 36).

Der Vorname des Autors sollte nach Möglichkeit nicht abgekürzt, sondern ausgeschrieben werden. Gerade bei sehr gängigen Nachnamen ist dadurch eine bessere oder überhaupt eine Identifikation des Autors möglich.

Wie bei den Kurzangaben gilt auch im Literaturverzeichnis, dass bei zwei oder drei Autoren alle Namen durch Schrägstriche getrennt aufzuführen sind, siehe (11), bei vier oder mehr Autoren häufig nur der erste genannt und auf die übrigen Autoren mit ‚u.a.' oder ‚et al.' hingewiesen wird, siehe (12).

(11) Schwarz, Monika/Chur, Jeannette (^{5}2007): *Semantik: Ein Arbeitsbuch.* Tübingen: Narr (narr studienbücher).

(12) Müller, Natascha u.a. (^{3}2011): *Einführung in die Mehrsprachigkeitsforschung: Deutsch, Französisch, Italienisch.* Tübingen: Narr (narr studienbücher).

(13) Aitchison, Jean (^{3}2008): *Words in the Mind: an Introduction to the Mental Lexicon.* Malden, MA.: Blackwell.

Die Auflage eines Werkes wird ab der zweiten durch die entsprechende hochgestellte Zahl vor dem Erscheinungsjahr markiert. So handelt es sich bei dem Werk in (10) um die 2. Auflage, bei dem Werk in (11) um die 5., und in (12) und (13) um die 3. Auflage. Bei englischen Titeln wie in (13) müssen alle lexikalischen Wörter groß geschrieben werden.

Nicht immer sind wie in den oben angeführten Beispielen alle Angaben bekannt. Doch wie zitiert man ein Werk, dessen Autor, Erscheinungsort oder Erscheinungsjahr unbekannt ist? In solch einem Fall werden die fehlenden Angaben ersetzt, und zwar durch einen der folgenden Vermerke:

- o.V.   = ‚ohne Verfasser'
- o.O.   = ‚ohne Ort'
- o.J.   = ‚ohne Jahr'.

Dieser wird — im ersten und zweiten Fall in eckigen Klammern — an die entsprechende Stelle im Literaturnachweis gesetzt, siehe (14) bis (16).

(14) [O.V.] (Jahr): *Titel der Monographie.* Ort: Verlag.
(15) Name, Vorname des Autors (Jahr): *Titel der Monographie.* [o.O.]: Verlag.
(16) Name, Vorname des Autors (o.J.): *Titel der Monographie.* Ort: Verlag.

Für den Verlag, den Reihentitel und die Reihennummer gibt es keinen ‚Platzhalter', da beide Angaben fakultativ und nicht obligatorisch wie die drei anderen sind. Überhaupt können Reihenangabe und -nummer ja auch nur dann angegeben werden, wenn das Werk in einer Reihe erschienen ist.

---

b.   Sammelband

Angaben in Reihenfolge	Form und Zeichensetzung
Nachname, Vorname des Herausgebers	Grize, Jean-Blaise/Apothéloz, Denis (Hgg.)
Erscheinungsjahr, ggfs. Auflage	(1984):
Titel des Sammelbandes	*Sémiologie du raisonnement.*
Erscheinungsort	Berne u.a.:
ggfs. Verlag	Lang
ggfs. Reihentitel, -nummer	(Sciences pour la communication; 9).

Die Angabe eines Sammelbandes unterscheidet sich von der einer Monographie alleine darin, dass bei Ersterem der/die Herausgeber und bei Letzterer der/die Autoren genannt werden. Ein Herausgeber wird hinter seinem Namen entsprechend mit ‚(Hrsg.)' oder ‚(Hg.)' gekennzeichnet, mehrere Herausgeber mit ‚(Hrsgg.)' bzw. ‚(Hgg.)'.

(17) Grize, Jean-Blaise/Apothéloz, Denis (Hgg.) (1984): *Sémiologie du raisonnement.* Berne u.a.: Lang (Sciences pour la communication; 9).
(18) Haegeman, Liliane (Hrsg.): *Elements of Grammar. A Handbook in Generative Syntax.* Dordrecht: Kluwer.

Wie in (17) verdeutlicht, wird — wie bei den Autoren und Herausgebern — auch bei mehr als drei Erscheinungsorten nur der erste aufgeführt. Das Weglassen der anderen Erscheinungsorte wird mit ‚u.a.' (= und andere) markiert.

---

c.   Aufsatz in Sammelband

Angaben in Reihenfolge	Form und Zeichensetzung
Nachname, Vorname des Autors	Scherfer, Peter
Erscheinungsjahr	(1985):
Titel des Aufsatzes	„Lexikalisches Lernen im Fremd-sprachenunterricht". In:
Name, Vorname des Herausgebers	Schwarze, Christoph/Wunderlich, Die-ter (Hgg.):
Titel des Sammelbandes	*Handbuch der Lexikologie.*
Erscheinungsort	Königstein/Ts.:
ggfs. Verlag	Athenäum,
ggfs. Reihentitel, -nummer
Seiten (von – bis)	S. 412-440.

Aufsätze in Sammelbänden werden — als unselbstständig erschienene Publikationen — in der Regel mit ‚In:' markiert. Danach folgen die bibliographischen Angaben des Sammelbandes, jedoch ohne die erneute Aufnahme des Erscheinungsjahrs. Der Literaturnachweis endet mit der Angabe, auf welchen Seiten sich der Aufsatz im Sammelband befindet.

(19)   Scherfer, Peter (1985): „Lexikalisches Lernen im Fremdsprachenunterricht". In: Schwarze, Christoph/Wunderlich, Dieter (Hgg.): *Handbuch der Lexikologie.* Königstein/Ts.: Athenäum, S. 412-440.

(20)   Schwarze, Christoph (1983): „Une typologie des contrastes lexicaux". In: Faust, Manfred et al. (Hgg.): *Allgemeine Sprachwissenschaft, Sprachtypologie und Textlinguistik. Festschrift für Peter Hartmann.* Tübingen: Narr, S. 199-210.

---

d.   Aufsatz in Zeitschrift

Angaben in Reihenfolge	Form und Zeichensetzung
Nachname, Vorname des Autors	Platz-Schliebs, Anja
Erscheinungsjahr	(1997):
Titel des Aufsatzes	„Sprachliches und konzeptuelles Wissen beim Erschließen von L2-Komposita". In:
Zeitschriftentitel und -jahrgang	*Zeitschrift für Fremdsprachenforschung* 8
ggfs. Heftzählung	(2),
Seiten (von - bis)	S. 245-266.

Da Aufsätze aus Zeitschriften ebenfalls zu den unselbstständig erschienenen Publikationen zählen, ist das ‚In:' in der Regel auch in ihrem Literaturnachweis enthalten. Während die Angabe des Zeitschriftenjahrgangs obligatorisch ist, ist die Heftzählung — wie in (22) ersichtlich — fakultativ.

(21) Platz-Schliebs, Anja (1997): „Sprachliches und konzeptuelles Wissen beim Erschließen von L2-Komposita". In: *Zeitschrift für Fremdsprachenforschung* 8 (2), S.
245-266.

(22) Scherfer, Peter (1996): „Über Vokabelerklärungen". In: *Fremdsprachen lehren und
lernen* 25, S. 181-210.

---

e.   Zeitungsartikel

Angaben in Reihenfolge	Form und Zeichensetzung
Nachname, Vorname des Autors	Ostwald, Gisela:
Titel des Zeitungsartikels	„Mit Vater-Frust zum Bestseller". In:
Titel der Zeitung	*Westdeutsche Zeitung.*
Heft, Datum	Nr. 145 vom 25.6.2011,
Seite (von – bis)	S. 12.

Falls die Seitenzahl des Zeitungsartikels nicht bekannt ist, kann diese — wie
in (24) — auch weggelassen werden.

(23) Ostwald, Gisela: „Mit Vater-Frust zum Bestseller". In: *Westdeutsche Zeitung.* Nr.
145 vom 25.6.2011, S. 12.

(24) Borchmeyer, Dieter: „Vom Nutzen der Philologie — Zwei Liebeserklärungen an
eine bemitleidenswerte Wissenschaft". In: *Die Zeit.* Nr. 9 vom 24.2.2005.

---

f.   Publikation im Internet

Angaben in Reihenfolge	Form und Zeichensetzung
Nachname, Vorname des Autors	Schweibenz, Werner:
Titel der Internetseite oder des PDF-Dokuments	*Virtuelles Handbuch Informations-wissenschaft.*
URL	http://is.uni-sb.de/studium/handbuch/wissarb.html
Datum des Aufrufs der Website ggfs. Seite (von - bis)	[Stand: 27.6.2011].

Für die im Internet veröffentlichten Texte, Bilder, Datenbanken usw. gibt es
keine verbindlichen Zitationsstandards. Im obigen Kasten sind die Mindestanga-
ben aufgeführt. Handelt es sich um einen Aufsatz in einer elektronischen Zeitschrift, müssten — wie bei einem gedruckten Aufsatz — zusätzlich die Seitenan-
gaben gemacht werden.

(25) Schweibenz, Werner: *Virtuelles Handbuch Informationswissenschaft.* http://is.uni-
sb.de/studium/handbuch/wissarb.html [Stand: 27.6.2011].

(26) Bedorf, Thomas: *Hinweise zum wissenschaftlichen Arbeiten: Zitieren und Paraphrasieren*. http://www.fernuni-hagen.de/imperia/md/content/ philosophie/textdokumente/bedorf_zitieren.pdf [Stand: 27.6.2011].

Die Anordnung der Literaturangaben im Literaturverzeichnis erfolgt in alphabetischer Reihenfolge nach dem Familiennamen der Autoren bzw. der Herausgeber. Mehrere im gleichen Jahr erschienene Titel eines Autors oder Herausgebers müssen mit Kleinbuchstaben hinter der Jahreszahl unterschieden werden (z.B. Müller 2009a, Müller 2009b).

Das Literaturverzeichnis steht bei Monographien in der Regel am Ende des Buches und listet die verwendete Literatur vollständig auf. In Büchern, wie dieser Einführung, die aus inhaltlich abgeschlossenen Kapiteln bestehen, kann es für die Leser einen Mehrwert bringen, kein gesamtes Literaturverzeichnis, sondern Teilliteraturverzeichnisse im Anschluss an jedes Kapitel anzuführen. Diese haben den Vorteil, dass sie auf einen Blick eine kleine Bibliographie zu jeder der hier besprochenen linguistischen Disziplinen bieten, die Ihnen bei der Vertiefung der Inhalte in Ihrem weiteren Studium sicher behilflich sein wird.

9.7   Aufgaben

Übung 1.

Stellen Sie im Katalog Ihrer Hochschulbibliothek fest, ob sich das *Lexikon der romanistischen Linguistik*, herausgegeben von Günter Holtus, in deren Bestand befindet. Aus wievielen Bänden besteht es? Welcher Teilband befasst sich mit *Italienisch, Korsisch, Sardisch*?

Übung 2.

Erkundigen Sie sich in Ihrer Hochschulbibliothek, welche bibliographischen Datenbanken dort lizenziert sind, in denen Sie Literaturnachweise zur romanistischen Linguistik finden. Schauen Sie dazu auf die Homepage Ihrer Hochschulbibliothek oder befragen Sie die zuständige Fachreferentin oder den zuständigen Fachreferenten.

Übung 3.

Sie sollen eine Hausarbeit — auf Deutsch oder in der jeweiligen Fremdsprache — zu einem der folgenden Themen anfertigen:

a. ‚Phonétique et phonologie du Français'
b. ‚I dialetti italiani'
c. ‚Teoría didáctica: el aprendizaje del español'

Leiten Sie Suchbegriffe für eine Literaturrecherche aus dem von Ihnen gewählten Thema ab. Berücksichtigen Sie Synonyme, verwandte Begriffe, Ober- und Unterbegriffe sowie Übersetzungen der Themenaspekte.

Übung 4.

Suchen Sie in der *MLA International Bibliography* nach Werken a. von Ferdinand de Saussure und b. über Ferdinand de Saussure. In welchen Suchfeldern geben Sie Ihre Suchbegriffe ein?

9.8   Literatur

Chomsky, Noam (1986): *Knowledge of Language: Its Nature, Origin and Use*. New York: Praeger.

Franck, Norbert/Stary, Joachim (Hgg.): *Die Technik wissenschaftlichen Arbeitens. Eine praktische Anleitung*. Paderborn: Schöningh.

Franke, Fabian/Klein, Annette/Schüller-Zwierlein, André (2010): *Schlüsselkompetenzen: Literatur recherchieren in Bibliotheken und Internet*. Stuttgart u.a.: Metzler.

Gerstenberg, Annette (2009): *Arbeitstechniken für Romanisten: eine Anleitung für den Bereich Linguistik*. Tübingen: Niemeyer (Romanistische Arbeitshefte; 53).

Grice, Paul (1975): „*Logic and Conversation*". In: Cole, Peter/Morgan, Jerry (Hgg.): *Speech Acts* (= Syntax and Semantics, 3), New York: Academic Press, S. 41-58.

MacWhinney, Brian (³2000): *The CHILDES Project: Tools for Analyzing Talk. Volume 1: Transcription Format and Programs. Volume 2: The database*. Hillsdale, N.J.: Erlbaum.

Pusch, Claus D. (2002): „A Survey of Spoken Language Corpora in Romance". In: Pusch, Claus D./Raible, Wolfgang (Hgg.): *Romanistische Korpuslinguistik – Korpora und gesprochene Sprache. Romance Corpus Linguistics – Corpora and Spoken Language* (= Script Oralia; 126). Tübingen: Narr, S. 245-264.

Sesink, Werner (⁸2010): *Einführung in das wissenschaftliche Arbeiten: mit Internet, Textverarbeitung, Präsentation, E-Learning, Web 2.0*. München: Oldenbourg.

Zimmer, Dieter E. (²1995): *So kommt der Mensch zur Sprache. Über Spracherwerb, Sprachentstehung und Sprache & Denken*. München: Heyne.

Index

Natascha Müller / Tanja Kupisch
Katrin Schmitz / Katja Cantone

Einführung in die Mehrsprachigkeitsforschung

narr studienbücher
3., überarbeitete Auflage 2011
309 Seiten
€[D] 19,90/SFr 28,90
ISBN 978-3-8233-6674-4

Die Mehrsprachigkeitsforschung verdeutlicht, welche Chancen sich für Kinder bieten, die in einer mehrsprachigen Umgebung aufwachsen, und wie der Weg zu mehr als einer Muttersprache bewältigt werden kann. Insbesondere die genaue, wissenschaftlich fundierte Kenntnis dieses Wegs kann und soll es erleichtern, auf Kritik und vermeintliche Misserfolge während des Erwerbsprozesses richtig zu reagieren und den Kindern die Möglichkeit zu geben, mehrsprachig in die Schulzeit zu starten.

Das Arbeitsbuch hat daher zwei Hauptanliegen: Es wird einerseits in die aktuelle Mehrsprachigkeitsforschung eingeführt, andererseits das empirische Arbeiten mit Spracherwerbsdaten eingeübt. Der Fokus liegt auf der simultanen Mehrsprachigkeit.

Die Einführung richtet sich an Studierende der Romanistik (Französisch-Italienisch), Germanistik (Deutsch), Allgemeinen Sprachwissenschaft und Erziehungswissenschaften und soll dazu beitragen, die Thematik in die Ausbildung der zukünftigen Lehrer aufzunehmen.

Narr Francke Attempto Verlag GmbH+Co. KG · Dischingerweg 5 · D-72070 Tübingen
Tel. +49 (07071) 9797-0 · Fax +49 (07071) 97 97-11 · info@narr.de · **www.narr.de**